FE 21世纪高等职业教育财经类规划教材
市场营销类

商务谈判实务（第2版）

The Practice of Business Negotiations (2nd Edition)

◎ 陈文汉 主编 ◎ 钟晓鹏 陈世敏 钟娟玲 副主编

人民邮电出版社
北京

图书在版编目（CIP）数据

商务谈判实务 / 陈文汉主编. -- 2版. -- 北京 ：人民邮电出版社，2014.11（2018.12重印）
21世纪高等职业教育财经类规划教材. 市场营销类
ISBN 978-7-115-36616-0

Ⅰ. ①商… Ⅱ. ①陈… Ⅲ. ①商务谈判一高等职业教育一教材 Ⅳ. ①F715.4

中国版本图书馆CIP数据核字(2014)第230694号

内 容 提 要

全书共分 10 章，包括商务谈判概述、商务谈判心理、商务谈判中的文化与礼仪、商务谈判前的准备、商务谈判开局与报价、商务谈判价格磋商与再谈判、结束商务谈判、商务谈判技巧的运用、商务谈判策略选择、商务谈判的实战演练。教师可根据各校的具体情况进行取舍，各章均附有模拟实训、综合练习等内容，便于学生对所学知识进行巩固与运用。

本书系统、务实、简明，理论基础扎实，可操作性强，可作为高等院校及高等职业院校市场营销、国际商务、工商管理等专业的教材，也可作为广大财经商贸人员、谈判学爱好者学习的参考用书。

◆ 主　　编　陈文汉
副 主 编　钟晓鹏　陈世敏　钟娟玲
责任编辑　刘　琦
责任印制　杨林杰

◆ 人民邮电出版社出版发行　　北京市丰台区成寿寺路 11 号
邮编　100164　　电子邮件　315@ptpress.com.cn
网址　http://www.ptpress.com.cn
北京市艺辉印刷有限公司印刷

◆ 开本：787×1092　1/16
印张：18.5　　　　2014 年 11 月第 2 版
字数：461 千字　　　　2018 年 12 月北京第 9 次印刷

定价：39.80 元

读者服务热线：(010)81055256　印装质量热线：(010)81055316
反盗版热线：(010)81055315
广告经营许可证：京东工商广登字20170147号

第 2 版前言

本书自 2011 年 2 月出版以来，在全国高校产生了一定的影响，许多院校将其作为经济、管理、贸易类等专业的教材或辅助参考书，销量在同类书籍中一直名列前茅，也是人民邮电出版社畅销教材之一。在此，对所有给予本书厚爱并提出宝贵意见的专家、学者表示感谢！

目前，我国已经成为全球第二大经济体，国际贸易发展迅速，对外直接投资额持续增长。同时，消费者网上购物，商户之间的网上交易等电子商务活动也在日益深化与发展。商务实践活动的新发展、新变化，为商务谈判的研究提供了实践条件和变革机会，丰富了商务谈判的理论内容。为此，为了更好地服务于广大读者，我们在吸取使用本书的师生所反馈意见的基础上，结合商务谈判领域的新的理论与实践，对本书内容进行了更新和调整，修订为第 2 版发行面市，希望获得广大读者一如既往的喜爱。

本书的修订，具体体现在以下几个方面。

1. 在保持原有教材框架的基础上，对部分章节内容进行了调整。删掉了第 10 章商务谈判的管理，把相关知识融入到其他章节，使得内容更为紧凑。为了加强学生的实战技能，专门增加第 10 章商务谈判的实战演练。另外，全书各章均删除了本章要点，增加了导入案例。将思考与练习、实训改版为模拟实训、综合练习等，并在内容、题型等方面都进行了升级。

2. 对书中的一些章节进行了较大的调整。例如，对第 2 章商务谈判模式，作为一节内容并入第 1 章；原第 5 章的商务谈判开局与第 6 章的报价策略合并为新的第 5 章商务谈判开局与报价等。

3. 对书中的一些章节内容进行了补充。例如，考虑到商务谈判形式的新变化，在第 1 章中增加了网络谈判的内容，对加入到第 1 章的商务谈判模式进行了修改；丰富了第 2 章商务谈判心理的内容，使学生对商务谈判心理有一个全面系统的认识。此外，在每一章中，都对部分案例进行了更新，并增添了不少新鲜案例。

4. 在本书出版后，将及时更新教辅内容（包括案例、论文、视频、教案和大纲等），可供教师选用。

本书由陈文汉担任主编并负责统稿，钟晓鹏、陈世敏、钟娟玲担任副主编。修订工作分工如下：第 1 章、第 3 章、第 4 章、第 10 章由陈文汉负责修订，第 5 章、第 6 章由钟晓鹏负责修订，第 7 章、第 8 章由陈世敏负责修订，第 2 章、第 9 章由钟娟玲负责修订。

由于编者水平有限，本书难免存在不足和疏漏之处，敬请广大读者批评指正。

编者

2014 年夏

目 录

目 录

第1章 商务谈判概述

学习目标

- 谈判的基本内涵、构成要素
- 商务谈判的概念与特征
- 商务谈判的类型
- 商务谈判的内容
- 商务谈判的原则与评判标准
- 商务谈判的 APRAM 模式
- 商务谈判的双赢谈判模式

导入案例

中瑞完成自贸区谈判

南都讯（记者辛灵,实习生艾松）2013 年 5 月 24 日，中国和瑞士签署了结束中瑞自由贸易区协定谈判的谅解备忘录，这标志着双方自 2010 年启动的自贸区谈判基本尘埃落定，离协定签署和批准实施仅一步之遥。

瑞士的高端制造业和金融业，对正在追求转型升级的“中国制造”而言，是互补性极强的外来资源。不过据权威人士透露，协定排除了一些高档次手表，只对部分原产瑞士的手表做了减税安排，且有 10 年过渡期，因此国内瑞士手表价格短期内并不会有大的变化。

除中瑞贸易外，此次协定的达成，更是中国加速双边自贸区谈判(FTA)的信号。“美国正架空 WTO，并在亚洲搞 TPP（跨太平洋战略经济伙伴关系协定）。中国绝对要加快与他国谈 FTA（自由贸易协定），商场如战场，否则会被边缘化，丧失国际贸易话语权。”原商务部副部长、中国国际经济交流中心秘书长魏建国接受南都记者采访时表示。

商务部研究院欧洲所研究员姚玲亦认为，这将对中国与欧盟及其他发达经济体的自贸协定谈判起到推动和促进作用。“比如企业可以先去瑞士投资，再转道欧盟及其他国家。欧盟现在受经济下行影响，对进口自中国的产品贸易保护主义严重，也可通过瑞士来规避。”

目前，中国正与 29 个国家和地区建设 16 个自贸区。瑞士成为欧洲大陆和世界经济 20 强中首个与中国达成自贸协定的国家。

（资料来源：http://roll.sohu.com/20130528/n377231380.shtml）

启示：瑞士的高端制造业和金融业，对正在追求转型升级的“中国制造”而言，是互补性极强的外来资源；而关税的降低，也将给瑞士的高档手表等制造业产品更加广阔的销售市场。双方通过谈判协商既解决了问题又满足了各方的需要。

1.1 商务谈判的概念与特征

什么是谈判？这是我们研究商务谈判的基础和前提。因此，对谈判概念的把握，是本课程研究的起点。

1.1.1 谈判的概念

“谈判”一词英文是 negotiate，是由拉丁词 negotiar（意为“做生意或贸易”）而来。该拉丁词语本身又来源于另一个意为“拒绝”的动词和一个意为“休闲”的名词。因此，古罗马商人有交易达成之前是“不会闲下来去享受闲暇的”之说。那么，什么是谈判呢？

1. 谈判的定义

谈判是双方或多方为实现各自的目的所进行的沟通、说服，而争取达成一致意见的行为过程。谈判的概念包括以下内涵。

（1）谈判要有明确的目的性。谈判是一种目的性很强的活动，人们参与谈判通常都是为了实现某种目的或满足某种需要。

（2）谈判产生的前提是谈判双方在观点、利益和行为方式等方面，既相互联系又存在冲突或差别。双方都期望从对方获得某种需要的满足，这就构成了他们之间的相互联系。但是，双方又都希望能在对己方最有利的条件下实现自身的需要，这就必定发生冲突或产生差别，从而使谈判成为必要。

（3）谈判是一种交流、沟通和说服的过程。谈判是一个双方或多方互动的过程。谈判的基本手段就是说服；谈判的核心任务，就是企图说服对方理解、允许或接受己方所提出的观点、所维护的基本利益以及所采取的行为方式。

（4）谈判的结果，是使谈判者部分或全部需要得到实现，或取得实现的基础。其具体表现是达成双方都能接受的协议。谈判的过程，实际上就是磋商和签订协议的过程。

（5）谈判双方是平等互惠的，但利益常常是不均等的。谈判双方在具体谈判进程中的主体地位是平等的，利益是互惠的。如果一方只想达到自己的目的，而不考虑对方的利益，那么就不可能达成一致。谈判就是要实现双赢。但是，由于谈判各方拥有的地位、实力的悬殊和运用策略、技巧的差异，谈判的结果必然是不对等的，各方取得的利益、好处也绝对不会一样多，需要满足的程度也绝对不会一样大。

观点对照

谈判指有关方面对有待解决的重大问题进行会谈。

——《现代汉语词典》

谈判的定义最为简单，而涉及的范围却最为广泛复杂，只要人们为了改变相互关系而交换观点，为了取得一致而进行磋商协议，他们就是在进行谈判。

——〔美〕杰勒德·尼尔伯伦.谈判的艺术

所谓谈判是指有关各方为了自身的目的，在一项涉及各方利益的事务中进行磋商，并通过调整各自提出的条件，最终达成意向各方较为满意的协议这样一个不断协调的过程。

——〔英〕P.D.V.马什.合同谈判手册

谈判是使两个或数个角色处于面对面位置上的一项活动。各角色因持有分歧而相互对立，但他们彼此又互为依存。他们选择谋求达成协议的实际态度，以便终止分歧，并在他们之间(即使是暂时性的)创造、维持、发展某种关系。

——〔法〕克里斯托夫·杜邦.谈判的行为、理论与应用

小提示

谈判，包含“谈”和“判”两个环节。谈，即说话或讨论，就是当事人明确阐述自己的意愿和所要追求的目标，充分发表关于各方应当承担和享有的责、权、利等看法；判，即分辨和评定，就是当事各方努力寻求关于各项权利和义务的共同一致的意见，以期通过相应的协议正式予以确认。因此，谈是判的前提和基础，判是谈的结果和目的。

2. 谈判的构成要素

一场完整的谈判，作为一个整体，其构成要素包括谈判主体、谈判客体、谈判目的、谈判时间、谈判地点，以及其他物质条件等多方面。其中，最基本的构成要素是谈判主体、谈判客体和谈判目的三项。

(1)谈判主体。谈判主体是指参与谈判的双方（或多方）当事人。谈判主体是构成谈判的基本要素，具体又分为两种：一种是关系主体，指能以自己的名义参加谈判，又能够独立承担谈判后果的法人或自然人；另一种是行为主体，指有权参与谈判并且能通过自己的行为完成谈判任务的谈判代表。例如，甲乙原为夫妻，因情感不和准备离婚，双方就财产分割进行谈判，相互之间矛盾较大，不愿直接面对，因此，乙委托丙与甲进行谈判。但无论谈判的情况如何，最终结果都要由甲和乙来承担，丙只是以乙的名义参与谈判，并不承担谈判的结果。在这里，甲和乙为关系主体，而甲和丙则为行为主体，甲同时兼有关系主体和行为主体的双重身份。

在谈判中，主体资格问题十分重要，如果谈判的一方或双方不具备合法有效的主体资格，谈判的结果便是无效的。如果谈判对方为一组织，则要注意审查对方是否具有独立的法人资格，派出的谈判代表是否得到了充分的授权。只有主体资格合法，谈判的结果才会受到法律的保护。

【案例1.1】 疏忽小，损失大

某人参制品厂与该市一家公司签订了代理出口人参系列产品至澳大利亚的合同，由于谈判活动进行之前，人参制品厂没有审查对方能否按照合同的内容承担应履行的义务，结果大批产品被海关扣押，使双方遭受经济损失，而且造成澳大利亚商人前来索赔的后果。

案例分析：该案例说明，为了避免因谈判主体不合格而导致谈判失败和遭受损失，在谈判之前应当通过直接或间接的途径，审查对方的主体资格。代理出口的一方如不具有代为出口的谈判主体资格，就无法承担谈判规定的义务。因此，谈判从一开始就应该要求对方主动提供所必须具备的证件和材料，如自然人方面的证件、法人资格方面的证件、资信方面的证件等。

（2）谈判客体。谈判客体是指谈判的议题，即谈判的标的。谈判的议题是谈判各方共同关心并希望解决的问题。它往往与当事人的利益有切身的利害关系，如商品的品质、数量、价格、装运、保证条款和仲裁方式等。议题是谈判的核心。在商务谈判中，可谈判的议题几乎没有界限，凡是可以买卖、转让的有形和无形产品或权利都可以成为谈判的议题。议题是谈判双方权利和义务的指向，一般通过合同或协议的形式表现出来。

（3）谈判目的。谈判目的是指参与谈判的各方都须通过与对方打交道或真实洽谈，促使对方采取某种行动或做出某种承诺来达到自己的目的。应该指出的是，一场谈判如果只有谈判的主体和客体，而没有谈判的目的，那么这个谈判是没有意义的。

1.1.2 商务谈判的定义与特征

谈判广泛存在于政治活动、经济活动、社会活动及国际关系中。随着社会经济的发展，人们为实现一定的交易行为或实现一定的商务活动目的而进行的商务谈判活动迅速发展起来，成为现代社会中谈判的重要形式之一。

1. 商务谈判的定义

商务谈判，是指有关商务活动双方或多方为了达到各自的目的，就一项涉及双方利益的标的物的交易条件，通过沟通和协商，最后达成各方都能接受的协议的过程。

商务谈判作为一种主要的谈判类型，既具有一般谈判的质的规定性，又具有商务活动的本质特性。理解商务谈判这一特殊的谈判活动，应着重把握以下内涵。

（1）商务谈判的主体是相互独立的利益主体。商务活动中谈判的主体必须是独立的利益主体或其代表。只有在谈判主体的利益相互独立的条件下，他们才会为了自己的利益而进行磋商。利益的独立性是商务谈判发生的基础。

（2）谈判的目的是为了获得经济利益。双方谈判的目的就是为了满足自身的某种经济利益，而做出的让步也通常是经济利益方面的让步。经济利益是谈判双方的核心利益与谈判目的之所在。

（3）谈判的核心议题是价格。以经济利益为核心必然决定了谈判的中心议题是价格问题。这是因为价格的高低直接关系到实际所能获得的经济利益的大小。除价格之外的其他交易条件，如产品的质量、数量、交货方式与支付方式等与价格条件存在着密不可分的关系，都可以通过价格的变化表现出来，这也使得价格成为商务谈判的核心条件和核心议题。

（4）商务谈判的主要评价指标是经济利益。商务谈判与其他类型的谈判相比，更为重视谈判的经济利益，因为商务谈判本身就是一种经济活动。在谈判过程中，谈判者不仅要考虑从谈判中得到什么、得到多少，还要考虑付出什么、付出多少，明确所得和所花费的关系，讲求经济利益。当然，这并不仅仅局限于短期的经济利益，还要从长远的观点看问题。

2. 商务谈判的特征

由于商务活动的特殊性和复杂性，商务谈判活动表现出以下一些特征。

（1）谈判对象的广泛性和不确定性。一方面商品流通不受时空的限制。从逻辑上看，作为卖者，其商品可以卖给任何一个人，其销售范围十分广泛；同理，作为买者，他可以随意选购任何卖主的商品，其选择范围也具有广泛性。无论是买还是卖，在交易中谈判对象就有可能遍布全国甚至全世界。此外，为了使交易更有利，也需要广泛接触交易对象。另一方面，交易者总是同具体的交易对象成交，不可能同广泛的对象成交，而具体的交易对象在各种竞争存在的情况下是不确定的。可见，谈判对象的广泛性和不确定性不仅是因为交易对象方面的要求和变化，而且也是由自身方面的要求和变化所决定的。

交易对象的广泛性和不确定性，要求谈判者不仅要充分了解市场行情，及时掌握价值规律和供求关系变化状况，而且要用不同的方式方法对待新、老客户。

（2）谈判环境的多样性和复杂性。商务谈判中，能够对谈判产生影响的一切外部因素构成谈判环境。谈判环境是谈判不可缺少的组成部分，是影响谈判结果和成败的重要因素。谈判环境主要包括政治环境（政治法律因素）、经济环境（经济与市场状况）、人际关系环境（谈判双方的人际关系）、时间环境（谈判的时间选择与时间安排）和空间环境（谈判的地点选择与场所布置）等。这些环境因素是复杂、多样和不断变化的，因此要求商务谈判人员广泛地收集各种环境信息，与企业外部保持良好的协作关系，灵活调整谈判中的交易条件，针对性地采取有利的谈判策略和技巧。

（3）谈判条件的原则性与可伸缩性。商务谈判的目的在于谈判各方都要实现自己的目标和利益，这些谈判目标或利益是企业确定的，并具体体现在各种交易条件上。这些交易条件虽然是可以谈判的，有一定的伸缩性，但其“底线”往往是谈判人员必须坚守的。

这一特点，要求商务谈判人员既要坚持原则性，善于追求高目标，又能从实际出发，随机应变，掌握好谈判条件的伸缩性，采取灵活多变的对策来实现谈判的基本目标。

（4）内外各方关系的平衡性。一次商务谈判的成功是双方努力的结果，也是各方面关系平衡的表现。首先，要使买卖双方满意成交，这是双方关系的平衡。其次，要处理好与业务主管部门、工商、金融、税务、保险、交通、邮电等社会有关方面的关系，这是因为一次商品交易的实现需要这些部门的支持和服务，如果不事先同这些部门建立良好的业务关系，就不能顺利地同对方洽谈有关的交易条件。可见处理与外界有关方面的关系，是谈判成功的前提。再次，要处理好与本企业及所属部门的关系。因为商务谈判者作为法人代表或其代理人，虽然拥有一定的权利，可以灵活地或创造性地处理谈判事宜，但又必须考虑到自己做出的决定能否在企业各部门得到落实。因此，必须与企业及其职能部门保持良好的关系。平衡各方面的关系，才能顺利达成和履行一项商品交易。

这一特点，要求商务谈判人员应具有综合分析能力、系统运筹能力和公关能力。

（5）合同条款的严密性与准确性。商务谈判的结果是由双方协商一致的协议或合同来体现的。合同条款实质上反映了各方的权利和义务，合同条款的严密性与准确性是保障谈判获得各种利益的重要前提。即使谈判者已经获得了谈判的胜利，但如果在拟订合同条款时，掉以轻心，不注意合同条款的完整、严密、准确、合理、合法，结果也会被谈判对手在条款措辞或表述方法上引入陷阱，这会使到手的利益丧失殆尽，而且还要为此付出惨重的代价。因此，在商务谈判中，谈判者不仅要重视口头上的承诺，更要重视合同条款的准确和严密。

1.2 商务谈判的类型与内容

1.2.1 商务谈判的类型

依据不同的划分标准，商务谈判表现为多种谈判类型。就商务谈判的外在表现而言，有一对一谈判、小组谈判和大型谈判；口头谈判和书面谈判、网络谈判；公开谈判、秘密谈判和半公开谈判；双方谈判和多方谈判；国内商务谈判和国际商务谈判等。就谈判的内在结构而言，有价格谈判和成本谈判；横向谈判和纵向谈判；让步型谈判、立场型谈判和原则型谈判；签约前的谈判和签约后的谈判等。就商务谈判地点而言，有主场谈判、客场谈判、主客场轮流谈判和中立地谈判。就商务谈判实力而言，有主动地位的谈判、被动地位的谈判和平等地位的谈判。

1. 按谈判的人数规模划分

（1）一对一谈判。一对一谈判是指在一个卖主与一个买主之间的商务谈判。交易额小的商务谈判，往往是一对一的。

一对一谈判的主要特点在于它往往是一种最困难的谈判类型。这是因为双方谈判者各自为战，得不到助手的及时帮助。因此，这类谈判一定要选择有主见，决断力、判断力较强，善于单兵作战的人员参加，并要做好充分的准备。而性格脆弱、优柔寡断的人是不能胜任的。

规模大、人员多的谈判，有时根据需要，也可在首席代表之间一对一地进行，以便仔细地磋商某些关键问题或微妙敏感的问题。

（2）小组谈判。小组谈判是指买卖双方各有几人参加的商务谈判。这是最常见的一种商务谈判类型，一般适用于项目较大或内容比较复杂的谈判。小组谈判的重要前提是正确选配小组成员，并有一位主要发言人或主谈者，除特殊情况外，他是最终决策者。

小组谈判的主要特点，在于各方有几个人同时参加谈判，分工合作，取长补短，各尽所能，这样可以缩短谈判时间，取得较好的谈判效果。

（3）大型谈判。大型谈判是指项目重大、各方谈判人员多、级别高的商务谈判。国家级、省（市）级或重大项目的谈判，都必须采用这种类型。

大型谈判的主要特点：一是谈判班子阵营强大，拥有由各种高级专家组成的顾问团；二是这种谈判的程序严密，时间较长，有时还要把整个谈判分成若干个层次和阶段。

2. 按谈判双方接触的方式划分

（1）口头谈判。一般来说，商务活动要求各方进行直接的接触，彼此相互了解，反复磋商，因而绝大多数商务谈判均需要进行口头谈判。口头谈判主要是指参与交易的各方，面对面直接进行的洽谈。

口头谈判有利于各方直接接触，增进各方的了解和友谊，开拓和发展商务活动；有利于各方详尽地陈述自己的观点，提出各项具体的交易的条件；便于通过反复磋商，达成一致意见；有利于各方察言观色来了解对方的心理活动及反应的程度，并根据谈判的现场气氛和进展情况，运用谈判策略和技巧。然而，口头谈判一般要在一定的谈判时间内做出成交与否的决策，并要根据谈判的具体情况随机应变，因此，要求谈判人员具有良好的业务素质、较高的决策水平以及敏锐的应变能力。另外，由于口头谈判一般需要支付谈判人员的往返差旅费、礼节性的招待费、业务费，既费时又费力，这就要求谈判各方需要慎重地选择正式的谈判对象，做好各项准备工作，以便尽可能提高谈判效率与效益。基于以上特点，口头谈判更适用于首次商务谈判、大宗交易谈判、技术性较强的谈判及贵重商品的谈判。

（2）书面谈判。书面谈判是指交易各方利用信函、电报、电传等通信工具和载体所进行的谈判。随着通信手段的迅速进步，书面谈判在国内外贸易谈判中具有越来越重要的作用。

书面谈判有利于要约方进行充分的调查和准备，慎重地提出交易条件；有利于对方在规定答复的有效期限内，进行充分的考虑、分析和研究，认真答复；还有利于谈判各方克服因谈判人员的身份、级别、资历、心理素质等各方面造成的不良影响，使谈判在更为客观、公正的条件下进行。另外，书面谈判只需花费较少的通信费用，比口头谈判的费用大为减少。但是，书面谈判要求文字的表达符合商业习惯，措辞严谨，含义确切，内容完整，以防止文不达意、诓骗等所引起的不必要的纠纷。由于书面谈判缺乏灵活性，难以运用各种说服技巧，往往会使磋商过程不易变通，进而增加谈判次数与时间，影响谈判效果。另外，书面谈判所使用的信函、电报、资料受控于邮电、交通部门的传递送达，一旦延误和遗失，就会影响各方的联系，甚至丧失交易时机。基于以上特点，书面谈判主要适用于有固定交易的老客户之间的谈判，相距较远的跨地区、跨国界的谈判，可作为口头谈判的辅助形式。

需要指出的是，口头谈判与书面谈判的利弊是相对的，它要求谈判人员根据商务活动的需要，进行正确选择。在实际谈判工作中，无须把它们截然分开，可以根据需要交替使用，相互结合。

（3）网络谈判。网络谈判，是指借助于互联网进行协商、对话的一种谈判活动。随着电子商务的出现和迅猛发展，网络谈判方式逐渐被企业、个人所重视。

从本质上看，网络谈判属于书面谈判方式，与函电谈判一样，其谈判程序也包含着询盘、发盘、还盘、接受和签订合同5个步骤。这种借助于互联网的新的商务谈判方式，关键不在于更好地提供信息，而在于建立起与客户、合作伙伴之间的新的关系和沟通方式。

网络谈判有利于加强信息交流，通过互联网几分钟甚至几秒钟就能收到，并且准确无误。并且，网络谈判兼具电话谈判快速、联系广泛的特点，又有函电内容全面丰富、可以备查之特点，可使企业、客户掌握他们需要的最新信息。网络谈判有利于慎重决策，以书面形式提供议事日程和谈判内容，又能几秒钟抵达，使得谈判双方既能仔细考虑本企业所提出的要点，特别是那些谈判双方可能不清楚的条件能以书面传递，事先说明，又能使谈判双方有时间同自己的助手或企业领导及决策机构进行充分的讨论和分析，甚至可以在必要时向那些不参加谈判的专家请教，有利于慎重地决策。网络谈判还有利于降低谈判成本。采用网络谈判方式，谈判者无需外出，就可向国内外许多企业发出e-mail，分析比较不同客户的回函，从中选出自己最有利的协议条件，从而令企业大大降低了人员开销、差旅费、招待费以及管理费等，甚至比一般通信费用还要省很多，降低了谈判成本。网络谈判有利于改善与客户的关系。降低谈判成本还不是商务谈判的主要目的和收获，改善与客户的关系才是最大的收获，这样才能获取丰厚的回报。网络谈判所提供的是一年365天，每天24小时的全天候沟通方式。网络谈判有利于增强企业的竞争力。任何企业，无论大小，在网站上都是一个页面，面对相同的市场，都处于平等的竞争条件。

【案例1.2】网络谈判的运用

2003年，受“非典”影响，我国三大航空公司取消了14 774个航班，餐饮业刮起了“关店风”，旅游业损失2 100亿元人民币……互联网业却“因祸得福”，发挥了重要作用。

2003年，为了控制“非典”传播，沃尔玛公司重新考虑了与中国厂商洽谈生意的方法。由于无法派遣员工去中国采购，沃尔玛公司采取应急措施，在一定程度上借助于互联网技术，代替每年平均500人次的旅行。公司通过电子邮件，确定从衬衫的裁剪到鞋子的宽度等产品规格；通过视频会议使公司可以与供应商进行洽谈，为次年春季的销售下足订单。

案例分析：由于“非典”的影响，沃尔玛公司无法派遣员工去中国直接采购，这会影响其货品的供应。但沃尔玛公司后来采用了网上洽谈的方式，从而按期完成了从中国采购商品的任务。随着科学技术的不断发展和通信手段的不断优化，商务谈判方式和手段也在不断地发展和变化。人们可以在网上聊天、交友、谈判、做生意等。正是因为高新技术的发展，现代商务谈判方式越来越多样。

3. 按谈判内容的透明度划分

（1）公开谈判。对谈判本身不保密，可以将其时间、地点甚至过程、结果公布于世。在谈判时也不需要完全排除他人在场。这种商务谈判往往是主方数人而客方是来自不同单位的一群人，因而可以节约谈判的人力、物力、财力，提高谈判的效率。一般规模较小的国内贸易的谈判常属此种类型。

（2）秘密谈判。开展秘密谈判可能由多种原因引起。谈判不宜公开，可能是为了避免涉及其他方面而引起矛盾表面化、复杂化等；也可能是谈判公开化的时机未到，避免对谈判的期望过高，降低影响。一般国家间的政治谈判和较大规模的国内贸易谈判、对外贸易谈判等常属此种类型。

（3）半公开谈判。半公开谈判，是指有关谈判的时间、地点、内容甚至过程，部分地对外进行披露的谈判类型。显然，对外披露的内容完全是根据自己的需要来选择的。例如，公布一部分谈判信息，借以提高企业形象等。

4. 按谈判利益主体的数量划分

（1）双方谈判。双方谈判是指两个谈判利益主体参加的商务谈判。很显然，双方谈判的利益关系比较明确具体，也比较简单，因而容易达成一致的意见。

（2）多方谈判。多方谈判是指两个以上的谈判利益主体参加的商务谈判。相比之下，多方谈判的利益则要复杂得多，难以协调一致。例如，在建立中外合资企业的谈判中，如果中方是一家企业，外方也是一家企业，两家企业之间的意见就比较容易协调。如果中方有几家企业，外方也有几家企业，谈判将困难得多。这是因为中方几家企业之间存在着利益上的不一致，需要进行协商谈判。同样，外商几家企业之间也存在着利益上的不一致，需要进行协商谈判。这样，矛盾的点和面就大大增加了，关系也更为复杂。

5. 按谈判主体的地域范围划分

（1）国内商务谈判。国内商务谈判是指国内企业、单位、个人之间有关商品、技术和劳务的谈判。由于国内商务谈判具有国籍同一、法律同一、语言相同、文化习俗基本相似，并处于同一经济体制之中等特点，其谈判的基本观念、程序、策略、技巧都具有一定的相通性和可控性。

（2）国际商务谈判。国际商务谈判是指不同国家或地区的企业、单位、个人之间有关商品、技术和劳务的谈判。就我国而言，国际商务谈判就是对外贸易谈判。

国际商务谈判与国内商务谈判相比，既有基本相同的一面，又有不同的特征。

首先，国际商务谈判涉及面广，更具复杂性。国际商务谈判中的谈判议题要比国内谈判广泛，合同的履行也比国内困难。国际商务谈判要涉及谈判人员的出入境，谈判的时间和费用都比国内谈判复杂，谈判中的所有议题都要求高效率地达成共识。因此，没有充分的准备，就会使谈判难上加难。

其次，国际商务谈判的交易各方在社会、经济和法律上具有差异性。由于不同的国家之间在法律、贸易政策、商业习惯以及度量衡制度等方面存在着差异，因此，在谈判之前，谈判人员必须了解对方国家有关的法律和贸易政策，并熟悉国际上通行的有关的法律和惯例，在谈判中要准确理解其提出的问题及其态度，这样才能减少谈判障碍。

再次，国际商务谈判的风险因素较多。在国际商务谈判中，除了要考虑运输风险、价格风险、商业信用风险以外，还要考虑政治风险和外汇风险等。因此，在对外谈判的准备和谈判过程中，都要注意摸清对方的资信情况和经营能力，密切注意有关市场变化情况、外汇市场的走势以及国际风云的变幻，并综合考虑到对方国家对我国的政治态度和两国政府之间的经贸关系，以便在谈判过程中正确决策，避免失误。

最后，国际商务谈判涉及不同的社会经济制度和社会文化背景，使交易各方在谈判过程中的合作与交流更为困难。因此，在谈判之前，就应当努力了解和熟悉对方的习惯与办事方法，克服偏见，尊重对方，注重礼节，尤其要重视语言在对外谈判中的特殊作用。目前，国际通行的商业语言是英语，但德语、法语、西班牙语在一些国家和地区（如东欧、北欧、中西非、中南美洲）还比较盛行。而我国目前国家政策允许进行直接对外贸易的大多数工商企业中，中高级管理人员和业务人员精通外语的为数并不多，在国际商务谈判中必须借助翻译人员来完成双方的信息交流。因此，翻译的水平和语言表达能力的高低对谈判的结果有着重要的影响。

6. 按谈判的核心议题划分

（1）价格谈判。价格谈判是谈判各方都把达成一项各方都能接受的价格协议作为整个谈判的核心问题。谈判总是围绕着“公平合理”的价格来展开的，各方都把价格作为是否达成交易的唯一因素，一切直接影响价格的因素都是价格谈判中各方产生冲突的焦点，如总价、折扣、交易的各项直接费用（包括包装材料费、装卸费、运费、保险费和其他各种费用等），而质量要求、成交的数量、交货时间、支付时间和方式等，都被作为谈判中的前定因素。因此，交易各方都会不遗余力、绞尽脑汁地想出种种方案，寻找“公平合理”的价格。只要价格问题解决了，谈判就算大功告成。一般来说，多数商品交易谈判都属于价格谈判。

价格谈判的基本目标对谈判各方来说是不同的。对卖方来说，基本目标是保本价格，即有关成本、各项费用和预期最低利润之和，而从交易成立到合同履行期间的利息贴水、市场价格潜在的不利变化趋势以及货币风险等，都是在保本价格基础上派生的目标。对买方来说，基本目标是在过去的经验和搜集到的有关市场信息基础上，建立一套价格目标中的底价价格。底价是买方愿意支付的最高价格，只要谈判各方对于市场有比较全面和准确的信息，通常情况下买方的底价总是要高于卖方的保本价格，故在价格谈判中双方的互融性比较大，谈判各方易于达成都能接受的协议。但是，在价格谈判中，买卖双方的利害关系都集中在价格问题上，如果在某项交易的谈判中，保本价格与底价比较接近，谈判的过程就会是各方激烈的讨价还价过程，谈判失败的危险性很大。

（2）成本谈判。成本谈判，是交易各方都以卖方的成本作为交易品的基本价格。在谈判中，双方必须考虑构成卖方成本的各种要素、各种要素的价格如何计算以及怎样确定各种必需的费用等。劳务交易、成套设备交易和工程合同都是采用成本谈判。

成本谈判中买主支付给卖主的价格构成因素通常包括材料费、折旧、人工费、间接费、行政管理费和该行业的平均利润。双方容易产生分歧的往往是价格构成中的主要因素，特别是材料和人工的耗费往往是双方争论的焦点。不同的卖主由于其技术力量、采用的工艺以及管理制度上的差异，其材料和人工的耗费往往有比较大的差别，而买主在这方面获得的信息是不全面的。因此，在工程、设备安装以及各种劳务合同的谈判中，买主通常要采用招标的方式，使潜在的卖主之间先进行技术、工艺和成本竞争，在各种投标方案中选择比较适宜的卖主，然后在投标的方案基础上进行谈判，这样可以缩短谈判过程，节省谈判费用，使复杂的谈判变得简单一些，尤其对买方特别有利。

7. 按谈判议题展开的方向划分

（1）横向谈判。横向谈判是指把拟谈判的议题全部横向铺开，也就是几个议题同时讨论，同时取得进展，然后再同时向前推进，直到所有问题谈妥为止。例如，谈一笔进出口贸易，双方先确定这样一些议题或条款，即品质、价格、数量、支付、装运、保险和索赔等。然后，先开始谈其中一项条款，待稍有进展后就去谈第二条，等到这几项条款都轮流谈到后，再回过头来进一步谈第一条款、第二条款……依此类推，如有必要可再进行第三轮以至更多轮的磋商。

横向谈判方式的基本特点就在于按议题横向展开，一轮一轮地洽谈，每轮谈及各个问题。

横向谈判方式比较适合于对并列式复合问题的洽谈。所谓复合问题，是指那些自身还能分解出若干小问题的问题。并列式的复合问题是指复合问题中包含的若干小问题，它们各自独立存在，相互之间没有隶属关系。正是由于它们是相互并列的，可以分别进行讨论。

（2）纵向谈判。纵向谈判是指在确定议题之后，逐个把条款谈完，一项条款不彻底解决就不谈第二个。例如，同样是上面那笔交易，在纵向谈判方式下，双方首先会把商品品质确定下来，品质问题解决不了，达不成一致意见，双方就不谈价格条款。

纵向谈判方式的基本特点，就在于按议题纵向展开，每次只谈一个问题，谈透为止。

纵向谈判方式比较适合于对链条式复合问题的洽谈。所谓链条式复合问题，就是指复合问题中分解出的若干小问题，并不处在同一个层次上，而是像链条一样，一环扣一环，逐步展开。这时，适宜用纵向谈判方式，把要谈的若干议题，按它们之间的内在逻辑联系，整理成一个系列，依顺序逐个地进行谈判。

8. 按谈判双方的态度倾向划分

（1）让步型谈判。让步型谈判，也称软式谈判。让步型谈判者希望避免冲突，随时准备为达成协议而让步，希望通过谈判签订一个皆大欢喜的协议。采取这种谈判方式的人，把对方不是当作敌人，而是当作朋友。谈判的目的是要达成协议而不是获取胜利。因此，在一场让步型的谈判中，一般的做法是：提议、让步、信任对方、保持友善，以及为了避免冲突对抗而屈服于对方。

如果谈判双方都能以宽大及让步的心态进行谈判，那么达成协议的可能性、达成协议的速度以及谈判的成本与效率都会比较理想，并且双方的关系也会得到进一步的加强。然而，由于利益的驱使，加上价值观及个性方面的差异，并非人人在谈判中都会采用这种谈判的方法。并且，这种方法并不一定是明智的、合适的，在遇到强硬的谈判者时，极易受到伤害。因而在商务谈判实践中，采取让步型谈判的人是极少的，一般只限于双方有长期的业务往来，并且合作关系非常友好的条件下。

（2）立场型谈判。立场型谈判，也称硬式谈判。立场型谈判者将谈判看成是一场意志力的竞争和搏斗，认为立场越强硬者，最后的收获也越多。谈判者往往在谈判开始时提出一个极端的立场，进而固执地加以坚持。只有在谈判难以为继、迫不得已的情况下，才会做出极小的松动和让步。在双方都采取这种态度和方针的情况下，必然导致双方的关系紧张，增加谈判的时间和成本，降低谈判的效率。即使某一方屈服于对方的意志而被迫让步、签订协议，其内心的不满也是显然的。这是因为在这场谈判中，他的需要没能达得到应有的满足。这会导致他在以后协议的履行过程中的消极行为，甚至是想方设法阻碍和破坏协议的履行。从这个角度来讲，立场型的谈判没有真正的胜利者。

总之，立场型谈判使双方陷入立场性争执的泥潭而难以自拔，因不注意尊重对方的需要和寻求双方利益的共同点，所以很难达成协议。

（3）原则型谈判。原则型谈判，也称价值型谈判。原则型谈判要求谈判双方首先将对方作为与自己并肩合作的同事对待，而不是作为敌人来对待。也就是说，要首先注意与对方的人际关系。然而，原则型谈判并不像让步型谈判那样只强调双方的关系而忽视利益的获取。它要求谈判的双方都尊重对方的基本需要，寻求双方利益上的共同点，设想各种使双方都有所获的方案。当双方的利益发生冲突时则坚持根据公平的标准来做决定，而不是通过双方意志力的比赛一决胜负。

与立场型谈判相比，原则型谈判注意调和双方的利益而不是改变对方的立场。这样做常常可以找到既符合自己利益，又符合对方利益的替代性立场。

原则型谈判者认为，在谈判双方对立立场的背后，存在着某种共同性利益和冲突性利益。我们常常因为对方的立场与我们的立场相对，而认为对方的全部利益与我方的利益都是冲突的，但事实上，在许多谈判中，深入地分析对方的立场背后所隐含的或代表的利益，就会发现双方共同性的利益要多于冲突性利益。如果双方能认识到并看重共同性利益的话，调和冲突性利益也就比较容易了。

原则型谈判强调通过谈判所取得的价值。这个价值既包括经济上的价值，也包括人际关系的价值，因而是一种既理性又富有人情味的谈判，为世界各国的谈判研究人员和谈判实践人员所推崇。

上述三种方法是比较理论化的划分，现实中的谈判往往与上述三种方法有所差别，或者是三种方法的综合。

9. 按商务谈判的进程划分

（1）签约前的谈判。签约前的谈判是指为了签订合同而进行的一系列谈判。它包括一般性会见、技术性交流、意向书或协议书的谈判以及正式合同的谈判。一般性会见旨在确定商务谈判的可能性与方向性，一般来说，注重气氛的友好和谐；技术性交流（如技术性的讨论会、演示、鉴定等）是交易的前奏，它具有广泛的宣传性与技术内容的保密性等双重特点，其目的是既要扩大知名度，吸引客户，又要使客户有一定的“神秘感”，并确定己方技术利益不受侵害；意向书或协议书谈判是在交易各方表达交易愿望进行广泛接触的基础上，为了保证前期谈判成果以及以后谈判的连续性，而签订意向书或协议书的谈判。意向书或协议书因其很难全面地对各项交易条件做出明确的承诺，一般只起总结与期望的作用，无法律约束力。因此，该类型谈判往往具有阶段性与保留性的特点。如果谈判各方以达成协议为目标进行谈判，则协议书便具有契约性的法律效力。正式合同谈判是指就各种交易条件进行磋商，并最终签订合同的谈判。它是任何富有成效的商务谈判的基本形式。一旦签订合同，对各方均具有法律约束力。因此，它要求各项条款全面、具体、明确、严谨，注重法律依据，追求各项交易条件的平衡，符合合同文本的要求。

（2）签约后的谈判。签约后的谈判是指合同生效后，合同义务不能或未能完全履行而产生的违约谈判、索赔谈判、重审合同义务的谈判以及清算合同最终债务的谈判等。签约后的谈判就谈判内容而言较签约前的谈判简单。因为此类谈判仅限于违约条款、索赔事项及债务清算，谈判的回旋余地不大，如选择谈判对象的权力已丧失，合同条文的修改也不大可能，失误和疏忽亦不能作为谅解的理由。

这里需要指出的是，签约后的谈判中的原有合同的重新谈判的问题。所谓合同重新谈判，是指在长期合同中，由于市场风云多变，买卖双方在合同中规定，在合同截止期前重新谈判的条款或条件。在初始合同中必须设定重新谈判之前必须具备的条件，只有在出现了重新谈判条款中所规定的客观条件时，买卖双方的一方才可以提请双方对初始合同中允许变动的条款进行谈判，而另一方则有义务接受重新谈判的建议。这样可以避免双方陷入“为重新谈判”而进行“谈判”。对于订有“重新谈判”条款的合同，一般都是合同执行期限比较长，如工程合同，从勘探设计到建成验收一般需要几年时间。在此期间内，不仅卖主因材料和人工价格上涨需要提出合同总价变动及变动幅度，而且买主在卖主施工过程中也许会因为事先难以预料的情况提出变更部分工程设计的要求，这就需要双方讨论工程变更所应当增加的施工费用。但是对长期合同中重新谈判的范围必须慎重地确定，应当在原合同中规定允许双方提出重新谈判的特定条件和特定内容。通常而言，重新谈判的条款一般涉及价格、规格、数量等内容。

10. 按商务谈判的地点来划分

谈判地点的选择以及具体谈判场所的选择与布置是影响商务谈判的一个重要因素。依据谈判双方进行谈判的地域或地点来划分，商务谈判表现为以下几种类型。

（1）主场谈判。主场谈判是在己方所在地进行的谈判。主场包括自己所居住的国家、城市或办公所在地。总之，主场谈判是在自己熟悉的工作、生活环境下，由自己做主人的情况下进行的商务谈判。

主场谈判会给己方带来很多便利和优势，具体表现在以下方面。

① 谈判者在自己熟悉的环境中没有心理障碍，容易在心理上形成一种安全感和优越感。

② 在通信、联络、信息等方面占据优势，谈判人员可以随时与企业或上级领导联络，可以方便地获取各种资料，能够在谈判中保持极大的灵活性。

③ 由东道主身份所带来的谈判空间环境的主动权，会使谈判者在处理各种谈判事务时比较主动，便于主动掌握谈判进程。

当然，作为东道主，必须懂得礼貌待客，包括邀请、迎送、接待、洽谈组织等。礼貌的程度可以主动把握。礼貌可以换来信赖，它是主场谈判中的一张有力的牌，它会使客场谈判者积极思考主场谈判者的各种要求。

（2）客场谈判。客场谈判是在谈判对手所在地组织的商务谈判。广义地讲，只要不是在自己所在地的谈判，均可视为客场谈判。

客场谈判的好处是，当谈判者在谈判中处于逆境或准备不足时，在对方所在地谈判可能更为主动，主要原因是退出方便。选择对方所在地点也是谈判者自信心强的表现。如果谈判者能够保持自信并不断发起进攻，就能取得初步的胜利。选择对方所在地进行谈判，更有利于谈判人员在企业和领导授权的范围内，发挥主观能动性。

当然，客场谈判对客方来说需要克服不少困难。参加客场谈判时必须注意以下几点。

① 入境问俗，入国问禁。要了解各地、各国不同的风俗和国情、政情，以免做出会伤害对方感情的事情，而这种情形通常是稍加注意即可避免的。

② 审时度势，争取主动。客居他乡的谈判人员，受各种条件的限制，如客居时间、上级授予的权限、通信的困难等，面对顽强的谈判对象可以施展的手段有限，要么让步，要么坚持到底。客场谈判者在这种处境中，要审时度势、灵活反应、争取主动，既要分析市场，又要分析对方的真实要求、心理变化等，有希望则坚持，无希望则速决。对方有诚意，就灵活调整自己的目标；若对方无诚意，则不必随便降低己方的条件。

③ 配备好自己的翻译、代理人，不能随便接受对方推荐的人员，以防泄露机密。

（3）主客场轮流谈判。主客场轮流谈判是一种在商务交易中互相交换谈判地点的谈判。谈判可能开始在卖方，继续谈判在买方，结束谈判又在卖方等。主客场轮流情况的出现，说明交易是不寻常的，它可能是大宗商品买卖，也可能是成套项目的交易。这些复杂的谈判拖的时间比较长，应注意以下两个方面的问题。

① 确定阶段利益目标，争取不同阶段最佳谈判效益。主客场轮流谈判说明交易复杂，每次换场谈判必定有新的理由和目标。谈判者在利用有利条件或寻找、创造有利条件时，应围绕阶段利益目标实现的可能性来考虑。犹如下棋，要看几步。在“让与争”中，在成功与失败中掌握分寸、时机。阶段利益目标的实现应以“循序渐进、磋商解决”的方式为基础。

② 坚持主谈人的连贯性，换场不换帅。在谈判中换人尤其是换主谈人是不利于谈判的，但实践中这种情况仍经常发生。由于公司的调整、人事的变动等客观原因，或是出于谈判策略的考虑，如主谈人的上级认为其谈判结果不好、表现不够出色，为了下阶段的利益目标而易帅。无论属于哪种情况，易帅都会在主客场轮流谈判中带来不利影响，使对方产生不快。并且谈判已经展开，原先的基础条件已定，过去的许多言论已有记载，对方不会因你易帅而改变立场，易帅不一定能争取到比以前更好的结果。避免主帅更换的最好方法，是在主客场轮流谈判中配好主帅和副帅。有两个主谈人就可以应付各种可能，以确保谈判的连贯性。

（4）中立地谈判。中立地谈判是指谈判地点设在第三地的商务谈判。第三地作为谈判地点不存在倾向性，双方均无东道主地域优势，策略运用的条件相当，双方谈判地域环境较为公平。但是，在第三地谈判会造成谈判成本的增加。并且，双方首先要为谈判地点的选择和确定而谈判，地点确定本身就比较复杂。中立地谈判通常为相互关系不融洽、信任程度不高的谈判双方所选用。

11. 按商务谈判中双方实力的不同来划分

商务谈判实力是指谈判主体的经济实力，以及谈判主体的经济实力和谈判者的知识水平、谈判能力以及客观竞争环境等复杂因素综合作用的结果。谈判主动权的争夺则是反映了谈判一方为实现己方的谈判意图，通过积极谋求谈判资讯、时间和权利优势以左右和控制谈判进程，而另一方也力图进行反控制以变被动为主动的较量的过程。

【案例1.3】 角色扮演

在英国某机场的咖啡屋里，麦克与一位重要的客户在会谈合作事宜，这时客户的手机响了，他出去接电话。就在此时，麦克发现比尔·盖茨也在这间咖啡屋里。麦克走到比尔·盖茨的桌旁，对他说："比尔·盖茨先生，很抱歉打扰您，您能帮我个忙吗？我叫麦克，正与一位重要的客户会谈，一会儿他进来，您和我打个招呼，就像老朋友那样，行吗？"比尔·盖茨答应了。那位客户回来后就与麦克继续交谈，比尔·盖茨起身走到他们的桌旁，拍着麦克的肩膀说："嗨！麦克，很高兴在这里见到你。"麦克说："比尔，我正忙着呢，别打扰我！"

结果，麦克很顺利地与客户达成了协议。

（资料来源：盛安之. 谈判的60个博弈策略. 北京：企业管理出版社，2008）

案例分析：麦克很顺利地与客户达成协议的原因是什么？是利用比尔·盖茨让自己的物质力量显得更壮大，让客户高看自己，从而麦克很顺利地与客户达成了协议。

根据谈判双方在谈判中的地位的差异和实力的对比，商务谈判表现为以下三种类型。

（1）主动地位的谈判。当谈判对手实力弱小，己方实力强大时，谈判者一般处于主动谈判地位。处于主动地位的谈判者，可以利用己方的强大的谈判实力，给对方造成压力，迫使对方做出让步，尽可能使己方谋取最大限度的谈判利益。谈判者可以摆出强硬的谈判姿态，充分运用"最后通牒"、"先苦后甜"等谈判策略，最终实现己方的谈判目的。通常来说，主动地位的谈判还表现为谈判者利用己方掌握的谈判资讯、时间和权利优势，采取先发制人的谈判方式，主动选择和邀请谈判对手，设定谈判议题，引导谈判进程和发展方向，制造特定的有利于己方的谈判氛围，努力扩大己方的谈判影响力，最终达成有利于己方的谈判协议。

（2）被动地位的谈判。当谈判对手强大而己方实力弱小时，谈判者一般处于被动谈判地位。被动地位下的谈判，表现为对手实力强大、准备充分、充满自信、态度强硬。因此，正面对抗显然占不到什么便宜。但是，这并不意味着己方就一定会在谈判中败北，而被对手绝对控制。被动地位的谈判者应善于保持克制、忍耐，避其锋芒，针对性地化解对方的谈判优势，运用"各个击破"、"迂回进攻"等谈判策略，设法削弱对方的谈判力量，保护己方的谈判利益，实现己方的谈判意图。通常而言，被动地位的谈判还表现为谈判者尽可能地利用己方的谈判资源条件，通过运用各种谈判策略和手段，采取后发制人的谈判方式，反客为主，变被动为主动，在谈判的议题范围内掌握谈判的主动权和控制权，甚至变更谈判议题，改变谈判氛围，左右谈判进程，引导整个谈判朝有利于己方的谈判方向发展，从而实现己方的谈判利益。

（3）平等地位的谈判。当谈判双方实力相当，任何一方都不占据谈判优势时，谈判者一般处于平等的谈判地位。平等地位下的谈判的基本原则是平等互利、求同存异。基于这一原则，谈判者应致力于建立一种和谐的谈判氛围，双方通力合作，从而实现双方都满意的谈判结果。应当注意的是，双方整体实力相当、地位对等并不等于谈判双方在任何一个方面都条件相同。谈判双方总是各有所长、各有所短。谈判者应采取"扬长避短"的谈判策略，努力将对方控制在自己的谈判优势范围内，用自己的长处制约对方的短处，迫使对方让步，尽可能从谈判中获取更大的谈判利益。

1.2.2　商务谈判的内容

商务谈判的内容非常广泛，既包括商品、技术、劳务的贸易谈判，也包括工程项目、投资和经贸合作谈判。作为最为基本和普遍的商务谈判活动，这里具体介绍商品贸易谈判的一般内容。

商品贸易谈判是谈判各方就与商品贸易有关的各项交易条件所进行的洽谈。就商务谈判合同基本条款而言，它一般包括以下基本内容。

1. 商品品质

商品品质是指商品的内在质量和外观形态。它们由商品的自然属性决定，具体表现为商品的化学成分、物理性能和造型、结构、色泽、味觉等特征。进行商品品质谈判的关键是要掌握商品品质构成的有关内容以及品质表示方法的通用做法。不同种类的商品，有不同的品质表示方法。常用的表示方法有规格、等级、标准、样品、牌名或商标以及说明书等。这些方法可以结合使用，也可以单独使用，谈判中应根据具体的交易情况来进行选择。

2. 商品数量

商品数量是指商品贸易双方对具体商品的交易实物数量，主要由数字和计量单位构成。

商品的计量单位一般可采用重量、长度、体积、容积、面积和个数等单位表示。商品的性质不同，采用的计量单位也不同。例如，粮食、矿石、钢材、茶叶等通常使用重量单位；机器设备、服装、家电等通常采用个数单位；棉布通常使用长度单位；木材通常使用体积单位等。

商品的重量分毛重和净重两种。毛重是商品本身重量加包装物重量之和；净重是商品本身的重量。采取毛重还是净重，谈判中应当予以明确。例如，玉米采用麻袋包装，在实际交货时，带包装测量会更容易一些；但如果规定是净重，则需要在毛重中扣除麻袋的重量。皮重（即包装物的重量）有多种计算方法，可以按实际皮重计算，也可以按约定皮重或抽检皮重计算，或者以毛作净，无论采用何种方法，谈判中均应明确做出规定。

根据惯例，应该规定“溢、短装条款”，对有关商品的数量规定合理的机动幅度，以防止日后产生纠纷。

3. 商品包装

除少数商品因其本身特点不需要包装外，大多数商品都需要有符合其特点的包装。按商品是否需要包装，可以分为三类，即散装货、裸装货和包装货。包装分为运输包装和销售包装两种。商品是否需要包装以及采用何种包装，主要取决于商品的特点和买方的要求。

在国际贸易中，要了解国内外对包装装潢的要求及图案和色彩等方面的习俗和禁忌，注意满足其特殊要求。世界各国（地区）通常对一些商品的标签、贴头、印记、文字、图案、色彩都有不同的规定。例如，加拿大规定：凡进口到加拿大的食品必须以英文和法文标明品名，并标明商品的重量、用法、保质期以及外国生产者或加拿大进口商的名称与地址，否则，不准进口。我国香港地区对食品的包装要求：包装需准确反映商品形象，构图要层次分明，突出重点以及有恰当的色彩和文字说明等。可见，商品的包装装潢必须符合商品输入国和地区的喜好，避开禁忌，以消除不必要的麻烦、纠纷或索赔事件。

4. 商品价格

价格是谈判中的核心问题。买方希望为买进商品所支出的货币越少越好，而卖方则希望价格在补偿成本的基础上越高越好。在许多交易中，价格的高低是影响双方利益分配的重要因素。有关价格的谈判往往是整个谈判进程中最为重要、最为敏感，也是最为艰巨的一环。

价格的确定与其他交易条件有密切联系，双方在确定最终价格时必须考虑这些因素，如商品品质、交易数量、交货期限、支付条件、运输方式、交货地点等。

价格由单价和总值构成。单价即单位商品的价格，包括计量单位、计价货币、单位金额和价格术语四个部分。

价格作为谈判中的核心内容，直接关系到谈判双方的经济利益，对此应给予高度重视。

5. 支付方式

在商品交易中，付款的方式也很重要。从表面来看，不论以什么方式付款，用什么支付工具付款，买方的付出和卖方的收入都是合同中规定的总额。但实际上，在不同的支付条件下，尽管支付的价格总额不变，但买卖双方实际的支付和收入水平可能会有很大差异。

（1）预付款和最终付款。预付款是指买方在订货时预先付给对方的款项；当产品制造完成并经买方检验合乎合同确定的标准时，买方可最终付款。双方协商的内容包括预付款的比例，最终付款的期限、方式，延期支付的赔偿，提前支付的折扣，产品在制造加工期间的其他付款等。

（2）支付金额和支付货币。支付金额一般是指合同规定的总金额。但在有些情况下，支付金额与合同金额会不一致。例如，分批交货、分批付款，采用滑动价格，品质优劣浮动价格或数量溢、短装规定，谈判时一些附加费用暂难确定等。

支付货币在国内贸易中统一规定使用人民币。在国际贸易中情况就比较复杂，可能会涉及汇率风险的问题，一般应选择兑换比较方便、币值相对稳定的货币作为支付货币。

（3）支付方式。支付方式包括支付时间、支付地点和支付方式。国内贸易中货款的结算通常有现金结算和转账结算两大类，其中又包括多种具体方式；国际贸易一般多采用信用证结算。在支付方式中较为关键的是支付时间，时间不同，对双方利益会有较大影响，谈判中应予以重视。

6. 装运与交付

在合同中，对商品的装运和交接问题做出明确的规定，可以维护双方的利益。

（1）运输方式。商品的交接必须借助于空间的转移来实现，运输方式不同，运费差别很大。双方应在明确由谁支付运费的基础上，规定运输方式及应负的责任。运输方式包括：海洋运输、铁路运输、公路运输、航空运输、管道运输和联合运输等。双方应根据时间的要求和运输成本，来选择合适的运输方式。

（2）交货时间。在经济活动中，许多合同纠纷起因于装运和交接货物的时间规定比较模糊。为尽可能避免纠纷，谈判人员应在切实可行的基础上，力求把装运和交接货物的时间定得明确合理。通常情况下，卖方谈判人员应在充分考虑货源情况、运输条件、市场供应情况及商品本身状况等因素的基础上决定装运时间或交货时间。双方在确定交货日期后，应明确卖方延期交货或买方不能按期接货所应负的责任，以及由此给对方带来损失的赔偿。

（3）交货地点。交货地点的选择关系到运费和结算价格的高低，同时也与交接双方所承担的责任有关。地点规定必须明确具体，谨防因过于笼统或重名问题引起合同履行中的麻烦。

7. 运输保险

商品运输保险是被保险人或投保人在货物装运以前，估计一定的投保金额（即保险金额），向保险人或承保人（即保险公司）投保货物运输险。被保险货物若在运输过程中遭受自然灾害或意外事故造成经济损失，则保险人负责对保险险别责任范围内的损失，按保险金额及损失程度赔偿保险利益人。

在国内贸易谈判中，谈判人员应当根据实际情况，把保险条件与交货地点联系起来考虑，即如果在卖方所在地交货，可由买方办理商品运输保险；如果在买方所在地交货，可由卖方办理商品运输保险。无论是何方办理保险，都应将保险费用计入经营成本。

在对外贸易谈判中，商品运输保险较为复杂，应在了解保险公司有关保险条款、对方国家的有关保险条款及国际通用做法的基础上，根据商品的性质、金额、包装情况、装载条件及赔偿及时与否，合理确定保险金额、险别以及按何种保险条款办理保险等事宜。

8. 商品检验

商品检验是指对商品的品质、数量和包装所进行的检验，以确定其是否符合合同规定以及违约的责任归属。商品检验的洽谈应注意以下几个方面的问题。

（1）商品检验的内容和方法。检验的内容一般涉及商品的品质、数量等。检验的方法有视觉、味觉、嗅觉、触觉及科学仪器的检验。谈判中还应明确规定是抽样检验，还是全部检验。

（2）商品检验的时间和地点。商品检验的时间和地点可根据商品的性质和港口、车站、码头的情况来争取对己方有利的时间和地点。

（3）商品检验的机构、检验标准和检验证明。应根据我国及国际上的有关规定以及检验机构的权限、信誉、检验设施等确定合法、合格的检验机构，要结合各方所商定的检验标准、方法、时间、地点等条件，向有关检验部门提出申请，并从指定的检验机构取得检验证明，作为办理商品交接、结算、计费、处理争议的依据。我国对外贸易的商品检验，均由国家质量监督检验检疫总局和其委托的检验部门、检验机构进行。

9. 索赔、仲裁与不可抗力

索赔是一方认为对方未能全部或部分履行合同规定的责任时，向对方提出索取赔偿的要求。双方在谈判时，一般就索赔问题事先进行约定，避免日后产生纠纷。有关索赔问题的谈判，通常涉及以下问题。

（1）索赔依据。在什么情况下可以提出索赔要求。

（2）索赔期限。要求赔偿的一方应在什么时间内提出索赔要求才为有效。双方对此应事先做出约定，过期可不予受理。

（3）索赔金额。要求赔偿的数额，包括违约金和赔偿金。违约金具有惩罚性质，只要确认是违约，违约方就须向对方支付。赔偿金具有补偿性，如违约金不足以弥补对方的损失，还应进一步赔偿。赔偿金的计算一般以给对方造成的直接损失为限。

仲裁是指双方当事人在谈判中商定，在双方发生争议时，如果通过协商不能解决，自愿将有关争议提交给双方所同意的第三者进行解决。有关仲裁问题的谈判主要包括仲裁地点、仲裁机构、仲裁程序和仲裁效力等问题。

（1）仲裁地点。可以是卖方所在地、买方所在地或是双方约定的第三国（地区）。

（2）仲裁机构。国内贸易的仲裁一般由国家工商行政管理总局和地方各级工商行政管理部门设立的经济合同仲裁委员会进行仲裁。国际贸易的仲裁可由中国国际经济贸易仲裁委员会或其他国家的仲裁机构进行仲裁。

（3）仲裁程序。一般按仲裁机构规定的程序办理。

（4）仲裁效力。仲裁效力是指仲裁裁决对双方当事人有无约束力，裁决是否具有终局性，当事人如果不服裁决，能否向法院起诉等。一般在谈判时，可以对此做出一些限制性的规定。

不可抗力是指在合同签订后，发生了当事人不能预见、不能避免、不能克服的客观事件，以至于影响到合同的顺利履行，甚至导致合同完全不能履行。不可抗力事件的发生，一种是由自然力量引起的，如地震、水灾、火灾等；另一种是由社会力量引起的，如战争、政策禁令等。有关不可抗力的谈判应主要解决的问题如下。

① 不可抗力事件的范围。认可哪些事件属不可抗力事件。

② 不可抗力事件的后果。规定在出现不可抗力事件后，哪些情况下可以延迟履行合同，哪些情况下可以中止履行合同等。

③ 出证机构及事件通知。规定一旦出现不可抗力事件，应由什么机构出具证明，应在多长时间内通知对方等。

1.3 商务谈判的原则与评判标准

1.3.1 商务谈判的原则

所谓商务谈判的原则，是指在谈判过程中谈判双方必须遵守的基本准则或规范。谈判的原则作为谈判内在的、固有的规范，所有谈判者在谈判中都必须遵守。充分了解谈判原则，有助于掌握和运用谈判的策略与技巧，保护谈判当事人的权利与利益。遵循必要的谈判原则，是谈判获得成功的基本保证。商务谈判中要达到预定的谈判目标，必须遵循以下几个基本原则。

1. 信用的原则

【案例 1.4】

一天，陈女士携女友到一家刚开业不久的百货大楼购物。在一排做工精致、用料考究的女式风衣前，陈女士发现一件成衣的标签上赫然印着60元的标价。这是一起明显的标价错误，因为这排风衣的统一标价是160元。售货员小姐非常友好地向陈女士致歉，并告之小标签上的价格是因为计算机的差错，“60”元前面的“1”字没有标清楚。但陈女士认为，既然小标签上印着“60元”，这就意味着商家对顾客的一种承诺，因此，她坚持要以“60元”的价格买走该风衣。售货员小姐不敢做主，她让陈女士留下联系地址，告之次日将给她一个满意的答复。百货大楼的负责人连夜经过紧急磋商，最后决定以“60元”的售价将该风衣卖给陈女士。这件商业纠纷引起了新闻媒体的关注，一时，当地各大报刊纷纷报道了这则消息，并展开了一场讨论：陈女士该不该以60元的价钱买走这件风衣？不少读者都支持百货大楼，纷纷谴责陈女士的行为是出于一种“占便宜”的动机。而这家刚开业不久的百货大楼由于严守信用、言出必行而赢得了非常好的口碑，从而提高了知名度，一时间，该百货大楼门庭若市、生意火爆。

案例分析：从这家百货大楼用100元钱苦心买回一个“信誉”可以看出，言必信，行必果，对一个人、一家企业的形象具有何等重要的塑造力量，真可谓黄金有价，信誉无价。

诚实可信、言而有信、信誉至上是谈判中非常重要的原则，“人无信难立，买卖无信难存”。在谈判桌上，我们推崇一个“信”字，强调的也是谈判者应言而有信、行必有果。从人际关系的角度上讲，人与人之间的交往态度多半是游离于纯粹的信任和极度的猜疑这两极之间的。在这种利益冲突非常明显的谈判活动中，这一关系表现得更为强烈。在曲折复杂的谈判过程中，作为一个参与者，必须恪守说话前后一致、严守信用的准则。良好的信用将给谈判对手以信任感，消除疑虑和分歧，尽快地达成一致。如果没有信用，彼此之间相互猜疑，无疑将破坏谈判中的合作气氛，使谈判陷入困境，最终可能导致谈判破裂。

当然，谈判者有时也可能改变自己的立场，但这是有条件的。修改自己的意见必须寻找充分的理由，要么是初始意见的条件发生了变化，要么是对方做出了让步，或者对方的论点比自己的更有说服力。

为了在谈判中贯彻这一原则，谈判者应当做到以下几点：守信用，即遵守自己在谈判中的承诺，这是取信于对方的关键；信任对方，只有信任对方，才能获得对方的信任，这是取信于人的方法；不要轻易承诺，这是取信于人的重要保障，如果轻诺寡信，必将失信于人；以诚待人，这是取信于人的积极态度。

2. 求同存异的原则

【案例 1.5】

让我们来看看美国政治家和科学家富兰克林的一个故事。那年，富兰克林在费城的选举中获胜，担任了公职。但在竞选过程中他与一位著名人士结下了难解之怨，因为在某些问题上他们观点相异。但现在富兰克林又非常需要那位先生的支持。经过了解，富兰克林得知那位先生酷爱藏书，常引以为荣，而且他特别珍藏了一套书籍，其中有一册是非常珍贵的善本。于是富兰克林写了一封信给那位先生，请求他帮忙，将那册善本借给自己。那位先生接信后，几乎马上就派人把书送了过来。一星期以后，富兰克林将书送还，并附了一封热情洋溢的感谢信，向他深表谢意。结果，下一次二人碰面时，那位先生第一次主动与富兰克林交谈，殷勤地表示支持富兰克林愿意竭尽全力与富兰克林合作。富兰克林运用求同存异的原则赢得了那位先生的友谊。

案例分析：求同存异，是我们处理很多问题的原则。周恩来在万隆会议上提出“国家和国家之间虽然社会制度不同，但要和平，要谋和平”，也正是这一原则的应用。

谈判既然是作为谋求一致而进行的协商，它本身必然蕴含各方在利益上的“同”与“异”。为了实现成功的谈判，谈判者就应当遵循求大同存小异的原则。求大同是指谈判各方在总体上、原则上必须一致，摒弃细枝末节的分歧和不同的意见，从而使参与谈判的各方都感到满意，这是谈判成功的基础。没有这一基础，谈判必然归于失败。存小异，就是谈判各方必须做出适当的让步，容许与自己的利益要求不一致的“小异”存在于谈判协议之中。

3. 精确数字的原则

【案例 1.6】

日本一家药店老板向太阳银行申请贷款91万日元。银行经理立刻注意到1万元的尾数，就问：“为什么不借100万日元整数，而只借91万日元？”老板说：“经过计算，目前只需要91万日元，90万日元不够，100万日元多了点，多借了也用不着，银行不会不方便吧？”银行经理相信这位老板是个盘算精细、经营有道的人，就批准了这笔贷款。

案例分析：数字，是事物量变到质变的尺码，数字反映的是事实。从上面的案例可以看出，在商务谈判中，只要有实实在在的数字作为支撑，就像有了稳固的基石而不可动摇。精确数字的力量是很神奇的，有了精确的数字，在谈判中就能掌握主动权，从而赢得谈判。

这就要求我们在商务谈判中，对每一个流程、支撑、动作、支持，都尽可能量化。在谈判过程中对时间、价格、质量、数量都要做到精确化、细节化、具体化，只有这样，才能不被对手找到破绽，在谈判中赢得主动权，同时赢得对手的尊重。否则，整个谈判就显得很空洞，不切实际，既没有什么指导纲领可以依循，也找不到对付对手的方法和依据。

4. 运用事实的原则

【案例1.7】

在一次出口产品交易会上，某国的一位商人想向我国的某拖拉机厂订购一批农用拖拉机，但他又不太相信该拖拉厂的产品质量和销路。拖拉机厂的代表并没有单纯地用一些枯燥的技术指标来说服他，而是拉家常式地问道："贵国的××经理您熟悉吗？"客商说："熟悉，当然熟悉。我们都是做农用机械生意的，还合作过呢。"厂代表说："噢，那您为什么不向他了解一下情况呢？去年他从我们厂买了一大批拖拉机，可是大赚了一笔啊。"客商回到住处后，立即通过国际长途电话验证了某些情况，第二天就高兴地与拖拉机厂签订了订购合同。

案例分析：一旦你所说的经验被证明是真实可信的，对方对你的信任也就油然而生。这也同时要求你在运用事实显示己方实力时一定要遵守规则，做到实事求是，绝不能言过其实。

事实是不以人的意志为转移而客观存在的，它具有客观性、直观性，有时候能比数据、资料等更具说服力。在谈判过程中，当你向对方介绍关于代表你的实力的事实后，对方往往会以最快的速度去验证。在谈判中口气小一点，多留些余地，反倒会使你陈述的事实更具说服力。

有些谈判者就不注意这点，只空洞地说："我们公司的产品远销美国、东南亚。""我们的产品是最好的，人见人爱。"不但会让人觉得是"王婆卖瓜——自卖自夸"，而且会对你的诚实表示怀疑。这种方式是不会让对手相信你的实力的。俗话说，"事实胜于雄辩"，当你的介绍真实可信，就会事半功倍。

5. 人事有别的原则

【案例1.8】

对事不对人。在一家由美国人投资经营的日本工厂中，因为劳资纠纷，工人举行了罢工。据美方经理介绍，工人早在六周前就向资方提出了警告。举行罢工的当天，双方经过协商达成了一致的意见，罢工结束之后，工人们主动打扫了示威场地，清理了满地的烟头、咖啡杯，恢复了原来清洁的面貌。第二天，工人们又自发地加班，完成了因罢工而拖欠的生产任务。美方经理对此种做法非常不解，就询问其中的一位罢工工人。这位工人是这样回答他的："我们对资方有些意见，要想让您知道我们对此事是极其严肃的，唯一的办法就是举行罢工。但这也是我们的公司，我们不愿让您认为我们对公司是不忠诚的。"这位工人的回答给我们的谈判问题拓展了一条新的思路，那就是：在谈判中，基于我们对对方提出的某一条款有意见，我们不得不言辞犀利，那是因为我们希望对手知道我们对此事的重视程度和严肃性，我们并不想搞僵双方的关系，我们进行谈判的目的在于谋求一种互利、共赢的结局。

案例分析：从上面的案例可以知道，谈判是一项合作的事业，人事两分是合作的前提和基础，也是谈判者素质修养的体现。

在谈判中谈判的主体是人，谈判的进程必然要受到谈判者个人的感情、要求、价值观、性格等方面的影响。一方面，谈判过程中会产生相互都满意的心理，随时间的推移，双方建立起一种相互信赖、理解、尊重和友好的关系，使谈判进行得更顺利、更有效。这是因为在心情愉快、感觉良好的心理状态下，人们会更乐于助人，乐于关心他人利益，乐于做出让步。另一方面，在谈判中也会出现相反的情况，谈判双方意气用事，互相指责、抱怨，甚至尖酸刻薄，充满敌意。好像谈判中双方争执的每个问题，都是谈判者个人的问题。他们习惯于从个人利益和成见出发来理解对方的提议，这样，就无法对解决问题的办法做出合理的探讨。造成这种情况的主要原因，就是谈判者不能很好地区分谈判中的人与谈判中的问题，混淆了人与事的相互关系，要么对人、对事都采取软的态度，要么对人、对事都采取硬的态度。由对谈判中问题的不满意，导致发泄到谈判者个人的头上，对某些情况的气愤会转向与此相联系的人的身上。

作为一个具有战略眼光的谈判家，他不仅应该具有一种兼容并蓄的胸怀，更应该具备一种高屋建瓴的睿智。他永远着眼于长远，着眼于未来，而不仅仅把目光局限在"一锤子买卖"上。他所追求的是一种长期的合作关系，一种共同承担风险的气度。为此在谈判中都非常注重建立和维护双方的友好关系，把争论和冲突的焦点集中在"事"上。

在谈判中应坚持人事分开，具体做法如下。

首先，在谈判中提出方案和建议时，也要从对方的立场出发考虑提议的可能性，理解或谅解对方的观点、看法。当然理解并不等于同意，对别人思想、行动的理解会使自己全面、正确地分析整个谈判形势，从而缩小冲突范围，缓和谈判气氛，有利于谈判顺利进行。

其次，尽量多阐述客观情况，避免责备对方。谈判中经常出现的情况，是双方互相指责、抱怨，而不是互相谅解、合作。其原因就是混淆了人与事的区别。当对谈判中的某些问题不满意时，就会归罪于某一方或某个人，从而出现了把问题搁在一边，对对方或某人进行指责、攻击，甚至谩骂。这种做法虽然维护了个人的立场，但却产生了相反的效果。对方在你的攻击下，会采取防卫措施来反对你所说的一切。他们或是拒绝听你的话，或是反唇相讥，这就完全把人与事纠缠在一起。明智的做法是抨击问题而不责难人，以开诚布公的态度将双方的分歧点摆出，在提出你的见解的同时，尊重对方的意见，心平气和、彬彬有礼。这样你就争取到了主动，消除了双方的对立，再次使双方都参与提议与协商。谈判出现矛盾分歧，有时双方甚至争得面红耳赤，在多数情况下是由于双方各自从自己的立场出发，拿出一个旨在让对方难以接受的提议或方案，这样即使是对谈判有利的协议，对方也因为怀疑而拒不接纳。如果提出的一方一味坚持，另一方也很可能态度强硬，结果常常会导致僵局。但如果改变方式，就可以避免出现上述情况。改变的方式很简单，这就是让双方都参与方案的起草、协商。一个能容纳双方主要内容、包含双方主要利益的建议会使双方都认为是自己的。如果他们切切实实地感到他们是提议的主要参与者、制订者，那么达成协议就会变得比较容易。当各方对解决的办法逐步统一和确认时，整个谈判过程就变得更加有秩序、有效率。

最后，是保全面子，勿伤感情。谈判人员有时会固执地坚持己见，并不是因为谈判桌上的建议无法接受，只是因为他们在感情上过不去，即使是出于无奈而让步，也往往会耿耿于怀。在谈判中顾及对方面子，不伤及对方感情十分重要。伤害对方感情的可能仅仅是几句话，但带来的后果却是严重的。对方的感情一旦被伤害，会激起他的愤怒而导致反击，也可能引起他的恐慌而导致自卫，甚至采取对抗性、报复性的行动，这只能破坏双方的关系，使谈判陷于僵局。正确的做法：我们要认识、理解自己和对方的感情；要善于忍耐、倾听；当谈判对方或己方的某人处于非常窘困的境地时，我方应尽量想办法减少对方的敌意，注意交流。

1.3.2 商务谈判的评判标准

1. 谈判既定目标的实现程度

谈判目标包括最佳目标和起码目标。为了追求最佳目标把对方逼得无利可图甚至谈判破裂，达不成协议实际上是既没有实现最佳目标，也没能守住起码目标，总之是没有实现谈判目标。成功的谈判应当是既达成了协议，又尽可能接近本方预先制订的最佳目标，也尽可能接近对方预先制订的最佳目标。即最好的谈判结局是"皆大欢喜"，而且是在利益均沾基础上的"皆大欢喜"。

2. 谈判效率的高低

经济领域里的任何经济活动都要讲投入与产出的，商务谈判是经济活动的一部分，也讲究成本与效率。那么，谈判成本由三部分组成：做出的让步之和的数值等于该次谈判的预期收益与实际收益之差，即最佳目标与协议所确保的利益之间的差额；所费各种资源之和的数值等于所付出的人力、物力、财力和时间等各项成本之和；机会成本的数值可用企业在正常生产经营情况下这部分资源所创造的价值来衡量，也可用因这些资源的被占用而损失某些获利机会所造成的损失来计算。对这三项成本，人们往往比较关注第一项，而忽视另两项（特别是第三项），其中最典型的表现形式就是无休止地"玩谈判"，这是非常不对的。谈判效率，就是指谈判实际收益与上述三项成本总和的比率。如果成本很高而收益甚小，则谈判是不经济的、低效率的；如果成本很低而收益甚大，谈判就是经济的、高效率的。

3. 谈判后的人际关系

评价一场谈判的成功与否，不仅要看谈判各方的市场份额的划分、出价高低，资本及风险的分摊、利润的分配等经济指标，还要看谈判后双方的关系是否"友好"，是否得以维持谈判结果或者促进和加强了双方的互惠合作关系。精明的谈判者往往具有战略眼光，他们不过分计较某场谈判的获益多少，而是着眼于长远与未来，因为融洽的关系是企业的一笔可持续发展的资源。因此，互惠合作关系的维护程度也是衡量谈判成功与否的重要标准。

综合以上三条评价标准，一场成功的谈判应该是谈判双方的需求都得到了满足，双方的互惠合作关系得以稳固并进一步发展。从每一方的角度来讲，谈判实际获益都远远大于谈判的成本，显然这场谈判是高效率的。

1.4 商务谈判模式

1.4.1 商务谈判的APRAM模式

商务谈判是一个连续不断的过程，一般每次谈判都要经过评估、计划、关系、协议和维持五个环节，谈判不仅涉及本次所要解决的问题，而且致力于使本次交易的成功成为今后交易的基础。这就是当前国际上流行的"APRAM"（Appraisal，Plan，Relationship，Agreement，Maintenance）模式，它由五个环节组成。

1. 进行科学的项目评估（Appraisal）

商务谈判能否取得成功，在很大程度上取决于各项准备工作，准备工作主要是指正式谈判之前的项目评估工作。也就是说，一项商务谈判要想取得成功，首先要在正式谈判之前对这项商务活动做出科学评估。如果没有进行科学评估，或者草率评估，盲目上阵，不能达到企业的经济效益和社会效益，不能使谈判双方的资源得到充分利用，那么谈判就会失败或者有欠缺。“没有进行科学评估就不要上谈判桌”，这应该成为谈判者的一条戒律。虽然科学的评估，可能有的完整一些、复杂一些，有的简单一些，但都是必需的。

2. 制定正确的谈判计划（Plan）

任何谈判都应有一个完整的谈判计划。一个正确的谈判计划首先要明确自己的谈判目标是什么，对方的谈判目标是什么，并把双方的目标进行比较，找出双方利益的共同点与不同点。对于双方利益一致的地方，应该仔细地列出来，并准备在以后正式谈判中摆在桌面上，由双方加以确认，以便提高和保持双方对谈判的兴趣和争取成功的信心。同时，又为以后解决利益不一致的问题打下基础。对于双方利益不一致的地方，则要发挥创造性思维，根据“成功的谈判应该使双方的利益和需要都得到满足”的原则，积极寻找使双方都满意的方法来加以解决。

3. 建立谈判双方的信任关系（Relationship）

在一切正式的商务谈判中，建立谈判双方的信任关系是至关重要的。在一般情况下，人们是不愿意向自己不了解、不信任的人敞开心扉并且签订合同的。如果谈判双方建立了相互信任的关系，在谈判中就会顺利许多，谈判的难度就会降低，而成功的机会就会增加。所以说，谈判双方的相互信赖是谈判成功的基础。

4. 达成使双方都能接受的协议（Agreement）

一旦谈判双方建立了充分的信任关系，就可以进入实质性的商务谈判。在谈判中，要弄清对方的谈判目标，然后对彼此意见一致的问题加以确认；而对意见不一致的方面通过充分交换意见、共同寻找使双方都能接受的方案来解决。需要强调的是达成令双方满意的协议并不是协商谈判的最终目标。谈判的最终目标应该是协议的内容得到圆满的贯彻执行，完成合作的事业，使双方的利益得到实现。

5. 协议的履行与关系的维持（Maintenance）

谈判仅仅达成协议是不够的，重要的是把协议的内容付诸实施。实践告诉我们，协议书不论规定得多么严格，也不能保障它执行。因此，必须遵循“人＋约定＝实行”的准则，在达成协议之后，就必须有对方执行的条款的约定。

人和人之间再好的关系，如果不对其进行维持的话，如果长期不再进行沟通、联络，就会渐渐淡薄，甚至双方的关系不能继续下去。因此，谈判双方要进行长期交易，最好的办法就是保持、巩固和发展以往的关系。

1.4.2　商务谈判的双赢谈判模式

【案例1.9】

有一位妈妈把一个橙子给了邻居的两个孩子。这两个孩子便讨论起来如何分这个橙子。两个人吵来吵去，最终达成了一致意见，由一个孩子负责切橙子，而另一个孩子选橙子。结果，这两个孩子按照商定的办法各自取得了一半橙子，高高兴兴地拿回家去了。

第一个孩子把半个橙子拿到家，把皮剥掉扔进了垃圾桶，把果肉放到果汁机上打果汁喝。另一个孩子回到家把果肉挖掉扔进了垃圾桶，把橙子皮留下来磨碎了，混在面粉里烤蛋糕吃。

案例分析：从上面的情形，我们可以看出，虽然两个孩子各自拿到了看似公平的一半，然而，他们各自得到的东西却未物尽其用。这说明，他们在事先并未做好沟通，从而没有能够达到“双赢”的结果，也就是两个孩子并没有申明各自利益所在。没有事先申明价值导致了双方盲目追求形式上和立场上的公平，结果，双方各自的利益并未在谈判中达到最大化。

试想，如果两个孩子充分交流各自所需，或许会有多个方案和情况出现。可能的一种情况，就是遵循上述情形，两个孩子想办法将皮和果肉分开，一个拿到果肉去打果汁喝，另一个拿皮去做烤蛋糕。然而，也可能经过沟通后是另外的情况，恰恰有一个孩子既想要皮做蛋糕，又想喝橙子汁。

对于这种情况，如何能创造价值就非常重要了。其实，想要整个橙子的孩子提议可以将其他的问题拿出来一块谈。他说：“如果把这个橙子全给我，你上次欠我的棒棒糖就不用还了”。其实，他的牙齿被蛀得一塌糊涂，父母从上星期就不让他再吃糖了。

另一个孩子想了一想，很快就答应了。他刚刚从父母那儿要了五块钱，准备买糖还债。这次他可以用这五块钱去打游戏，才不在乎喝不喝橙子汁呢。

两个孩子的谈判思考过程实际上就是不断沟通，创造价值的过程。双方都在寻求对自己最大利益的方案的同时，也满足对方的最大利益的需要。实际上，这就是谈判双方达成“双赢”的过程。

1. 双赢商务谈判模式的概念

“赢—赢”（双赢）商务谈判是指把谈判当作一个合作的过程，能和对手像伙伴一样，共同去找到满足双方需要的方案，使费用更合理，风险更小。

“赢—赢”商务谈判强调的是，通过谈判不仅是要找到最好的方法去满足双方的需要，而且要解决责任和任务的分配，如成本、风险和利润的分配。“赢—赢”谈判的结果是：你赢了，但我也没有输。

2. 实施双赢谈判的障碍

从倡导和趋势的角度说，双赢谈判无疑是有巨大的发展空间的。但是，在实际工作中，推广“赢—赢”商务谈判却有着诸多的障碍。

谈判中双赢目标的实现具有主观和客观的障碍。理论上的“双赢”与现实商务谈判中的“双赢”，往往具有一条难以逾越的鸿沟——各自利益的最大化。谈判双方之间也存在商务立场、商业利益等的冲突。双方在谈判焦点问题上看法的不一致往往是争论的起因。在许多谈判中，谈判的结局并不理想的原因往往是因为谈判者更注重追求单一的结果，坚持固守自己的立场，而也从来不考虑对方的实际情况。导致谈判者陷入上述谈判误区的主要有如下四个障碍。

（1）过早地对谈判下结论。谈判者往往在缺乏想象力的同时，看到对方坚持立场，同时也盲目不愿意放弃自己既有的立场，甚至担心寻求更多的解决方案会泄露自己的信息，减低讨价还价的力量。

（2）只追求单一的结果。谈判者往往错误地认为，创造价值并不是谈判中的一部分；谈判只是在双方的立场之间达成一个双方都能接受的点。

（3）误认为一方所得，即另一方所失。许多谈判者错误认为，谈判具有零和效应，给对方所做出的让步就是我方的损失，所以没有必要再去寻求更多的解决方案。

（4）误认为谈判对手的问题始终该由他们自己解决。许多谈判者认为，谈判就是要满足自己的利益需要，替对方考虑解决方案似乎是违反常规的。

商务活动充满着矛盾和冲突，而关键是我们如何来运用有效的手段化解这些矛盾和冲突。双方都是赢家的谈判才是真正的谈判，也才能够使以后的合作持续下去，在合作中各自取得自己的利益。因此,如何创造性地寻求双方都接受的解决方案就是谈判的关键所在，特别是在双方谈判处于僵局的时候更是如此。

3. 商务谈判达到双赢的途径

谈判的结果并不是“你赢我输”或“我赢你输”两种情况。谈判双方需要树立“双赢”的观念。在任何的商务活动中，谈判的双方或多方总是有着一定的共同利益作基础，就像案例1.9中所述的例子一样。成功的谈判者并非一味固守立场，追求寸步不让，而是与对方充分交流，从双方的最大利益出发，创造各种解决方案，用相对较小的让步来换得双方最大的利益，而对方也遵循相同的原则来取得交换条件。在满足双方最大利益的基础上，如果还存在达成协议的障碍，那么就不妨站在对方的立场上，替对方着想，帮助扫清达成协议的一切障碍。这样要达成最终的双赢协议并非遥不可及。

那么，具体而言，如何才能达到双赢的局面呢?

（1）树立双赢的观念。将谈判建立在双方长久发展与合作的基础上,是谈判成功的首要保证，也是实现双赢的首要保证。没有这个胸怀与基础，双方各行其是,难以达成一致。即使一方暂时地获胜，最终导致的也是长久的失败（彻底失去了这个合作伙伴）。企业的最大利益，只能在市场长期稳定的发展中获得，而不是在短期内“杀鸡取卵”式的掠夺。

（2）将方案的创造与对方案的判断行为分开。谈判者应该先创造方案，然后再做出决策，不要过早地对解决方案下结论。比较有效的方法是采用所谓的“头脑风暴”式的小组讨论，即谈判小组成员彼此之间激发思维，在原方案的基础上创造出各种想法和主意，不管这些建议是否能够实现。然后再逐步对创造出的想法和主意进行评估，最终决定谈判的具体方案。在谈判双方是长期合作伙伴的情况下，双方也可以共同进行这种小组讨论。

（3）充分发挥想象力，扩大方案的选择范围。在上述小组讨论中，参加者最容易犯的毛病就是觉得大家在寻找最佳的方案。而实际上，在激发想象阶段并不是寻找最佳方案的时候，我们要做的就是尽量扩大谈判的可选择余地。此阶段，谈判者应从不同的角度来分析同一个问题。甚至于可以就某些问题和合同条款达成不同的约束程度，如不能达成永久的协议，可以达成临时的协议；不能达成无条件的协议，可以达成有条件的协议等。

（4）找出双赢的解决方案。双赢在绝大多数的谈判中都是应该存在的。创造性的解决方案可以满足双方利益的需要。这就要求谈判双方应该能够识别共同的利益所在。每个谈判者都应该牢记：每个谈判都有潜在的共同利益，共同利益就意味着商业机会，强调共同利益可以使谈判更顺利。另外，谈判者还应注意谈判双方兼容利益的存在，即有不同的利益，但彼此的存在并不矛盾或冲突。

（5）替对方着想，让对方容易做出决策。让对方容易做出决策的方法是：让对方觉得解决方案既合法又正当，让对方觉得解决方案对双方都公平，另外，对方的先例也是一个让对方做出决策的原因之一。

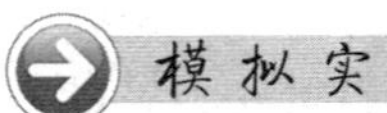

模拟实训

项目一　情景训练

【实训目的】

（1）理论联系实际，训练学生对商务谈判内涵的正确认识，能够正确理解谈判产生的原因。

（2）加深学生对商务谈判原则的认识，并学会运用这些原则。使学生充分贴近生活，提升学生的综合素质。

【实训主题】

加深学生对商务谈判概念的认识，理解谈判及谈判的原则运用。

【实训时间】

本章课堂教学内容结束后的双休日和课余时间，为期一周。或者指导教师另外指定时间。

【背景材料】

材料一：卡威特·罗伯茨是美国一位成功的律师、销售大师，以及美国演讲家协会的创始人。一天清晨，罗伯茨往窗外看，看见一个瘦骨伶仃的12岁男孩正在挨家挨户推销书。这时，罗伯茨发现男孩朝这边走来。罗伯茨转身对妻子说："我要给这男孩上一堂推销课。毕竟，这么多年来我写教人如何沟通的书，在全国演讲，应该跟他分享一下我的智慧。我不想伤害他的感情，但我得在他明白之前搞定他。我会告诉他如何跟我这样的人打交道。"

罗伯茨太太看到12岁的男孩敲门了。罗伯茨先生开了门，迅速地解释说自己是个大忙人，他对买书没有兴趣。然后，他说："虽然我很忙，但可以给你一分钟，因为我得去赶飞机了。"

小推销员并没有被罗伯茨的拒绝所吓倒。他只是注视这位身材高大、头发灰白、相貌高贵的男士——一非常著名而又相当富有的男士。然后，男孩开口了："先生，您就是大名鼎鼎的卡威特·罗伯茨吗？"对此，罗伯茨先生的回答是："进来吧，孩子。"

他从小家伙手中买下了几本书，也许这些书他根本不会读。

材料二：在议价服装店，一对老年顾客挑选一件肥大的上衣，售货员见两位老人挑的衣服过于肥大，就说："这件衣服您不能穿。"老人感到奇怪，就随口问道："怎么不能穿？"售货员说："这衣服能装你俩。"老人一听，不高兴了，怒气冲冲地质问道："什么叫装俩？你这是卖衣服呢，还是卖棺材呢？"平心而论，售货员是好意，觉得衣服过于肥大，不适合老人穿用，但却招致了老人不快。

【实训过程设计】

（1）指导教师布置学生课前预习背景材料。

（2）将全班学生平均分成小组，按每组5～6人进行讨论。

（3）根据"材料一"谈谈你对谈判的理解，分析案例中谈判成功的原因是什么。

（4）根据"材料二"，分析售货员的好意为何招致老人的不快。

（5）根据"材料二"，分析依据商务谈判的原则，这场谈判应如何进行。

（6）各实训组对本次实训进行总结和点评，参照"10.2 商务谈判学生作业范例"撰写作为最终成果的《商务谈判实训报告》。

（7）指导教师对小组讨论过程和发言内容进行评价总结，并讲解本组案例的分析结论（先评定小组成绩，在小组成绩中，每一个人参与讨论的情况占小组成绩的40%，代表发言内容占小组成绩的60%）。各小组提交填写带有“实训组组长姓名、成员名单”的《商务谈判实训报告》。优秀的实训报告在班级展出，并收入本校本课程教学资源库。

项目二 自由实训

1. 我见过的“谈判”

要求学生以宿舍或小组为单位，回忆、收集、整理你有印象的谈判例子，在宿舍或小组内交流，并以宿舍或小组为单位提交案例和交流心得。

2. 家庭交流或企业访谈

利用回家的时间与父母交流，或走访学校周围的企业，请他们介绍一些他们经历的成功谈判。

综合练习

一、单项选择题

1. 下列关于谈判的论述正确的是（ ）。

A. 谈判的目的是实现自身的经济利益

B. 谈判产生的前提是谈判双方既相互联系又相互冲突

C. 谈判的基本手段是说服

D. 谈判双方地位平等、利益均等

2. 下列关于商务谈判论述正确的是（ ）。

A. 商务谈判的主体是相互独立的利益主体　B. 商务谈判的主要评价指标是经济效益

C. 商务谈判必须达成书面的谈判协议　D. 商务谈判注重合同条款的严密性和准确性

3. 商品贸易谈判的核心内容是（ ）。

A. 商品品质　B. 商品数量　C. 商品价格　D. 商品检验

4. 下列关于商务谈判类型的描述正确的是（ ）。

A. 小组谈判适用于项目较大或内容比较复杂的谈判

B. 书面谈判可以作为口头谈判的辅助形式

C. 价格谈判中买卖双方的价格目标是根本一致的

D. 原则型谈判强调谈判双方的关系而忽视利益的获取

5. 下列关于谈判地位的描述正确的是（ ）。

A. 谈判者的谈判实力取决于谈判主体的经济实力

B. 主动地位的谈判者通常会采取后发制人的谈判方式

C. 被动地位的谈判者会因对手实力强大而失去谈判利益

D. 平等地位的谈判者应采取扬长避短的谈判策略

二、多项选择题

1. 谈判的构成要素有（ ）。

A. 谈判主体　B. 谈判客体　C. 谈判目的

D. 谈判经费　　E. 谈判技术

2. 以下属于谈判特征的是（　　）。

A. 谈判对象的广泛性　B. 谈判环境的复杂性　C. 谈判条件的可伸缩性

D. 谈判各方关系的平衡性　E. 合同条款的严密性和准确性

3. 按谈判双方的态度倾向划分，谈判可分为（　　）。

A. 横向谈判　B. 纵向谈判　C. 让步型谈判

D. 原则性谈判　E. 立场型谈判

4. 商务谈判的评判标准是（　　）。

A. 谈判目标的实现程度　B. 谈判获得的利益多少　C. 谈判的效率高低

D. 谈判后的人际关系　E. 谈判经费的多少

三、问答题

1. 什么是谈判？怎样理解谈判概念的内涵？
2. 谈判有哪些构成要素？
3. 什么是商务谈判？怎样理解商务谈判概念的内涵？
4. 商务谈判活动有哪些特征？
5. 商品贸易谈判包括哪些基本内容？
6. 商务谈判有哪些表现形式？
7. 商务谈判的基本原则有哪些？
8. 成功的商务谈判应该如何判断？
9. 商务谈判 APRAM 模式的内容是什么？
10. 赢—赢商务谈判模式的含义及其实现途径是什么？

四、案例分析

【情景资料】

1. 两个孩子为了分一个苹果而争吵不休，都坚持要得到较大的一块，无论怎么劝说两人都不同意。后来，他们的父亲提出了一个建议，由其中一个人来切苹果，然后由另一个人先进行挑选。两人接受了这一建议。切苹果的一方不敢马虎，力求切得一样大小，生怕自己吃亏；而挑选苹果的一方，当然要选他认为大的一块。假如切开的苹果真的有大有小，让先挑的一方占了便宜，切苹果的一方也心甘情愿，因为他已经尽了自己的最大本领来分切苹果。

问题：这两个孩子分苹果的过程实质上是一次简单的谈判活动。你从中受到哪些启示？

2. 单位派你去谈判，授给你全权，但对方出场的却是个代理人。你该怎么做？

A. 坚持与对方实权人物谈判。

B. 询问代理人能否全权代理。

C. “不管三七二十一”，谈谈看。

3. 美国约翰逊公司的研究开发部经理，从著名的 A 公司购买了一台分析仪器。使用几个月后，一个价值 2.95 美元的零件坏了，约翰逊公司希望 A 公司免费调换一只。A 公司却不同意，认为零件是因为约翰逊公司使用不当造成的，并特别召集了几名高级工程师来研究，寻找证据。双方为这件事争执了很长一段时间，几位高级工程师费了九牛二虎之力终于证明了责任在约翰逊公司一方，取得了谈判的胜利。但此后整整 20 年时间，约翰逊公司再未从 A 公司买过一个产品或零件，并且告诫公司的职员，无论采购什么物品，宁愿多花一点钱，多跑一些路，也不要与A公司发生业务交往。

问题：请你来评价一下，A公司的这场谈判究竟是胜利还是失败？应该如何来评价一场谈判的成败。

4. 某一项谈判的买方坚持要对对方延期发运货物给予严厉处罚，双方在这一立场上互不相让。但如果透过双方对立的立场可以发现，双方的利益又有一致的地方：卖方希望取得源源不断的订单，买方则想保证原材料的不断供应，立场的对立并不等于利益的完全对立，即使双方在立场上存在冲突，但仍可以合作，争取共同的利益。

问题：在这一谈判活动中，双方应采取什么样的谈判形式？为什么？

5. 1985年，某友好国家工业贸易代表团来华谈判，该国大使先找到有关领导要求促成贸易合作。有关领导指示，在可能的前提下尽量与对方达成协议。对方要求向中国出口矿山设备，要价高且质量不及先进国家水平。中方代表很为难，如果答应，中方损失太大；如果当场拒绝，又怕影响两国关系。最后中方代表想出了办法，要求对方拿出一台矿山设备到我国北方严寒地区进行一定时间的试验。如果能在零下40℃条件下正常工作，我方可以留购，对方答应回去研究。两个月后，对方答复说，他们国家最低气温为零下7.2℃，要适应我国零下40℃的工作条件，技术上有困难。于是，对方放弃了向我国出口矿山设备的要求。

问题：

（1）这场谈判中体现出哪些谈判的基本原则？

（2）你从这场谈判中得到什么启发？

【分析要求】

1. 过程要求

学生分析案例提出的问题，分别拟定《案例分析提纲》；小组讨论，形成小组《商务谈判案例分析报告》；班级交流并修订小组《商务谈判案例分析报告》，教师对经过交流和修改的各小组《商务谈判案例分析报告》进行点评；在班级展出附有“教师点评”的小组优秀《商务谈判案例分析报告》，并将其纳入本校该课程的教学资源库。

2. 成果性要求

（1）案例课业要求：以经班级交流和教师点评的《商务谈判案例分析报告》为最终成果。

（2）课业的结构、格式与体例要求：参照“10.2 商务谈判学生作业范例”《商务谈判案例分析报告》。

第2章 商务谈判心理

学习目标

- 商务谈判心理的内涵
- 商务谈判需要与动机
- 商务谈判中个性的利用
- 商务谈判心理的运用

导入案例

拍卖钞票

在一次企业经理的高级研讨会上，陈教授从口袋里掏出一张10元的钞票并当众宣布：我要拍卖这张钞票，你们可以参与拍卖，也可以只看别人竞拍。愿意拍卖者，可以按1元的倍数叫价，直到没有人继续出价。这时候，出价最高者将支付自己报价的金额，赢得这张10元的钞票。本次拍卖，有一条规则，那就是出价第二的人必须支付自己所报出的金额，虽然这个人不能赢得这10元钞票。比如说，张三出价3元，而赵六出价4元，如果此时不再有人出价，我就付给赵六6元（10元减去4元），而出价第二的张三则要付给我3元。

竞拍开始，你会举手出价吗？你会有哪些心理活动呢？

启示：风云变幻的商务谈判是人们彼此交流思想及展示谈判实力、心理和个性的一种活动。谈判过程中陈述的意见、作出的提议、采取的策略以及随时作出的各种反应，乃至最终的决定，无一不是谈判者心理活动的结果。谈判者心理与个性对谈判的整个进程起着潜移默化的作用，产生正面或负面的影响。因此，要使谈判成功，就必须研究和掌握商务谈判心理。

2.1 商务谈判心理概述

人是具有心理活动的。一般地说，当人面对壮丽的河山、秀美的景色或善良、热情的人们时会产生喜爱、愉悦的情感，进而会形成美好的印象，所以我们要建设美丽中国；看到被污染的环境、恶劣的天气或战争的血腥暴行，会出现厌恶、逃避的心情，并会留下不好的印象，所以我们要治理污染，追求和平。这些就是人的心理活动、心理现象，也即人的心理。心理是人脑对客观现实的主观能动的反映。人的心理活动一般包括感觉、知觉、记忆、想象、思维、情绪、情感、意志、个性等。人的心理是复杂多样的，人们在不同的专业活动中，会产生各种与不同活动相联系的心理。

商务谈判心理同样对商务谈判行为有着重要的影响。认识并掌握商务谈判心理在商务谈判中的作用，对于培养良好的商务谈判心理意识，正确地运用商务谈判的心理技巧有着十分重要的意义。

【案例2.1】

在很久以前的一个部落，有一个传统，那里的青年人要想结婚，先要学会捕捉牛的技术。捉了足够的牛，作为聘礼，送给女方家，才可以成家立室。最少的聘礼是一头牛，最高是九头牛。这个部落的酋长有两个女儿。有一天，一个青年走到酋长的面前，说爱上了他的大女儿，愿意以九头牛作为聘礼迎娶她。酋长听了之后，大吃一惊，忙说："九头牛的价值太高了，大女儿不值的，不如改娶小女儿吧，小女儿值九头牛。"可是这位青年坚持要娶酋长的大女儿，酋长终于答应了他，这件事轰动了整个部落。

一年后的一天，酋长经过这位青年的家，看见他家正举行晚会，一大群人围成圆圈，正欣赏一位美丽的女郎载歌载舞。酋长十分奇怪，去问青年那位女郎是何人，青年回答道："酋长怎么会不认识啊，她就是你的大女儿啊!"

青年人以九头牛的价值对待他迎娶回来的妻子，同时酋长的大女儿也确信自己的价值是最高的九头牛的时候，她便发生了脱胎换骨的变化。

案例分析：人的心理影响人的行为。期望你的下属、同事是什么样子，就要把他当成你期待的样子对待，那么因你的暗示，他就会向你期望的方向发展，最终会变成你所期待的样子。

商务谈判作为特定环境和条件下的经济活动，从一开始就体现着参与者的情感、情绪和心态，它们直接影响着当事人的行为活动，也会影响商务谈判的进程及其成功与否。因此，商务谈判心理对于商务谈判活动具有重要的影响和作用。

2.1.1 商务谈判心理的概念

商务谈判心理是指在商务谈判活动中谈判者的各种心理活动。它是商务谈判者在谈判活动中对各种情况、条件等客观现实的主观能动的反映。例如，当谈判人员在商务谈判中第一次与谈判对手会晤时，对方彬彬有礼、态度诚恳、易于沟通，就会对对方产生好的印象，对谈判取得成功抱有希望和信心。反之，如果谈判对手态度狂妄、盛气凌人，难以友好相处，谈判人员就会对其留下坏的印象，从而对谈判能否顺利开展存有忧虑。

2.1.2 商务谈判心理的特点

与其他的心理活动一样，商务谈判心理有其心理活动的特点和规律性。一般来说，商务谈判心理具有内隐性、相对稳定性、个体差异性等特点。

（1）商务谈判心理的内隐性。商务谈判心理的内隐性是指商务谈判心理是藏之于脑、存之于心，别人是无法直接观察到的。但尽管如此，由于人的心理会影响人的行为，行为与心理有密切的联系，因此，人的心理可以反过来从其外显行为加以推测。例如，在商务谈判中，对方作为购买方对所购买的商品在价格、质量、售后服务等方面的谈判协议条件都感到满意，那么在双方接触中，谈判对方会表现出温和、友好、礼貌、赞赏的态度反应和行为举止；如果很不满意，则会表现出冷漠、粗暴、不友好、怀疑甚至挑衅的态度反应和行为举止。掌握这其中的一定规律，我们就能较为充分地了解对方的心理状态。

（2）商务谈判心理的相对稳定性。商务谈判心理的相对稳定性是指人的某种商务谈判心理现象，产生后往往具有一定的稳定性。例如，商务谈判人员的谈判能力会随着谈判经历的增多而有所提高，但在一段时间内却是相对稳定的。正是由于商务谈判心理具有相对稳定性，我们才可以通过观察和分析去认识它，而且可以运用一定的心理方法和手段去改变它，使其利于商务谈判的开展。

（3）商务谈判心理的个体差异性。商务谈判心理的个体差异性，是指因谈判者个体的主客观情况的不同，谈判者个体之间的心理状态存在着一定的差异。商务谈判心理的个体差异性，要求人们在研究商务谈判心理时，既要注重探索商务谈判心理的共同特点和规律，又要注意把握个体心理的独特之处，以有效地为商务谈判服务。

2.1.3 商务谈判的心理机制

1. 文饰与投射

（1）文饰。文饰是指一个人试图通过似乎合理的途径来使不可能接受的情境合理化。文饰是一种以隐瞒自己的真实动机或愿望，从而为自己寻求解脱以求内心安宁的心理防卫机制。当个体的行为未达到所追求的目标，或不符合社会的价值标准时，为了减少和免除因挫折而产生的焦虑和痛苦，保护自尊，就以种种理由或借口来替自己辩护，这就是文饰。这些理由和借口未必是真实的，而且在别人看来往往是不合乎逻辑的，但其本人却能以此说服自己，并感到心安理得。其类似于平常人们所说的“阿Q精神”。文饰常有以下几种表现形式。

① 酸葡萄作用。这是指个体在追求某一目标失败时，为了冲淡自己内心的不安，常将目标贬低，说其“不值得”追求，以此来安慰自己。它取自《伊索寓言》中的一个故事：有只狐狸看到一串甜熟的葡萄，馋涎欲滴，但因葡萄架太高，三跃而不得。为了维护自己的面子，它就对旁边的动物说：“这葡萄是酸的，我才不想吃它呢！”在日常生活中，人们常用这样的心理面对事情。比如有的谈判人很想当主谈人，但由于个人努力不够，表现不佳而没能当上，就说：“当主谈人有什么好，我才不稀罕呢。”凡是得不到的东西就是坏的，达不到的目标便说是不喜欢或本来就没想达到等，都是酸葡萄作用的文饰心理。其特点是为了掩饰自己的无能，而否定原先设定的目标。

② 甜柠檬作用。所谓甜柠檬作用，是指不说自己原先想得到而得不到的东西好，却百般强调自己得到的东西的好处，借此减轻内心的失望与痛苦。它取自《伊索寓言》中的另一个故事：

有只狐狸原想找些可口的食物，但怎么也找不着，只找到一只酸柠檬。这本是实在不得已的事，但它却说："这只柠檬是甜的，正是我想吃的。"比如有这样的谈判人，本来在谈判之前就想好了要在开局时营造友好的气氛，但开始谈判后，对方却将谈判氛围引向紧张，他无力扭转，于是就说：这样挺好，可以公事公办。

③ 推诿。这是指将个人受挫的原因归咎于自身以外的原因，以摆脱内疚方式。例如，有的谈判人没有当上主谈人，就推说领导不识才；该做的事情没做成，该谈下来的条款没有谈下来，就说"谋事在人，成事在天"。

④ 援例。所谓援例，是指引用某些事实为据，试图使自己不合理的行为合理化，不合法的行为合法化，以解脱面临的困境，减轻自己因过失产生的内心焦虑和负疚感。例如，某个业务员违反了经济纪律，当被追究时，他就说是因为看见别人都这样做，他才跟着做的。援例主要是把自己的行为同别人比较，进而强调既然别人可以这样做，自己也可以这样做，至于别人的行为是否构成过失，则不去深究。

心理学实践证明，文饰只是一种表面化的处理方式，造成一种为生活所需要的所谓的心理平衡，以对抗舆论的压力，其实心中仍不免耿耿于怀，而且如果这种心理方式成为习惯化的反应方式，就可能增长其惰性，成为其进步的障碍，如果是谈判人，则他的谈判水平始终不能提高。例如，一个人用对自己最有利的方式去解释一件事情，他可能就是在"文饰"。有时，面对不如意的谈判结果，或为了消除令人不愉快的感受，谈判人员找理由为自己辩护，使谈判结果在文饰后符合自己内心的想法，从而宣泄自己的感情，提高自己的地位。他们常常把在谈判中做得不够合理的事情，解释得合理合情，甚至不惜歪曲事实，做出符合自己需要的解释。一场谈判结束之后，尤其当谈判失败之后，为了自我安慰，掩饰失败感，谈判人员可能会找些对自己最有利的理由去解释，为谈判结果文饰一番，说什么："我们根本就不想同他做生意"，"那个人太不懂行了！"这是失败后最常见的反应。又如，在谈判遭受挫折又受到同行的白眼的人，极可能因文饰心理，而力争在下一次谈判中获得意外的成功，在"让他们瞧瞧看"的心理驱使下所做的行为，也属于文饰心理支配下的行为，这是文饰的另一种表现形式。

（2）投射。投射是指一个人试图把自己的动机归于他人，不自觉地把自己的过失或不为社会认可的欲念加之于他人，借以减轻内心的焦虑，掩饰自己冲动的根源。也就是说，把自己的失当行为、工作失误或内心存在的不良动机和思想观念，转移到别人身上，说别人有这样的动机和行为，以此来减轻自己的内疚和焦虑，逃避心理上的不安。

投射是移情的一种内在心理机制，也是一种最基本的心理过程。移情是指求助者把对他人（过去生活中某个重要人物，通常是父母，也可以是兄弟姐妹、配偶等）的情感、态度和属性转移到另外的人或事上，并相应地对其他人或事做出反应的过程，分正移情和负移情。当某人出现移情，对另外的人或事物表露出特殊的感情，把另外的人或事物当作热爱的对象，如上帝，称为正移情；或当作憎恨的对象，如魔鬼，称为负移情。实际上，移情现象是无处不在的，广义地说，人类的所有情感都起源于移情，透过移情可以更好地认识对方。

投射是人们理解外部事物的最普通的方式之一。投射者由于个性不同，对自己的影响也不同，他们常常给外部世界涂上主观的色彩，且又加以歪曲。有意思的是，他们自己不知道，这种涂抹过程是在不知不觉中完成的。例如，有的人素来待人吝啬，而吝啬又被公认为不好的品质，如果他认为自己是一个吝啬的人，那连他自己也会讨厌自己，当然也就丧失了自尊。但如果他相信周围的人都是吝啬的，那么即使自己待他们吝啬一点，也就不觉得自己错了。这样把自己的缺点转移到他人身上，在无意识中就可以减轻自己的内疚，也就维护了自己的尊严和安全感。这也就是人们平常所说的“以小人之心，度君子之腹”。

投射作用是客观存在的，又常常是无意识的。例如，疑心邻居偷自己家里东西的人，总觉得邻居处处都像小偷；一个对领导有成见的人，会到处散布说领导对他有成见。这些思想和行为，往往是在无意识中表现的，是一种将自己坏的人格特质排除于自身之外，并加之于其他人身上的潜意识倾向。美国的一项实验研究发现，请大学生联谊会的每一个成员评价其他成员的吝啬、固执、散漫等品质，同时每个成员也要对自己进行评价。结果表明，大家公认身上有这些不好的品质而且特别突出的那些学生，却未意识到自己具有这样的品质，他们反而倾向于把这些令人讨厌的品质加到别人身上。

在商务谈判中，有的人自己谈判能力很低，却往往大谈对手如何无能；在谈判中以权谋私的人，却认为从来就没有克己奉公的人；谈判人自己内心深处有贪污的动机，却常常宣扬某某收受贿赂。例如，为了赚钱而参与商务谈判，由此，就把赚钱的动机移植给对方，强加于任何一个参加谈判的人。倘若遇到谈判对手不是把赚钱看得高于一切，而是把自己的商业信誉和尊严看得比赚钱更重要，若此时仍然怀着人人都想赚钱的想法去谈判，显然就不合适了。虽说都知道不要“以小人之心，度君子之腹”，但生活中人，仍然同孩子、妻子大吵大闹，甚至动手打人，折腾得天翻地覆。人们常常对不相干的人或事物发泄怒气，如采取攻击行为，这就是典型的心理学上的移置作用。作为谈判人员，应该注意到谈判中对手出现的莫名其妙、平白无故的情绪变化，语调升温，不阴不阳的脸面，都可能是因为“移置作用”引起的。

2. 反向行为与理性行为

（1）反向行为。反向行为的表现是压抑心中最强烈，甚至是最不为社会容纳的欲望，而做出与这种欲望相反的行为，或说相反的话。人有不少的欲望和冲动，由于自身和社会的约束，需要深深地压抑，可是这种欲望和冲动始终存在，而且具有极大动力，会找机会显现。这种内在的冲突，会造成人行为反向。行为反向有多种表现方式，有的人内心憎恶某人，但生活中却会对此人爱护备至；有的人非常不喜欢某件事，可表现出来的是对这件事的过分热衷。比如反假冒伪劣产品，市场上那个叫喊得最凶和发誓发得最厉害的人，有可能正是希望把最坏的货物推销出去的人。在商务谈判中，我们应该善于区别一个人的行为是否为反向行为。

（2）理性行为。理性行为是指按理性规范而行动的行为方式。如果一个人能考虑到他可以采取的每一项行动方案可能带来的不同后果，如果他能明辨这些不同后果的利弊，如果他能根据自己的预测选择有可能导致理想结果的行动方案，那么就可以把他看作是一个有理性的人；反之，他的行动就是非理性的。

有时在谈判中，在你看来，你的对手会“非理性”地勃然大怒，但是，在这背后也许正隐藏着他的一种理性策略，他勃然大怒是做给你看的，好让你相信他真的是在进行威胁。

由于看不透人们“非理性”的表现背后隐藏着的理性策略，而把他们的行动称为非理性的，这完全是一种人为制造的障碍。我们要冷静地分析，区别对手的理性行为和非理性行为，不要被对手的策略所左右。

3. 自我意象和角色扮演

（1）自我意象。自我意象是指一个人关于自身的综合看法。每个人都会从个人经验、期望和别人对他的评价中，总结出自我意象。人们的许多关于自己的决断，都是为了维护或加强这种自我意象。因此，假如我们知道了一个人的全部历史、思想轨迹，就可以推断他做某件事的动机和他对未来事件的反应。然而，在一场谈判中，不大可能将一个人的自我意象完全暴露出来，这样，我们就需要了解他过去的行为和经历，以便比较清楚地了解他的自我意象。

（2）角色扮演。角色扮演是一个人试图通过某种有意识的扮演角色的行为，来表现自我意象的一种行为方式。这种有意识的行为，即扮演角色的行为，在很大程度上是根据个人过去的生活经验。例如，当一个人在扮演父亲的角色来惩罚他的孩子时，他的行为方式往往会仿照当年自己的父亲，或恰恰相反。这主要取决于他在孩提时形成的对于惩罚的看法。一般来说，人们会构想出一个自己满意的角色来扮演，他的许多行为都可以从“角色扮演”找到出处。在谈判中了解了这一点有利于我们把握对手的行动。

有心理学家说，当甲、乙两人进行商谈时，实际上有六个具有不同人格的角色穿插其中。甲有三重人格：第一种是甲真正的人格，第二种是甲自我想象的人格，第三种是甲表现出来的人格。乙同样也具有这三重人格，三加三等于六。不管这六种人格是否都显现出来，谈判中有这种认识是有益的。每一个人何时扮演何种角色，这要配合当时的情况和目的来分析。常常每一个人不只扮演一种角色。因此，在谈判中，只要我们能理解角色扮演这种行为方式，就比较容易控制多种人格出现的场合。

2.2 商务谈判需要与动机

需要引发动机，动机驱动行为。商务谈判需要是商务谈判行为的心理基础。商务谈判人员，必须抓住需要—动机—行为的这一联系去对商务谈判活动进行分析，从而准确地把握商务谈判活动的脉搏。

2.2.1 商务谈判需要

商务谈判人员在商务谈判中存在着一定的商务谈判需要。商务谈判需要是一种较为特殊的需要，它对商务谈判存在着决定性的影响，必须加以重视。

1. 商务谈判需要的内涵

需要是人缺乏某种东西时产生的一种主观状态，是人对一定客观事物需要的反映，也是人的自然和社会的客观需求在人脑中的反映。所谓客观需要，可以是人体的生理需要，如一个人长时间在酷热的阳光下活动，出汗过多、体内水分失调、口干舌燥，这会通过神经传达到大脑，使人产生喝水的需要。客观需要也可以是外部的社会需要，例如，一个从事某个方面专业活动的人，如果缺乏必备的专业知识，其活动就难以顺利开展。只有补充了必备的专业知识，他才能顺利地开展活动，这就是一种社会需要。这种社会需要一旦被这个人接受，就会转化为其对专业知识学习的需要。

需要有一定的事物对象，它或者表现为追求某种东西的意念，或者表现为避开某种事物，停止某种活动而获得新的情境的意念。需要有周而复始的周期性，需要随着社会历史的进步，一般由低级到高级、简单到复杂、物质到精神、单一到多样而不断地发展。

有了以上的认识，我们就可以对商务谈判需要的含义做出概括。所谓商务谈判需要，就是商务谈判人员的谈判客观需要在其头脑中的反映。

2. 商务谈判需要的类型和影响因素

（1）马斯洛的需要层次理论。

人的需要是多种多样的，一般有自然性需要、社会性需要、物质性需要和精神性需要等。

【案例 2.2】阳光刺眼

有时候，在和谈判对手你来我往之间，常常会感到自己置身于不利的环境中，一时又说不出为什么。明知是对手故意设计的，用来干扰和削弱我方的谈判力。例如，座位阳光刺眼，看不清对手的表情；会议室纷乱嘈杂，常有干扰和噪声；疲劳战术，连续谈判；对方在我方疲劳和困倦的时候提出一些细小的但比较关键的改动，让你难以察觉。更有甚者，对方是利用外部环境形成压力。例如，我国知识产权代表团首次赴美谈判时，纽约好几家中资公司都“碰巧”关门，忙于应付所谓的反倾销活动，美方企图以此对我代表团造成一定的心理压力。

遭遇“阳光刺眼”策略时，我们本应该立即提出拉上窗帘或者更换座位。但我们经常会碍于面子，默默忍受，没有及时出击。

（资料来源：中国外贸网，2007）

案例分析：不善待对手的做法涉及马斯洛需求理论中生理需求这一点，即谈判对手没有得到基本的良好的工作环境。“虐待”对手的做法尽管不符合谈判的伦理，可是做得微妙时，对方很难觉察到，不过对任何事情都应该把握一个度。

根据美国人本主义心理学家马斯洛需要层次论的观点，人有五大层次的需要。

① 生理需要。生理需要是人类为维持和发展生命所必需的最原始、最基本的需要，如呼吸空气、饮食、穿衣取暖、休息睡眠等。

② 安全需要。安全需要是人类希望保护自身的肉体和精神不受威胁，保证安全的欲望，是人们为降低生活不确定性，对安全、稳定和秩序的心理欲求。它表现为希望生命不受伤害、职业得到保障、健康得到保护、财产不受损失和免受不公正待遇等方面。

③ 社交需要。社交需要是追求社会交往中人际关系的需要。它表现为两个方面的内容。一个内容是爱的需要，也就是希望得到和给予友谊、关怀、忠诚和爱护，希望得到爱并给予别人爱；另一个内容是归属的需要，也就是人有一种要求归属于团体的愿望，希望成为其中的一员，得到关怀和照顾，增强力量感和信心。社交需要是一种较为细腻而微妙的需要，其具体的需要一般与人的个性、心理特性、经历、文化教养、生活习惯、宗教信仰等都有关系。

④ 尊重的需要。尊重的需要包括受人尊重和自尊两个方面。受人尊重是指人希望有地位、有威望，得到别人的好评、尊敬和信赖；自尊是指人希望在各种不同的情境中，有胜任自身角色的能力，有自信心。

⑤ 自我实现的需要。自我实现的需要是指人充分发挥其潜能，实现个人的理想与抱负的需要。

马斯洛认为，以上五种需要是有高低之分的，并按照从低到高的次序逐级发展，每一时期都有一种需要占主导地位。

（2）商务谈判需要的类型。

商务谈判的物质性需要是指对资金、资产、物质、资料等方面的需要，精神性需要是指对尊重、公正、成就感等方面的需要。与谈判对手进行谈判，应注意对方物质方面的需要，但同时也不能忽视对方对尊重、独立自主、平等方面的需要。

与马斯洛需要层次论的需要类型相一致，商务谈判需要也有各种相应的需要表现。

① 商务谈判人员有较强的安全需要。出于信用安全的考虑，谈判人员通常乐意与老客户打交道。在与新客户打交道时往往会心存顾忌，对其主体资格、财产、资金、信誉等状况会较为关注。

② 商务谈判人员一般都有很强的尊重需要。商务谈判人员得不到应有的尊重往往是导致谈判破裂的原因。有着强烈尊重需要的人，当自尊心受到伤害而感觉到没面子时，在心理防卫机制的作用下，很可能会出现攻击性的敌意行为，或者是不愿意继续合作，这会给谈判带来很大的障碍。

此外，商务谈判人员也有社交、自我实现等方面的需要。

值得注意的是，商务谈判需要不仅表现为谈判人员个人的需要，也表现为谈判主体群体或组织的需要。这是商务谈判需要表现得较为特殊的地方。例如，一个参加谈判的企业，也有其自身的高低层次的需要。为了企业的生存，企业必须维持起码的原材料、劳动力，这是最低层次的需要；企业也有安全保障，在交易活动中树立良好信誉与形象，赢得信任、尊重、好感和努力实现企业的理想宏图并赢得认可、赞誉等的需要。

由上述可知，谈判人员作为社会的一个特定群体，其需要有其特殊之处。在许多场合，谈判人员不是代表个人，而是代表组织参加谈判，其在寻找个人需要满足的同时，还要寻求群体或组织需要的满足。这样，谈判需要可以说是谈判人员个人需要与群体、组织需要的集合。并且在许多情况下，谈判人员所代表的群体、组织需要的满足应摆在优先的地位。作为一个组织的谈判代表，从职业道德来看，应当经过自己的努力，尽力实现群体、组织需要的满足，而不应寻求从对手那里满足不正当的个人私欲。

（3）商务谈判需要的影响因素。

人的需要引发人的行为动机，从而驱动人的行为。商务谈判人员在商务谈判中注重研究谈判对手的需要、动机心理，把握其行为的规律性，就会掌握谈判的主动权。

一个有经验的谈判人员，在谈判交锋之前，不仅应对自己一方的需要有深入的了解，还应对谈判对方的需要进行认真的分析揣摩。

通常来说，谈判者当前的主导需要、需要急切程度、需要满足的可替代性等因素，都影响着谈判者的行为。分析谈判者需要（特别是对手需要）时，要考虑到这些因素，须根据其具体情况采取相应的谈判对策。

① 主导需要因素。任何人或组织，在某一时期一般都会有某一种或几种需要是占主导地位的需要，即主导需要。在商务谈判中，要注意分析对手在不同时期、不同条件下存在的主导需要，据此采取灵活的反应和对策。

了解谈判对手的主导需要，可以根据其主导需要采取相应的策略，刺激其欲望，激发其动机，诱导其谈判心理。可据此设计报价或还价，使报价或还价在照顾我方利益的同时仍具有有效满足对方主导需要的吸引力、诱惑力，使对方始终保持谈判的热情和积极性。

了解谈判对手的主导需要，在必要的时候，可针对对方的需要采取适当的措施，让其需要得到一定的满足，使谈判能有效地减少或排除障碍，适时地推进。例如，考虑到谈判对手的主导需要是交易上的安全需要，作为卖方可向买方显示产品的可靠性，做出有关销售和服务方面的承诺；作为买方要提供信用证明和采用适当措施确保货款支付等信用的履行，想办法解除对方这方面的心理顾虑，取得他们的信任。

② 需要急切程度因素。了解对方的需要，要进一步了解其需要的急切程度。一方的需要越迫切，就越想达成谈判协议。当某种需要对象对需要者来说非常有价值而急需得到时，需要者往往会不惜代价得到它。例如，谈判对方如果在短期内迫切需要原材料、货源或设备来组织生产经

营，优先考虑的是能不能确保尽快地获得这些东西，非常关注的是供货状况、交货期，而不是价格的高低，在价格方面，略高的价格也可接受。低层次的物质性需要在较大程度未得到满足的谈判者，与此类需要已得到较大程度满足，并较注重高层次的精神需要追求的谈判者的行为表现相比，往往有很大程度的不同。“饥者不择食”，人或组织在谈判中的行为也存在着类似的情况。

③ 需要满足可替代性因素。如果谈判一方只能选取一种需要对象（如谈判标的物）满足需要，同时受制于唯一的谈判对手，仅此一家，别无选择，需要满足的可替代性较弱，则成交的可能性就大。需要满足的可替代性较强，可以“货比三家”，有较好的需要替代对象，与某一谈判方达成谈判协议的确定性就小。

3. 商务谈判需要的发现

所有谈判都是在人与人之间进行的。无论是两个人为一笔小生意谈价钱，大企业为一份合同谈条件，还是国与国之间为签订一项条约而谈判，都是如此。在上述每一种场合，都是个人与个人直接打交道。问题的关键是弄清楚他们有哪些需要，包括他们个人的需要和他所代表的某个团体的需要。

要了解对方在想什么，在谋求什么，就必须运用各种方法和技巧，去发现他的需要，即如何彼此沟通。对此，美国谈判专家尼尔伦·伯格的《彼此沟通》一书，可作为一份有效的指南。精明老练的谈判家，总是十分注意捕捉对方思想过程的蛛丝马迹，以追踪揭示对方动机的线索。他们仔细倾听对方的发言，注意观察对方的每一个细微动作。对方的仪态举止，神情姿势，重复语句，以及说话语气等，这些都是反映其思想、愿望和隐蔽的需要的线索。

（1）适时提问。获得信息的一种手段就是提问。提问是表达思想的窗口。在适当的场合可以向对方提问，例如，“你希望通过这次谈判得到什么”、“你期待的是什么”、“你想要达到什么目的”等问题。通过这种直截了当的试探，除了能得到相关信息，还能发现对方的需要，知道对方追求的是什么，并能以此来主导以后的谈判。在谈判中适当地进行提问，是发现需要的一种手段。但在提问中应该注意三点，即提出什么问题，如何表达问题，何时提出问题。此外，这些问题在对方身上产生什么反应，也是一个重要的考虑因素。

审时度势地提问容易立即引起对方的注意，保持双方对讨论中的议题的兴趣，并按照你的意愿主导谈判的方向。通过提问题使对方作出你所期望的回答，发现对方的需要。在商务谈判中提问要注意两个要点。一是通情达理，说明理由。在提出问题之前，先要把理由说透，使对方知道你提问的意图，可避免造成麻烦和不愉快的后果。二是要充分考虑提问的方式，掌握提问的技巧。提问要简明扼要，具体明确，不能含糊其辞，隐隐约约，使对方无法回答。这些在后面的章节中会详细讲解。

（2）悉心聆听。除了提问和陈述，发现需要的另一个方法是悉心聆听对方吐露的每个字，注意他的措辞，选择的表达方式，他的语气，他的声调。所有这些，都能为你提供线索，去发现对方一言一行背后隐蔽的需要。

对于聆听，必须注意人与人之间的谈话或谈判可以在不同层次的意义上进行。一个人的谈话或陈述，在许多情况下也都具有多层次的意义。例如，对方作出一项陈述，在第一个层次上可以表明，他想要交换意见；在第二层次上可以根据他的表达方式和措辞，推知某些信息；在第三层次上，可以根据他探讨问题的方式，得知他的意思。

听和讲一样，是一种引导的方法，在谈判中，听在一定程度上占有相当的位置。任何一个谈判者都应该在善于听和乐于听两个方面下功夫。俗话说："听其言而观其行。"这是分析对方、了解对方、洞察对方心理活动的好方法。一个善于听和乐于听的富有经验的谈判者，也一定是能全面了解情况、驾驭谈判形势的人。

我们常常听到这样的说法："顺便提一下……"说话的人试图给人一种印象，似乎他要说的事情是刚巧想起来的。但实际上他要说的事情恰恰是非常重要的。先说这么一句话显得漫不经心、轻描淡写，其实不过是故作姿态而已。当一个人用这样一些词句来提起话头，如"老实说"、"坦率地说"、"真诚地说"、"说真的"等，可能正是此人既不坦率也不诚实的时候。这种词句，不过是一个掩饰而已。因此，只要对方有所言，你就应该留神听，随时注意从他那些似乎出于无意的重要词句中，发现隐蔽的动机和需要。

有时可以根据对方怎么说，而不是根据他说什么，去发现态度的变化。假定谈判一直顺利进行，气氛融洽，大家都相互直呼其名，却突然变为以姓氏相称呼，"琼斯先生"或"史密斯先生"等，这可能是气氛转为紧张的兆头，甚至意味着僵局的开始。

（3）注意观察。为了了解对方的意愿和需要，不仅要注意聆听对方的言辞，而且要注意观察对方的举止。例如，在一次气氛友好的会谈中，要是突然有人往椅背上一靠，粗鲁地叉起双臂，你马上会意识到，麻烦发生了。举止非常重要，其传达着许多微妙的意思，有着种种心理上的含义和暗示。要注意观察对方的举止，从中发现其思路，掌握谈判的脉络。

"举止"一词就其广泛的意义而言，不只是指一般的身体动作，咳嗽、脸部表情、手势、眨眼等，也能为你提供无言的信息。

从脸部表情上看，脸红、面部肌肉绷紧、烦躁不安、过分专注、强笑、冷笑，或者只是默默地凝视，所有这些都反映出他的情绪紧张。当然，有时也会碰到那种毫无表情的"扑克面孔"，这种极其缺乏表情的神态告诉我们，此人一点儿也不愿意让别人知道他的感情。然而尽管有这张假面具，我们还是可以千方百计地觉察到他的意图。

眨眼，是种使眼膜湿润、排出落入眼内的细小灰尘的保护性反应。然而研究表明，人们在发怒或激动的时候，眨眼的频率就会提高，正常的眨眼几乎不为人所觉察，但在其成为一种特别的举动时，频繁而又急速的眨眼就会引起人们的注意。人们发现这种反常的举止，往往是和内疚或恐惧的情感有关。眨眼常被用作一种掩饰的手段。

手势，当然可以有意识地代替语言，特别是在不允许用语言表达或语言本身不能表达的时候，更是如此。例如，律师想在陪审团面前表示对法官的异议，士兵想对顶头上司表明自己有不同的意见都可以通过手势。但是，手势的表达有时过于外露。其泄露的内容，也许会超出你本身想要表达的意思。警察们声称，他们能在聚会中，根据大家的手势对某人流露出来的极度尊敬，找出这伙人的首领。

咳嗽，常常也有其含义。有时它是紧张不安的表现，谈判人员借此稳定情绪，以使自己能继续讲下去。有时，它被用来掩饰谎话。有时，倘若有人自吹自擂，狂妄自负，听的人会以此来表示怀疑或惊讶。

总之，老练的谈判家始终不会让对方逃过自己的眼睛和耳朵。如果你充分注意谈判中的姿势和举动带来的信息，你在谈判中获得成功的可能性也就越大。如果对方采用一项相关的策略，那你就还之以一种更基本的需要，这样就能增加获得谈成功的机会。需要理论犹如一条主线，贯穿于一切谈判之中。只有善于发现需要、利用需要，才能成为一名老练的谈判者。

4. 针对谈判需要制定商务谈判策略

美国谈判学会会长杰勒德·I.尼尔伦伯格也提出了“谈判的需要理论”。他认为，任何谈判都是在人与人之间发生的，他们之所以要进行谈判，都是为了满足人的某一种或几种“需要”。这些“需要”决定了谈判的发生、进展和结局。他把谈判行为中的人的需要、人的动机和人的主观作用，作为理论的核心，指出“需要”和对“需要”的满足是谈判的共同基础，要是不存在尚未满足的需要，人们就不会进行谈判。谈判的前提是“谈判双方都要求得到某种东西，否则，他们就会彼此对另一方的要求充耳不闻，双方也就不会有什么讨价还价发生了。双方都为各自的‘需要’所策动，才会进行一场谈判”。比如，两个人为买卖一宗地产讲价钱，工会和资方为签订一项新合同争得失等。这些都是为了满足需要。尼尔伦伯格在《谈判的艺术》一书中把各种谈判分为 3 个层次：①个人间——个人与个人的谈判；②组织间——组织与组织的谈判；③国家间——国家与国家的谈判。

他指出在组织间或国家间的谈判中，都有两种需要在同时起作用：一个是该组织（或国家）的需要，另一个是谈判者个人的需要。谈判者个人在特定情况下，将成为群体的一部分。一定程度上将失去他作为自然人的“人”的特征，使得群体的需要在表面上高于他个人的需要，这就是自居作用（自居作用是心理学术语，指个人以自认为理想的对象——个人、群体自居，以此掩饰自身弱点的一种自我防御机制）。但是，当这种自居作用出现时，并不意味个人的需要不会再起作用了，正因为如此，谈判者应千方百计地通过一定的方式方法，努力去发现个人的需要，善于诱导个人的需要，进而影响对方的看法、观点甚至立场，以使谈判向有利于己方的方向发展。同时，他还指出，要善于利用人类的需要来进行成功的谈判。他把谈判者的基本需要理论用于实际，归纳出 6 种类型的谈判策略或方法。按照使谈判成功的控制力量的大小排列，这 6 种策略如下所述。

（1）谈判者顺从对方的需要。

谈判者在谈判中站在对方的立场上，设身处地替对方着想，从而使谈判成功。这种方法最易导致谈判成功。需要的层次越高，谈判成功的难度就越大，谈判者对谈判能否成功的控制力也越小。如果谈判者只为谈判对方的重要需要如生理需要着想，对方为使自己生存下去必然对谈判欣然许诺，一拍即合。如果谈判者为对方高层次的需要着想，那么由于谈判对方对高层次需要的迫切性小于生理需要的迫切性，谈判成功的难度就会增加。

（2）谈判者使对方服从对方自身的需要。

这种类型策略的谈判，双方都得到利益，每一方都是胜者。例如，商店营业员普遍对顾客使用这种策略，采取种种办法，满足顾客需要，从而更好地推销商品。

（3）谈判者同时服从对方和自己的需要。

这是指谈判双方从彼此共同利益出发，为满足双方的共同需要进行谈判，采取符合双方需要与共同利益的策略。这种策略在商务谈判中被普遍用于建立各种联盟，共同控制生产或流通。例如，美国四家企业为了确保其电气设备的高额利益，他们缔结秘密协议，固定产品价格，操纵市场，控制竞争，即属于此类。又如，甲乙双方的贸易谈判，甲方要求将交货日期、品质、数量、规格、价值写入合同之中，而乙方则要求合同签订后交付 20%的预订金等。尽管双方曾进行过多次贸易，但双方这样做都是出于安全和保障的需要。

【案例2.3】

20世纪40年代中期，霍华·休斯制作了一部电影名曰《不法之徒》，请美国电影明星珍·拉塞尔担任主演，并签订了一份一年100万美元的合约。12个月后，拉塞尔找到休斯："我想依照合约规定得到我的钱。"而休斯却说，他现在没有现金，只能拿不动产做抵押。拉塞尔根本不听休斯的任何借口，她只要属于自己的钱。休斯一再对她说明目前资金短缺，要她再等一等，而拉塞尔则一直指出合约上清楚地说明一年后付款，她的要求合理合法。双方的要求无法和解，争执越来越大。于是在一种咄咄逼人的敌对状况下，各自找来了律师，看来似乎只有诉诸公堂才能解决问题，但是后来拉塞尔改变了主意，她对休斯说："你我是不同的人，有不同的奋斗目标，让我们看看能不能在互相信任的气氛下分享信息、情感和需要呢？"休斯表示同意这一提议。双方彼此合作，创造性地提出了一个能满足双方需要的方案。他们将原来的合约改为以20年为期，每年付款5万美元。合约上的总金额不变，但付款的时间变了，结果是休斯解决了资金周转困难的问题，并获得了本金的利息。拉塞尔的所得税逐年分期交纳，减轻了税额，因而也获利。双方不仅保住了面子，而且也摆脱了诉讼纠纷。真可谓双方合作，满足了不同的利益，都是大赢家。

（4）谈判者违背自己的需要。

这是指谈判者为了争取长远利益的需要，抛弃某些眼前或无关紧要的利益和需要而采取的一种谈判策略。谈判者为了达到某种目的而不惜损害自己的需要，这并不是一种非理性行为，而是出于深思熟虑的实现预期目标的有效谈判手段。例如，某些商业企业有意识违背自身收入增长的需要，采取薄利多销的经营手段吸引顾客，扩大影响，从而为自己争取长期更大利益做准备。

（5）谈判者损害对方的需要。

这是指谈判者只顾自己的需要和利益，不顾他人的需要和利益，尔虞我诈、你死我活的一种谈判策略。在谈判中采用这种策略的一方往往处于强者的主动的地位，但更多的情况是导致谈判破裂。

（6）谈判者同时损害对方和自己的需要。

这是谈判者为了达到某种特殊的目的，抛弃谈判双方利益需要的办法，这也是一种双方"自杀"的办法。例如，商品交易中，竞争双方展开价格战，双方都甘愿冒破产的危险，竞相压低价格，以求打败对手，此类场合采取的就是这种策略。

上述6种策略，都显示了谈判者如何满足自己的需要。从第1种到第6种，谈判的控制力量逐渐减弱，谈判中的危机逐渐加重。

尼尔伦·伯格的"谈判需要理论"只是为我们研究和制定谈判策略提供了总体结构。即从总体上看，谈判者抓住的需要越是基本，成功的可能性就越大。但是，这种需要顺序绝非一成不变，在具体问题上更不是对所有的人都适用。同时，满足基本需要也并不意味着都是以生理需要、安全需要为起点。这是因为人的价值观念、受教育程度、理想抱负等因素会能动地调节人的需要层次。由此看来，制定谈判策略，一方面要通过满足对方的"基本需要"来获得对方相应的让步，另一方面要制定出尽可能多而彼此又可相互替代的谈判策略，要防止和克服凭经验办事，或反复使用某几种策略的弊病。在谈判策略中，我们应当特别注重灵活性、创造性，唯有如此才能取得成功。

2.2.2 商务谈判动机

动机，是促使人去满足需要的行为的驱动力，或者说是推动一个活动进行的内部原动力。它是引起和维持一个活动，并将活动导向某一目标，以满足个体某种需要的念头、愿望、理想等。

1．商务谈判动机的含义

商务谈判动机，是促使谈判人员去满足需要的谈判行为的驱动力。

动机的产生决定于两个因素：内在因素和外在因素。内在因素是指需要，即因个体对某些东西的缺乏而引起的内部紧张状态和不舒服感，产生需要欲望和驱动力，引起活动。外在因素包括个体之外的各种刺激，即物质环境因素的刺激和社会环境因素的刺激，如商品的外观造型、优雅的环境及对话者的言语、神态表情等对人的刺激。

动机与需要既相互联系，又有区别。需要是人的行为的基础和根源，动机是推动人们活动的直接原因。当人的需要具有某种特定目标时，需要才能转化为动机。一般来说，当人产生某种需要而又未得到满足时，会产生一种紧张不安的心理状态，在遇到能够满足需要的目标时，紧张的心理状态就会转化动机，推动人们去从事某种活动，向目标前进。当人达到目标时，紧张的心理状态就会消除，需要得到满足。这时，人又会产生新的需要。如图 2.1 所示。

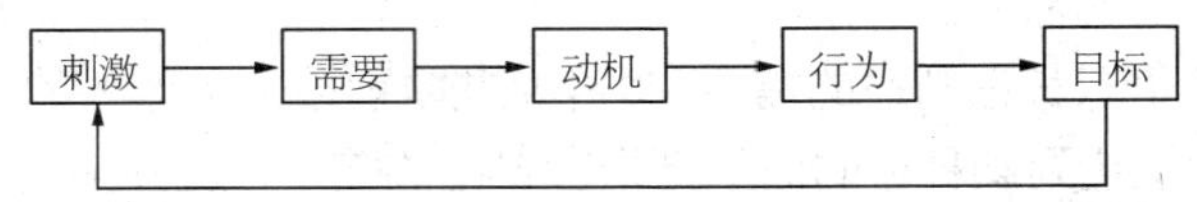

图 2.1　需要、动机、行为与目标的关系

动机的表现形式是多种多样的，可以表现为意图、信念、理想等形式。

2．商务谈判动机的类型

动机有生理性动机、社会性动机等不同类型。商务谈判的具体动机类型有以下几种。

（1）经济型动机。此类动机是指谈判者对成交价格等经济因素很敏感，十分看重经济利益，谈判行为主要受经济利益的驱使。

（2）冲动型动机。此类动机是指谈判者在谈判决策上表现的冲动，谈判决策行为受情感等刺激诱发。

（3）疑虑型动机。此类动机是指谈判者的谈判行为受疑心和忧虑的影响，由此引发谨小慎微的谈判行为。

（4）冒险型动机。此类动机是指谈判者喜欢冒风险去追求较为完美的谈判成果而形成的谈判动机。

3．商务谈判动机的激发

在谈判中为了增加自己一方的谈判力，或者为了削弱对方的谈判力，人们可以使用各种方法来激发对方的动机。其中最常用的方法有诱导谈判对方或对方的支持者；向对方展示你所提供方案的诱人之处；获取第三方对所提供的具有诱惑力的方案的支持；限定获得所提供好处的时间几种方法。

（1）诱导谈判对方或对方的支持者。

诱导对方或对方的支持者的目的，是通过给对方一些诱人的条件或利益等好处来引起对方的注意和激发对方的兴趣，并借此来说服对方与你就感兴趣的内容进行谈判。例如，在商品促销活动中，商家常用的诱导消费者的方式有降价、打折、买一送一等。精明的促销者总能想出各种各样的办法以吸引潜在消费者的注意并激发他们的兴趣。

（2）向对方展示你所提供方案的诱人之处。

通过向对方展示你的方案的诱人之处或“卖点”，使对方知道并相信你所提供的方案的确具有吸引力。这一步是上一步的继续，你可以借此说服对方接受你的方案并最终达到你的目的。

（3）获取第三方对所提供的具有诱惑力的方案的支持。

当有第三方表示支持你的方案时，第三方的支持会提高你的信用度并可通过他的榜样带动其他人效仿。人们一般更信任他们的朋友、同事和他们所熟悉的人，或者即便是陌生人但如果他们属于同一群体也会产生信任感。广告中经常使用的说服技巧即用消费者现身说法，从消费者的角度说明某种产品的好处。一些制药商用患者本人的例子说明某种药物的疗效，患者服用该药后效果如何显著，以此来说服其他病人，这些都是第三方支持的例证。公众人物，如著名的歌星、演员、运动员等很多都扮演过第三方的角色。

（4）限定获得所提供好处的时间。

“过了这村儿没这店儿”，这是俗话，提醒人们好处不可能一直存在。商务谈判人员也应该让对方知道你所提供的好处不是永远存在的，也就是说那些好处是有时间限制的，人们必须在规定的时间内与提供利益的一方谈判，否则将过期作废。时间限定或最后期限好似一个助推器，可以起到督促人们立刻采取行动的作用，因为如果没有时间限定，人们等待观望的态度最终会使他们的热情消失殆尽。精明的商家往往在促销价格提示的后面加上日期限定，这是因为消费者的热情一般是即时的和短期的，随着时间的推移,看到诱人条件时所产生的冲动也会消失。一般来说，时间越短，效果更佳。

2.3 商务谈判中个性的运用

个性也称为人格，是表现在人身上的经常的、稳定的心理特征的总和。个性是由多层次、多侧面的心理特征结合构成的整体。这些层次特征包括气质特征、性格特征、能力特征等。

个性是人的心理面貌的反映。世界上没有两片完全一样的树叶，同样，世界上也不存在着两个绝对相同的人。每个人都具有自身独特的风格、心理面貌，而与别人有所不同。

商务谈判人员是商务谈判的主要参与者，商务谈判人员的个性对商务谈判的方式、风格、成效都有着较大的影响。对商务谈判个性心理的研究和掌握，可以提高对商务谈判的适应性，有利于开创性地开展谈判和争取上佳的谈判成果。

2.3.1　气质

1. 气质的概念

这里所说的气质与人们在日常生活中所指的“某人很有气质”的气质含义是不同的，后者所指的气质是指一个人的风格、风度及职业特点等，而前者指的是人生来就具有的稳定的心理特征。人的这种先天性具有的气质是具有个体差异的，其差异是由人的神经类型的差异造成的。

具体来说，气质是指人的心理的动力方面特征的总和。它决定着人的心理活动进行的速度、强度、指向性等方面。

2. 气质的类型

人有许多不同的气质特征，古希腊、古罗马的医学家曾把气质划分为4种基本类型，即多血质、胆汁质、黏液质和抑郁质。纯粹属于这4种典型气质类型的人很少，大多都是混合型。

（1）胆汁质。

这一类型的基本特征是直率、热情、精力旺盛、情绪易于冲动，心境变换剧烈等。它是高级神经活动的“强而不平衡的灵活的兴奋型”在人的行为和情绪等方面的表现。

属于这种类型的人，在情绪反应上，他们的情绪发生得很迅速、很猛烈，常有突然爆发的性质，脾气急躁，容易发火。在行为表现上，他们的动作发生得也很强烈，说话很快，声音很大，对自己的行为常感到难以控制，因而往往会表现出一些粗暴无礼的举动。在性格倾向上，他们胆大心不细，做事很勇敢，情感外露明显，面部表情丰富。

（2）多血质。

这一类型的基本特征是活泼、好动、敏感、反应迅速、喜欢与人交往、注意力容易转移、兴趣容易变换等。它是高级神经活动的“强而平衡的灵活的活泼型”在人的行为和情绪等方面的表现。

属于这种类型的人，在情绪反应上，他们的情绪发生得很迅速，但不那么强烈，他们精力充沛，精神愉快。在行为表现上，他们的动作发生得也很迅速，富有朝气，活泼好动，灵活多变。在性格倾向上，他们适应性强，善于交际，待人亲切，面部表情生动，从其脸上很容易猜出他的心境如何，对人对物的态度怎样。

（3）黏液质。

这一类型的基本特征是安静、稳重、反应缓慢、沉默寡言、情绪不易外露、注意力稳定而又难于转移、善于忍耐等。它是高级神经活动的“强而平衡的不灵活的安静型”在人的行为和情绪等方面的表现。

属于这种类型的人，在情绪反应上，他们的情绪发生得缓慢微弱，心境平稳，不易激动，很少发脾气。在行为表现上，他们的动作迟缓，态度安详，容易抑制，无论做什么事，总是不慌不忙。在性格倾向上，他们自制力强，循规蹈矩，富有耐心，面部表情单一，常常沉默寡言。

（4）抑郁质。

这一类型的基本特征是孤僻多疑、行动迟缓、体验深刻、善于观察别人不易觉察到的细微事物等。它是高级神经活动的“弱的抑制型”在人的行为和情绪等方面的表现。

属于这种类型的人，在情绪反应上，他们的情感发生得缓慢而持久，常常由于一点小事而感到委屈，表现出情绪不佳，意志消沉。在行为表现上，他们的动作迟缓、呆滞、无力，说话慢吞吞，做事没精神。在性格倾向上，他们缺乏自信心，常会疑神疑鬼，易于惊慌失措，情感不大外露，对事无动于衷，与人在一起，常会局促不安。

3. 不同气质谈判者的行为

不同气质类型的谈判人员在与客户谈判过程中所表现出的行为活动是不同的。应该根据不同气质类型的特点，先分析一下人们的心理活动和行为表现，据此采取恰当的谈判策略和技巧，促进谈判的顺利进行，从而实现与客户谈判的目标。

（1）胆汁质谈判者的行为。

高级神经活动强而不平衡的兴奋型是胆汁质的生理基础。这种气质类型的谈判者在谈判过程中，常常表现得干脆利落，从不拖泥带水，对于满足自己需要的条件，反应特别强烈，这类谈判者常常很容易做成交易。但是一旦发生问题，则容易发怒，易与其他人发生冲突。

如果谈判对手属于这种气质类型，谈判人员就应该针对其特点，做出正确的反应。

（2）多血质谈判者的行为。

高级神经活动强而平衡的灵活型和活泼型是多血质的生理基础。这种气质类型的谈判者对人彬彬有礼、亲切而且随和。谈判人员如果和他们进行谈判会发现他们有敏锐的观察力，但观察时不太细致。此外，这种气质类型的人思维非常敏捷，但是思考问题时容易片面，而且还容易感情用事。他们在谈判过程中一般表现得很友好，但其目的容易转移。

对于这种气质类型的谈判者，谈判人员就应该以主动、热情、积极的态度抓住他们某一阶段的兴趣，趁热打铁，不要拖拖拉拉。

（3）黏液质谈判者的行为。

高级神经活动强而平衡的迟缓型也称安静型，是黏液质的生理基础。这种气质类型的谈判者，每一步行动都表现得很谨慎。比如选择谈判对手、明确谈判目标、确定谈判方案时，要经过很长时间的认真思考，仔细分析和比较，做任何决定前都十分小心，绝不轻易签约。

谈判人员遇到这类谈判对手时，也要十分谨慎，不要过分表现自己及产品。因为这类谈判者在谈判以前已经对你的产品及条件有了较多的了解，他们参加谈判是为了更进一步、更全面地证实一下自己的调查，一旦符合他们的要求，他们就会做出决定；反之则放弃谈判，另觅谈判对象。

（4）抑郁质谈判者的行为。

高级神经活动弱是抑郁质的生理基础。这种气质类型的谈判者在谈判过程中，对谈判的各项条件考查都非常细致，处处小心，很少发表意见，但对别人的意见十分注意，而且十分敏感，容易受伤害。

对于这种气质的谈判者，谈判人员就应当以礼相待，让其处于平和、愉悦的气氛当中，用语言加以引导，帮助其做出决定。

出于谈判的需要，要根据谈判人员的气质特征、气质类型来选择谈判人员和采取相应的谈判策略。例如，如果谈判对手属于胆汁质，则这类人急躁、外向，对外界富有挑战的特点，但往往缺乏耐力，一旦扼制住其突如其来的气势，其气势就会很快丧失。对付的办法可以采取马拉松式的战术，避其锐气，攻击弱点，以柔克刚。

2.3.2　性格

性格是指人对客观现实的态度和行为方式中经常表现出来的稳定倾向。它是个性中最重要的和显著的心理特征。

1. 人的性格倾向

一个人对某些事物的态度，在其生活经验中巩固起来，形成习惯性的反应和习惯了的行为方式，这就构成了他的性格特征。例如，有的人懦弱，有的人刚强；有的人咄咄逼人，有的人深藏不露。

人的习惯化的行为方式，取决于人的认识、情绪和意志这些心理过程的不同特点。在认识方面，有的人易于接受抽象的事物，有的人则易于接受形象的事物，有的人注重事物的个别部分，有的人则注重事物的整体关系。在情绪方面，有的人易冲动，有的人控制力强，有的人较平稳，有的人较波动。在意志方面，有的人勇敢、果断，有的人胆怯、优柔寡断，有的人独立性强，有的人依赖性强。

谈判人员往往各有其性格特点。有的人精明、反应灵敏，有的人固执、呆板，有的人沉稳冷静，而有的人兴奋冲动，有的人喜欢直言，有的人则幽默而善于旁敲侧击。此外，谈判人员按其性格类型可分为进取型、关系型和权力型等。

对于商务谈判，每一种性格倾向都可能有其长处和不足。急性子的人虽不拖泥带水，但易急于求成，急中容易出现差错，被人钻其毛躁的空子；慢性子的人，在谈判中反应慢，但把性格的弱点藏在自在的个性特征中，可显得像老练的谈判者一样。性格温善的人，待人以善意，但用在谈判桌上，就显得幼稚、单纯，易轻信于人，缺乏识别人的本领，往往经不起对方的谎言或做戏的攻击；性格泼辣的人，外露、勇于争辩，但他们往往言语尖刻，不给人面子，也不给自己留有退路。谈判不仅取决于谈判方所处的优势谈判地位，而且取决于谈判人员的个性和魅力。在谈判过程中，善于发挥每个人性格的优势作用，掩盖其弱点，是争取谈判成功的关键之一。

2. 针对性格的谈判策略

谈判对手的性格类型不同，要采用相应的策略、办法与之周旋。

对于进取型的谈判对手，可以针对他们对成功期望高，而对关系期望低，急于求得谈判利益的特点，要有一个较详尽的谈判计划来积极应对。应注意策略地控制谈判进程，以求谈判能取得成果。在谈判中，考虑到对手参与的热情高，应适当尊重其意见，让其适当实现谈判目标，使其有获胜的心理满足，但不能轻易让步。同时，也利用其追求成果的心理争取让其做出让步。

对于关系型的谈判对手，可以考虑他们对关系的期望高，而对权力的期望较低，对对方不过分苛求的特点，应积极主动地进攻，控制谈判的程序和局势。同时，对其热情的态度不能掉以轻心，以防掉入人际关系的“陷阱”里去。

对于权力型的谈判对手，可以利用他们对成功和关系的期望一般，对权力的期望高，希望能够影响他人的特点，让其参加谈判程序的准备，让其先陈述，使他觉得自己获得了某种特权，以满足其对权力的需求。不要企图控制他、支配他，不要提出过于苛刻的条件，但不能屈服于其压力，要运用机会和条件争取他的让步。

2.3.3 能力

能力是人们顺利完成各种活动必须具备的个性心理特征。为了能顺利地开展谈判活动，商务谈判人员必须具备一定的谈判能力。

1. 谈判能力的含义

能力可以分为一般能力和特殊能力两大类。一般能力又称智力，是指多种活动所必需的能力，记忆能力、观察能力、想象能力、思维能力等都属一般能力，通常用智力商数来测量；特殊能力是指在专业活动中所需要的能力，如数学能力、专业鉴赏能力、谈判沟通能力、组织管理能力等。

2. 商务谈判人员应具备的能力

商务谈判是谈判双方为了各自的需要而在一定的主客观条件基础上所进行的“讨价还价”的活动。这种“讨价还价”的活动，包含一定的心理较量，特别是智力、能力的较量。这就要求谈判人员具有一定的能力水平，能适应较量的要求。通常而言，谈判人员应具备以下能力。

（1）观察能力。观察是人有目的、有计划、系统的、比较持久的知觉。观察力是能够随时而又敏锐地注意到有关事物的各种极不显著但却重要的细节或特征的能力。敏锐的观察力可以有助于很好地洞察事物的本来面貌，通过捕捉与事物本质相联系的某些“蛛丝马迹”，去洞察人们的心理状态、意图。

作为一名谈判人员，在云谲波诡的商务谈判中，必须具备良好的观察力，才能在商务谈判的独立作战或群体作战中明察秋毫，审时度势，避开险阻，探索行动的方向和途径，寻求突破。

（2）决断能力。谈判是一项相当独立的现场工作。很多事务的决断需要在谈判现场做出，这就需要谈判人员具备良好的对事务的判断和决策能力。

决断能力，表现在谈判人员可以通过对事物现象的观察分析，能够由此及彼、由表及里，去粗取精、去伪存真，排除各种假象的干扰，了解事物的本质，以做出正确的判断；表现在能及早地洞察存在的问题或关键所在，准确地预见事物发展的方向和结果；表现在综合运用各种方法、手段，对不同条件、不同形势下的问题，及时做出正确的行为反应和行动选择。谈判人员的决断能力与了解和掌握科学的判断和决策的相关知识方法有关，与一定的专业实践经验的积累有关，谈判人员应注意在学习和实践两个方面下功夫，提高自身的决断能力。

（3）语言表达能力。谈判，主要借助语言形式进行。语言作为谈判和交际的手段，谈判人员必须熟练地掌握它，必须提高自身的语言表达能力。语言有口头语言和文字语言，都应该学好、用好。

语言表达能力的提高，一要注意语言表达的规范，要增强语言的逻辑性；二要注意语言表达的准确性，必须语音纯正、措辞准确、言简意赅；三要讲究语言的艺术性，表现出语言表达的灵活性、创造性和情境适用性。

语言是沟通的主要媒介，要提高沟通的能力，就必须有效地克服语言沟通的障碍，提高语言表达技巧，要注重无声语言、暗示性语言、模糊语言、幽默语言、情感语言的运用。谈判人员不仅要熟练地运用本国语言（包括某些主要地区的方言），还应当精通一两种外语。除此以外，谈判人员还应善于运用和理解身体语言，以增强谈判的沟通能力和理解能力。

（4）应变能力。商务活动的一个重要的特点就是带有较大的不确定性。这种不确定性就要求从事商务活动的人员要有应付不确定性的准备和方法，具有临场应变能力。所谓应变能力，是指人对异常情况的适应和应付的能力。

商务谈判中，经常会发生各种令人意想不到的异常情况。当这些异常事件、情况出现时，一旦谈判人员缺乏处理异常情况的临场应变能力，就可能使谈判招致失败或不利的后果。处变不惊，应是一个优秀的谈判人员所具备的品质。面对复杂多变的情况，谈判者要善于根据谈判情势的变化修订自己的目标和策略，冷静而沉着地处理各种可能出现的问题。

应变能力需要创造力的配合。例如，购货方担心采用信用证方式交易会让售货方取得货款而货物不对从而使自己遭受损失时，售货方为使生意达成协议，可以创造性地提出一些可以预防以上问题发生的办法来促成交易，提出由购货方指定一个中立的第三者作为检查员，在货物即将发运之前到售货人的工厂对货物进行检查，货物检查合格后，再按照信用证规定付款的做法而使购货方得到保护。

2.4　其他商务谈判心理的运用

商务谈判心理是影响商务谈判的重要因素。高明的谈判人员，往往善于利用商务谈判心理，讲究谈判技巧。

2.4.1 商务谈判期望心理

谈判活动与谈判方的谈判期望密切相关。谈判期望对谈判方谈判的积极性和谈判的策略选择均具有一定的指导意义，为此谈判人员应掌握谈判期望心理的分析技巧。

1. 谈判期望的概念

谈判期望是指商务谈判者根据以往的经验在一定时间内希望达到一定的谈判目标或满足谈判需要的心理活动。

人的需要多种多样，由于主客观条件的限制，使人的某些需要并不能立即获得满足。但即使如此，人的需要也不会因此消失。一旦发现可以满足自己需要的目标时，就会受需要的驱使在心中产生一种期望。

期望心理活动与人的需要相联系。期望产生于需要，它是对实现需要的期待。期望是有方向和目标的，期望的强弱与目标价值的高低有密切的联系。谈判期望是谈判者根据自己以往经验对达到目标的可能性进行分析与判断后形成的。达到目标的可能性越大，期望越大。例如，某个大型商务采购团公开招标采购商品的消息公布之后，不少企业希望参与投标。有的企业认为自己可能中标，对投标抱有很大的期望；有的企业则认为中标较为困难，抱较小的期望。

2. 谈判期望的分析和利用

谈判期望的分析，对于商务谈判有一定的利用价值。

（1）谈判期望水平的分析利用。谈判期望有水平的高低，期望目标水准高的称为期望水平高，期望目标水准低的称为期望水平低。期望水平受到人的能力、经验、抱负、自我估价等多方面因素的影响。期望水平反映人的自我评价的高低。

期望水平影响期望者潜能的发挥。期望水平高，对期望者的潜能激发程度也高，成功可能性就高。有专家做过研究，期望水平高的人，所取得的成就往往会更大。期望水平高的人，往往会为取得较优异的成绩付出较大的主观努力和耐心，不会轻易放弃自己定下的标准；而期望水平低的人，对追求的目标往往缺乏充分的信心和主观努力，所取得的成绩就会不理想。

遵循这一心理机能，考虑到调动我方谈判人员的积极性，事先所设的谈判最优期望目标可高些，以激发人员想象力、创造力并充分挖掘其潜能。同时，对对手的谈判最优期望目标、一般期望目标和最低限度目标要进行预测和研究分析，使谈判能争取主动，灵活而有策略。

期望水平有其两面性。期望水平的高低，要根据实际情况来决定，要考虑人的能力、经验、实际条件和心理素质。期望水平过高，而自身能力、经验欠缺，心理素质低，到时候不仅会因为实现期望的可能性小而造成积极性降低，而且会因为期望目标不能如愿实现而造成心理挫折，这样反而不利于谈判。

在谈判过程中，为了防止对手对我方谈判策略实行反制措施，谈判人员的期望目标及其水平一般不宜过早暴露，需要事先加以掩饰，以转移对方的注意力。例如，我方作为买方重视的是对方货物的价格，而对方的兴趣在我方订货的数量和交货期，在这种情况下，为了掩饰我方心理，在谈判中可先将双方讨论的问题引到货款支付方式、包装运输上，以分散对方的注意力。

考虑到人的需要不断发展变化的特点和期望心理满足方面的机能作用，不要轻易许诺，一旦许诺就必须兑现。

（2）效价的分析利用。在商务谈判中，可利用效价和期望值对谈判行为动机的影响，巧妙地运用谈判策略诱导对方，并刺激和维持对方参与谈判的积极性。

在谈判双方眼里，同样的东西其价值可能是不一样的。这牵涉到期望目标的效价问题。

商务谈判必须注重研究目标对象对双方的效价，并且在谈判协商中根据效价去解决双方谈判中的利益分配问题，使商务谈判的双方共同受益，达到双赢的结果。

在谈判中，作为一个成功的商务谈判人员，要善于判断哪一种目标是对方最关心、最期望的，哪些是对方不那么看重的。在讨价还价中，结合商务情况和期望心理来决定自己的报价与反报价。

与对方期望目标或期望水平偏差太大的报价，不仅刺激不了谈判的欲望，反而容易导致谈判的流产。还价也不能让对方过于失望。要讲究让步方式和幅度，不要诱发对方过高的期望。否则，在以后的谈判中如果做出的让步小了，会造成与对方的期望相距太远，形成"期望越大，失望越大"的心理落差而导致心理挫折，不利于谈判的顺利进行。

一般情况下，效价高的目标对象总是比效价低的目标对象容易受到谈判者的欢迎。谈判要结合双方的情况，找出那些对对方是重要的而对我方是不重要的东西来做出让步，以满足对方的期望。当我方所提出的目标对对方缺乏效价吸引力时，可以提出另外一个对对方具有效价的目标，激发对方的谈判动机。如果谈判对手所提出的谈判条件我方不能做出让步，为了防止对方产生挫折感而做出对我方不利的行动，我方可以主动提出另外一些对方认为有价值的东西，用以改变其期望目标，使谈判能够顺利过渡。此外，由于效价往往是个主观判断，为了让对方对我方所做出的让步感到有价值，认为我方所做出的是重大让步，在一开始我方就应做出十分重视的姿态，以诱导对方。

在价格谈判上，如果卖方能通过谈判说服对方，使对方能提高对目标对象的效价评价，价格谈判就容易取得成功。

2.4.2　正确运用商务谈判的感觉和知觉

人对客观现实的反映是从感觉和知觉开始的，正确运用商务谈判的感觉和知觉，对于从事商务谈判具有一定意义。

1. 商务谈判中的感觉和知觉

感觉和知觉是具有密切关联的心理现象。感觉和知觉都是外界事物作用于人的感觉器官所产生的反映。

感觉是人的大脑凭借感官对事物个别属性（如颜色、气味、温度）的反映，是人对客观事物认识的最简单形式，但却是一切复杂心理活动的基础。人们通过感觉，获得对客观事物的有关信息。人们运用这些信息，经过复杂的心理活动，进而取得对客观事物的更深入的认识。为此，商务谈判人员必须注重运用自己的感觉器官去获取有关的信息，如食品的色、香、味，谈判对手的一颦一笑等。

知觉则是人对事物各种属性所构成的整体的反映。例如，我们感觉到梨的颜色、滋味、平滑、软硬度、温度、大小和形状，在综合这些方面的基础上构成了我们对"梨"的整体的映象，这就是我们对梨的知觉。

2. 知觉的选择性

知觉作为感性认识，对客观事物的反映不是消极的和被动的，而是一种积极能动的认识过程。这种知觉的能动性的主要表现是知觉的选择性。在同一时间，有许多客观事物同时作用于人的感官，人不能同时反映这些事物，而只对其中的某些事物有清晰的知觉，这就是知觉的选择性。

（1）影响知觉的选择性的因素。人的知觉的选择性既受客观因素的影响，也受人本身主观因素的影响。客观因素主要是知觉对象的特点和与背景的差别等。主观因素是知觉者的兴趣、需要、个性特征和过去的经验等。

（2）知觉的个别差异。知觉的选择性使得不同的人对同一事物往往会产生不同的知觉，表现出个别差异。人们对其喜欢的事物容易形成注意，对其讨厌和不喜欢的事物则易产生回避，这就形成了知觉的差异。不同神经类型的人，知觉的广度和深度有个别差异。多血质的人知觉速度快，但不稳定、不细致；黏液质的人知觉速度慢，但相对稳定和细致。对某一事物有经验和无经验，知觉也有较大的差别，人们常说的“内行看门道，外行看热闹”就是这个意思。

3. 知觉习惯

人的知觉中包括社会知觉，其中又包括对别人的知觉、对人际的知觉和对自我的知觉。人的社会知觉有一些习惯，如第一印象、晕轮效应等。这些知觉习惯有助于提高人们知觉的效率，但也会引发对人的各种偏见，为此，在对人的知觉上要注意防范人的知觉习惯的不良影响，以实现对人的正确知觉。

（1）第一印象。在对人的知觉过程中，会存在对某人的第一印象。第一印象往往比较鲜明、深刻，会影响到人们对某个人的评价和对其行为的解释。在许多情况下，人们对某人的看法、见解、情感、态度，往往产生于第一印象。如果对某人第一印象好，就可能对其形成肯定的态度；若第一印象不好，就可能对其形成否定的态度。第一印象是人们认识人的过程中出现的一种常见的现象，它有助于人们对人的知觉，但又可能由于对人的知觉不全面、停留在表面而不深入，形成一些影响对人正确知觉的偏见。第一印象的形成主要取决于人的外表、着装、言谈和举止，在正常情况下，仪表端庄、言谈得体、举止大方的人较易获得良好的第一印象，获得人们的好感。

第一印象有较大影响作用，商务谈判者必须重视谈判双方的初次接触。要努力在初次接触中给对方留下好的印象，赢得对方的好感和信任；同时，也要注意在初次接触后对对方多做些了解。

（2）晕轮效应。晕轮效应也叫“以点概面效应”，是指人们在观察某个人时，对于他的某个品质特征有清晰明显的知觉，这一从观察者看来非常突出的品质、特征，妨碍了观察者对这个人其他品质、特征的知觉。也就是说，这一突出的品质、特征起到一种类似晕轮的作用，使观察者看不到他的其他品质、特征，从而仅从一点就做出对这个人整个面貌的判断。

晕轮效应在商务谈判中的作用有正面的，也有负面的。如果谈判一方给另一方留下某个方面的良好的、深刻的看法或印象，那么他提出的要求、建议往往容易引起对方积极的响应，要求条件也常能得到满足，一旦能引起对方的尊敬或崇拜，就易掌握谈判的主动权。如果某方面给对方的看法或印象特别不好，则提出的有利于双方的建议也会受到怀疑，得不到信任和赞同。

（3）先入为主。先入为主是指人们最先所得到的关于事物的看法、观点等信息对人存在着强烈的影响，影响人的知觉和判断。例如，当人们在未认识某一个人时，就听到有关此人的一些传言，当见到此人时，就很可能根据传言对此人的某些言行做出相应的理解和解释。

先入为主的存在是由于人们惯于接受日常生活经验、定向思维和习惯的影响，这些影响造成了人们对新的信息的排斥。

人们最先获得的信息，有准确的和不准确的，凭据这些信息对事物做出判断，也有正确和错误两种结果。先入为主的一个重要问题，是它往往妨碍和影响人们对事物的进一步的了解与认识，使判断带有主观性。先入为主的影响，在谈判中通常表现为主观武断地猜测对方的心理活动，诸如对方的意图、对方关注的焦点问题、对方的心理期望等。这些主观猜测一旦失误，就会直接或间接地影响谈判的进程和结果。

由于存在先入为主的心理知觉，所以在谈判中对人们的先入为主的知觉规律要予以注意。在商务谈判的前几分钟，谈判双方的交流对谈判气氛会产生重要的影响，会产生“先入为主”的效应。这时，在言谈举止方面要谨慎，一般在寒暄之后选择有共同兴趣的中性话题为宜，对于令人不愉快的话题尽可能不谈，也不要一见面就开门见山地直奔正题。

因为人们对谈判有“漫天要价，就地还钱”的先入为主的认识，所以对商务谈判对手（除长期的交易伙伴外）最初的开价都有不实的感觉，必定会讨价还价。受此认识的影响，反过来，出价人也会出于经济动机和考虑到人们讨价还价的习惯，最初报价也比实价偏高，做出了应对讨价还价的心理准备。

（4）刻板。人的知觉有刻板的习惯，会存在着对某类人的固定印象。这是其在过去有限经验基础上对他人先做结论的结果。最常见的刻板，是在看到某个人时就把他划归到某一群体之中。但通过改变知觉者的兴趣、注意力，给知觉者增加更多的感知信息，就有可能改变这一刻板的印记。

认识感觉和知觉的规律性，有助于谈判中的观察和判断。在商务谈判中，谈判对手是不会轻易让你了解商业秘密或某些事实的真实情况的，而且还会故意制造一些假象来迷惑你。为此，就需要“眼观六路，耳听八方”，注意观察他的言行举止中偶尔流露出来的真实自我和信息，运用敏锐的洞察力透过现象看本质，弄清对方的真实状况和意图。

2.4.3　商务谈判情绪的调控

商务谈判情况复杂多变，谈判双方的情绪也随之波动，任情绪在谈判场上像脱缰的野马一样随意狂奔，会使谈判过于情绪化，无益于谈判的进行。作为谈判的一方，为使商务谈判能按预期的方向发展，就需要运用相应的措施，对双方的商务谈判情绪进行有效的调控。

1. 商务谈判情绪

情绪是人脑对客观事物与人的需要之间关系的反映。它是人在认识客观事物的基础上，对客观事物能否满足自己的需要而产生的一定态度体验。人的情绪对人的活动有着相当重要的影响。能够敏锐地知觉他人情绪，善于控制自己情绪，巧于处理人际关系的人，才更容易取得事业活动的成功。

商务谈判情绪是参与商务谈判各方人员的情绪表现。在谈判活动中，谈判双方的需要和期望满足的情况会千变万化，谈判者的情绪心理也往往会随之波澜起伏。在错综复杂的商务谈判中，免不了会出现各种情绪的变化和波动。当异常的情绪波动出现时，要善于采用适当的策略办法对情绪进行控制，而不能让情绪对谈判产生负面影响。在谈判桌上，过激的情绪应尽量避免。当有损谈判气氛、谈判利益的情绪出现时，应尽量缓和、平息或回避，防止有害的僵局出现而导致谈判的流产。

2. 商务谈判情绪的调控

一般情况下，谈判人员不仅对自己的情绪要加以调整，对谈判对手的情绪也应做好相应的防范和引导。商务谈判人员个人的情绪要服从商务谈判的利益，要进行情绪的调控，不能让它随意宣泄。谈判人员要有良好的意志力，对自身的情绪要有自控能力，不管谈判是处于顺境还是处于逆境，都能很好地控制自己的理智和情绪，而不是被谈判对手所控制。当然，这并不是说什么时候都要表现出谦恭和温顺，而是要在保持头脑冷静、清醒的情况下灵活地调控自己，把握分寸，适当地表现强硬、灵活、友好或妥协。当年赫鲁晓夫在联合国大会上用皮鞋敲桌子“示怒”，实际上并不是真正到了怒不可遏的地步，只不过是想借此来加强其发言的效果，提醒别国注意苏联的立场。

（1）情绪策略。

在商务谈判过程中，谈判对手可能会有意地运用攻心术或红白脸策略来扰乱我方的情绪，牵制我方并干扰我方的策略思考，对此必须有所防范。

① 攻心术。攻心术是谈判一方利用使对方心理上不舒服（如使其有负罪感）或感情上的软化来让对方妥协退让的策略。常见的形式有以下几种。

- 以愤怒、指责的情绪态度使谈判对方感到强大的心理压力，在对方惶惑之际迫使其做出让步。
- 以人身攻击来激怒对手，严重破坏谈判对方的情绪和理智，扰乱其思路，引诱对方陷入圈套。
- 以眼泪或可怜相等软化方式引诱谈判对方同情、怜悯而做出让步。
- 谄媚讨好谈判对方，使对方在意乱情迷之中忘乎所以地做出施舍。

② 红白脸策略。红脸、白脸的运用是心理策略的一种具体形式。白脸通常表现出温和友好、通情达理的谈判态度，以换取对方的让步；红脸通常喜欢吹毛求疵与争辩，提出苛刻的条件纠缠对方，极力从对方手中争夺利益。

（2）情绪调控的原则。

由于随时都可能应对对手的心理战，谈判人员在参加谈判时，要做好以下的调控心理情绪的思想准备。

① 注意保持冷静、清醒的头脑。保持清醒的头脑就是保持自己敏锐的观察力、理智的思辨能力和言语行为的调控能力。当发现自己的心绪不宁、思路不清、反应迟钝时，应设法暂停谈判，通过短暂休息、内部相互交换意见等办法使自己得以恢复良好的状态。

② 要始终保持正确的谈判动机。商务谈判是追求谈判的商务利益目标的，而不是追求虚荣心的满足或个人的其他需要，绝不能因为对手的挖苦、讽刺或恭维而迷失方向。

③ 将人与事分开。处理问题遵循实事求是的客观标准，避免被谈判对手真真假假、虚虚实实的手段所迷惑而对谈判事务失去应有的判断力。

（3）调控情绪的技巧。

处理谈判问题要注意运用调控情绪的技巧。在与谈判对手的交往中，要做到有礼貌、通情达理，并将谈判的问题与人分开。在阐述问题时，侧重实际情况的阐述，少指责或避免指责对方，切忌意气用事而把对问题的不满发泄到谈判对手个人身上，对谈判对手个人进行指责、抱怨，甚至充满敌意。当谈判双方关系出现不协调、紧张时，要及时运用社交手段表示同情、尊重，弥合紧张关系，清除敌意。

在谈判中考虑到人的尊重需要，要注意尊重对方。尊重对方是指态度、言语和行为举止上要有礼貌且使对方感到受尊重。尊重就是要注意自己言谈举止的风度和分寸。谈判时见面不打招呼或懒得致意，脸红脖子粗地争吵、拍桌子，当众摔东西或闭起眼睛、跷起二郎腿不理不睬对方，这些行为都会伤害对方的感情，甚至使对方感觉受到侮辱，这不利于谈判。考虑到对手的尊重需要，即使在某些谈判问题上占了上风，也不要显出“我赢了你输了”的神情，并在适当的时候给对手台阶下。然而，尊重对方并不是屈从或任由对方侮辱，对于对方的无礼的态度、侮辱的言行也应适当地反击。但这种反击不是“以牙还牙”的方式，而是以富有修养的针对性的批评、反驳，以严肃的表情来表明自己的态度和观点。

在谈判过程中提出我方与对方不同的意见和主张时，为了防止对方情绪的抵触或对抗，可在一致的方面或无关紧要的问题上对对方的意见先予以肯定，表现得通情达理，缓和对方的不满情绪，使其容易接受我方的看法。当对方人员的情绪出现异常时，我方应适当地加以劝说、安慰、体谅或回避，使其缓和或平息。情绪调控要注意防止出现心理挫折，如果出现心理挫折则要按照心理挫折调控方法进行调控，对此下文有详细的讲解。

精明的谈判人员，都有一种小心调控自我情绪的习惯，能对别人谈话中自相矛盾和过火的言谈举止表现出极大的忍耐性，并能恰当地表达自己的意见。他们常用“据我了解”、“是否可以这样”、“我个人认为”等委婉的说法来阐述自己的真实意图。这样的态度会使本来相互提防的谈判变得气氛融洽、情绪愉快。

对谈判对手有意运用的情绪策略，则要有所防范和有相应的调控反制对策。针对对手的情绪策略，可以采取相应的策略与情绪反应，具体见表2.1。

表2.1　谈判的情绪对策与反应

对手情绪策略表现	相应的策略与情绪反应
谈判对手实施硬式攻心术和红脸策略时	1. 重述所有事实，保持冷静并避免情绪化的语言，避免被拖入口舌之战。坚定地重述你的立场，表明恐吓、威逼、侮辱和攻击都不能改变你的立场。 2. 当对手提出无理要求和进行无理指责时，在保持冷静而不鲁莽的同时，可采取一些机智的办法对付。 3. 以合理的言辞做答复以消除对手的纠缠和攻击。 4. 用幽默的语言来化解对方的人身攻击，以防止挑起我方愤怒的情绪。 5. 提议休会暂避火气，促使对方保持冷静。 6. 以红脸对红脸
谈判对手采用软式攻心术和白脸策略时	1. 小心别掉入对方设置的流眼泪、装可怜、以礼挟人等博取同情的情感陷阱，在不了解对方动机、意图时，静观其变，以求了解其真实意图。 2. 在成员中进行预警，确定每个人可接受的立场，明确策略，防止产生分歧。表明立场时给自己留有充分的余地以便灵活应对，被迫做出让步时要有附加条件。 3. 以白脸对白脸

2.4.4　商务谈判中心理挫折的防范与应对

商务谈判人员应做好防范谈判心理挫折的心理准备，对所出现的心理挫折应能够有效地化解。

1. 商务谈判中的心理挫折

人们需要的存在会引发动机。动机一旦产生便引导人们的行为指向目标。受各种主客观原因的影响，行为活动有的达到目标，有的受到阻碍。行为活动受到阻碍达不到目标，这就是挫折。

（1）心理挫折的含义。心理挫折是人在追求实现目标的过程中遇到自己感到无法克服的障碍、干扰，而产生的一种焦虑、紧张、愤懑或沮丧、失意的情绪心理状态。在商务谈判中，心理挫折造成的人的情绪上的沮丧、愤怒，会引发与对手的对立和对对手的敌意，容易导致谈判的破裂。

（2）心理挫折的行为表现。当人遭受心理挫折时，会产生紧张不安的情绪和引发行为上的异常。

① 攻击。攻击是人在遭受挫折时最易表现出来的行为，即将受挫折时产生的生气、愤怒的情绪向人（或物）发泄。攻击行为可能直接指向阻碍人们达到目标的人或物，也可能指向其他的替代物。

② 退化。退化是指人在遭受挫折时所表现出来的与自己年龄不相称的幼稚行为。例如，情绪上失控，出现孩子似的无理智行为。

③ 病态的固执。病态的固执是指一个人明知从事某种行为不能取得预期的效果，但仍不断重复这种行为表现。病态的固执往往受人的逆反心理的影响。在人遭受挫折后，为了减轻心理上所承受的压力，或想证实自己行为的正确，以逃避指责，在逆反心理的作用下，往往无视行为的结果仍不断地重复某种无效的行为。

④ 畏缩。畏缩是指人受挫折后失去自信，消极悲观，孤僻不合群，易受暗示，盲目顺从的行为表现。

2. 心理挫折的预防和应对

商务谈判是一项艰辛而困难重重的工作。谈判所遇到的困难很多，困难多就易遭遇失败，有失败就有挫折。心理挫折会引发谈判人员的情绪上的沮丧，从而产生对谈判对手的敌意，容易导致谈判的破裂。为此，商务谈判人员对商务谈判中客观的挫折应有心理上的准备，应做好对心理挫折的防范，对自己所出现的心理挫折应有有效的办法及时地加以化解，并对谈判对手出现挫折而影响谈判顺利进行的问题有较好的应对办法。

（1）心理挫折的预防。

① 消除引起客观挫折的原因。人的心理挫折是伴随客观挫折的产生而产生的。如果能减少引起客观挫折的原因，人的心理挫折就可以减少。

② 提高心理素质。一个人遭受客观挫折时是否体验到挫折，与他对客观挫折的容忍力有关，容忍力较弱者比容忍力较强者易受到挫折。人对挫折的容忍力又与人的意志品质、承受挫折的经历，以及个人对挫折的主观判断的影响有关。有着坚强意志品质的人能承受较大的挫折，有较多承受挫折的经历的人对挫折有较高的承受力。

为了预防心理挫折的产生，从主观方面来说，就要尽力提高谈判人员意志的品质，提高对挫折的容忍力。

（2）心理挫折的应对。

在商务谈判中，不管是我方人员还是谈判对方人员产生心理挫折，都不利于谈判的顺利开展。为了使谈判能顺利进行，对心理挫折应积极应对。

① 要勇于面对挫折。常言道"人生不如意事十有八九"，这对于商务谈判来说也是一样，商务谈判往往要经过曲折的谈判过程，通过艰苦的努力才能达到成功的彼岸。商务谈判人员对于谈判所遇到的困难甚至失败要有充分的心理准备，以提高对挫折打击的承受力，并能在挫折打击下从容应对新的变化的环境情况，做好下一步的工作。

② 摆脱挫折情境。相对于勇敢地面对挫折而言，这是一种被动地应对挫折的办法。遭受挫折后，当商务谈判人员再无法面对挫折情境时，通过脱离挫折的环境情境、人际情境或转移注意力等方式，可让情绪得到修补，使之能以新的精神状态迎接新的挑战。美国著名成人教育学家、心理学家戴尔·卡耐基就曾建议，人们在受到挫折时用忙碌来摆脱挫折情境，以驱除焦虑的心理。

③ 情绪宣泄。情绪宣泄是一种利用合适的途径、手段将挫折的消极情绪释放排泄出去的办法。其目的是把因挫折引起的一系列生理变化产生的能量发泄出去，消除紧张状态。情绪宣泄有助于维持人的身心健康，形成对挫折的积极适应，并获得应对挫折的适当办法和力量。

情绪宣泄有直接宣泄和间接宣泄两种办法。直接宣泄有流泪、痛哭、怨气发泄等形式，间接宣泄有活动释放、诉说等形式。

有专家认为，面对谈判对方的愤怒、沮丧和反感，一个好的办法是给对方一个能够发泄情绪的机会，让对方把心中郁闷的情绪和不满发泄出来，让他把话说完，这样他在心理上就不再留下什么会破坏谈判的忧患。让对方发泄情绪，可借此了解对方心理等状况，以便有针对性地开展说服性的工作。

2.4.5　正确理解身体语言

身体语言又称肢体语言或体态语言。与人的口头语言一样，人的体态、行为举止也有一定的言语表达功能。通过人的体态、行为举止表达出来的语言称为身体语言。俗话说“言为心声”，由于人的行为举止与人的思想、心理状态相联系，所以解读人的身体语言，可以了解人的心理状态。

身体语言与人的生理反应、天性本能和文化习俗有关。例如，悔恨时捶胸顿足，高兴时喜笑颜开，痛苦时双手抑抱头，愤怒时摩拳擦掌，主要与人的生理和本能有关；打 V 字手势庆贺胜利，握手表示有礼则主要源于文化习俗。虽然身体语言会因地域和文化的不同而有所不同，但由于人的生理反应及人的本能的类似性和文化的传播，因此，人的身体语言在一定程度上是相通的。

人的心理状态，会在不经意间通过他的行为举止反映出来。拿情绪方面来讲，人是有情绪的，人的喜怒哀乐是与人的需要心理有关的，人的情绪倾向是与对事物的认知和态度相联系的。了解人的情绪，可以推测出人的态度、心理动机、行为倾向。虽然人有情绪体验，有经验的人可以有意地进行某种程度的调控，但人在情绪状态下所出现的生理变化和某些下意识的动作，却是当事人难以控制的。例如，人在愤怒时，言语动作会变得冲动难以控制，会产生攻击行为，人的语气声调往往高亢、急促、具有爆炸性，呼吸每分钟可达四五十次，而正常情况下每分钟仅二十次左右，此时还会伴随着心跳加速、血压升高、唾液停止分泌、口干舌燥等生理反应。显然，人的心理状态会通过人的表情、身体动作等自觉或不自觉地反映出来。

作为谈判人员如果掌握人的身体语言的有关知识，在谈判过程中留意观察谈判对手的一颦一笑、一举一动，就有可能通过其身体语言窥视谈判对手的心理世界，把握谈判的情势，掌握谈判获胜的主动权。

1. 面部表情

面部表情的主要表现部位是眼睛、嘴巴和脸色。与谈判对手谈判，要注意观察对方谈判人员的面部表情的变化。

（1）眼睛。

在谈判进行的过程中，谈判组成员往往要用身体语言与其搭档进行信息的交流。特别是当谈判取得重要进展时，谈判组成员之间可能会相互使眼色。因此，谈判人员必须注意眼睛在谈判中的使用。

在人的身体语言中，眼睛是最能传达人的心理信息的。俗话说“眼睛是心灵的窗口”，眼睛里表露出来的信息往往是不能刻意掩饰的。人的瞳孔是可以根据人的情感、情绪和态度自动发生变化的。眼睛传达心理信息的方式与含义具体有如下几个方面。

① 眼睛直视，表示关注和坦白。在商务谈判中，谈判者可以利用眼睛中诚挚、友善的目光，直视对方的眼睛，传达友好合作的信号，以求达到良好的沟通。如果对方的目光直视你，眼中略呈湿润，面部表情轻松，表明对方对你的话感兴趣或表示欣赏。但直视时间过长，则带有攻击的意味，这一点要注意。

② 在听取发言时眨眨眼睛，是表示赞同；眼帘略为低垂无语，是表示默认。

③ 沉默中眼睛时而开合，表明他对你的话语已不感兴趣，甚至厌倦。

④ 若目光左顾右盼，表明他已对你的话语心不在焉；如斜眼视人，则可能存在消极的思维，并有藐视之意；在听对方说话时，未听完就看旁的东西，则表明不完全同意对方所说的话。

⑤ 若对方说话时望着我方，表明他对自己所说的话有把握；如果不望着我方而望别的地方，目光闪烁不定，表明他有隐匿的成分。“顾左右而言他”当然会让人觉得没有诚意。

（2）脸色。

一般情况下，大多数人会不自觉地把情绪反映在脸上，对此要细心观察。

① 对方谈判人员面红耳赤往往是激动的表现，脸色苍白可能是过度激动或身体不适，脸色铁青是生气或愤怒。

② 谈判人员用笔在空白的纸上随意乱写乱画，眼皮不抬，脸上若无其事的样子，表示厌倦。

（3）嘴巴。

嘴巴也是反映人的心理的一个重要的部位。观察嘴巴要注意嘴的张合、嘴角的挪动，与眼睛、面部肌肉一起综合观察判断则更准确。

① 嘴唇肌肉紧张表明其态度上拒绝，或有防备、抗御的心理。

② 嘴巴微微张开，嘴角朝两边拉开，脸部肌肉放松的微笑，是友好、近人情的表现。

③ 嘴巴呈小圆形张开，脸部肌肉略为紧张，有吃惊，喜悦或渴望之意。

④ 嘴巴后拉，嘴唇呈椭圆形的笑是狞笑，有奸诈之意潜藏于后。

2. 身体姿态

身体姿态的主要表现部位是手、腿脚。

（1）手。

① 一般情况下，摊开双手手掌表示真诚，给人一种胸怀坦诚说实话的感觉。双手把放松的手掌自然摊开，表示对对方有信任，不设防，愿意开诚布公，乐于听取对方的意见。

② 除非双方是亲密的朋友，不然，与对方保持一定的距离，双手交叉于胸前，是具有设防的心理；若交谈一段时间后，仍出现这样的手势和姿态，则表明已对对方的意见持否定态度，这时如果同时攥紧拳头，那么否定的态度更强烈。

③ 用手抚摸下巴、捋胡子等动作姿态，往往表明对提出的问题、材料感兴趣并进行认真的思考。

④ 两手的手指顶端对贴在一起，掌心分开，表示高傲自负和踌躇满志，或显示自己的地位高尚。

⑤ 身体后仰，两手交叉托住后脑勺，显示的是如释重负的自得心态。谈判者感到自己在谈判中处于支配地位，驾驭谈判局面时往往会做出这样的姿态。

⑥ 在谈判中自觉或不自觉地把手扭来扭去，或将手指放在嘴前轻声吹口哨，意味着心理状态的紧张、不安。

（2）腿脚。

腿脚的动作较易为人们所忽视。其实腿脚是人较容易泄密的部位，也正因此，人们在谈判或演讲时总是要用桌子和讲台来掩遮腿脚的位置。

① 人们在感到恐惧或紧张时，双腿会不自觉地夹紧，双脚不住地上下颠动或左右晃动，是紧张不安的表现。

② 表面专注听讲的人，而双腿却在不住地变换姿势或用一只脚的脚尖去摩擦另一只腿的小肚子，那就表明他其实已经很不耐烦了。

3. 其他

（1）从容而谨慎的言谈显示说话者充满自信、舒展自如。勉强的笑容，快速的说话或支支吾吾的语言表明说话者紧张。犹豫、坐立不安表示缺乏自信。

（2）0.5～1.2米是个人空间，0～0.5米是亲密空间。在交谈中判断距离恰当不恰当，要看你谈话时在距离上是不是感到舒服。假如他往后退，说明离他太近；假如他向前倾，说明距离远了。

（3）把笔套收好，整理衣服和发饰，表明做好结束会谈的准备。

模拟实训

项目一 背景实训

【实训目的】

（1）通过测试，测试者明白自己的性格类型，以便于商务谈判中合理运用谈判心理。

（2）根据你的性格类型，分析自己作为谈判者应注意哪些问题。

【实训主题】

个性测试，得出你的性格类型。

【实训时间】

课堂40分钟。

【背景材料】

仔细阅读下面的内容，并选择A或B。在答题表里标出你的答案。

下面30道题中，说明在不同的情况下，人们可能的行为反应。在每一道题中，选择你认为最能代表你的行为特点的A或者B。

在不少情况下，你可能认为A或者B都不是你的典型行为，不过没有关系，请选择你最接近你的行为的情况。

1. A. 有时我让别人来担负解决问题的责任。
   B. 与其与对方谈我们之间的不同点，不如努力强调我们双方都同意的方面。
2. A. 我努力寻找一个折中的解决方案。
   B. 我试图解决自己和别人所关心的全部问题。
3. A. 我在追求自己的目标时通常很坚定。
   B. 我也许会安抚他人的情绪，并维护我们的关系。

4. A. 我努力寻找一个折中的解决方案。
   B. 我有时为了别人的愿望而牺牲自己的愿望
5. A. 在规划一个方案时，我不断寻求他人的帮助。
   B. 我采取必要的措施以避免不必要的紧张气氛。
6. A. 我试图避免为自己制造不愉快。
   B. 我试图坚持自己的立场。
7. A. 我尽力推迟某件事，直到我有时间仔细考虑它。
   B. 我为获取其他的利益而放弃一些利益。
8. A. 我在追求自己的目标时通常很坚定。
   B. 我试图在公开场合将所有我关心的问题和事件立即说出来。
9. A. 我认为不值得总是担心分歧。
   B. 我为到达目标而做些努力。
10. A. 我在追求自己的目标时很坚定
    B. 我努力寻求一个折中的解决方案。
11. A. 我试图在公开的场合将所有我关心的问题和事件立即说出来。
    B. 我也许会安抚他人的情绪，并维护我们的关系。
12. A. 我有时避免采取会产生矛盾的立场。
    B. 我会让对方保持某些他的立场，如果他让我保持我的某些立场的话。
13. A. 我建议走中间路线。
    B. 我采取高压手段获取自己的利益。
14. A. 我告诉对方我的想法并征求他的意见。
    B. 我试图向对方说明我的立场的逻辑性和获益之处。
15. A. 我也许会安抚他人的情绪，并维护我们的关系。
    B. 我采取必要措施以避免紧张气氛。
16. A. 我尽力不伤害对方的感情。
    B. 我尽力使对方相信我的立场的正确性。
17. A. 我通常坚定地追求自己的目标。
    B. 我采取必要的措施以避免不必要的紧张气氛。
18. A. 如果能使对方高兴，我可能会让他保留自己的观点。
    B. 我会让对方保持某些他的立场，如果他让我保持我的某些立场的话。
19. A. 我试图在公开的场合将所有我关心的问题和事件立即说出来。
    B. 我尽力推迟某件事，直到我有时间仔细考虑它。
20. A. 我试图立即解决我们的分歧。
    B. 我尽力为我们双方找到一个公平的利益得失组合方案。
21. A. 在谈判中，我尽力考虑对方的愿望。
    B. 我总是倾向于直接讨论问题。
22. A. 我尽力寻找处于对方和我中间的立场。
    B. 我公开提出自己的愿望。
23. A. 我常常考虑实现我所有的愿望。

B. 有时我让别人担负起解决问题的责任。

24. A. 如果对方的立场看起来对他十分重要，我一般会尽力满足他的愿望。
B. 我尽力使对方妥协。

25. A. 我试图向对方说明我的立场的逻辑性和获益之处。
B. 在谈判中，我尽力考虑对方的愿望。

26. A. 我建议采取中间立场。
B. 我几乎总是考虑实现我们所有的愿望。

27. A. 我有时采取避免矛盾发生的立场。
B. 如果能使对方高兴，我可能会让他保留自己的观点。

28. A. 我通常坚定地追求自己的目标。
B. 我在制定一个方案时通常寻求他人的帮助。

29. A. 我建议采取中间立场。
B. 我认为总是担心分歧不值得。

30. A. 我尽力不伤害对方的感情。
B. 我总是与他人分担困难，以便我们能解决问题。

答题表：将前面所选择的答案填入答题表（见表 2.2）。

表 2.2　答题表

	1. 竞争型	2. 合作型	3. 折中型	4. 回避型	5. 迎合型
1					
2					
3					
4					
5					
6					
7					
8					
9					
10					
11					
12					
13					
14					
15					
16					
17					
18					
19					
20					
21					
22					
23					
24					

续表

	1. 竞争型	2. 合作型	3. 折中型	4. 回避型	5. 迎合型
25					
26					
27					
28					
29					
30					

说明：在完成所有的选择后，记录自己从第一栏到第五栏有几个选择。每一栏代表一种性格类型。你选择最多的那一栏是你的第一性格类型，第二多（或者相同多）的一栏是你的备用类型。

【实训过程设计】

（1）指导教师给学生15分钟的时间阅读材料进行选择。

（2）随后在每一种性格类别的学生中选二人，让他们谈谈自己的性格类型在谈判中应注意的问题，其他同学可以对此进行讨论并发表意见，指导教师给出具体建议和指导。

项目二　情景实训

【实训目的】

（1）通过模拟实训，了解和掌握商务谈判中肢体语言的运用。

（2）加深学生对商务谈判心理的认识并学会运用这些原则。使学生意识到商务谈判中心理活动对商务谈判的影响。

【实训主题】

商务谈判中肢体语言的运用。

【实训时间】

本章课堂教学内容结束后的双休日和课余时间，为期一周。或者指导教师另外指定时间。

【背景材料】

元旦快要到了，学校学生会准备组织一次大型的文艺沙龙活动，活动费用大概16 000元左右，校学生会准备邀请移动公司、联通公司、电信公司、发烧友音乐吧进行赞助。学生以所在宿舍为单位，各位宿舍成员分别扮演校学生会、移动公司、联通公司、电信公司、发烧友音乐吧进行谈判。在谈判中，双方多加进行面部表情、手势等身体语言的运用。

【实训过程设计】

（1）指导教师布置学生开展实训，以宿舍为单位进行分组，教师负责主持并担任谈判首席代表。

（2）实训组成员各选择一个角色，讨论和设计方案。

（3）根据角色分工，抽签进行谈判。

（4）各实训组对本次实训进行总结和点评，参照“10.2 商务谈判学生作业范例”撰写作为最终成果的《商务谈判人员身体语言运用实训报告》。

（5）指导教师对小组谈判过程和谈判内容进行评价总结，并进行讲解和点评（先根据谈判的表现，选出前三名的优胜组。评定小组成绩，在小组成绩中，每一个人参与谈判的情况占小组成绩的40%，首席代表发言内容占小组成绩的60%），各小组提交填写带有“实训组组长姓名、成员名单"的《商务谈判实训报告》。优秀的实训报告在班级展出，并收入本校本课程教学资源库。

综合练习

一、单项选择题

1. 在过去有限经验基础上对他人做结论，这种现象是（　　）。

A. 晕轮效应　B. 刻板　C. 先入为主　D. 第一印象

2. 对付（　　）气质谈判对手，可以采取马拉松式的战术，避其锐气，攻击弱点，以柔克刚。

A. 多血质　B. 黏液质　C. 胆汁质　D. 抑郁质

3. 一个人明知从事某种行为不能取得预期效果，但仍不断重复这种行为的表现是（　　）。

A. 攻击　B. 退化　C. 病态的固执　D. 刻板

4. 个人空间的距离是（　　）米。

A. 1.8　B. 0.8～1.5　C. 1～2　D. 0.5～1.2

二、多项选择题

1. 马斯洛认为，人的需要包括（　　）。

A. 生理需要　B. 安全需要　C. 社交需要
D. 尊重需要　E. 自我实现需要

2. 眼睛直视，可能表示（　　）。

A. 不高兴　B. 愤怒　C. 关注
D. 坦白　E. 不关心

3. 文饰常有的表现形式有（　　）。

A. 甜柠檬作用　B. 酸葡萄作用　C. 推诿
D. 援例　E. 投射

三、问答题

1. 试述商务谈判的心理机制。

2. 什么叫需要？人有哪五个层次的需要？商务谈判者这五个层次的需要通常有哪些具体表现？

3. 如何发现商务谈判中的谈判者需要？

4. 试述如何激发商务谈判者的动机。

5. 你认为商务谈判中如何预防和应对心理挫折（可结合自身经历）？

6. 试述不同气质的谈判者在商务谈判中的行为表现。

四、案例分析

【情景资料】　一场斗智斗勇的较量

谈判背景

甲方：中国甲厂

乙方：美国乙公司

中国甲厂为扩大生产的需要，决定向美国乙公司购进6台卷簧机、4台测试仪和2台双面磨床，想借此提高自身的产品质量，从而打入美国市场。由于该笔订单较大，美方也非常想做成这笔生意。

第一轮谈判

某年11月中旬，中国甲厂的徐厂长到美国乙公司考察，双方经过讨价还价，最后与乙公司谈定以520万美元购买6台卷簧机、4台测试仪和2台双面磨床设备，并相约年底由乙公司派代表到中国甲厂签订正式的合同。

第二轮谈判

当甲厂的徐厂长回国后，甲厂经过更为详细的调研和专家的论证，认为花520万美元引进这12台设备价格确实有点偏高。但由于双方已经敲定价格，估计难以变动，甲厂徐厂长决定在第二轮谈判中要从增加设备方面入手，以弥补可能造成的利益损失。

12月17日，美方乙公司的总经理史密斯先生和助手麦克尔如约来到甲厂，与徐厂长开始了紧张的第二轮谈判。徐厂长鉴于上次的教训，这次做了充足的准备工作，除了对国际市场行情做了更为充分的调研之外，还对乙公司和史密斯总经理的情况和谈判特点做了相应的了解。

谈判刚开始，经验丰富、老练精明的史密斯总经理立刻表示："谢谢主人对我们的欢迎，我们这次来到贵厂，完全是带着诚意而来，我们信守以前谈定的意向，希望马上签订合同，我们已买好明早起飞的机票，希望此事能够尽快办好，好让我们赶回去过圣诞节。这是我们根据上次谈定的意向拟订的合同文本，请徐厂长过目，如无异议，请签字。"史密斯总经理一开始就吹响决战的号角，气势逼人，他的目的就是速战速决，尽快签合同，以保住前面的既得利益。

徐厂长对此状况早有准备，他接过合同文本，并不急于翻看，而是把它放在一边，不慌不忙地说："史密斯总经理，离圣诞节还有一个多星期呢，这么急着回去干吗？作为主人，我们还没尽地主之谊呢！我们很乐意陪同客人到处看看，了解了解我们的国家。至于合同，我看还是谈得更细一点好，现在匆忙签字，将来出现纠纷反而不好。在正式签订合同之前，有关设备项目应该再商议一下，您看如何？"史密斯先生碰了个软钉子，他意识到马上签字是似乎不太可能了。

徐厂长这时才慢慢翻阅着合同文本，笑容满面地说："史密斯总经理，在贵方的合同文本中，对于我厂向贵公司购买的设备项目里，怎么连工艺装备都没写清楚，那到底是否包括工艺装备呢？"

"当然不包括。"史密斯总经理连连否认。

"是吗？史密斯总经理，我们购买设备是用来使用的，不是放着看的。一般人买台电视机，都包括天线、插头、导线等装备。你们这么做好像不大符合商业习惯吧！"

史密斯总经理一想，自觉有点理亏，说："好吧，那就写上。"他想，不能因小失大，反正这些没有多少钱，只要徐厂长签字，这点甜头还是要给对方的。

谁料到，对于徐厂长来说，他的策略才刚刚开始。徐厂长接着又说："我方购买4台测试仪，怎么没有配套的专业电子计算机呢？"

史密斯总经理一听急了，一台专业配套的计算机价值上万美元，如果答应的话，利益就要受损很多。他赶紧连连摆手，"不，不，徐厂长，如果这样，我们无法接受。"于是推磨式的谈判开始了，直到中午时，史密斯总经理终于让步了，他希望下午能够签字。

午饭后，徐厂长亮出了底牌，抛出了一系列新的条件。他说："我希望史密斯总经理能够谅解，照这样的合同条件，我还是无法签字。"他顿了顿又说："我们购买的这套设备，现在只能生产一般的弹簧，我们希望它也能够生产专用的弹簧，这需要贵方能免费提供相关的技术资料。除此之外，我们希望引进设备投产后，在5年内每年能够返销60万美元的产品到贵国的市场；我们还希望贵公司在完成设备安装后，提供返销所需的弹簧钢丝；此外，贵方应该再增加两台双面磨床。”

史密斯总经理听后，脸涨得通红，连说：“不！这不可能！徐厂长，这种条件我们根本无法签订合同了。”他的助手麦克尔也随声附和说：“十分遗憾，没想到我们的诚意未被贵方理解。”两人便欲起身告辞。

徐厂长及时打起心理战：“坦率地说，你们也知道，我们和另外一家厂商也有过接触，他们近期已许诺按极优惠的价格提供这些设备，但我们中国人是看重老朋友的，希望与你们做成这笔生意。当然，如果贵方实在觉得不行，也不必勉强，我相信，我们还会有别的合作机会的。”说着，徐厂长也站起身来。

史密斯总经理有点紧张，焦急地说：“好吧，那我们再谈谈看。”谈判一直拖延到下午6点，双方仍未达成协议，关键是那两台总价值百万美元的双面磨床，史密斯总经理是无论如何也不愿做出让步。

晚饭过后，晚上8点，双方在客人下榻的饭店继续谈判，你来我往地争论，一直到次日凌晨3点，谈判仍然在僵局之中。徐厂长起身告辞，说：“今天就谈到这儿吧。明天大家还有工作，我们的客人也该休息了，如果实在谈不成，明早送你们上飞机。”他留下助手便告辞了。

次日早晨，史密斯总经理终于憋不住了，让麦克尔来敲徐厂长助手的房门说：“我们希望上午再谈一次。”“不是今早的飞机吗？你们有时间吗？”“不，是晚上7点。”徐厂长听到这个消息，十分兴奋，这说明史密斯先生不愿意放弃这笔生意，谈判应坚持住自己的立场，寸步不让。在上午的谈判中，史密斯总经理只答应增加一台双面磨床，但徐厂长仍坚持自己的立场，谈判仍然没有结果。午饭时，史密斯先生和麦克尔只是闷头喝酒，行李已搬到汽车上了。徐厂长与客人握手告别，送他们上汽车。这时，他的助手心里十分紧张，悄悄拉了一下徐厂长的胳膊，因为他知道，如果不签这个合同，项目申请下来的拨款资金就要不算数了。徐厂长表面仍然泰然自若，对客人微笑着说：“再见！”

就在汽车引擎发动的那一瞬间，史密斯总经理突然说：“徐厂长，您如果能够上车送我们去机场，也许我们还可以再谈谈。”

徐厂长不动声色地说：“如果您真想谈，就请下车。去机场的时间还来得及。”史密斯总经理无可奈何地下了车，不到2个小时，双方就在合同上按照徐厂长的要求签了字。就这样，徐厂长得到了原来意向中并没有得到和提及的利益。

问题：

1. 中方徐厂长是如何在此次商务谈判中捕捉对方的心理的？

2. 谈判人员的心理素质是如何在该谈判中表现出来的？谈判人员应该从该谈判中吸取哪些经验？

3. 根据谈判所提供的资料，如果你是谈判人员，你将从哪些方面改进？

【分析要求】

1. 过程要求

学生分析案例提出的问题，分别拟定《案例分析提纲》；小组讨论，形成小组《商务谈判案例分析报告》；班级交流并修订小组《商务谈判案例分析报告》，教师对经过交流和修改的各小组《商务谈判案例分析报告》进行点评；在班级展出附有“教师点评”的小组优秀《商务谈判案例分析报告》，并将其纳入本校该课程的教学资源库。

2. 成果性要求

（1）案例课业要求：以经班级交流和教师点评的《商务谈判案例分析报告》为最终成果

（2）课业的结构、格式与体例要求：参照“10.2 商务谈判学生作业范例”《商务谈判案例分析报告》。

第3章

商务谈判中的文化与礼仪

学习目标

- 了解文化差异对谈判的影响
- 掌握跨文化谈判成功的基本要求
- 了解不同国家和地区商人的谈判风格
- 掌握会面、商务谈判过程、宴请、馈赠等礼仪
- 能运用适当的谈判风格与不同国家和地区的谈判对手进行谈判
- 能在商务谈判活动中正确运用相关的礼仪

导入案例

米歇尔访华时髦LOOK 衣着品位受好评

美国第一夫人米歇尔·奥巴马在2014年3月20日开启访华之旅。作为白宫的“女主人”，米歇尔的时尚品味一直备受圈内赞誉。在米歇尔访华之际，不妨一起来欣赏米歇尔的穿着打扮，看看米歇尔是如何将奢华、亲民两种风格同时轻松驾驭的。

如今，在许多场合，美国第一夫人米歇尔·奥巴马无疑已经成为一名标准的Fashion Icon。人们喜欢她的穿衣风格，不仅是因为她能在各种场合“永不穿错衣”，更因为她能在各种高定礼服与平价商品间自由切换，游刃有余，既穿得了“高大上”，也hold得住“地摊货”，高定礼服“买得起”，平价衣物“穿得出”!

米歇尔是个子最高的美国“第一夫人”，身高达180厘米。出身普通工薪阶层家庭，米歇尔通过自己的努力考入哈佛，进而进入商界成为“女强人”。她的成长经历本身就是对美国梦的最好诠释。虽然米歇尔曾对政治并不感冒，但为了丈夫的事业前途，她曾辞去芝加哥大学医院副院长职务，专心为丈夫竞选出力。

第一夫人、女性、家庭主妇、非裔美国人、出身微寒等标签代表着米歇尔的多重身份，很好地帮助了奥巴马。

由于米歇尔非常注意自己的形象、举止及衣着品位，因此，经常登上媒体评选的衣着最佳之列。

（资料来源：http://www.cloth.hc360.com. 2014年3月21日）

启示：可以肯定地说，衣着等服饰礼仪，对于人际交往是非常重要的。特别是商务谈判双方，尤其是在国际商务谈判中，穿着得体，礼仪恰当，不仅是对对方的尊重，也有利于商务谈判的成功。因此，在商务谈判活动中，了解各国的文化差异，熟练掌握并运用商务谈判礼仪，是非常必要的。

3.1 商务谈判中的文化差异

3.1.1 商务谈判与文化

商务谈判作为人际交往中的特殊形式，必然会涉及不同地域、民族、社会文化的谈判主体的交往与接触，从而导致跨文化谈判问题。在国际商务谈判中，由于各国历史传统、政治制度、经济状况、文化背景、风俗习惯以及价值观念存在明显差别，谈判活动常常会表现出显著的文化差异与强烈的文化冲突。一个合格的谈判人员必须熟悉各国文化差异，研究跨文化谈判的规律，具体了解谈判对手的价值观、思维方式、行为方式和心理特征，并能巧妙地加以利用，从而掌握谈判的主动权，维护己方的谈判利益乃至国家利益。

【案例3.1】联合国秘书长的不成功“妥协”

1980年年初，时任联合国秘书长瓦尔德海姆飞抵伊朗谈判如何解决美伊人质危机。当抵达机场的时候，他发表了讲话，宣称：“我来这里是以中间人的身份寻求某种妥协的。”伊朗国家广播电台、国家电视台迅速播放了他的讲话。然而在他的讲话播出不到一小时，他的尚未正式开始的努力就遭到了严重的挫败。他的讲话不仅使他在以后的谈判桌上不受欢迎，而且很快使他的座车受到了包围，又遭到了石头的袭击。究其原因，有两点：一是波斯语中的“妥协”这个词并不具有英语（accommodation）中“双方都可接受的折中之道”的正面意义，而只有“美德折损”、“人格折损”的负面意义；二是“中间人”这个词在波斯语中指“爱管闲事的人”。于是，误解就产生了。这种误解竟使这场美伊人质危机的谈判也陷入了“危机”。

（资料来源：李昆益.商务谈判技巧.北京：中国人民大学出版社，2007）

案例分析：文化的差异会导致语言效果的极大差别。瓦尔德海姆由于不了解波斯文化中“妥协”和“中间人”的含义，不恰当地加以运用，最终的不成功也就不奇怪了。可见，在谈判中，充分了解谈判对方的文化是非常重要的。

1. 跨文化谈判与国内谈判的共性特征

跨文化谈判，即跨越国界的，分属于不同国家的商务活动主体，为实现各自的目的而相互间所进行的磋商过程。跨文化商务谈判作为国内商务谈判的延伸和发展，与国内商务谈判存在着十分密切的联系。

（1）为特定目的与特定对手的磋商。国内商务谈判和跨文化商务谈判同样都是商务活动主体为实现其特定的目的而与特定对手之间进行的磋商。作为谈判，其过程都是一种双方或多方之间进行信息交流，"取"与"予"兼而有之的过程。谈判过程中所适用的大多数技巧并没有质的差异。

（2）谈判的基本模式是一致的。与国内商务谈判相比，跨文化商务谈判中必须考虑到各种各样的复杂环境因素，但谈判的基本模式仍是一致的。事实上，由于文化、政治经济制度等多方面的差异，谈判过程中信息沟通方式、需要讨论的问题等都会有很大的不同。但与国内商务谈判一样，跨文化商务谈判也同样遵循从寻找谈判对象开始，到建立对应关系、提出交易条件、讨价还价、达成协议，直至履行协议结束这一基本模式。

（3）协调国内、国际市场经营活动。在经济活动的主体参与国际市场经营活动时，国内商务谈判和跨文化商务谈判是两个不可分割的组成部分。尽管国内谈判和跨文化谈判可能是由不同的人员负责进行，但由于企业必须保持其国内商务活动和国际商务活动的衔接，国内谈判与跨文化谈判之间就存在着密不可分的联系。在从事跨文化商务谈判时，必须考虑到相关的结果或可能出现的状况，反之亦然。

2. 跨文化谈判与国内谈判的区别

在认识到跨文化谈判与国内谈判的共性特征的同时，对于要取得跨文化商务谈判的成功而言，认识到这两种谈判之间的区别，并针对其区别而采取相应的措施是更为重要的。

跨文化谈判与国内谈判的根本区别源于谈判者与谈判活动以及谈判协议履行的不同环境背景下的文化差异，如图 3.1 所示。

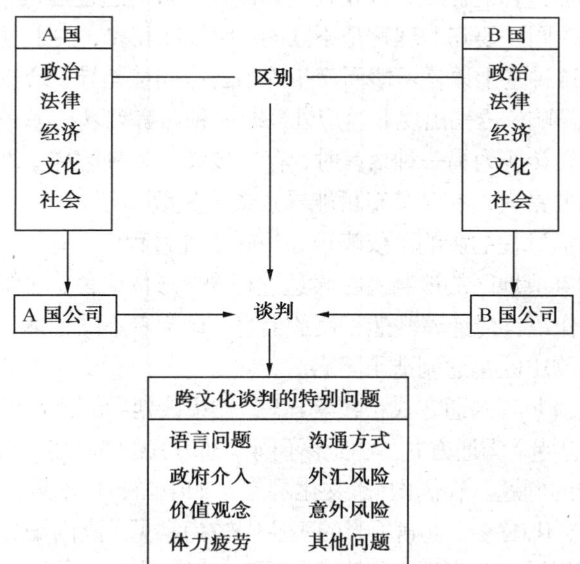

图 3.1　跨文化谈判与国内谈判的区别

国内谈判通常拥有共同的文化背景，谈判双方生活于共同的政治、法律、经济、文化和社会环境之中。在国内谈判中，谈判者主要应考虑的是双方公司及谈判者个人之间的某些差异。而在跨文化商务谈判中，谈判双方来自不同的国家，拥有不同的文化背景，生活于不同的政治、法律、经济、文化和社会环境之中。这种差异不仅形成了人们在谈判过程中的谈判行为的差异，而且还将会对未来谈判协议的履行产生十分重大的影响。比较而言，由于谈判者及谈判环境的文化背景差异，在跨文化谈判中，谈判者面临着许多在国内谈判中极少会出现的问题。

3.1.2 文化差异对谈判的影响

1. 文化差异客观存在

文化是人类社会各种活动的综合产物，它包括诸如信仰、知识、艺术、习俗、道德等社会生活的各个方面，以及某区域内人们的价值观、特性或行为方式等内容。由于人们居住的地域，所属的民族，使用的语言，以及在气质、性格等心理因素上的差别，使得在不同国家、民族间，体现在价值观、传统文化、宗教信仰、语言、思维方式、行为准则、习惯等方面的文化差异将客观存在。对于谈判行为的参与者来说，一种谈判风格在另一种文化中却可能到处碰壁，原因就在于忽视了文化间的差异。比如，美国一家航空公司在泛美太平洋航线上给每一位乘客送一束白色的康乃馨，而白色在东方常表示丧事；美国商人送给中国商人绿色的高尔夫帽子等。

2. 文化差异对谈判沟通过程的影响

国内谈判中，谈判双方基本不存在文化差异，从而也就不存在由于文化差异而导致的相互间信息沟通的障碍。在跨文化谈判中，谈判者来自不同的国家或地区，谈判者之间的沟通是跨文化的沟通，即不同文化背景下的人与人之间的沟通。在跨文化谈判沟通中，谈判者的思维方式、价值观念、语言、态度及行为都打上各自文化的烙印，从而导致谈判沟通的复杂化。谈判双方之间要进行较为深入的沟通，往往就会产生种种问题。

文化差异对谈判沟通过程的影响，首先表现在谈判语言沟通过程中。受文化因素的影响，谈判者语言的取向性，即对同一语句的理解是不同的。比如在秘鲁，关于过去和将来的概念与中国汉语的含义正好相反。这种基于语言习惯而产生的语言取向性差异，给谈判者沟通过程制造了障碍。同样受文化因素的影响，语言出现非对应性。即一种语言难以在另一种语言中找到准确的对应用语，或一种语言用语转换为另一种语言时，存在歧义的多种解释。语言的这种非对应性对谈判的语言沟通过程影响非常大，有时甚至可能导致谈判失败。

文化差异对谈判沟通过程的影响不仅表现在语言沟通过程中，还表现在非语言沟通过程中。文化的差异导致不同国家或地区的谈判者在表达过程中，形体语言、动作语言的运用上有着巨大的差异，甚至同样的动作语言传递着截然相反的信息。谈判者不同形体、动作语言的运用和双方认知的差异，同样给谈判中的沟通制造了障碍。

文化差异也会导致谈判者沟通方式存在差异。跨文化谈判中的谈判双方经常属于不同的文化圈，有各自习惯和偏好的特定沟通方式。习惯于不同沟通方式的双方之间要进行较为深入的沟通，往往就会产生各种各样的问题。在高内涵①文化国家，如中国、日本等，人们的表达通常较为委婉、间接，而在低内涵文化国家，直截了当的表达则较为常见。高内涵文化背景的谈判者比较注重发现和理解对方没有通过口头表现出的意思，而低内涵文化背景的谈判者则偏爱较多地运用口

① 根据沟通风格的不同，世界上的文化可分为两大类：有些文化，绝大多数信息都可通过言辞来表达，而且很清楚；而另一些文化则用言辞表达少，无声方式传递多，信息表达不明显。人类文化学家霍尔（Edward T. Hall）考察各国文化后，分别将这两类文化称为低内涵文化和高内涵文化。

头表达，直接发出或接受明确的信息。来自这两种不同文化背景的谈判者在进行谈判时，很容易想象得到的结果是一方认为对方过于粗鲁，而另一方则可能认为对方缺乏谈判的诚意，或将对方的沉默误解为对其所提条件的认可。

3. 文化差异对时间概念和空间概念的影响

大量研究表明，在不同国家或地区，人们的时间概念有着明显的差异。就谈判而言，有些国家和地区的谈判者时间概念很强，将严格遵守时间约定视为一种最起码的行为准则，是尊重他人的表现。比如在美国，人们将遵守时间看成是商业活动及日常生活中的基本准则之一；比预定时间更早到达则经常被视为急于成交的表示。但在一些拉丁美洲和中东国家，如果这样去理解对方在谈判桌上的行为，则很可能很难达成交易。这些地区或国家的谈判者与美国人有着不同的时间概念。

空间概念是与时间概念完全不同的问题。在不同的文化环境中，人们形成了不同的心理安全距离。在与一般人的交往中，如果对方突破这种距离，就会使自己产生心理不适。有关研究表明，在某些国家，如法国，在正常情况下人们相互之间的心理安全距离较短。而一般美国人的心理安全距离则较法国人长。如果谈判者对这一点缺乏足够的认识，就可能使双方都感到不适。

4. 文化差异对决策结构与决策权限的影响

谈判的重要准则之一是要和拥有相当决策权限的人谈判，至少也必须是与能够积极影响有关决策的人员谈判。这就需要谈判者了解对方企业的决策结构与决策权限，了解能够对对方决策产生影响的各种因素。企业的决策结构、决策权限与受文化影响的一国政治经济体制、法律体制和企业制度有关。由于不同国家的政治经济体制、法律体制和企业制度等存在着很大的差异，商务活动中的决策结构也有着很大的不同。而同样是在企业拥有自主决策权的情况下，企业内部的决策权限分布在不同的国家和地区又会有很大差异。

在关注不同国家的企业决策结构差异时，尤其值得注意的是政府介入企业商务活动的程度和方式。商务活动涉及国家的政治利益时，政府介入的程度就可能更高。正是由于跨文化商务活动中可能面临决策结构差异和不同程度的政府介入，因而谈判可行性研究中的对手分析远比国内的商务谈判中的有关分析复杂。在某些情况下，谈判者不仅要有与对方企业谈判的安排，而且要有与对方政府谈判的打算。

5. 文化差异对法律制度的影响

基于不同的社会哲学以及不同的社会发展的历史沿革等，不同国家的法律制度往往存在着很大的差异。要能保证谈判活动的正常进行，保证谈判协议能够得以顺利实施，正确认识法律制度的差异是不可忽视的。与此同时，一个值得注意的现象是，不仅不同国家的法律制度存在着明显的差异，而且不同国家法律制度得以遵照执行的程度也有很大不同。美国联邦沟通委员会前主席牛顿·米诺（Newton Minow）的一段戏言颇能帮助人们理解这一状况。根据他的看法，在德国，在法律之下，所有的事都是禁止的；在苏联，所有的事都是被禁止的；在意大利，所有的事都是可行的，包括那些被禁止的。表面看来，这段话显得有些混乱，但其所表明的意思却是很容易理解的，即不同国家的法律制度及法律执行情况有着很大的差异。在跨文化商务谈判中，谈判者要遵守那些自己并不熟悉的法律制度，同时，还必须充分并深入地理解有关的法律制度，了解其执行情况，否则就很难使自身的利益得到切实的保护。

6. 文化差异对合作双方关系的影响

在商务谈判中，语言、习惯、价值等文化差异与冲突，使经营文化环境更加复杂，假如各方不能正确面对文化差异，不能找出问题的根源所在，必然影响相互之间的沟通，难以形成统一的谈判目标，最终可能会导致国际经营活动和商业合作的失败。

7. 文化差异对谈判者行为的影响

谈判者在谈判中所表现出来的行为是其文化的反映。文化的差异导致在一种文化里被认为是合理的行为，在另外一种文化里却变成了不合理的行为。一般来说，西方的谈判者注重细节，喜欢从具体事实出发，习惯于开门见山、直截了当。而在东方一般是“先谈原则，后谈细节”，在做出任何决定之前都要考虑再三，注重和谐、求同。西方人认为时间是有价值的，在谈判中追求速度和效益，作风雷厉风行。相反，在中东、南美洲某些国家，时间被认为是有弹性的，他们希望通过较长的时间来了解对方。而就个人与集体的关系而言，西方人普遍认为人应该追求自己的利益；而在东方人们强调集体主义和群体意识，就像在美国，人们会说“会吱吱作响的轮子才能得到润滑油”，而在中国，人们则会说“枪打出头鸟”。另外，相比于中国谈判者的“单赢”策略，西方谈判者则更多地采用“双赢”的策略和主张“人、事分开”的原则，并且喜欢用法律来保障自己的权利并严格履行自己的义务。

8. 文化差异对谈判风格的影响

文化是由谈判人员带到谈判中来的，谈判人员的行为同时也反映了他们所具有的文化特征，而这种文化特征反映在商务谈判中，就形成了不同的谈判风格。例如，中国的谈判者在谈判中注重礼节，重人情，说话含蓄，不喜欢直截了当地表明自己的态度。“和为贵”的价值观使中国人把创造和谐的气氛作为谈判的重要手段，并且希望通过谈判建立一种长久和谐的关系。而日本商人除了也注重礼节、重人情关系之外，更具有强烈的集体意识，做事执着有耐心。他们同样是用迂回曲折的方式陈述自己的见解，据说在日语中大约有 16 种避免说“不”的表达方式。而美国人说话就比较直接，注重效率，法律意识也比较强。法国人则偏爱横向谈判，坚持使用法语。德国商人则注重合同，守信用。以上这些都是因为各国所具有的不同的文化背景而形成的不同的谈判风格。

3.1.3 商务谈判中应对文化差异的策略

英国著名谈判专家盖温·肯尼迪说：“具有不同文化的人们有着不同的谈判风格。在该社会成员所参加的谈判中，你几乎被完全规定了谈判的内容和方法。”国际商务谈判中文化差异客观存在，了解和掌握解决文化差异的策略并辩证地对待这些差异就显得十分必要。只有分析它，了解它，正视它，才能在国际商务谈判实践中对症下药，跨越文化差异引起的障碍，实现双赢共存。

1. 正视文化差异

一棵树上找不到完全相同的两片树叶，属于同一文化的两个人也不一定完全相同。在国际商务谈判中，文化差异是客观存在的，所以谈判者要学着去适应出现的文化差异，正视文化差异，学会与不同文化、价值观、思维方式相融合。求同存异，承认文化的不同，超越排斥原则，对它采取积极、真挚的接受态度而不是简单的容忍或漠视。要尊重各国、各民族的礼节、习俗、禁忌，接纳不同的思想意识和哲学。

2. 建立跨文化的谈判意识

法国的文化研究专家安德瑞·劳伦特曾指出：“我们自己的文化已经成为我们自身的一部分，以至于我们看不见我们自己的文化，使得我们总是认为别人的文化与我们的文化相类似。当受其他文化影响的人们的行为与我们的行为不一致时，我们经常会表现出吃惊甚至沮丧的情绪。”同样，在国际商务中，谈判者们常常意识不到自己的行为方式是如何受文化习俗和价值观的影响，常在谈判中有意无意地用自己的标准去解释和判断其他民族的文化，假定其他人的行为方式和自己的相同。因此，为了能更好地驾驭谈判进程，谈判人员必须加强跨文化谈判意识，认识到不同文化类型背景的谈判者在需求、动机、信念上的不同，学会了解、接受、尊重对方的文化。

3. 在谈判前应做好充足的准备工作

谈判的成功之路是“准备，准备，再准备”。人们只有在对手的拳头打出之前就做好准备，才能躲过攻击。准备工作在国内谈判中就已经很复杂了，当再加上诸多的跨文化因素时，对谈判进行充分计划所要解决的问题和所要耗费的时间将呈现指数级的增长。许多外国谈判者，是以技术上和运作上都进行了很好准备的状态来到谈判桌前的，而且他们希望对手也是如此。像韩国商人，他们对谈判前的准备工作十分重视，如果他们坐在谈判桌前，那么说明他们已对对方有一定的了解，并做了充分的准备。因此，在谈判前，谈判者要全面动态地了解对手的期望，对方的民族习性，谈判手段和语言文化以及对方的实际决策者，实际决策者在组织中所处的位置，他们的职权范围，并了解你将要接触的文化所特有的谈判技巧。

4. 选择一个真正的双文化翻译者

在不同的文化中，文字有着不同或多种意思。不同文化中的观点和概念也有明显的差异。这种因语言和文化禁忌而引起的文化差异会成为谈判中令人生畏的拦路虎。有时候，即使你懂得某种语言，你也常不能完全理解文化特有的细微差别及其蕴含的意义。一般而言，不同文化中是没有相同概念的，为了能完全理解，必须有详尽的沟通、描绘、案例和解释。一个真正的双文化翻译者可以帮助谈判者用有恰当含义的句子做出回答，并能决定性地影响整个谈判进程。

每一种文化都确立了一种世界观，即一种观察现实的独一无二的视角，一种与众不同的思想、价值观和信仰。而国际商务谈判是一种复杂的跨国性、跨文化的经济活动。这种属于不同思维方式、感情方式及行为方式的谈判比单一的文化环境下的谈判具有更大的挑战性。因此，为了培养跨文化的沟通技巧，谈判者必须学会通过某种与自己文化所不同的视角进行观察，始终注意彼此间的文化共性和差异，就会更好地理解别人，对这些独特的文化具有一定程度的了解，才能更好地推动商务活动的开展。

3.2 不同国家和地区商人的谈判风格

3.2.1 日本人的谈判风格

日本是个岛国，资源匮乏，人口密集，市场有限，民众有深厚的危机感。第二次世界大战后，日本通过引进高科技并发展外向型经济，创造了经济上的奇迹，从战败国一跃而成为世界经济大国和强国。

日本与中国是一衣带水的近邻，同属于东方文化类型的国家。早在公元7世纪，中国的儒教文化就传入日本。儒家思想中的等级观念、忠孝思想、宗法观念深深植根于日本人的内心深处，并在其行为方式中体现出来，形成富有特色的大和民族文化——个人、家庭、团体、政府信念一致，民族向心力强。然而，日本通过历代的社会变革，从明治维新开始，逐渐将传统的价值观念与崭新的现代观念结合起来，出色地完成了从传统的古老社会到现代社会的过渡。现代的日本人兼有东西方观念，具有鲜明的特点。他们讲究礼仪，注重人际关系；等级观念强，性格内向，不轻信人；工作态度认真、慎重，办事有耐心；精明自信，进取心强，勤奋刻苦。这些特征使日本人在商务活动中表现为事前准备工作充分、计划性强，注重长远利益，善于开拓新的市场。

1. 等级观念根深蒂固

日本人的等级观念根深蒂固，他们非常重视尊卑秩序。日本企业都有尊老的倾向，一般能担任公司代表的人都是有15～20年工作经历的人。他们讲究资历，不愿与年轻的对手商谈，因为他们不相信对方年轻的代表会有真正的决策权。日本商人走出国门进行商务谈判时，总希望谈判对手的地位能与自己的地位相当。在日本谈判团内等级意识也很重。一般都是谈判小组成员奋力争取，讨价还价，最后由“头面人物”出面稍作让步，达到谈判目的。在这里还应注意的一点是，日本妇女在社会中的地位较低，一般都不允许参与大公司的经营管理活动，日本人在一些重要场合也是不带女伴的。因此，遇到正式谈判，一般不宜让妇女参加，否则他们可能会表示怀疑，甚至流露出不满。利用日本人这种尊老敬长的心理，与日方谈判时，派出场的人员最好是官阶、地位都比对方高一级，这样会有利于谈判的进行。

2. 团队意识强烈

日本商人的团队精神或团体意识在世界上是首屈一指的。单个日本人与其他民族的人相比，在思维、能力、创新精神或心理素质方面往往都不见得出类拔萃。但是，日本人一旦结为一个团体，这个团体的力量就会十分强大。日本有许多家族式企业，它们使个人、家庭和企业紧密相连，使个人对集体产生强烈的依赖感、归属感和忠诚心，使企业组织内部有高度的统一性和协调性。在日本企业中，决策往往不是由最高领导层武断地做出的，而是要在公司内部反复磋商，凡有关人员都有发言权。企业高层领导通常派某人专门整理所需决策的情况，集中各方面意见，然后再做出决策。与此相适应，日本企业的谈判代表团多是由曾经共事的人员组成，彼此之间互相适应，有着良好的协作关系，团体倾向性强。谈判团内角色分工明确，但每个人都有一定的发言决策权，实行谈判共同负责制。在谈判过程中常常会遇到这样的情形：碰到日方谈判团事先没有准备过或内部没有协商过的问题，他们很少当场明确表态，拍板定论，而是要等到与同事们都协商过之后才表态。因此，同日本企业打交道，与担任中层领导的人员以及其他有权参加决定的成员之间建立和培养良好的关系，往往有助于交易谈判的展开。集体观念使得日本人不太欣赏个人主义和自我中心主义的人，他们往往率团前去谈判，同时也希望对方能率团参加，并且双方人数大致相等。如果对方没做到这点，他们就会怀疑其能力、代表性及在公司中的人际关系，甚至会认为对方没把他们放在眼里，是极大的失礼。

3. 重视人际关系和信誉

日本人很注重在交易谈判中建立和谐的人际关系。这样，往往在商务谈判过程中，有相当一部分时间和精力是花在人际关系中。假如你与日本商人曾有过交往，那么在谈判之前就应尽力地回忆过去双方的交往与友谊，这对后面将要进行的谈判是很有好处的。他们不赞成也不习惯直接的、纯粹的商务活动。如果有人想与日本商人开门见山直接地进入商务问题的谈判而不愿开展人际交往，那么他们往往就会处处碰壁，反而欲速则不达。有人认为，参加与日本人的交易谈判就等于参加一场文化交流活动。如果初次同日本企业建立关系，或者商谈的内容十分重要，那么，在谈判开始前，本方地位较高的负责人拜会对方日本企业中同等地位的负责人是十分重要的。它会促使日本企业重视与你之间的交易关系。在拜会时，一般不谈重要的事项，也不涉及具体的实质性问题。

日本人重信誉而不重合同。对日本人来讲，大的交易项目的谈判有时会延长时间，那常常是为了建立互相信任的关系，而不是为了防止出现问题而确定法则。合同在日本人看来是人际关系的一种外在形式。当周围环境发生变化，使得情况有害于公司利益，这时如果外商坚持合同的惩罚条款，或者不愿意放宽已经签订了的合同条款，日本人就会感到极为不满。当然，一旦订立合同的话，他们都较重视合同的履行，履约效率高。

因此，在同从未打过交道的日本企业洽谈时应当在谈判前先获得日方的信任。最好的办法就是取得某个日方认为可靠、信誉佳的企业的支持，这十分有益于谈判的成功。

4. 忍耐坚毅，暧昧圆滑

日本商人在谈判时表现得彬彬有礼，富有耐心，实际上他们深藏不露，固执坚毅。日本商人在谈判中会显得殷勤谦恭，对长者或对某方面强于自己的人充满崇敬之情。在国外，他们恪守所在国的礼节和习惯，谈判时则常在说说笑笑中讨价还价，这反映了“礼貌在先，慢慢协商”的态度，使谈判在友好的气氛中进行，也会使对方逐渐放松警惕，便于他们杀价。欧美一些国家的商人称日本商人的彬彬有礼是“带刀的礼貌”。要对付极善于“以柔克刚”、“微笑谈判”的日本对手，就必须牢记一条：商务谈判中友谊是有价的。如果遇到日方年长者大谈古典哲学、现代艺术以期在谈笑中兜售自己的观点、施加个体影响，或是遇到日方年轻者以尊敬亲近的态度请求关照、加深友谊，以灵活地刺探对手的信息时，都应警惕地想到：日本人那谦恭的外表之下隐藏着誓不屈服和决不妥协的决心。

许多场合下，日本谈判人员在谈判中显得态度暧昧，婉转圆滑，即使同意对方的观点，也不直截了当表明，往往给人以模棱两可的印象。他们非常有耐性，一般不愿率先表明自己的意图，而是耐心等待，静观事态发展。他们善于搞蘑菇战。一方面，如果预案与事实不符，他们会故作镇静、掩盖事实和感情，并采用缓兵之计迅速地研究出新的方案，部署新阵地；另一反面，他们会想方设法了解对方的意图，特别是对方签约的最后期限，是他们千方百计想打听的事项。如果对方急于求成，他们往往会拼命杀价或一声不吭，将对方折磨得精疲力竭，而在对方最后期限即将来临时突然拍板表态，让对方在毫无思想准备的情况下措手不及。面对日本人的顽强精明，最好的办法是以阵地战回应。首先要制定好方案，不论对手是安静沉默还是急风骤雨的攻击，都要依然如故，不乱阵脚。如果预案与事实不符，也可以运用缓兵之计迅速地研究出新方案，部署新阵地后再战。

5. 注重礼仪，讲究面子

日本人待人接物非常讲究礼仪。他们在贸易活动中常有送礼的习惯。他们认为礼不在贵，但要有特色，有纪念意义，并对不同的人所送的礼物的档次要有所区别，以示尊卑有序。日本商人重视先根据对象不同行不同的鞠躬礼，同时双手递上自己的名片，然后以双手接对方的名片，在仔细看后微笑点头，两眼平视对方，说上一句“见到你很高兴”之类的客套话。对此，外商也需要理解和遵循，否则会被日本商人视为不懂规矩、没有礼貌。

日本商人非常讲面子，他们不愿对任何事情说“不”字。他们认为直接的拒绝会使对方难堪，甚至恼怒，是极大的无礼。因此，在谈判过程中，他们即使对对方的提议有所保留，也很少直接予以反驳，一般是以迂回的方式陈述自己的观点。同样，在和日本商人谈判时语气要尽量平和委婉，切忌妄下最后通牒。有时对日本商人仅仅说一声“不”，都会令他们无法接受，认为这个人不但没礼貌，而且无诚意。另外，不要把日本商人礼节性的表示误认为是同意的表示。日本商人在谈判中往往会不断点头并说：“哈依！”这样子常常是告诉对方他们在注意听，并不是表示“同意”。因此，在洽谈中，你必须善于察言观色，仔细体会，准确把握对方语言的真实内涵，以防日语中诸多的隐含意思所引起的误解。最好是找一名双方都信任的翻译，不仅可以帮你了解日方的想法，还可以避免双方因意见不一致而出现难以下台的局面，保住双方的面子。

6. 通常不选择法律途径处理合同纠纷

只要有可能，日本谈判团里就不会包括律师。日本商人觉得每走一步都要同律师商量的人是不值得信赖的，甚至认为带律师参加谈判，就是蓄意制造日后的法律纠纷，是不友好的行为。当合同双方发生争执时，日本人通常不选择诉诸法律这一途径。他们善于捕捉时机签订含糊其辞的合同，以便将来形势变化时可以做出有利于他们的解释。

3.2.2 美国商人的谈判风格

美国是个年轻的国家。历史上大批拓荒者从欧洲来到北美，从美国东海岸进军西海岸，冒着极大的风险，开拓出一片片土地。这种开拓精神世代流传，现代的美国人仍具有强烈的进取精神。美国是个移民国家，人口流动性大，开放程度较高，现代观念很强，传统的东方君主制和西方的贵族世袭制在这里找不到生存的根基，因此，美国人很少受权威和传统观念的支配，而是具有强烈的创新意识和竞争意识。

从总体上讲，美国人的性格是外向、随意的。有些研究美国问题的专家，将美国人的性格特点归纳为：外露、坦率、诚挚、豪爽、热情、自信、说话滔滔不绝、不拘礼节、幽默诙谐、追求物质上的实际利益等。

【案例3.2】夏派罗的谈判

夏派罗是美国谈判大师和体育经纪人，他给客户的第一印象和谈判风格就是实在。有本书叫《实在就是力量》，序言中讲了一个故事。

利普肯是美国著名的棒球运动员。他第一次遇见夏派罗时，是一个十八九岁的棒球新秀，许多经纪人都希望做他的经纪人。他们花了非常大的工夫进行拉拢，试图让利普肯相信他们或他们的经纪公司是最好的，是最具有竞争力的，能帮助他更快地进入大联盟，可以给他带来一份更丰厚的合同，可以更好地帮助他理财，拉到更多的赞助商。

这些经纪人施展了各种各样的巧妙手段，挖空心思来引诱他，这对年轻的利普肯很有吸引力。

有一天，利肯普接到夏派罗的电话，夏派罗一开始就明显不同于其他经纪人。他们在一种朴实的气氛中谈话。利普肯来到夏派罗的办公室，办公室十分简单，没有真皮沙发，墙上没有桃木镶板，也没有大理石地板。午饭时间，夏派罗也只拿来了三明治。

“这是我和夏派罗之间进行的第一场谈判。经过几次谈判之后，我最终选择了夏派罗做我的经纪人。为什么？因为他非常实在的作风让我明白他会为了我的利益着想。因为他问我想要什么，需要什么，并真正按我的要求去做，而不是告诉我他想怎么做，我们彼此很快获得了信任。现在，这么多赛季、全明星赛和接踵而来的合同让我觉得，我做了一个18岁的年轻人所能做的最好选择。”

利肯普见过各种各样的谈判者，但他永远选择夏派罗。对此，利普肯是这样解释的：“因为你可以建立很多关系，一笔交易会带来更多的交易。你不用犯错误就能与谈判对手一起获得更好的谈判结果。事实上，夏派罗已经教会了我怎样做一个更好的谈判手。15年来，我见证了他真正的力量。我的职业生涯以及其他许多事情都是效果的证明。”

（资料来源：高建军.商务谈判实务.北京：北京航空航天大学出版社，2007）

案例分析：“夏派罗风格”是夏派罗在谈判中表现出来的风格——实在，这也是很多美国商人的谈判风格。

1. 干脆利落，不兜圈子

美国人办事干脆利落，不兜圈子。在谈判桌上，他们精力充沛，头脑灵活，会在不知不觉中将一般性交谈迅速引向实质性谈判，并且一个事实接一个事实地讨论，直爽利落，不讲客套，并总是兴致勃勃，乐于以积极的态度来谋求自己的利益。为追求物质上的实际利益，他们善于使用策略，采用各种手法。正因为他们自己精于此道，所以他们十分欣赏那些说话直言快语、干净利落，又精于讨价还价，为取得经济利益而施展策略的人。因为美国人具有这种干脆的态度，与美国人谈判，表达意见要直接，“是”与“否”必须清楚。如果美国谈判人员提出的条款、意见是无法接受的，就必须明确告诉他们不能接受，不得含糊其辞，使他们存有希望。有人认为，为了不失去继续洽谈的机会，应装出有意接受的样子而含糊作答，或者迟迟不答，这种做法实际上效果适得其反，不仅易给对方造成不良印象，还易导致纠纷的产生。

当双方发生纠纷时，美国谈判人员希望谈判对手的态度认真、诚恳，即使双方争论得面红耳赤，他们也不会介意。中国人在出现纠纷时往往喜欢赔笑脸，以为这样能使对方消除怒气。但如果以同样的做法处理与美国人的谈判纠纷，实际上会使美国人不满，因为在他们看来，出现纠纷而争论时，双方心情都很恶劣，笑容必定是装出来的，他们甚至可能认为面露笑容表示你已经认为理亏了。另外，在谈判过程中，要绝对避免指名批评，因为美国人谈到他人时，都会顾及避免贬损他人的人格。例如，不要指责客户公司中某人的缺点或竞争公司的缺点，这是美国人蔑视的行为。

2. 重视效率，珍惜时间

美国谈判人员重视效率，喜欢速战速决。这是因为美国经济发达，生活、工作节奏极快，这使美国人形成了信守时间，尊重进度和谈判期限的习惯。美国有句谚语：“不可盗窃时间。”在美国人看来，时间就是金钱，如果不恰当地占用了他们的时间，就等于偷了他们的美元。美国人常以“分”为单位计算时间，在谈判过程中，他们舍不得浪费哪怕一分钟去进行毫无意义的谈话。美国人认为，最成功的谈判人员是能熟练地把一切事物用最简洁、最令人信服的语言迅速表达出来的人，因而美国谈判人员为自己规定的谈判最后期限往往较短。谈判中，他们十分重视办事效率，尽量缩短谈判时间，力争每一场谈判都能速战速决。一旦谈判突破其最后期限，谈判很可能破裂。除非特殊需要，同美国人谈判时间不宜过长。这是因为大多数美国公司每月或每季度都必须向董事会报告经营利润情况，如果谈判时间过长，就会对美国人失去吸引力。因此，只要报价基本合适，就可以考虑抓住时机拍板成交。

3. 法律意识根深蒂固

美国人的法律意识根深蒂固，律师在谈判中扮演着重要的角色。因为生意场上普遍存在着不守诺言或欺诈等现象，美国谈判人员往往注重防患于未然，凡遇商务谈判，特别是谈判地点在外国的，他们一定要带上自己的律师，并在谈判中会一再要求对方完全信守有关诺言。一旦发生争议和纠纷，最常用的办法就是诉诸法律，因为此时友好协商的可能性不大。美国谈判人员提出的

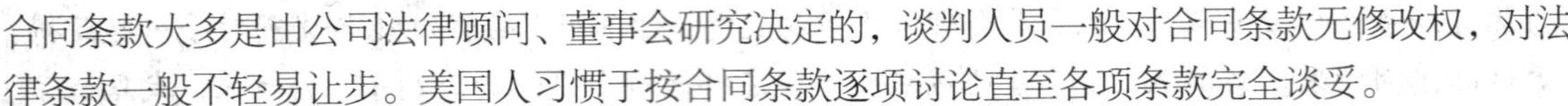

合同条款大多是由公司法律顾问、董事会研究决定的，谈判人员一般对合同条款无修改权，对法律条款一般不轻易让步。美国人习惯于按合同条款逐项讨论直至各项条款完全谈妥。

4. 喜欢搞全盘平衡的"一揽子交易"

美国人在谈判方案上喜欢搞全盘平衡的"一揽子交易"。所谓一揽子交易，主要是指美国商人在谈判某项目时，不是孤立地谈其生产或销售，而是将该项目从设计、开发、生产、工程、销售到价格等一起商谈，最终达成全盘方案。美国文化培养的谈判人员较注重大局，善于通盘筹划，他们虽讲实利，但在权衡利弊时，更倾向于从全局入手。因此，美国谈判人员喜欢先总后分，先定下总的交易条件，再谈各项具体条件。他们这种一揽子交易手法，对于拓宽谈判思路、打破谈判僵局有一定的积极意义，然而却显得居高临下，咄咄逼人。我方相应的策略是，从具体分析入手。首先，基于我国的国情，谈判的项目不同，决定权不同，有的可由地方决定，有的需由中央批准，只有协调后才可以进行一揽子交易。因此，可以以协调各部门为借口，处理一些对我方不利的问题。其次，一揽子交易中若有许多关键细节不明确，双方实际利益不平衡，那么谈判就会像竹篮打水，所得不多。可将这些细节条件作为敲定全盘的前提。最后，一揽子交易是由大及小的策略，可用逆向思维去应付，即用由小及大的方法，用局部思维将其细化，以看透其中计谋。上层领导参与一揽子谈判，应在谈判人员进行局部谈判之后，坚持由下及上，由分到总的原则。

虽然美国谈判人员普遍具有上面所说的共同特点，但是由于美国地域广阔，种族众多，不同地域的美国人的处事方式和商业习惯或多或少有些差异，因此，在商务谈判实践中，有必要具体研究，才能在谈判中得心应手。

3.2.3 欧洲商人的谈判风格

欧洲历史文化悠久，幅员辽阔，经济总体上较为发达，社会发展总体水平较高。但是，欧洲内部各地区文化存在一定差异性，经济水平与社会进步也不一致，各国商人的谈判风格常常表现出不同的特点。

1. 英国商人的谈判风格

英国是世界上资本主义发展最早的国家。历史上，英国一度在世界上建立起经济、政治和军事霸权。但自 19 世纪以来，英国的经济地位一步步削弱。近年来，英国的经济增长速度不快，经济实力和水平不如美国、日本和德国。虽然如此，英国人"曾经称霸世界"的大国意识很强烈，总是表现出一副悠然自得的样子。并且，英国人依然保留着岛国民族的特性，比较保守和怕羞，对新事物裹足不前，并且高傲、矜持，给人难以接近的印象。

（1）冷静持重，充满自信。英国人一般比较冷静和持重。英国商人在谈判初期，尤其在初次接触时，通常与谈判对手保持一定的距离，绝不轻易表露感情。随着时间的推移，他们才与对手慢慢地接近，熟悉起来，并且你会逐渐发现，他们精明灵活，善于应变，长于交际，待人和善，容易相处。他们常常在开场陈述时十分坦率，愿意让对方了解他们的有关立场和观点，同时也常常考虑对方的立场和行动，他们对于建设性意见反应积极。英国商界赞同一句话："不要说'这种商品我们公司没有'，应该说'只要您需要，我们尽量替您想办法'。"这一点，不仅反映了英国商人的灵活态度，也表现了他们十足的自信心。他们的自信心强，还特别表现在讨价还价阶段，如果出现分歧，他们往往固执己见，不肯轻易让步，以显示其大国风范，让人们觉得他们持有一种非此即彼、不允许讨价还价的谈判态度。

（2）注重礼仪，崇尚绅士风度。英国商人十分注意礼仪，崇尚绅士风度。他们谈吐不俗，举止高雅，遵守社会公德，很有礼让精神。无论在谈判场所内外，英国谈判人员都很注重个人修养，尊重谈判业务规律，不会没有分寸地追逼对方。同时，他们也很关注对方的修养和风度，如果你能在谈判中显示出良好的教养和风度，就会很快赢得他们的尊重，为谈判成功打下良好的基础。由于古老的等级传统使英国人的等级观念变得非常严格而深厚，他们颇为看重与自己身份对等的人谈问题。因此，洽谈生意时，在谈判人的等级上，如官衔、年龄、文化教育、社会地位上都应尽可能对等，以示平等和尊重。这对于推进对话，加强讨价还价的力量有一定的作用。英国商人的绅士风度还表现在他们谈判时不易动怒，也不易放下架子，喜欢有很强的程序性的谈判，一招一式恪守规定。谈判条件既定后不愿改动，注意钻研理论并注重逻辑性，喜用逻辑推理表明自己的想法。他们听取意见时随和，采纳意见时却不痛快，处理复杂问题时比较冷静。这种外交色彩浓厚的谈判风格常使谈判节奏受到一定制约。采用简单、直截了当又不失礼貌的谈判手法会使他们为证明自己并不拖拉而配合你，从而加快节奏。绅士风度常使英国谈判人员受到自我形象定位的约束，甚至成为他们的心理压力，对此应加以充分利用。在谈判中以确凿的论据、有理有力的论证施加压力，就会促使英国谈判人员因担心丢面子而放弃其不合理的立场，从而取得良好的谈判效果。

（3）行动按部就班。英国商人行动按部就班。在商务活动中，招待客人时间往往较长。当受到英国商人款待后，一定要写信表示感谢，否则会被视为不懂礼貌。与英国人约会时，若是过去不曾谋面的，一定要先写信告之面谈的目的，然后再去约时间。一旦确定约会，就必须排除万难，按时赴约。这是因为英国人做生意颇讲信用，凡事应规规矩矩，不懂礼貌或不重诺守约，以后办事就难以顺利进行。

英国商人在商务活动中有一些明显的不足。例如，他们经常不遵守交货时间造成迟延，引起直接的经济损失。这使他们在谈判中比较被动，外国谈判者会利用这点预先迫使他们接受一些苛刻的交易条件，如索赔条款等。另外，英国商人在商务活动中一般不善于从事日常的业务访问。并且，英国商人都以使用英语为自豪，即使他们会讲第二外语，他们也不愿在谈判中使用。因此，与他们做生意要尽可能地讲英语。

（4）忌谈政治，宜谈天气。英国的全称是大不列颠及北爱尔兰联合王国，由英格兰、威尔士、苏格兰、北爱尔兰四部分组成。虽然是统一的君主制国家，但是四个民族在处理事务上有许多微妙区别。我们提到"英格兰"时，一般是指整个联合王国，但在正式场合使用就显得不妥，因为这样会不自觉地漠视了其他三个民族。因此，在正式场合不宜把英国人叫作英格兰人，涉及女王时要说"女王"或正规地说"大不列颠及北爱尔兰联合王国女王"，而不应说"英格兰女王"。在和英国人交谈时，话题尽量不要涉及北爱尔兰的前途、共和制和君主制的优劣以及大英帝国的崩溃原因等政治色彩较浓的问题。比较安全的话题是天气、旅游和英国的继承制度等。

英国人生活比较优裕舒适，每年夏冬两季有三周至四周的假期，他们利用这段时间出国旅游。因此，他们较少在夏季和圣诞节至元旦期间做生意。英格兰从 1 月 2 日开始恢复商业活动，在苏格兰则要等到 4 月以后。在这些节假日应尽量避免与英国人洽谈生意。

2. 德国商人的谈判风格

1990 年，联邦德国与民主德国合并为统一的德国。从整个民族特点来看，德国人具有自信、谨慎、保守、刻板、严谨的个性，以及办事富有计划性，注重工作效率，追求完美的特征。简而言之，就是做事雷厉风行，有军旅作风。德国谈判人员身上所具有的这种日耳曼民族的性格特征会在谈判桌上得到充分的展现。

（1）谈判准备工作充分周到。德国商人严谨保守的特点使他们在谈判前就做好充分周到的准备工作。他们会想方设法掌握翔实的第一手资料，他们不仅要调查研究对方要购买或销售的产品，还要仔细研究对方的公司，以确定对方能否成为可靠的商业伙伴。只有在对谈判的议题、日程、标的物的品质和价格，以及对方公司的经营、资信情况和谈判中可能出现的问题及对应策略做了详尽研究、周密安排之后，他们才会坐到谈判桌前。这样他们先立足于坚实的基础之上，就能处于十分有利的境地。德国人对谈判对方的资信非常重视，因为他们保守，不愿冒风险。因此，如果与德国人做生意，一定要在谈判前做好充分的准备，以便回答关于你的公司和你的建议的详细问题。

（2）非常讲究效率。德国商人非常讲究效率，并且他们的思维富于系统性和逻辑性。德国人认为那些“研究研究”、“考虑考虑”、“过段时间再说”等拖拖拉拉的行为，对一个商人来说简直是耻辱。他们的座右铭是“马上解决”。他们觉得判断一个谈判人员是否有能力，只需看其办公桌上的文件是否快速有效地处理了。如果文件堆积如山，多是“待讨论”、“待研究”的一拖再拖的事情，那就可以断定该工作人员是不称职的。因此，德国商人在谈判桌上会表现出果断、不拖泥带水的特征。他们喜欢直接表明所希望达成的交易，准确确定交易方式，详细列出谈判议题，提出内容详细的报价表，清楚、坚决地陈述问题。他们善于明确表达思想，准备的方案清晰易懂。如果双方讨论列出问题清单，德国商人一定会要求在问题的排序上应体现各问题间的内在逻辑关系，否则就认为逻辑不清，不便讨论。并且他们认为每场讨论应明确议题，如果讨论了一上午却不涉及主要议题，他们会抱怨组织无效率。因此，在与德国商人谈判时，充分地进行准备，严密地组织，清晰地表达，主题鲜明地论述，可以有效利用时间，减少双方误解，改善谈判的效率，促进双方富有成效地进行合作。

（3）自信而固执。德国商人自信而固执。他们对本国产品极有信心，在谈判中常会以本国的产品为衡量标准。德国企业的技术标准相当严格，对于出售或购买的产品他们都要求很高的质量，因此，要让德国商人相信你公司的产品能够满足交易规定的高标准，他们才会与你做生意。德国商人的自信与固执还表现在他们不太热衷于在谈判中采取让步的方式。他们考虑问题周到系统，缺乏灵活性和妥协性。他们总是强调自己方案的可行性，千方百计迫使对方让步，常常在签订合同之前的最后时刻还在争取使对方让步。鉴于日耳曼民族这种倔强的个性特点，应尽量避免采取针锋相对的讨论方法，而要“以柔克刚”、“以理服人”。常言道“有理不在声高”，要以灵活的态度选择进攻点，体现分歧，表明立场，同时始终保持友好和礼貌的态度以扭转其僵硬的态度，不要激起对方的“犟脾气”。大多数德国人虽然固执，但还是很重理性的。只要把握住这点，本着合理、公正的精神就能软化其僵硬立场。

（4）崇尚契约，严守信用。德国人素有“契约之民”的雅称。他们崇尚契约，严守信用，权利与义务的意识很强。在商务谈判中，他们坚持己见，权利与义务划分得清清楚楚，涉及合同的任何条款，他们都非常细心，对所有细节认真推敲，要求合同中每个字、每句话都准确无误，然后才同意签约。德国商人对交货期限要求严格，一般都会坚持严厉的违约惩罚性条款。外国客商要保证成功地同德国人打交道，就得严格遵守交货日期，而且可能还要同意严格的索赔条款。德国人受宗教、法律等因素影响，比较注意严格遵守各种社会规范和纪律。在商务往来中，他们尊重合同，一旦签约他们就会努力按合同条款一丝不苟地去执行，不论发生什么问题都不会轻易毁约；而且签约后他们对于交货期、付款期等条款的更改要求一般都不予理会。他们注重发展长久的贸易伙伴关系，求稳心理强。

（5）时间观念强。德国人非常守时，不论工作还是干其他事情，都是有板有眼，一本正经。因此，与他们打交道，不仅谈判时不应迟到，一般的社交活动也不应随便迟到。对于迟到的谈判人员，德国商人对之不信任的反感心理会无情地流露出来，破坏谈判气氛，令对方处于尴尬的境地。另外，在德国，谈判时间不宜定在晚上，除非特别重要。虽然德国人工作起来废寝忘食，但他们都认为晚上是家人团聚、共享天伦之乐的时间，而且他们会认为你也有相同的想法。因此，冒昧地请德国人在晚上谈论商务或是在晚上对他们进行礼节性拜访，会让他们觉得你不识趣。

3. 法国商人的谈判风格

在近代世界史上，法兰西民族在社会科学、文学、科学技术方面有着卓越成就。法国商人具有浓厚的国家意识和强烈的民族文化自豪感。他们性格开朗、眼界豁达，对事物比较敏感，为人友善，处事时而固执、时而随和。

（1）对本民族的历史、文化和语言充满自豪。法国人对本民族的灿烂文化和悠久历史感到无比骄傲。他们时常把祖国的光荣历史挂在嘴边。重视历史的习惯使法国谈判人员也很注重商业与两国外交的历史关系和交易的历史状况，即过去的交易谈判情况和交往情况。传统友好国家的谈判者会为双方外交关系的历史所鼓舞或制约，利用其尊重历史的观念可以排除一定的现实干扰，比如现实中可能出现第三者的干扰。

法国人为自己的语言而自豪，他们认为法语是世界上最高贵、最优美的语言，因此，在进行商务谈判时，他们往往习惯于要求对方同意以法语为谈判语言。即使他们的英语讲得很好也是如此，除非他们是在国外或在生意上对对方有所求。所以，要与法国人长期做生意，最好学些法语，或在谈判时选择一名好的法语翻译。

（2）富于人情味，珍惜人际关系。法国人很有人情味，他们非常珍惜人际关系。法国商人很重视交易过程中的人际关系，一般来说，在尚未结为朋友之前，他们是不会轻易与人做大宗生意的；而一旦建立起友好关系，他们又会乐于遵循互惠互利、平等共事的原则。因此，与法国人做生意，必须善于和他们建立起友好关系，这不是件十分容易的事，需要做出长时间的努力。在社会交往中，家庭宴会常被视为最隆重的款待。但无论是家庭宴会还是午餐招待，法国人都将之看作是人际交往和发展友谊的时刻，而不认为是交易的延伸。因此，如果法国商人发现对方的设宴招待是抱有想利用交际来促进商业交易更为顺利的意图，他们会很不高兴，甚至断然拒绝参加。

与法国商人洽谈生意时，不应只顾谈生意上的细节，否则很容易被法国商人视为“此人太枯燥无味，没情趣”。要注意，法国商人大多性格开朗、十分健谈，他们喜欢在谈判过程中谈些新闻趣事，以创造一种宽松的气氛。据说，在法国就连杂货店的女老板都能轻松自如、滔滔不绝地谈论政治、文化和艺术。因此，在谈判中除非到了最后决定拍板阶段可以一本正经地只谈生意之外，其他时间可谈一些关于社会新闻和文化艺术等方面的话题来活跃谈判气氛。另外，要引起注意的是，法国商人在谈判中讲究幽默与诙谐，但他们不愿过多提及个人和家庭问题，与他们谈话时应尽量避免此类话题。

（3）偏爱横向谈判方式，对细节问题不很重视。与美国商人对议题逐个磋商的方式不同，法国商人在谈判方式上偏爱横向谈判方式，即先为协议勾画出一个轮廓，然后达成原则协议，最后再确认谈判协议各方面的具体内容。法国商人不如德国商人那么严谨，但法国商人却很喜欢追求谈判结果，不论什么会谈、谈判，在不同的阶段，他们都希望有文字记录，而且名目繁多，诸如“纪要”、“备忘录”、“协议书”、“议定书”等，用以记载已谈的内容，对以后的谈判起到实质性影响。与法国商人谈判，对于频繁产生的文件应予以警惕，慎重从事。对己有利的内容，可同意建立文件；对己不利的内容，难以推却的情况下，可仅建立初级的纯记录性质的文件。要注意各种不同类型文件的法律效力，严格区别“达成的协议点”、“分歧点”、“专论点”、“论及点”等具体问题，否则产生的文件会变得含糊不清，成为日后产生纠纷的隐患。另外，法国商人习惯于集中精力磋商主要条款，对细节问题并不是很重视。并且在主要条款谈成之后，便急于求成，要求签订合同，而后又常常会在细节问题上改变主意，要求修改合同，这一点往往令人十分为难。因此，签约时要小心从事，用书面文字加以确认，保证最终的文件具有法律约束力，以防止他们不严格遵守，在市场行情不太好的时候撕毁协议。

（4）思维灵活，手法多样。法国商人谈判时思路灵活，手法多样，为促成交易，他们常会借助行政、外交的手段或让名人、有关的第三者介入谈判。这种承认并欢迎外力的心理和做法可以为我所用。例如，有些交易中常会遇到进出口许可证问题，往往需要政府出面才能解决问题。而当交易项目涉及政府的某些外交政策时，其政治色彩就很浓厚，为达成交易，政府可以从税收、信贷等方面予以支持，从而改善交易条件，提高谈判的成功率。

（5）注重依靠个人力量达成交易。法国商人大多注重靠自身力量达成交易。法国人喜欢个人拥有较大的办事权限，在进行商务谈判时，多由一个人承担并负责决策，很少有集体决策的情况，谈判效率较高。这是因为法国企业组织机构明确，个人权力很大。但在法国中小企业中，也有许多法国人是不熟悉国际贸易业务的，与他们做生意时，应尽量把每个细节都商定清楚。

法国商人对商品的质量要求十分严格，条件比较苛刻，同时他们也十分重视商品的美感，要求包装精美。法国人从来都认为法国是精品商品的世界潮流领导者。巴黎的时装和香水就是典型代表。因此，他们在穿戴上都极为讲究。在他们看来，衣着可以代表一个人的修养与身份。所以在谈判时，稳重考究的着装会带来好的效果。

（6）时间观念不强。法国人的时间观念不强，他们在商业往来或社会交际中经常迟到或单方面改变时间，而且总会找一大堆冠冕堂皇的理由。在法国还有一种非正式的习俗，即在正式场合，主客身份越高，来得越迟。因此，要与他们做生意，就需学会忍耐。但法国人对于别人的迟到往往不予原谅，对于迟到者，他们都会很冷淡地接待。因此，如果你有求于他们，千万别迟到。

法国全国在 8 月都会放假，很多法国人都度假去了，任何劝诱都难以让他们放弃或推迟假期去做生意，甚至在 7 月底到 9 月初，他们的心思还都放在度假和休息上。所以，千万注意尽量避免在这一时期与法国人谈生意。

4. 意大利商人的谈判风格

意大利人的国家意识淡薄，他们不习惯提国名，而愿意提故乡的名字。意大利人文化素质高，既有德国人的精明能干，又有法国人的健谈。

（1）时间观念不强。与法国人相似，意大利人常常不遵守约会时间，赴宴经常迟到，而且习以为常，这是他们明显的缺点。有时候甚至不打招呼就不赴约，或单方面推迟会期。他们工作时有点松松垮垮，不讲效率。但是，他们在做生意时是绝对不会马虎的。

（2）情绪多变，喜好争论。意大利人性格外向，善于社交，但情绪多变。说话时手势较多，表情富于变化，易情绪激动。意大利人喜好争论，常常会为很小的事情而大声争吵，互不相让。如果允许的话，他们会整天争论不休。意大利人比德国人少了一些刻板，比英国人多了一些热情，但在谈判合同、做出决策时不会感情冲动，一般不愿仓促表态。与日本等国家的谈判人员不同的是，他们必须要与同事协商，因为比较慎重。如果对方给他们一个做出决策的最后期限，他们往往会眼都不眨一下而迅速拍板决定。这说明他们办事多是胸有成竹，而且有较强的处理紧急情况的能力。

（3）重视个人力量。意大利人与法国人有许多共同之处，都非常重视个人的作风。意大利的商业交往大部分都是公司之间的交往，在商务谈判时往往是出面谈判的人决定一切。意大利人在交往活动中比其他任何国家的人都更有自主权，个人权力较大。因此，和意大利谈判对手相处的好坏是谈判成功与否的重要影响因素。

（4）注重节约。意大利人有节约的习惯，对于合同条款的注重明显不同于德国人，而接近于法国人。谈判时，他们对商品的质量、性能、交货日期等方面比较灵活，但特别看重商品的价格，在价格方面显得寸步不让。他们力争节约，不愿多花钱追求高品质，而德国人却宁可多付款来换取高质量产品和准确的交货日期。

（5）崇尚时髦。意大利人追求时髦，衣冠楚楚，潇洒自如。他们的办公地点一般都设施讲究，比较现代化，并且他们对生活的舒适也十分注重。与他们谈判时，着装时尚潇洒会给他们留下好的印象。

意大利的商贸比较发达，意大利人与外商做交易的热情不高，他们更愿意与国内企业打交道。由于历史和传统的原因，意大利人不太注重外部世界，不主动向外国观念和国际惯例看齐。他们信赖国内企业，认为国内企业生产的产品一般质量较高，而且国内企业与他们存在共同性。因此，与意大利人做生意要有耐心，要让他们相信你的产品比他们国内生产的产品更为物美价廉。还有一点应注意的是：在意大利从事商务活动，必须充分考虑其政治因素，了解对方的政治背景，以防政局变动而蒙受经济损失。

5. 北欧商人的谈判风格

北欧在一般意义上是指位于日德兰半岛、斯堪的纳维亚半岛上的芬兰、挪威、瑞典、丹麦、冰岛五国。他们有着相似的历史背景和文化传统，都信奉基督教，历史上为防御别国的侵扰而互相结盟或是宣布中立以求和平。现代的北欧，国家政局稳定，人民生活水平较高。由于其宗教信仰、民族地位及历史文化的影响，北欧人形成了心地善良、为人朴素、谦恭稳重、和蔼可亲的性格特点。

（1）按部就班，沉着冷静。北欧人是务实型的，工作计划性很强，没有丝毫浮躁的样子，凡事按部就班，规规矩矩。与其他国家商人相比，北欧人在谈判中显得沉着冷静。他们喜欢有条不紊地按议程顺序逐一进行，谈判节奏较为舒缓，但这种平稳从容的态度与他们的机敏反应并不矛盾，他们善于发现和把握达成交易的最佳时机并及时做出成交的决定。

（2）谦恭、坦诚，固执、保守。北欧商人在谈判中态度谦恭，非常讲究文明礼貌，不易激动，善于同外国客商搞好关系。同时，他们的谈判风格坦诚，不隐藏自己的观点，善于提出各种建设性方案。他们喜欢追求和谐的气氛，但这并不意味着他们会一味地顺应对方的要求。实际上，北欧商人在自以为正确时，具有相当的顽固性和自主性，这也是一种自尊心强的表现。

与北欧商人谈判时，更多的时候应考虑如何与其配合。首先，以坦诚态度对待来自北欧的谈判人员较好。这样可以使谈判双方感情融洽、交流顺畅，形成互相信任的气氛，以推进谈判。其次，要以理性的方式对付北欧人顽固的态度。北欧人看问题比较固执，这种固执与他们抱有的建设性的积极意愿相呼应。然而，伴随着积极的行动之后，一般是消极的固守。此时，外国商人不能太着急。为了不让北欧商人使性子，应充分注意论述的理由。不论理由的分量如何，均需有理可说。最后，利用北欧商人愿意追求和谐稳定的心理和善于提建设性方案的长处，可以为谋取较大的利益而有意制造僵局、激化矛盾，让他们提出方案，从中得利。但这样做必须注意火候，一般应在对方刻意追求解决的问题上，或与之关系重大的条件上制造危机。否则，你就可能达不到目的了。

另外，北欧商人性格较为保守，他们更倾向于尽力保护他们现在拥有的东西。因此，他们在谈判中更多地把注意力集中在怎样做出让步才能保住合同，而不是着手准备其他方案以防做出最大让步也保不住合同的情况。

（3）不喜欢无休无止的讨价还价。北欧商人不喜欢无休止的讨价还价。他们希望对方的公司在市场上是优秀的，希望对方提出的建议是他们所能得到的最好的建议。如果他们看到对方的建议中有明显的漏洞，他们就会重新评估对方的职业作风和业务能力，甚至会改变对对方企业水平的看法，进而转向别处去做生意，而不愿与对方争论那些他们认为对方一开始就应该解决的琐碎问题。

北欧人为保证其竞争力，总是大规模地投资于现代技术，他们的出口商品往往是高质量、高附加值的产品，而他们进口的商品也多半是自己需要而在国内难以买到的高品质产品。北欧人有着强大的市场购买力，在谈判中，对于高档次、高质量、款式新奇的消费品，他们会表现出很大的兴趣，千方百计想达成交易，而对一般性商品则不屑一顾，常以种种苛刻条件让对方知难而退。

（4）代理商的地位很高。在北欧，代理商地位很高。尤其在瑞典和挪威，没有代理商的介入，许多谈判活动就难以顺利进行。因此，与北欧人做生意，必须时刻牢记这些代理商和中间商。

（5）在商业交往中不太守时。北欧人特别是瑞典人在商业交际中往往不太准时，但他们在其他社交场合中非常守时。遇到他们迟到的情况，只要没有造成什么严重后果，就不要太计较，许多时候，用一笑置之来展示自己的洒脱是明智的做法。

（6）生活朴实有特色。北欧人较为朴实，工作之余的交际较少。晚间的招待一定在家里进行，不到外面餐馆去用餐。如果白天有聚餐，一般是在大饭店里预订好座位吃饭，这种宴会也不铺张浪费；如果是私下聚会则往往只有咖啡和三明治。北欧人力戒铺张，他们把简朴的招待视为对朋友的友好表示，即使对待老主顾也如此。

北欧人将蒸汽浴视为日常生活中必不可少的一部分。大多数北欧国家的宾馆里都设有蒸汽浴室。在北欧，谈判之后去洗蒸汽浴，不要以为是很荒唐，这充分说明了客商是很受欢迎的，因为洗蒸汽浴是受到最好招待的明显标志。到北欧洽谈生意的外国客商也应不失时机地发出邀请或接受邀请，以增加双方接触的机会，增进友谊。

北欧人普遍喜欢饮酒，为了公众利益，北欧国家都制定了严厉的饮酒法。因此，这些国家的酒价十分昂贵。北欧人特别喜欢别人送如苏格兰威士忌酒之类的礼物，如果在商务谈判中以酒作为馈赠礼品，他们会十分高兴的。

北欧国家所处纬度较高，冬季时间长，所以北欧人特别珍惜阳光。夏天和冬天分别有三周与一周的假期。这段时间，几乎所有公司的业务都处于停顿状态，人们都休假去了。因此，做交易应尽量避开这段时间。当然，也可以利用假期将至为由催促对方赶快成交。

6. 俄罗斯商人的谈判风格

一般来说，俄罗斯商人往往显得忧虑、自信心不足，进取心差，虽然待人谦恭，却缺乏信任。他们求成心切，求利心切，喜欢谈大金额合同，对交易条件要求苛刻，缺乏灵活性。

（1）节奏缓慢,效率低下。俄罗斯人办事断断续续，效率很低。他们绝不会让自己的工作节奏适应外商的时间安排。除非外商提供的商品正是他们急切想要的，否则，他们的办事人员绝不会急急忙忙奔回办公室，立即向上级呈递一份有关谈判的详细报告。在谈判过程中，如果外商向他们发送信件或打电话征求意见，往往没什么意义，他们不会回答。并且俄罗斯商人谈判，往往喜欢带上各种专家，这样不可避免地扩大了谈判队伍，各专家意见不一也延长了谈判时间，减慢了谈判节奏。因此，与俄罗斯商人谈判时，切勿急躁，要耐心等待。

（2）喜欢讨价还价。俄罗斯商人深深承袭了古老的商业交易之道，在谈判桌前显得非常精明。他们很看重价格，会千方百计地迫使对方降价，不论对方的报价多么低，他们都不会接受对方的首轮报价。他们的压价手法多种多样，软硬兼施。例如，他们会以日后提供源源不断的新订单引诱对方降价，一旦对方降低了价格，他们就会永远将价钱压在低水平上。另外，他们会“欲擒故纵”，告诉对手，“你的开价实在太高，你的竞争者们的报价都相当低，如果跟他们做生意，现在都快达成协议了”。再不然，他们就使出“虚张声势”的强硬招术，例如，大声喊叫“太不公平了”，或是敲桌子以示不满，甚至拂袖而去。这时，你最好坚守阵地，不为所动。更为灵活的做法是，事先为他们准备好一份标准报价表，所有价格都有适当的溢价，为后面的洽谈减价留下后路，迎合俄罗斯人的心理。

（3）注重文化传统，文明程度较高。俄罗斯商人对于研究过俄罗斯文化艺术的外商有着特别的尊重，这会给商务谈判带来友善的气氛。传统上俄罗斯人有四大爱好：喝酒、吸烟、跳舞和运动。俄罗斯人不论男女，几乎没有不喝酒的，而且大多爱喝烈性酒，如伏特加之类。俄罗斯人吸烟也很普遍，而且爱抽烈性烟。跳舞是俄罗斯人的传统，一般每周末都有舞会。过去人们主要跳民族舞蹈，但现在的年轻人更愿意跳交谊舞，他们常在花园中的空地上或马路边的小广场上，在手风琴或吉他的伴奏下翩翩起舞。俄罗斯人重视体育运动，许多人都有一两项专长。

俄罗斯人文明程度较高，不仅家中比较整洁，而且注意公共卫生。另外，俄罗斯人很重视仪表，喜欢打扮；在公共场合注重言行举止，比如他们不将手插在口袋里或袖子里，即使在热天也不轻易脱下外套。在商务谈判中，他们也注意对方的举止，如果对方仪表不俗，他们会比较欣赏；相反，如果对方不修边幅就坐到谈判桌前，他们会很反感。

7. 东欧商人的谈判风格

东欧诸国一般是指捷克共和国、斯洛伐克共和国、波兰共和国、匈牙利共和国、罗马尼亚共和国、保加利亚共和国、塞尔维亚共和国等。他们的谈判人员作风散漫，待人谦恭，缺乏自信。在谈判中，他们显得急于求成，注重实利，虽然顾及历史关系，但对现实利益紧抓不放。

东欧商人的言行随便，谈判准备工作懈怠，信誉较差。对此，应在谈判之前就约法三章，在谈判时按章行事，对于无诚意的对方应尽早结束谈判，不要再耗费时间和精力。

东欧商人特别看重别人的尊重。因此，与他们谈判时，应以尊重为前提，以敬换情，通过一系列尊敬对方的言行举止感动对方，换取信任，来促进思想的沟通和信息交流，以使谈判顺利进行。

东欧商人更为注重现实利益。因此，谈判时，不要过分怀念传统，而应在珍惜传统的同时追求开阔的眼界和更高的利益。对于各种交易条件，都要权衡利弊，以利换利。对已获得口头承诺的利益，应立即用严格的书面形式明确，确保利益的实现。

3.2.4 阿拉伯商人的谈判风格

阿拉伯国家主要分布在西亚的阿拉伯半岛和北非。它们经济单一，绝大多数国家盛产石油，靠石油及石油制品的出口维持国民经济，进口商品主要是粮食、肉类、纺织品，以及运输工具、机器设备等。

阿拉伯人家庭观念较强，性情固执而保守，脾气也很倔强，重朋友义气，热情好客，却不轻易相信别人。他们喜欢做手势，以形体语言表达思想。尽管不同的阿拉伯国家在观念、习惯和经济力量方面存在较大差异，作为整个阿拉伯民族来讲却有较强的凝聚力。

在阿拉伯国家，伊斯兰教一向被奉为国教，是除阿拉伯语以外阿拉伯民族的又一重要凝聚力量。阿拉伯人非常反感别人用贬损或开玩笑的口气来谈论他们的信仰和习惯，嘲弄或漠视他们的风俗。

1. 重信义，讲交情

在阿拉伯人看来，信誉是最重要的。谈生意的人必须首先赢得他们的好感和信任。与他们建立亲近关系的方法有：由回族人或信仰伊斯兰教或讲阿拉伯语的同宗、同族的人引见；以重礼相待，如破格接待；在礼仪和实际待遇上均予以照顾，使其既有面子又得实惠。阿拉伯人好客知礼的传统使他们对亲友邻居敞开的大门对外国客商同样是敞开的。对远道而来并亲自登门拜访的外国客人，他们十分尊重。如果他们问及拜访的原因，最好是说，来拜访他是想得到他的帮助。这是因为阿拉伯人不一定想变得更加富有，但却不会拒绝“帮助”某个已逐渐赢得他的尊重的人。当合同开始生效时，拜访次数可以减少，但定期重温、巩固和加深已有的良好关系仍非常重要。给他们留下一个重信义、重交情的印象，会让客商在以后的谈判中获得意外回报。另外，崇尚兄弟情谊的阿拉伯人不会因为商务缠身而冷落了自己的阿拉伯兄弟。常与他们打交道的外商经常会遇到这样的情况：谈判正在紧张进行，阿拉伯一方的亲友突然到访，他们会被请进屋内边喝茶边聊天，外商则被冷落一旁，直到亲友离去谈判才会继续。在阿拉伯人看来，这不是失礼的行为。对此，你要表示理解和宽容。

2. 谈判节奏较慢

阿拉伯人的谈判节奏较缓慢。他们不喜欢通过电话来谈生意。从某种意义上说，阿拉伯人的一次谈判只是同他们进行磋商的一部分，因为他们往往要很长时间才能做出谈判的最终决策。如果外商为寻找合作伙伴前往拜访阿拉伯人，第一次很可能不但得不到自己期望出现的结果，还会被他们的健谈所迷惑，有时甚至第二次乃至第三次都接触不到实质性的话题。遇到这种情况，要显得镇静而有耐心。一般来说，阿拉伯人看了某项建议后，会去证实是否可行，如果可行，他们会在适当的时候安排由专家主持的会谈。如果这时你显得很急躁，不断催促，往往欲速则不达。因为风格闲散的阿拉伯人一旦感到你把他挤进了繁忙的日程中，他很可能把你挤出他的日程。

阿拉伯人特别重视谈判的早期阶段。在这个阶段，他们会下很大工夫打破沉默局面，制造气氛。经过长时间的、广泛的、友好的会谈，在彼此敬意不断增加的同时，他们其实已就谈判中的一些问题进行了试探和摸底，并间接地进行了讨论。应注意的是，谈话时的话题要把握分寸，不要涉及中东政治，不要谈论国际石油政策以及宗教上的敏感问题。同时，在交谈时不能架起腿，更不能将鞋底对着谈话者，否则阿拉伯人会认为你不诚实可信。这种社交式的、内容泛泛但气氛友好的会谈，可以使正式谈判取得成功的可能性大大增加。随之而来的结果可能是，在突然之间，协议便达成了。

3. 重视中下级人员的意见和建议

在阿拉伯国家中，谈判决策由上层人员负责，但中下级谈判人员向上层人员提供的意见或建议却得到高度重视，他们在谈判中起着重要作用。因此，外商在谈判中往往要同时与两种人打交道，首先是决策者，他们只对宏观问题感兴趣；其次是专家以及技术人员，他们希望对方尽可能提供一些结构严谨、内容翔实的资料以便仔细加以论证。与阿拉伯人做生意时千万别忽视了后者的作用。

4. 当地代理商在商业活动中起重要作用

在阿拉伯商界还有一个阶层，那就是代理商。几乎所有阿拉伯国家的政府都坚持，无论外商的生意伙伴是个人还是政府部门，其商业活动都必须通过阿拉伯代理商来开展。此举为阿拉伯国民开辟了生财之道，提供了一个理想职业。如果没有合适的代理商，很难想象外商能在生意中进展顺利。一个好的代理商，会为外商提供便利，对业务的开展大有裨益。例如，他可以帮助雇主同政府有关部门尽早取得联系，促使其尽快做出决定；快速完成日常的文书工作，加速通过繁复的文件壁垒；帮助安排货款回收、劳务使用、货物运输、仓储乃至膳食等事宜。

5. 喜爱讨价还价

阿拉伯人极爱讨价还价。无论商店大小均可讨价还价。标价只是卖主的“报价”。更有甚者，不还价即买走东西的人，还不如讨价还价后什么也不买的人更受卖主的尊重。阿拉伯人的逻辑是：前者小看他，后者尊重他。市场上常出现的情景是，摆摊卖货的商人会认真看待和处理与他讨价还价的人，即使生意不成也仅是耸耸肩、手一摊表示无能为力。因此，为适应阿拉伯人讨价还价的习惯，外商应确立起见价必还的意识；凡对方提出交易条件，必须准备讨价还价的方案。高明的讨价还价要有智慧，即找准理由，令人信服，在形式上要尽可能把讨价还价做得轰轰烈烈。

6. 不欣赏抽象的介绍说明

阿拉伯人不欣赏抽象的介绍说明，不愿花钱买原始材料和统计数据。因此，在谈判中可以采用多种形式，采取数字、图形、文字和实际产品相结合的方式，形象地向他们说明有关情况。要注意的是，对于确实需要提供的材料，必须请一流的翻译并按照阿拉伯人的语言习惯进行精细的解译，千万别为了节省成本而随便找人翻译。否则，翻译的失误可能造成很不好的后果。另外，材料中所附图片也应以从右向左的顺序排列，并且图片内容不得冒犯阿拉伯人的风俗习惯。

阿拉伯人在商业交往中，习惯使用“IBM”。这里的“IBM”不是指 IBM 公司，而是指阿拉伯语中分别以 I、B、M 开头的三个词语。I 是指“因夏利”，即“神的意志”；B 是指“波库拉”，即“明天再谈”；M 是指“马列修”，即“不要介意”。他们常以这几个词作为武器，保护自己，以抵挡对方的“进攻”。比如，双方已订好合同，后来情况发生变化，阿拉伯商人想取消合同，就会名正言顺地说：“神的意志。”而在谈判中当形势对外商有利时，他们却耸耸肩说“明天再谈吧”，等到明天一切又要从头再来。当外商因阿拉伯人的上述行为或其他不愉快的事而烦恼不已时，他们又会拍着外商的肩膀，轻松地说：“不要介意。”因此，与阿拉伯人做生意，要记住他们的“IBM”做法，配合对方悠闲的步伐，慢慢推进才是上策。

由于阿拉伯社会宗教意识的影响，妇女一般是不能在公开场合抛头露面的。因此，应该尽量避免派女性去阿拉伯国家谈生意，如果谈判小组中有妇女，也应该将其安排在从属地位，以表示尊重他们的风俗。在谈话中应尽量不涉及妇女问题。

3.2.5 中国人的谈判风格

中华民族历史悠久，儒家文化的影响根深蒂固。中国人待人注意礼节，重人情，讲关系，素有“礼仪之邦”的美称。中国人吃苦耐劳，具有很强的韧性，谈吐含蓄，不轻易直接表露真实思想，工作节奏总体不快，比较保守，不轻易冒险，工于心计，足智多谋。

1. 注重礼节

中国人接待客人非常殷勤与慷慨，几乎每一个去中国访问的外商都会感受到温暖。中国商人在谈判时，习惯于以礼相待。在洽谈生意时，中国商人常常要求在本国进行谈判，以控制议事日程，掌握谈判进展，并在此过程中仔细观察对方，让客人相信他们的诚意，期待着建立起信任和友谊。与中国人谈判，无论其年纪大小，均要注意礼节，不可因小失大，以免最后造成被动。中国人认为，作为谈判代表，他代表的是一个集体，在一定意义上甚至代表的是一个国家和民族，而不是一个单一的个人。对其个人可以有失礼之处，但绝不可以轻视他身后的集体组织和社会背景与文化传承。对于讲究面子的中国人来说，礼节常与威信和尊严联系在一起。在商务谈判中，中国人常给对方留有余地，很少直截了当地拒绝对方的建议，同时他们也需要对方给自己留有余地。如果你能帮助他们，你就会得到许多；反之，任何当众侮辱或轻蔑的行为，即使是无意的，仍会造成很大损失。因此，不论对待年龄是大是小或地位是高是低的谈判人员，都应该始终注意自己言行中的礼仪。

中国商人习惯于“先礼后兵”，在以礼相待之时，也会考虑使用强硬手法，尤其是在被逼之时。因此，谈判中的论述，各种条件的进退，利益的取舍，绝不可以让对方感到“以势压人”、“过于利用优势”。这种感觉只会给谈判带来障碍。过分的言行会伤害对方的自尊心，过分的表现得到的会是“报复”。他们会教训你的过分，然后给你更困难的条件，为难你。因此，即使某些分歧非说不可，不妨先打个招呼，使对方有个心理准备。比如说：“我这个问题可能提得不恰当，但先说出来让贵方听听，以便我们分析一下。”或者说：“我先打个招呼，不论贵方同意不同意，这仅代表我方的一种认识，我们愿意听取贵方的指教。”只有先缓和一下气氛，做事别太过分，对方才会心平气和地认真考虑你的条件。

2. 重视人际关系

中国人重视人际关系。在做东道主时，他们并不急于谈判，而是耐心地认识和熟悉对方，并尽可能地建立起一种长久而牢固的关系。他们对于老朋友、老关系，或是朋友的朋友、间接的关系，均会予以重视，在力所能及的情况下尽可能予以照顾。因此，在与中国商人谈判时，充分利用各种人际关系，可以避免不必要的感情障碍，从而改变谈判气氛，影响谈判结果。不过，中国人的人际关系广泛而错综复杂，因此，要针对具体的交易，为达到某一具体目的和效果而将有利的人际关系运用到点子上。

3. 工作节奏不快

中国人吃苦耐劳，但工作节奏不快。谈判时，中国人往往会派出为数众多的洽谈人员，但人多常常会延长谈判时间。与中国人谈判可将日程安排紧凑，争取更多的工作时间，对这点，中国人往往会予以满足。紧凑的日程增加了交换意见的机会，在某种意义上也增加了成功的机会。

4. 比较含蓄

中国人比较含蓄，不喜欢直截了当地表明自己的态度。在谈判的初始阶段，中国人很少提出自己对产品的要求和建议。他们总是要求对方介绍产品的性能，认真倾听对方关于交易的想法、观点和建议。在谈判中，他们常有技术专家参与进来，用竞争者的产品特点来探求对方产品、技术方面的资料。谈判时，若对方提出的问题、条件超出中方代表的决定权限或令其难以解答，他们常常在向上级请示或讨论后有了确切把握时，才予以答复。所以，面对中国人，一时难以抓住他们的真实想法时，千万要沉住气，不必过早地表达自己想法，更不必在没有摸清对手意向的情况下，盲目改变自己的谈判立场。

5. 善于把握原则性和灵活性

中国人对问题的原则性和灵活性把握得很有分寸。他们在谈判时注重利益均衡。当谈判进入实质性阶段，中国商人往往会要求首先以意向书的形式达成一个原则框架，然后才洽谈具体细节。中国商人在原则问题上寸步不让，表现得非常固执。谈判中如果发现原则框架中的某条原则受到了挑战，或谈判内容不符合长期目标，或提出的建议与计划不适合，中国人的态度就会严肃起来并表现出不屈不挠的决心。同时，在具体事务上，他们则表现出极大的灵活性。由于中国商人追求“平等”与“平衡”，所以在谈判中无论什么条件均应比较一下得与失。与中国人做交易，谈判各种性质的交易条件都应有一本明细账。这样，在进退之中可以随时进行准确评估，减少混乱之中的失衡，减少不必要的谈判弯路且避免无谓的谈判危机。

中国香港、澳门、台湾地区的商人受中国传统文化和世界各国文化的影响，一方面他们具有中国人勤劳智慧的特点，另一方面这些地区的商业气息极强。这些地区的商人在商业交易中，善于与对方拉关系、套近乎，也擅长施以小恩小惠。他们报价灵活，水分很大，常常一降再降给对方造成错觉，使对方感到他们已做了最大让步，其实成交价往往仍高于基本价。因此，与他们谈判前，应充分了解产品的市场行情。港澳台地区的商人做生意时，惯于放长线钓大鱼，常常表示愿赠送一些设备如复印机、电子音响、汽车和其他个人礼品，或表示愿提供无息贷款等。港澳台地区的公司或企业多如牛毛，其中不乏皮包公司，因此，要注意资信调查，谨防上当受骗。另外，港澳台地区的商人较注重眼前利益，若市场行情有变化，他们就会想方设法钻合同的漏洞。因此，要认真仔细地制定合同的每一项条款，确保合同能得到切实的执行。

3.3 商务谈判礼仪规范

3.3.1 会面礼仪

会面是商务谈判活动的初始阶段，谈判参加方实质接触首先源于会面，会面中谈判人员的着装打扮、言行举止会极大地影响谈判人员的相互交流与进一步沟通。

1. 仪容仪表

【案例 3.3】

小王的语言表达能力不错，对公司产品的介绍也得体，人既朴实又勤快，在业务人员中学历也是最高，老总对他抱有很大希望。可做销售代表半年多了，业绩总上不去。问题出在哪里呢？原来他是个不修边幅的人，双手拇指和食指喜欢留着长指甲，里面经常藏着很多东西。脖子上的白色衣领经常是酱黑色，有时候手上还记着电话号码。他喜欢吃大饼卷大葱，吃完后，也不注意去除异味。在大多数情况下，根本没有机会见到想见的客户。有客户反映小王说话太快，经常没听懂或没听完客户的意见就着急发表看法，有时说话急促，风风火火，好像每天都忙忙碌碌的，少有停下来的时候。

（资料来源：高建军.商务谈判实务.北京：北京航空航天出版社，2007）

案例分析：商务活动的过程也是一个人际交往的过程，人的仪容仪表对交往活动是非常重要的。小王不修边幅、不讲卫生、说话没有礼貌，这些在商务活动中都是不适宜的，因此，小王的业绩上不去也就不奇怪了。

（1）男士的仪容仪表。从事商务活动的男士需要从以下几个方面注意自己的仪容仪表。

① 发型发式。男士的发型发式要干净整洁，并且要经常地注重修饰、修理。头发不应该过长，男士前部的头发不要遮住自己的眉毛，侧部的头发不要盖住自己的耳朵，同时不要留过厚和过长的鬓角，后部的头发应该不要长过自己西装衬衫领子的上部。

② 面部修饰。男士在面部修饰上要注意两个方面的问题：一是每天要修理胡须以保持面部的清洁；二是男士在商务活动中经常会接触到香烟、酒这样有刺激性气味的物品，所以要注意随时保持口气的清新。

③ 着装修饰。在正式的商务场合，男士的着装总的要求是穿西装，打领带，衬衫的搭配要适宜，杜绝穿夹克衫，也不允许将西装和高领衫、T 恤衫或毛衣进行搭配。男士着装的具体要求包括以下几点。

第一，男士的西装一般以深色调为主，避免穿有花格子，或者颜色非常艳丽的西服。男士的西服一般分为单排扣和双排扣两种。在穿单排扣西服的时候，如果是两粒扣子的西服，只系上面的一粒；如果是三粒扣子的西服，只系上面的两粒。穿着双排扣西服的时候，应该系好所有的纽扣。

第二，衬衫的颜色和西服整体的颜色要协调，衬衫不宜过薄或过透。男士穿着浅色衬衫的时候，在衬衫的里面不要套深色的内衣，或者是保暖防寒服，也不要将里面的内衣露出领口。打领带的时候，衬衫上的所有纽扣，包括领口、袖口的纽扣，都应该系好。

第三，领带的颜色和衬衫、西服颜色相互配合，整体颜色要协调。系领带的时候要注意长短的配合，领带的适宜长度应该是正好抵达腰带的上方，或者有一两厘米的距离。

第四，皮鞋以及袜子的选择要适当。男士在商务着装的时候，要配合皮鞋，不允许穿运动鞋、凉鞋或者布鞋，皮鞋要保持每天光亮整洁。袜子的质地、透气性要良好，同时袜子的颜色必须保持和西装的整体颜色相协调。如果是穿深色的皮鞋，袜子的颜色也应该以深色为主，同时避免出现比较花的图案。

【案例 3.4】

一次商务谈判中，甲方首席代表穿着灰色西装、白色衬衫、印花领带，与会代表则穿着不同颜色的夹克；而乙方首席代表穿着笔挺深蓝双排扣西装、浅蓝衬衫、金黄条纹领带，与会代表一律深蓝单排扣西装、蓝白条纹衬衫、蓝色领带。两队人马握手入座，根据服装颜色深浅，心理学分析，乙方组合较具谈判权威性，俨如正规军；甲方保守色系如游击队，气势弱了三分，最后乙方主动掌握先机。

（资料来源：庄铭国．国际礼仪——公务员必修手册．中央党校出版社．2006）

案例分析：着装对谈判人员的心理影响很大，应该引起谈判组织者的高度重视。在这个例子里我们可以看到，甲方服饰颜色是保守配色，乙方颜色是深浅色、对比色具有自信心。

④ 必备物品。在与西装进行搭配的时候，注意以下修饰物的搭配：一是公司的徽标，需要佩戴公司徽标时，佩戴位置应该是男士西装的左胸的上方。二是钢笔，从事商务活动要经常使用钢笔，钢笔正确的携带位置应该是男士西装内侧的口袋里，而不应该在男士西装的外侧口袋中。三是纸巾，男士在着装的时候，应该随身携带纸巾，或者是随身携带一块手绢，可以随时清洁自己面部的污垢，避免一些尴尬场面的出现。四是公文包，一般男士在选择公文包的时候，它的式样、大小应该和自己的整体着装保持一致。男士在着西装的时候，应该尽量避免在口袋中携带很多的物品使衣服显得很臃肿，一般情况下男士的一些物品，像手机、笔记本、笔可以放在自己的公文包当中。

（2）女士的仪容仪表。和男士一样，女士仪容仪表的标准也分为发型发式、面部修饰、着装修饰、丝袜及皮鞋的配合，以及携带的必备物品等。有些内容与男士着装标准相同，我们就不再重复介绍了。女士在商务活动中，仪容仪表方面需要注意以下细节。

① 发型发式。女士的发型发式应该美观、大方。需要特别注意的是，在选择发卡、发带的时候，样式应该庄重大方。

② 面部修饰。女士在正式的商务场合，面部修饰应该以淡妆为主，不应该浓妆艳抹，也不应该素颜出现。

③ 着装修饰。女士在商务着装方面总的要求是干净整洁。同时，女士在着装的时候要严格地区分职业套装、晚礼服以及休闲服。在着正式的商务套装的时候，应该避免穿无领、无袖，或者是领口开得太低、太紧身的衣服，同时衣服的款式要尽量合身，以便活动。

④ 丝袜及皮鞋。女士在选择丝袜以及皮鞋的时候，需要注意的是丝袜的长度一定要高于裙子的下摆，同时在选择皮鞋的时候应该尽量避免鞋跟过高、过细。

⑤ 必备物品。商务礼仪的目的是为了体现出对他人的尊重，女士在选择佩戴物品的时候，修饰物应该尽量避免过于奢华，例如，在戒指、项链的选择上，就要注意这一点。必备物品的携带和男士的携带标准基本相同。

2. 介绍礼仪

介绍礼仪是谈判中双方见面时相互认识的重要环节，是谈判交往的重要起点。因此，商务谈判者要重视介绍礼仪。

（1）自我介绍礼仪。自我介绍是谈判双方互不相识，又没有中间人的情况下而采用的一种介绍方式。在自我介绍时要说明自己的姓名、身份、单位等，并表达出愿意和对方结识的意愿。介绍自己时要不卑不亢，面带微笑，陈述要简洁、清楚。

（2）介绍他人礼仪。商务谈判中在介绍他人时要注意以下问题。

① 为他人作介绍时，要将介绍人的姓名、身份、单位（国家）等情况，简要做说明，更详细的内容待被介绍者根据其意愿去介绍。

② 正式介绍的国际惯例一般是：先将年轻的介绍给年长的；先将职务、身份较低的介绍给职务、身份较高的，先将男性介绍给女性；先将客人介绍给主人；先将未婚的介绍给已婚的；先将个人介绍给团体。

③ 当两位客人正在交谈时，切勿将其中一人介绍给第三者。这一规矩在商务谈判中很重要。

④ 对于远道而来的，又是首次洽谈的客人，介绍人应该准确无误地把客人介绍给主人。

⑤ 介绍双方认识时，应避免刻意强调一方，否则会引起另一方的反感。

（3）被人介绍礼仪。被介绍时除女士和年长者外，一般应起立面向对方，但在宴会桌上、谈判桌上可不必起立，被介绍者只要微笑点头，距离较近可以握手，远者可举右手致意。

3. 握手礼仪

握手是交际的一个重要部分。握手的力量、姿势与时间的长短往往能够表现出一方对另一方的态度，显露自己的个性，给人留下不同的印象，也可通过握手了解对方的个性，从而赢得商务谈判的主动。

（1）握手的基本要求。握手时距受礼者约一步远，两脚立正。脚并拢或脚尖展开站成八字步，上身稍微前倾，肘关节微曲抬起至腰部，目视对方伸出右手，四肢并拢、拇指张开与对方相握或者微动一下即可，礼毕后松开。行礼者与受礼者间距适度，不要太远或太近，否则都不雅观，尤其是不可将对方的手拉进自己的身体区域。握手时，只可上下摆动，而不能左右摆动。

（2）握手的注意事项。

① 握手的次序取决于握手人双方的年龄、地位、性别等因素。在商务谈判场合，通常握手的次序为：主人先伸手，客人随之;年长者先伸手，年轻者随之；职位高者先伸手，职位低者随之；女士先伸手，男士随之。

② 握手时间通常以3～5秒为佳，尤其是第一次见面时。如果一方握住对方的手持续时间过长，会被对方认为热情过度，不懂礼貌。一般握一下即可，如果是熟人，时间可稍长些。男女之间不管生熟与否，都不宜用力握手，只握一下女士手指部分，女方若不提手，男士只能点头或鞠躬致意。

③ 女士可以戴手套握手，尤其是在戴晚礼服手套时；但男士必须摘下手套，不能戴手套握手。

④ 人比较多时，握手应该按照次序进行，不能交叉握手，而应等待对方与他人握手后伸手。谈判中，既可站着握手，也可坐着握手。

⑤ 在任何时候，拒绝对方主动握手都是最失礼的。但当对方手上有水或不清洁时应谢绝握手，并说明理由。

⑥ 握手要注意面部表情。面部表情是配合握手举止的一种辅助动作，对加深双方情感和印象有重要的作用。握手时，双目注视对方，要面带笑容真诚地与对方握手，不能带着冷淡呆板的表情与对方握手。

【案例3.5】

某厂长去广交会考察，恰巧碰到销售部经理和印尼客户在热烈地洽谈合同。见厂长来了，销售部经理忙向客户介绍，厂长因右手拿公文包，便伸出左手握住对方的右手。谁知刚才还笑容满面的客人忽然笑容全无，并且就座后也失去了先前讨价还价的热情，不一会儿便声称有其他约会，匆匆离开了展位。

（资料来源：石宝明.商务谈判.大连：大连理工大学出版社，2007）

案例分析：在一些国家，左手是不能用来从事如签字、握手、拿食物等工作的，否则会被看作是粗鲁的表现，因为左手一般是用来做不洁之事。案例中这次商务谈判失败，就是因为厂长不了解这一文化差异，而是用了对中国人来说可以接受的左手与对方握手，最终导致交易机会的错过。

4. 寒暄与问候礼仪

（1）寒暄。寒暄是谈判双方进行顺利洽商的前提。寒暄的基本原则是：积极认真，争取主动，迅速调动自己的情绪，表现出与之交往的愿望和真诚；善于选择话题，互致问候；注意场合，讲究方式。寒暄的主要方式有以下几种。

① 问候式寒暄。谈判双方可以根据不同的环境、场合、对象进行问候。

② 赞扬式寒暄。谈判者可以根据对方的容颜、精神状态、衣着和发式等进行适当的赞扬。

③ 言他式寒暄。这常见于陌生的谈判者，谈判者彼此难以找到话题，可以谈谈天气，谈谈交通，谈谈体育赛事等，这样可以打破尴尬的局面，引出话题。

寒暄的禁忌主要有：心不在焉，一心二用；匆忙应对，词不达意；急于接触实质性问题；引出易于产生争议的议题;提出谈判双方回避的话题；提及有违对方特定的风俗习惯的内容。

（2）问候。在商务谈判中问候语言的运用既表示尊重，显示亲切，也充分表现出说话者良好的风度和教养。如果初次跟客商见面，问候语言与寒暄语言没有区别。在商务谈判中经常使用的“您好”既可以用作问候，也可用作寒暄。

（3）称呼。在国际商务谈判中，一般对男子称“先生”，对女子称“夫人”、“女士”，这些称呼均可以冠以姓名、职称、职务等。对英国人不能单独称“先生”，而应该称“××先生”。美国人较随便，容易亲近，很快就可直呼其名。对不了解婚姻情况的女子可称其“女士”。在日本对妇女一般不称“女士”，而称“先生”。

称呼顺序的基本原则是“先长后幼、先上后下、先疏后亲、先外后内”，这样做比较礼貌、得体和周到。

5. 名片礼仪

商务交往中，名片作为介绍身份的一种方式已成为普遍的现象。名片一般为 10 厘米×6 厘米的白色或有色卡片，在社交中以白色名片为最佳。名片是自己的符号，它在国际商务谈判活动中是必不可少的，因为名片能反映出一个人的基本信息，也便于对方记忆。

（1）名片的递送。在社交场合，名片是自我介绍的一种简便方式。交换名片的顺序一般是：客先主后；身份低者先，身份高者后。与多人交换名片时，应依照职位高低的顺序，或是由近及远，依次进行，切勿跳跃式地进行，以免对方误认为有厚此薄彼的感觉。如果是圆桌，应按顺时针的顺序递送名片。递送名片时，应用双手拇指和食指执名片两角，让文字正面朝向对方，双手递上。眼睛应注意对方，面带微笑，大方地说：“这是我的名片，请多多关照。”参加会议时，应该在会前或会后交换名片，不要在会中擅自与别人交换名片。不要递送修改过的、不清洁的名片。

（2）接受名片。接受名片时应起身，面带微笑注视对方。接过名片时应说“谢谢”，接着带着微笑阅读名片，阅读时可将对方的姓名职衔念出声来，并抬头看看对方的脸，令对方产生一种受重视的满足感。然后，回敬一张本人的名片，如身上未带名片，应向对方表示歉意。如果接下来与对方谈话，不要将名片收起来，应该放在桌子上，并保证不被其他东西压住，这会使对方感觉你很重视他。

（3）名片的存放。接过别人的名片切不可随意摆弄或扔在桌子上，也不要随便塞在口袋里或丢在包里，应放在西服左胸的内衣袋或名片夹里，以示尊重。

这里要强调的是：除非必要，外国人是不轻易交换名片的，因此到国外，一般不要像发传单那样发放名片。

【案例 3.6】

在一次商品交易会上各方厂家云集，企业家们济济一堂。A 公司的王总经理在交易会上听说 B 集团的李董事长也来了，想利用这个机会认识这位素未谋面而又久仰大名的商界名人。午餐会上，他们终于见面了，王总彬彬有礼地走上前去："李董事长，您好，我是 A 公司的总经理，我叫王明，这是我的名片。"说着，便从随身带的公文包里拿出名片，递给了对方。李董事长显然还沉浸在之前与人的谈话中，他顺手接过王明的名片，"你好"回应了一句并草草看过，放在了一边的桌子上。王总在边上待了一会儿，并未见这位李董事长有交换名片的意思，便失望地走开了。

（资料来源：高建军.商务谈判实务.北京：北京航空航天大学出版社.2007）

思考：你认为双方的问题出在哪里？是你的话你会如何做？

3.3.2 商务谈判过程礼仪

谈判双方见面后，谈判进入了开局、报价、磋商和终结阶段，掌握谈判过程的礼仪是非常必要的。

1. 座次安排

（1）座次安排的要求。座次安排的基本要求是以右为尊。谈判者身份、地位高的坐右边，低的则坐左边。在双边谈判中，大多使用长方形的桌子。通常宾主相对而坐，各占一边。谈判桌对着入口时，来宾对门而坐，东道主背门而坐。双方的主坐人是谈判中的主宾和主人。主宾和主人居中相对而坐，其余人员按职务高低分坐左右，原则上以右为尊。主谈人右手第一人为第二位置，左手第一人为第三位置，右手第二人为第四位置，左手第二人为第五位置，以此类推。记录员一般位于来宾的后侧，翻译人员位于主谈人右侧。

（2）座次安排的注意事项。

① 在国际商务谈判中，参与谈判人员的总数不能是 13 人，东道主可以通过增加临时陪坐的方法来避免这个数字。

② 多边谈判一般是采用圆桌的形式，有时为了强调对贵宾的尊重，己方人员有不满座的习惯，坐 2/3 即可，但须视情况而定。

（3）座次排列属于重要的礼节，不能出现半点错误。为了避免因为出错而使谈判失利或导致尴尬的局面，在座次安排妥当后，在每个位置前可以放置一个标牌以便识别。

（4）如果条件允许，可以对入座的人员进行导引。

2. 会谈礼仪

（1）交谈。交谈是商务谈判的中心活动，在谈判中，遵守交谈礼仪有十分重要的意义。可以这样说，在商务谈判中，遵守了交谈礼仪未必一定会使谈判成功，但违背了交谈礼仪，必定会造成许多不必要的麻烦，甚至造成谈判破裂。因此，在商务谈判活动中必须遵守交谈礼仪。

① 尊重对方，谅解对方。在交谈中只有尊重对方，理解对方，才能赢得对方的尊重和信任。因此，谈判人员在交谈之前应当调查研究对方的心理状态，选择对方容易接受的交谈方法和态度；分析对方讲话的语言习惯、文化程度、生活阅历等，做出多手准备，有的放矢。千万不可信口开河，更不可咄咄逼人。当发现对方失言或有语病时，不要立即加以纠正，更不要当场表示惊讶，的确有必要告诉对方时，应当委婉。交谈中，当自己出现失言或失态时，应当立即向对方道歉，不要自我辩解。

② 态度和气，言语得体。交谈内容一般不要涉及病、亡等不愉快的事，不要直接询问对方履历、工资收入、家庭财产、衣物价格等个人生活问题。与西方谈判者谈判时不要询问妇女年龄、婚姻、体重等。对方不愿意回答的问题不要追问。一旦涉及对方反感的问题要表示歉意。不要批评长者、身份高的人，不要讥讽别人，不要随便议论宗教问题，不要议论他国内政。争论问题要有节制，不可进行人身攻击。交谈词语选择得体，能准确表达自己的意思。

③ 及时肯定对方。当双方的观点出现类似或基本一致时，谈判者应当迅速抓住时机，用溢美的言辞，肯定共同点。如有可能还要想办法及时补充、发展双方一致的论点，引导、鼓励对方畅所欲言，将交谈推向高潮。

④ 注意语速和音量。交谈中陈述意见时要尽量做到平稳中速，因为说话太快，对方难于集中注意力正确领会和把握你的实际意图，有时还会给对方留下敷衍了事、完成任务的印象，认为不必要做出什么反应，导致双方交谈不畅。如果说话太慢，节奏不当，吞吞吐吐，欲言又止，容易被对方认为不可信任。当然在特定情况下，可以通过改变语速来引起对方的注意，加强表达的效果。在交谈中要保持适当的音量，切忌出现失控，以免损害自己的礼仪形象。

（2）目光。面部表情属于身体语言，关于身体语言我们在第 2 章做了详细介绍，本章不再赘述。这里重点谈一下面部表情中的目光。

人的眼睛富有表现力，谈判人员必须正确运用自己的眼神。一般来说，目光以看着对方脸的上部三角部分，即以双眼为底线、前额为上顶角的部位为宜，这样既能把握谈判的进程，又不至于因为无礼而令对方感到不愉快。在正常情况下，视线接触对方脸部的时间应占全部谈话时间的 39%~60%,超过或不足都不合适。如果对方人员是女性，注视时间过长就会显得失礼。如果注视时间太短，表明对其谈话兴趣不大，心不在焉。

目光注视对方的比较规范的做法是散点柔视，这样既显示真诚，又不会使对方感到不自在。要正确把握对视的时机，一般可以视交谈内容而定。当强调某一问题，或对方注视你发出的交流信号时，可以与之对视。其他情况下，要视对方脸部为一个整体，不要将目光集中在对方的某一部位，目光要柔和。

需要特别注意的是，由于文化背景、风俗习惯的不同，目光的运用在不同国家也有较大的差异。欧美国家一般倾向于在谈话时双方对视，认为这样才能显得坦诚与相互依赖。但也有例外，例如，英国人在交谈时不喜欢打量对方，对两眼紧盯着对方的人特别反感，认为这是不礼貌的行为。

3. 签约礼仪

谈判过程的最后阶段是签约，签约也有一定的礼仪和规范需要遵循。

（1）签约的方式。

① 直接签约。即双方法人代表针对洽谈达成的协议直接签订合同的方式，大部分交易都采用直接签约的方式。

② 指定签约。即第三人在取得一方代表就某项交易的委托证明后，按照委托书的授权范围签订合同的方式。

③ 会议签约。即双方法人代表或法人委托人就某项内容在交易会洽谈并达成协议后签订合同的方式，有时主管部门征得所属企业的同意，亦可在会议上代其签订协议。

（2）签约的规范。签约仪式是谈判双方或多方就达成的交易签订协议的一种仪式。它往往比较正式、隆重，礼仪规范比较严格。

① 签约的准备。在签约仪式前，应做好各种文本的准备工作，包括定稿、翻译、校对、印刷、装订等，包括签字笔、吸墨器等物品，指派助签人员，安排洽谈仪式程序和其他有关细节。正式参加签约仪式的一般是各方参与谈判的全体人员，有时还邀请各方的高层人士出席仪式，以示正式和庄重。签约仪式的场所布置应有所考究，符合一定的礼仪规范。悬挂、摆放双方国旗时，右挂客方国旗，左挂本国国旗。

② 签约过程。签约仪式开始，各方参加人员应按礼宾次序进入签约厅;主签人员入座时，各方人员按身份顺序入位排列；助签人员分别站立于本方签约人员的外后侧，协助翻揭文本，指明签字处；必要时待双方主签人交换文本，相互握手；此时，一般还要安排礼仪小姐或礼仪先生分别为主客方的主签人或全体人员每人呈上香槟酒，双方干杯、祝贺、道谢。最后，一般还要在签约厅合影留念。

（3）签字厅的布置。可将会议室、洽谈室、会客厅临时用作签字厅。签字厅布置应该整洁庄重。将长方形签字桌（或会议桌）横放在签字厅内，台面摆设绿色台布。座椅应该根据签字方的情况来摆放。签署双边合同，在正面对门的一边就座，除桌椅外，其他家具陈设则可免去。

（4）签约的禁忌。签约是谈判最后一个环节的工作，如果把握不好，就可能使洽谈前功尽弃。因此，要特别注意签约的禁忌。签约的禁忌有以下几个方面。

① 协议不完整，存在矛盾、漏洞或有含糊之处。

② 文本有错漏，翻译不准确，印刷、装订不好，正本数量不够。

③ 签约的助签人员没有做好准备，文具、物品准备不充分。

④ 双方参加签约仪式的人员，尤其是主签人不对等。

⑤ 签约仪式的场所布置不庄重，准备仓促，座次安排不规范，国旗倒置或悬挂不同比例的国旗。

⑥ 签约的顺序颠倒、程序错漏等。

【案例3.7】

小李大学毕业后在南方某家公司工作。由于其踏实肯干、业务成绩突出，他即将被提升为业务经理。最近小李主持同美国一家跨国公司谈妥一笔大生意，双方在达成合同之后，决定正式为此举行一次签约仪式。小李看成功在望，就派工作人员准备签约仪式。工作人员准备了签字桌、双方国旗等，并按照中国“以左为上”的做法把美国公司的国旗放在签字桌的左侧，将中方国旗摆到签字桌的右侧。当美方代表团来到签约场地时，看到这样的场景立即拂袖而去，一场即将达成的生意临场变卦。总经理很生气，小李的提升计划也被搁浅。

（资料来源：周研波.商务谈判.北京：科学出版社，2006）

案例分析：签约仪式的场所布置应符合一定的礼仪规范。悬挂、摆放双方国旗时，右挂客方国旗，左挂本国国旗。案例中，本来到手的生意因国旗的悬挂导致对方的误解而告吹，实在是令人遗憾。小李因为对签约礼仪不够重视而没有得到提升，也确是可惜。

4. 送别礼仪

送别人员应事先了解对方离开的准备时间，提前到达来宾住宿的宾馆，陪同来宾一同前往机场、码头或车站，也可以直接前往机场、码头或车站恭候来宾，与来宾道别。在来宾上飞机、轮船或火车之前，送行人员应按照一定的顺序同来宾一一握手道别。当飞机起飞、轮船或火车开动之前，送行人员应向来宾挥手道别。

3.3.3　宴请礼仪

在商务谈判中，为了加强双方的关系和联络感情，谈判双方经常会互相宴请。因此，商务谈判人员必须了解有关宴请礼仪和礼节。

1．宴请的方式

（1）邀约及其礼仪。在商务交往中，因为各种各样的实际需要，商务人员必须对一定的交往对象发出约请，邀请对方出席某项活动，或是前来我方做客。这类性质的活动，被称为邀约。

对邀请者而言，发出邀请，如同发出一种礼仪性很强的通知一样，不仅要求合乎礼貌，取得被邀请者的良好回应，而且还必须使之符合双方各自的身份，以及双方之间关系的现状。在一般情况下，邀约有正式与非正式之分。正式的邀约，既讲究礼仪，又要设法使被邀请者备忘，故此多采用书面的形式。非正式的邀约，通常是以口头形式来表现的。相对而言，非正式的邀请要显得随便一些。正式的邀约，有请柬邀约、书信邀约、传真邀约、电报邀约、便条邀约等具体形式。它适用于正式的商务交往中。非正式的邀约，也有当面邀约、托人邀约以及打电话邀约等不同的形式。它多适用于商界人士非正式的接触之中。前者可统称为书面邀约，后者则可称为口头邀约。

在比较正规的商务往来之中，必须以正式的邀约作为邀约的主要形式。在正式邀约的诸形式之中，档次最高，也最为商界人士所常用的当属请柬邀约。凡精心安排、精心组织的大型活动与仪式，如宴会、舞会、纪念会、庆祝会、发布会、单位的开业仪式等，只有采用请柬邀请佳宾，才会被人视为与其档次相称。

请柬又称请帖，一般由正文与封套两部分组成。请柬正文的用纸，大都比较考究。多用厚纸对折而成。以横式请柬为例，对折后的左面外侧多为封面，右面内侧则为正文的行文之处。封面通常讲究采用红色，并标有“请柬”二字。请柬内侧，可以同为红色，也可采用其他颜色。但民间忌讳用黄色与黑色，二者通常不可采用。在请柬上亲笔书写正文时，应采用钢笔或毛笔，并选择黑色、蓝色的墨水或墨水汁。红色、紫色、绿色、黄色以及其他鲜艳的墨水，则不宜采用。

（2）应邀及其礼仪。应邀，接到宴会邀请（无论是请柬或邀请信），能否出席要尽早答复对方，以便主人安排。一般来说，对注有R.S.V.P（请答复）字样的，无论出席与否，均应迅速答复。注有“Regretsonly”(不能出席请复)字样的，则不能出席时才回复，但也应及时回复。经口头约妥再发来的请柬，上面一般都注有“Toremind”(备忘)字样，只起提醒作用，可不必答复。答复对方，可打电话或复以便函。

接受邀请之后，不要随意改动。万一遇到不得已的特殊情况不能出席，尤其是主宾，应尽早向主人解释、道歉，甚至亲自登门表示歉意。应邀出席一项活动之前，要核实宴请的主人，活动举办的时间地点，是否邀请了配偶，以及主人对服装的要求。宴请场所活动多时尤应注意，以免走错地方，或主人未请配偶却双双出席。

（3）赴宴前的准备及其礼仪要求。赴宴是交际者经常性的活动之一，其中有许多值得注意的礼节。赴宴前，应注意仪表整洁，穿戴大方，最好稍作打扮。忌穿工作服，满脸倦容或一身灰尘。为此，进行一番洗理与化妆是很有必要的。男士要刮净胡须，如有时间还应理发。注意鞋子是否干净、光亮，袜子是否有臭味，以免带来尴尬。

赴宴要遵守约定的时间，既不要太早，显得想急于进餐，也不能迟到。最好事先探询一下，可依据请柬注明的时间，稍微提前一点。如果你与主人关系密切，则不妨早点到达，以帮助主人招待宾客，或做些准备工作。

当你抵达宴请地点时，首先跟主人握手、问候致意。对其他客人，无论相识与否，都要笑脸相迎，点头致意，或握手寒暄，互相问好；对长辈老人，要主动让座请安；对小孩则应多加关照。万一迟到，在你坐下之前，应先向所有客人微笑打招呼，同时说声抱歉。

2. 宴请的形式

国际上通用的宴请形式有四种：宴会、招待会、茶会、工作餐。每种形式均有特定的规格和要求。

（1）宴会。宴会指比较正式、隆重的设宴招待，宾主在一起饮酒、吃饭的聚餐。宴会是正餐，出席者按主人安排的席位入座就餐，由服务员按专门设计的菜单依次上菜。按其规格又有国宴、正式宴会、便宴、家宴之分。

① 国宴。特指国家元首或政府首脑为国家庆典或为外国元首、政府首脑来访而举行的正式宴会，是宴会中级别最高的。按规定，举行国宴的宴会厅内应悬挂两国国旗，安排乐队演奏两国国歌及席间主、宾双方有致辞、祝酒。

② 正式宴会。这种形式的宴会除不挂国旗、不奏国歌及出席规格有差异外，其余的安排大体与国宴相同。有时也要安排乐队奏席间乐，宾主均按身份排位就座。许多国家对正式宴会十分讲究排场，对餐具、酒水、菜肴及上菜程序均有严格规定。

③ 便宴。这是一种非正式宴会，常见的有午宴、晚宴，有时也有早宴。其最大特点是简便、灵活，可不排席位、不做正式讲话，菜肴也可丰可俭。有时还可用自助餐形式，自由取餐，更显亲切随和。

④ 家宴。即在家中设便宴招待客人。西方人士喜欢采取这种形式待客，以示亲切。且常用自助餐方式。西方家宴的菜肴往往远不及中国餐丰盛，但由于通常由主妇亲自掌勺，家人共同招待，因而不失亲切、友好的气氛。

（2）招待会。招待会是指一些不备正餐的宴请形式。一般备有食品和酒水饮料，不安排固定席位，宾主活动不拘形式。较常见的有以下几种形式。

① 冷餐会。此种宴请形式的特点是不排席位，菜肴以冷食为主，也可冷、热兼备，连同餐具一起陈设在餐桌上，供客人自取。客人可多次进食，站立进餐，自由活动，边谈边用。冷餐会的地点可在室内，也可在室外花园里。对年老、体弱者，要准备桌椅，并有服务人员招待。这种形式适宜于招待人数众多的宾客。食物和饮料事先放置于桌上，招待会开始后，自行进餐。

② 酒会。又称鸡尾酒会，较为活泼，便于广泛交谈接触。招待品以酒水为主，略备小吃，不设座椅，仅置小桌或茶几，以便客人随意走动。酒会举行的时间较为灵活，中午、下午、晚上均可。请柬上一般注明酒会起止时间，客人可在此间任何时间入席、退席，来去自由，不受约束。鸡尾酒是用多种酒配成的混合饮料，酒会上不一定都用鸡尾酒。通常鸡尾酒会备置多种酒品、果料，但不用或少用烈性酒。饮料和食品由服务员托盘端送，也有部分放置桌上。

（3）茶会。茶会是一种更为简便的招待方式。它一般在西方人早、午茶时间（上午10时、下午4时左右）举行，地点常设在客厅，厅内设茶几、座椅，不排席位，如为贵宾举行的茶会，入座时应有意识地安排主宾与主人坐在一起，其他出席者随意就座。

茶会顾名思义就是请客人品茶，故对茶叶、茶具及递茶均有规定和讲究，以体现该国的茶文化。茶具一般用陶瓷器皿，不用玻璃杯，也不用热水瓶代替茶壶。外国人一般饮用红茶，略备点心、小吃。也有不用茶而用咖啡的情况，组织安排与茶会相同。

（4）工作餐。这是一种非正式的宴请形式。按用餐时间分为工作早餐、工作午餐、工作晚餐，主客双方可利用进餐时间，边吃边谈。它的用餐多以快餐分食的形式，既简便、快速，又卫生。此类活动一般不请配偶，因为多与工作有关。双边工作进餐往往用长桌安排席位，座位与会谈桌座位排列相仿，便于主宾双方交谈、磋商。

3. 宴请中桌次与座位的礼仪

在宴请中，桌次与座位是一个不可忽视的问题。按习惯，桌次的高低以离主桌位置远近而定，右高左低。桌数较多时，要摆桌次牌。宴会可用圆桌、方桌或长桌。一桌以上的宴会，桌子之间的距离要适中，各个座位之间的距离要相等。团体宴请中，宴桌排列一般以最前面的或居中的桌子为主桌。

餐桌的具体摆放还应依宴会厅的地形条件而定。各类宴会餐桌摆放与座位安排都要整齐统一，椅背达到纵横成行，台布折纹要向着一个方向，给人以整体美感。

礼宾次序是安排座位的主要依据。我国习惯按客人本身的职务排列，以便谈话。如夫人出席，通常把女方排在一起，即主宾坐在男主人右上方，其夫人坐在女主人右上方。两桌以上的宴会，其他各桌第一主人的位置一般与主人主桌上的位置相同，也可以面对主桌的位置为主位。

在具体安排座位时，还应考虑其他因素。例如，双方关系紧张的应尽量避免安排在一起；身份大体相同，或同一专业的可安排在一起。

一般家庭举行宴请，因正房为坐北向南，故方桌北面即向门一面为客人的位置。现在则以迎门一方的左为上，右为下，是为首次两席。两旁仍按左为上，右为下依次安位。主人则背门而坐。

恰当地用桌次和座位的安排显示地位，表达尊敬，将会为宴请和赴会增添礼仪之邦的风采，并取得特定的效果。

（1）进餐及其礼仪。入座后，主人招呼即开始进餐。取菜时不要盛得过多。盘中食物吃完后，如不够，可以再取。如果由招待员分菜需增添时，待招待员送上时再取。如果本人不能吃或不爱吃的菜肴，当招待员上菜或主人夹菜时，不要拒绝，可取少量放在盘内并表示"谢谢，够了"。对不合口味的菜，勿显露出难堪的表情。

① 交谈。无论是做主人、陪客或宾客，都应与同桌的人交谈，特别是左右邻座。不要只同几个熟人或只同一两人说话。邻座如不相识，可先自我介绍。

② 宽衣。在社交场合，无论天气如何炎热，不能当众解开纽扣脱下衣服。小型便宴，如主人请客人宽衣，男宾可脱下外衣搭在椅背上。

③ 喝茶（或咖啡）。喝茶（或咖啡），如想加牛奶、白糖，可自取加入杯中，用小茶匙搅拌后，茶匙仍放回小碟内，通常牛奶、白糖均用单独器皿盛放。喝时右手拿杯把，左手端小碟。

④ 吃水果。吃梨、苹果，不要整个拿着咬，应先用水果刀切成四瓣或六瓣，再用刀去皮、核，然后用手拿着吃，削皮时刀口朝内，从外往里削。香蕉先剥皮，用刀切成小块吃。橙子用刀切成块吃，橘子、荔枝、龙眼等则可剥了皮吃。其余如西瓜、菠萝等，通常都去皮切成块，吃时可用水果刀切成小块用叉取食。

⑤ 水盂。在宴席上，上鸡、龙虾、水果时，有时送上一小水盂（铜盆、瓷碗或水晶玻璃缸），水漂飘有玫瑰花瓣或柠檬片，供洗手用（曾有人误为饮料，以致成为笑话）。洗时两手轮流沾湿指头，轻轻涮洗，然后用餐巾或小毛巾擦干。

⑥ 冷餐会、酒会取菜。冷餐会、酒会，招待员上菜时，不要抢着去取，待送至本人面前再

拿。周围的人未拿到第一份时，自己不要急于去取第二份。勿围在菜桌旁边，取完即退开，以便让别人去取。

⑦ 餐具的使用。中餐的餐具主要是碗、筷，西餐则是刀、叉、盘子。通常宴请外国人吃中餐，亦以中餐西吃为多，既摆碗筷，又设刀叉。刀叉的使用是右手持刀，左手持叉，将食物切成小块，然后用叉送入口中。欧洲人使用时不换手，即从切割到送食均以左手持叉。美国人则切割后，把刀放下，右手持叉送食入口。就餐时按刀叉顺序由外往里取用。每道菜吃完后，将刀叉并拢排放盘内，以示吃完。如未吃完，则摆成八字或交叉摆，刀口应向内。吃鸡、龙虾时，经主人示意，可以用手撕开吃；否则可用刀叉把肉割下，切成小块吃。切带骨头或硬壳的肉食，叉子一定要把肉叉牢，刀紧贴叉边下切，以免滑开。切菜时，注意不要用力过猛撞击盘子而发出声音。不容易叉的食品，或不易上叉的食品，可用刀把它轻轻推上叉。除喝汤外，不用匙进食。汤用深盘或小碗盛放，喝时用汤匙由内往外舀起送入口，即将喝尽，可将盘向外略托起。吃带有腥味的食品，如鱼、虾、野味等均配有柠檬，可用手将汁挤出滴在食品上，以去腥味。宴会进行中，遇到意外情况，不慎发生异常情况，例如用力过猛，使刀叉撞击盘子，发出声响，或餐具摔落地上或打翻酒水等，应沉着冷静，餐具碰出声音，可轻轻向邻座或向主人说一声“对不起”，餐具掉落可由招待员送一副，酒水打翻溅到邻座身上，应表示歉意，协助擦干（如对方是妇女，只要把干净餐巾或手帕递上即可，由她自己擦干）。

⑧ 纪念物品。有的主人为每位出席者备有小纪念品或一朵鲜花。宴会结束时，主人招呼客人带上。遇此，可说一两句赞扬这小礼品的话，但不必郑重表示感谢。有时，外国访问者往往把宴会菜单作为纪念品带走，有时还请同席者在菜单上签名留念。除主人特别示意作为纪念品的东西外，各种招待用品，包括糖果、水果、香烟等，都不要拿走。

⑨ 致谢。有时在出席私人宴请活动之后，往往致以便函或名片表示感谢。

（2）宴会向客人敬酒礼仪要点。敬酒也就是祝酒，是指在正式宴会上，由男主人向来宾提议，提出某个事由而饮酒。在饮酒时，通常要讲一些祝愿、祝福类的话，甚至主人和主宾还要发表一篇专门的祝酒词。祝酒词内容越短越好。要是致正式祝酒词，就应在特定的时间进行，并不能因此影响来宾的用餐。祝酒词适合在宾主入座后、用餐前开始，也可以在吃过主菜后、甜品上桌前进行。敬酒可以随时在饮酒的过程中进行。

在饮酒特别是祝酒、敬酒时进行干杯， 需要有人率先提议，可以是主人、主宾，也可以是在场的人。提议干杯时，应起身站立，右手端起酒杯，或者用右手拿起酒杯后，再以左手托扶杯底，面带微笑，目视其他特别是自己的祝酒对象，嘴里同时说着祝福的话。有人提议干杯后，要手拿酒杯起身站立，即使是滴酒不沾，也要拿起杯子做做样子。将酒杯举到眼睛高度，说完“干杯”后，将酒一饮而尽或喝适量，然后，还要手拿酒杯与提议者对视一下，这个过程就算结束。

（3）宴会上该说些什么。众欢同乐，切忌私语。大多数酒宴宾客都较多，所以应尽量多谈论一些大部分人能够参与的话题，得到多数人的认同。因为个人的兴趣爱好、知识面不同，所以话题尽量不要太偏，避免唯我独尊、天南海北、神侃无边，出现跑题现象，而忽略了众人。特别是尽量不要与人贴耳小声私语，给别人一种神秘感，否则往往会产生“就你俩好”的嫉妒心理，影响喝酒的效果。瞄准宾主，把握大局。大多数酒宴都有一个主题，也就是喝酒的目的。赴宴时首先应环视一下各位的神态表情，分清主次，不要单纯地为了喝酒而喝酒，而失去交友的好机会。语言得当，诙谐幽默。酒桌上可以显示出一个人的才华、知识修养和交际风度，有时一句诙谐幽默的语言，会给客人留下很深的印象，使人无形中对你产生好感。所以，应该知道什么时候该说什么话，语言得当，诙谐幽默很关键。

宴会上相互敬酒表示友好，活跃气氛，但切忌喝酒过量。喝酒过量容易失言，甚至失态。因此，必须控制在本人酒量的三分之一以内。不可否认，酒作为一种交际媒介，迎宾送客、聚朋会友、彼此沟通、传递友情，发挥了独到的作用。所以，探索一下酒桌上的“奥妙”，有助于你与人交际的成功。

3.3.4 馈赠的礼仪

馈赠是商务活动中一项重要内容。在商务活动中，礼品是谈判的“润滑剂”，它有助于加强双方的交往，增进双方的感情，有助于巩固彼此的交易关系。

1．礼品的选择

（1）礼品轻重得当。赠送礼品应轻重适宜。一般地讲，礼物太轻没有意义，很容易让人误解为瞧不起他，尤其是对关系不是很亲密的人更是如此。但是，礼物太重，又会使接受礼物的人有接受贿赂之嫌，特别是对上级、同事更应注意。因此，礼物的轻重选择应以对方能够愉快接受为尺度，争取做到少花钱多办事，多花钱办好事。那么，在赠送礼物时选择多大价值的礼品比较合理呢？这应根据客商的具体情况而定。一般情况下，欧美等国的社交在送礼方面较注重礼品的意义价值，而不是礼物的货币价值。因此，我们在选择礼物时，其货币价值不要过高。相对而言，亚洲地区的客商，较注重礼物的货币价值，对这些国家的客商赠送礼物可适当贵重一些。

（2）选择礼品要考虑礼品的接受程度。宗教信仰往往对风俗习惯和礼仪禁忌起着决定性作用，送礼前应了解受礼人的身份、爱好、民族习惯，不能赠送任何歪曲、诋毁受礼人宗教信仰的书籍、音像等，也不能将一个宗教传教用的书籍、音像资料送给另一个宗教教徒作为礼品。有个人去医院看望病人，带去苹果以示慰问，哪知引出了麻烦。因为正巧那位病人是上海人，上海人叫“苹果”跟 “病故”二字发音相同，送去苹果岂不是咒人家病故。由于送礼不了解情况，弄得不欢而散。除了要注意宗教信仰影响下的礼仪禁忌以外，还要注意生活的环境、生产的方式、语言文字和传统文化对礼品的喜好和接受程度有很大的影响。在英国，受礼人讨厌有送礼单位或公司标识的礼品；法国人讨厌别人送菊花；日本人不喜欢有狐狸图案的礼品；我国人忌讳送钟等。这些都是由不同的习俗和文化造成的。因此，送礼时一定要考虑周全，以免适得其反。

（3）注重礼品的意义。礼品是感情的载体，正确地选择礼品，对促成谈判的成功往往有意想不到的效果。任何礼品都表示送礼人的特有心意，或酬谢，或请求，或联络感情等。所以，你选择的礼品应体现自己的心意，并使受礼者觉得你的礼物非同寻常，倍感珍贵。例如，1972 年日本时任首相田中角荣赠送给我国 1 000 棵日本大山樱花树，寓意希望中日两国的和平友好相传千年。周总理在第二年樱花盛开时，让人将几片樱花带给田中角荣，也寓意着中日友好开始开花。这样的礼物就很好地表达了赠礼的象征意义，达到了赠礼的目的。礼品也要突出纪念意义，这种纪念意义或是对赠礼方或是对受礼方有纪念意义，而带有民族特色的礼品又往往最具有纪念意义。对赠礼方有纪念意义的礼品，一般通过有赠礼方地域、民族、产业等方面特色的物品来体现。礼品的民族性是国际商务活动中选择礼品时的一个最好切入口，越是具有民族特色和赠礼人自己的特点的礼品，越有其独特的纪念意义和礼品魅力。另一方面，礼品的选择还可以考虑对受礼人的纪念意义。比如，美国时任总统布什访华期间，当时的李鹏总理送给他和他夫人两辆自行车作为礼品。这件礼品的纪念意义在于当年布什在美国驻华联络处工作期间的经历，当时他和夫人经常骑着自行车在北京的大街小巷游览，而且还照了不少骑自行车的照片。所以，这自行车对布什和布什夫人的纪念意义就非同一般。选择礼品还要考虑赠礼的场合，礼品的赠送对象、礼品的观赏性、实用性等。总之，礼品的选择是一个非常复杂、敏感和困难的过程。它检验一个人是否有敏锐的观察力和记忆力，也考察一个人是否有创造性和想象力。它是社交能力的试金石，也是礼仪知识的刻度表。

2. 送礼时机的选择

很多国家都有初交不送礼的习惯，具体何时送礼较合适，各国又有各自的特点。比如法国人喜欢下次重逢时馈赠礼品；英国人多喜欢在晚餐或看完戏后赠送礼品；而我国一般是在离别前赠送礼品较为自然。可见，应根据各国习惯的不同做出不同的送礼时间安排。

赠送礼品的时间要兼顾两点。一是具体时机，一般而论，赠送礼品的最佳时机是节假日、节庆日等。二是具体赠礼时间，一般而言，当我们作为客人拜访他人时，最好在双方见面之初向对方送上礼品，这就是所谓的“见面礼”。当我们作为主人接待来访者时，则应该在客人离去的前夜或者举行告别宴会上，把礼品赠与对方。但是，在实际国际商务活动中，赠礼的具体时间是一个需要特别注意的问题。譬如，应避免在商业交易正在进行中赠送礼物。与日本人做生意，则要等对方先送礼物己方方可回礼。否则，如果己方赠礼在前会使日本人觉得丢面子。而与阿拉伯国家商人的交往中，则一般要在见过几次面后，赠送小礼物才为妥当。

由于各国文化的差异，受社会、宗教的影响，送礼也讲究时机。如果运用得当，送礼能巩固双方之间的业务关系；运用不当则会有碍于业务联系。选择适当的礼品、赠送礼品的时机，以及让受礼人作出适当的反应等，都是送礼时要注意的关键问题。

3. 赠送的地点

考虑礼品的赠送地点时要注意公私有别。一般而言，公务交往中所赠送的礼品应该在公务场合赠送。在谈判之余，商务活动之外或私人交往中赠送的礼品，则应在私人居所赠送。

4. 赠送的方式

赠送礼物一定要重视礼品的包装。同时，包装盒的颜色也要考虑受礼人的习俗和禁忌。另外，赠送礼品时要附上赠送者写的卡片，在卡片上可注明礼品的含义、具体用途及其特殊之处。这样可以更加突出礼品的意义和赠礼人的用心与善意。需要注意一点，在欧洲，把名片放在礼物中是失礼的行为，如果需要加放名片，则要放入精致的信封，与礼物一并交与受礼人。

赠送礼品时，如果允许，一般应由单位最高领导或公司最高代表亲自赠送，并要先赠与对方职务最高者。现代社会中，礼物可以不是实物，如组织客户旅游观光等也同样可以起到实物礼物的作用。

在赠送礼品的同时，还要注意赠送礼品时的措辞。首先要注意不要漏掉任何人，还要注意对方的职务，并根据职务的重要性来决定说话时的顺序，先说最重要的人，而且明确表示你对他的感谢。也可说明送礼的原因和赠礼人的美好愿望。

5. 礼品的接受礼仪

首先要真诚地表示感谢，不管礼品的轻重贵贱，都要诚挚地表达谢意。其次要让对方感受到你的愉快，不管你喜欢与否，满意与否，都应该露出高兴的神情，因为这是对对方的尊重。最后一点是，要重视别人赠送的礼物。

在日本、新加坡、韩国、马来西亚以及中国，一般受礼人不当着赠礼人的面打开礼物，以表明他们重视的是送礼这一活动而不是礼物本身。相反，在西方当面打开礼物并由衷地表示感谢则被认为是对赠礼人的尊重。

另外，在不能接受礼品时，要礼貌委婉地向赠送人解释不能接受的原因（如公司规定等），同时表达对赠送人的谢意，但一般不当面拒绝礼品。

6. 国际交往中馈赠礼品的知识

（1）亚洲国家。

① 日本。日本人有送礼的癖好，因此，给日本人送礼时往往采取这样的方法，即送对其本人毫无用途的物品以便受礼人可以再转送给别人，那个人还可以再转送下去。日本人对装饰着狐狸和獾的图案的东西甚为反感，在他们眼中，狐狸是贪婪的象征，獾则代表狡诈。到日本人家里去做客，携带的菊花只能有15片花瓣，因为只有皇室的徽章上才有16瓣的花。选择礼品时，要选购名牌礼物，日本人认为礼品的包装同礼品本身一样重要。因此，要让懂行的人把礼品包装好。

② 韩国。韩国的商人对初次来访的客人常常会赠送当地出产的手工艺品，一般要等客人先拿出礼品来，然后再回赠他们本国产的礼品。

③ 阿拉伯国家。在初次见面时送礼可能会被视为行贿，另外切勿把旧的物品赠送给他人，不能把酒作为礼品，要送在办公室里可以用得上的东西。盯住阿拉伯主人的某件物品看个不停是很失礼的举动，因为这位阿拉伯人会认为你很喜欢它，并一定会要你收下这件东西。阿拉伯商人给他人一般都是赠送贵重礼品，同时也希望收到同样贵重的回礼，因为阿拉伯人认为来而不往是有失尊严的问题，不让他们表现自己的慷慨大方是不恭的，也会危害到双方的关系的。他们喜欢丰富多彩的礼品，喜欢名牌物品，而不喜欢不起眼的古董；喜欢知识型和艺术性的礼品，不喜欢纯实用性的东西；忌烈性酒和带有动物图案的礼品（因为这些动物可能代表着不吉祥）；送礼品给阿拉伯人的妻子被认为是对其隐私的侵犯，然而送给孩子总是受欢迎的。

（2）欧美国家。欧美人一般只有在双方关系确立后才互赠礼品。赠送礼品通常是此次交往行将结束时才进行。同时，表达的方式要恰如其分，高级巧克力、一瓶特别好的葡萄酒在欧美国家也都是很好的礼品。登门拜访前则应该送去鲜花（花要提前一天送去，以便主人把花布置好）。并且要送单数的花，同时附上一张手写的名片，但是不要用商业名片。

① 英国。在英国商务谈判中，尽量避免感情的外露，应送较轻的礼品，以免被认为是行贿。合宜的送礼时机应定在晚上，请人在上等饭馆用完晚餐或剧院看完戏之后。英国人也像大多数欧洲人一样喜欢高级巧克力、名酒、鲜花，对于饰有客人所属公司标记的礼品，他们大多数并不欣赏，除非主人对这种礼品事前有周密的考虑。

② 法国。初次结识一个法国人时就送礼是很不合适的，应该等到下次相逢时再送。礼品应该表达出对他智慧的赞美，但不要显得过于亲密。法国人很浪漫，喜欢知识性、艺术性的礼品，如画册、艺术相册或小工艺品等。应邀到法国人家里用餐时，应带上几支不加捆扎的鲜花，但菊花是不能随便赠送的，在法国只在葬礼上才用菊花。

③ 德国。在德国赠送礼品的适当与否要悉心注意，包装要尽善尽美。玫瑰是为情人准备的，绝不能送给主顾，德国人喜欢应邀郊游，但主人在出发前必须做好细致周密的安排。

④ 美国。美国人很讲究实用，所以，一瓶上好的葡萄酒或烈性酒，一件高雅的名牌礼品，一起在城里共度良宵，都是合适的。与其他欧洲国家一样，给美国人送礼应在此次交往结束时。

（3）拉丁美洲国家。黑和紫是忌讳的颜色，刀和剑应排除在礼品之外，因为它们暗示友情的完结。手帕也不能作为礼品，因为它与眼泪是联系在一起的。可送些小型家用电器，例如一只小小的烤面包炉。在拉美国家，征税很高的物品极受欢迎，只要不是奢侈品。

模拟实训

【实训目的】

（1）理论联系实际，训练学生对商务谈判礼仪的正确认识，能够正确理解和运用各类商务礼仪知识。

（2）训练学生对商务谈判礼仪的运用，使学生能够进行各种商务谈判活动的规范化礼仪运作。

【实训主题】

商务谈判中的文化差异及商务谈判礼仪的规范化运用。

【实训时间】

本章课堂教学内容结束后的双休日和课余时间，为期一周。或者指导教师另外指定时间。

【背景材料】

1. 美国一家软饮料公司由于将几个六角形引入商标而大大激怒了阿拉伯消费者，虽然该公司解释说这些六角形不过是一种简单的装饰，但阿拉伯消费者却认为它反映了这家公司支持以色列的情感，必须被替代。

2. 沙特阿拉伯对一家采用“普通的”报纸打电话的航空公司给予了小小的制裁——禁止营业。因为广告上的画面是一位颇具魅力的空中小姐正在向飞机中的男女乘客分发香槟。

3. 将全班学生分成若干谈判小组，分别为对方模拟举行一个欢迎仪式、酒会。

【实训过程设计】

（1）指导教师布置学生课前预习背景材料。

（2）将全班学生平均分成小组，按每组5～6人进行讨论。实训组各选择一例资料进行讨论和设计方案。

（3）根据“资料1”，讨论还有哪些图形或颜色是阿拉伯人忌讳的呢。

（4）根据“资料2”，讨论美国这家公司的广告设计有哪些违反了伊斯兰教的教规。

（5）根据“资料3”，进行活动模拟。

（6）各实训组对本次实训进行总结和点评，参照“课业范例1”撰写作为最终成果的《商务谈判礼仪规范化运作实训报告》。

（7）指导教师对小组讨论过程和发言内容进行评价总结，并进行讲解和点评（先评定小组成绩，在小组成绩中每一个人参与讨论的情况占小组成绩的40%，小组代表发言内容占小组成绩的60%）。各小组提交填写带有“实训组长姓名、成员名单”的《商务谈判礼仪规范化运作实训报告》。优秀的实训报告在班级展出，并收入本校本课程教学资源库。

综合练习

一、单项选择题

1. 在商务谈判活动中，握手的时间以（　　）秒为佳。

A. 10　　B. 20　　C. 3～5　　D. 10～15

2. 在商务谈判活动中偏向横向谈判方式的是（　　）。

A. 美国商人　　B. 英国商人　　C. 法国商人　　D. 日本商人

3. 不喜欢无休止的讨价还价的是（　　）。

A. 东欧商人　　B. 英国商人　　C. 俄罗斯商人　　D. 日本商人

4. 下列关于各国商人谈判风格的描述正确的是（　　）。

A. 德国商人崇尚契约，严守信用　　B. 法国商人注重效率，时间观念强

C. 俄罗斯商人不喜欢讨价还价　　D. 日本商人行动按部就班

二、多项选择题

1. 下列关于跨文化谈判的描述正确的是（　　）。

A. 跨文化谈判是跨越国界的谈判

B. 跨文化谈判与国内谈判存在密切的联系

C. 跨文化谈判与国内谈判存在质的区别

D. 跨文化谈判的谈判主体间存在一定的文化差异与文化冲突

E. 跨文化谈判是一种时间的穿越

2. 文化差异对谈判的影响是（　　）。

A. 影响谈判者语言的取向性

B. 不会对非语言沟通造成障碍

C. 会导致谈判主体间的法律冲突

D. 相同文化背景的谈判者的谈判风格有着明显的趋同性

E. 高内涵文化国家的人表达通常较委婉

3. 美国商人的谈判风格是（　　）。

A. 高傲矜持，坦率自信　　B. 注重效率，珍惜时间

C. 喜欢搞“一揽子交易”　　D. 通常不愿选择法律途径处理争议与纠纷

E. 讲究面子

4. 在商务谈判活动中，（　　）商人时间观念不强。

A. 美国　　B. 意大利　　C. 日本

D. 英国　　E. 阿拉伯

5. 从事商务活动的男士需要从以下哪几个方面注意自己的仪容仪表？（　　）。

A. 发型发式　　B. 面部修饰　　C. 着装修饰

D. 必备物品　　E. 材料

6. 正式介绍的国际惯例一般是（　　）。

A. 先将年轻的介绍给年长的

B. 先将职务、身份较低的介绍给职务、身份较高的
C. 先将男性介绍给女性
D. 先将已婚的介绍给未婚的
E. 先将女姓介绍给男性

7. 寒暄的主要方式有（　　）。
A. 问候时寒暄　　B. 赞扬式寒暄　　C. 接触实质性问题寒暄
D. 言他式寒暄　　E. 主动寒暄

8. 签约的方式主要有（　　）。
A. 协商签约　　B. 直接签约　　C. 指定签约
D. 会议签约　　E. 私下签约

9. 国际上通行的宴请形式有（　　）。
A. 宴会　　B. 招待会　　C. 茶会
D. 工作餐　　E. 方便餐

10. 在商务交往中，馈赠时应注意的礼仪有（　　）。
A. 注意礼品的包装
B. 注意，赠送礼品的场合
C. 注意馈赠时的态度和动作
D. 注意赠送礼品的特殊要求
E. 礼品要贵重

三、简答题

1. 什么是跨文化谈判？跨文化谈判与国内谈判之间有哪些共性特征？
2. 文化差异对商务谈判会产生哪些重要的影响？
3. 要取得跨文化谈判的成功应特别注意哪些问题？
4. 美国商人有哪些谈判风格？
5. 英国商人有哪些谈判风格？
6. 德国商人有哪些谈判风格？
7. 法国商人有哪些谈判风格？
8. 俄罗斯商人有哪些谈判风格？
9. 日本商人有哪些谈判风格？
10. 阿拉伯商人有哪些谈判风格？

11. 你要向德国一家公司出售手套，该公司也同意签订合同。但是在签订合同之前，他们告诉你价格必须削减10%，否则不能签约。你应该怎样做才比较合适？请说出你的选择并说明你的理由。

A. 不同意。

B. 同意。

C. 在三年批量订货的条件下，同意减价，否则不同意减价。

12. 你正在进行一项谈判，从英国制造商那里买一批推进器系统。最难达成协议的事情可能是什么？

A. 价格。

B. 支付方式。

C. 交货方式。

D. 质量。

13. 你和当地一位重要的阿拉伯代理商会面，在花了几个小时进行社交活动和喝咖啡以后，还没有论及任何生意问题，你急着要讨论你的建议。那么，你应该怎样做？

A. 在谈话中插空提起这件事。

B. 等着东道主提起这件事。

你决定等着让东道主提起这件事，但你离开的时间又到了，那么你该怎样做？

A. 问他你什么时候可以再来看他。

B. 留下一套关于你的产品的材料。

C. 请他定下一个确切的会面日期，再讨论生意问题。

14. 某日本商社邀请你们到东京商谈订购农产品事宜。当你们抵达东京机场时，该商社社长率手下的公关部科长已在迎候你们。在送你们前往饭店的途中，该社长交代其科长为你们安排回程机票的订位事宜，并热情要求你们将订回程机票事宜交给该科长，一切由他代为办理。在这种情况下你们该怎么办？

A. 多谢社长的一番盛情，将订回程机票事宜交出，并将回程的各项细节交代给公关部科长，请他代为办理。

B. 多谢社长的一番盛情，告诉对方自己尚未订好回程机票，不过你们才刚刚抵达东京，还有很多的时间可以利用，因此不急于考虑回程机票的订位事宜。

四、案例分析

【背景材料】

日本航空公司（以下简称“日航”）决定从美国麦道公司引进10架新型麦道客机，指定由常务董事任领队，财务经理为主谈人，技术部经理为助谈人，组成谈判小组去美国洽谈购买事宜。

日航代表飞抵美国稍事休息，麦道公司立即来电，约定第二日在公司会议室开谈。第二天，3位日航代表仿佛还未消除旅途的疲劳，行动迟缓地走进会议室，只见麦道公司的一群谈判代表已经端坐一边。谈判开始，日航代表慢吞吞地吸着咖啡，好像还在缓解时差所带来的不适。精明狡猾而又讲究实效的麦道主谈人把客人的疲惫视为可乘之机，在开门见山地重申双方购销意向之后，迅速把谈判转入主题。

从早上9点到11点30分，3架放映机相继打开，字幕、图表、数据、计算机图案、辅助资料和航行图表等应有尽有，欲使对方仿佛置身于迪斯尼乐园的神奇之中，会不由自主地相信麦道飞机性能及其定价都是无可挑剔的。孰料日方3位谈判代表自始至终默默地坐着，一语不发。

麦道的领队大惑不解地问：“你们难道不明白？你们不明白什么？”

日航领队笑了笑，回答：“这一切。”

麦道主谈人急切地追问：“这一切是什么意思？请具体说明你们什么时候开始不明白的？”

日航主谈人随意地说：“对不起，从拉上窗帘的那一刻起。”日方助谈人随之咧咧嘴，用点头来赞许同伴的说法。

“笨蛋！”麦道领队差一点脱口骂出声来，泄气地倚在门边，松了松领带后气馁地呻吟道：“那么你们希望我们再做些什么呢？”日航领队歉意地笑笑说：“你们可以重放一次吗？”别无选择，只得照办。当麦道公司谈判代表开始重复那两个半小时的介绍时，他们已经失去了最初的热忱和信心。是日本人开了美国人的玩笑吗？不是，他们只是不想在谈判开始阶段就表明自己的理解力，不想用买方一上来就合作这种方式使卖方产生误解，以为买方在迎合、讨好卖方。谈判风格素来以具体、干脆、明确而著称的美国人哪会想到日本人有这一层心思呢？更不知道自己在谈判开始已输了一盘。

谈判进入交锋阶段，老谋深算的日航代表忽然显得听觉不敏，反应迟钝。连日来麦道方已被搅得烦躁不安，只想尽快结束这场与笨人打交道的灾难，于是直截了当把皮球踢向对方：“我方的飞机的性能是最佳的，报价也是合情合理的，你们有什么异议吗？”

此时，日航谈判代表似乎由于紧张，忽然出现语言障碍。他结结巴巴地说：“第……第……第……”“请慢慢说。”麦道主谈人虽然嘴上是这样劝着，心中却不由得又恨又痒。“第……第……第……”“是第一点吗？”麦道主谈人忍不住地问。日航主谈人点头称是。“好吧，第一点是什么？”麦道主谈人急切地问。“价……价……价……”“是价钱吗？”麦道主谈人问。日航主谈人又点了点头。“好，这点可以商量。第二点是什么？”麦道主谈人焦急地问。“性……性……性……”“你是说性能吗？只要日航方面提出书面改进要求，我方一定满足。”麦道主谈人脱口而出。

至此，日航一方说了什么呢？什么也没说。麦道一方做了什么呢？在帮助日方跟自己交锋。他们先是帮日方把想说而没有说出来的话解释清楚，接着还未问明对方后面的话，就不假思索地匆忙做出许诺，结果把谈判的主动权拱手交给了对方。

麦道轻率地许诺让步，日航就想得寸进尺地捞好处。这是一笔价值数亿美元的大宗贸易，还价应按国际惯例取适当幅度。日航的助谈人却故意装着全然不知，一开口就要求削价20%。麦道主谈人听了不禁大吃一惊，再看看对方似乎是认真的，不像是开玩笑，心想既然已经许诺让价，为表示诚意就爽快地让吧，于是便说：“我方可以削价5%”。

双方差距甚大，都竭力为自己的报价陈述大堆理由，第一轮交锋在激烈的争辩中结束。经过短暂的沉默，日方第二次报价削减18%，麦道削减6%，于是又唇枪舌剑，辩驳对方，尽管已经口干舌燥，可谁也没有说服谁。麦道公司的主谈人此刻对成交已不抱太大希望，开始失去耐心，提出休会：“我们双方在价格上差距很大，有必要为成交寻找新的方法。你们如果同意，两天以后双方再谈一次。”

休会原是谈判陷于僵局时采取的一种正常策略，但麦道公司却注入了“最后通牒”的意味，“即价钱太低，宁可不卖”。日航谈判代表将不得不慎重地权衡得失，价钱还可以争取削低一点，但不能削得太多，否则将触怒美国人，那不仅会丧失主动权，而且连到手的6%让价也捞不到，倘若空手回日本怎么向公司交代呢？他们决定适可而止。

重新开始谈判时，日航一下子降了6%，要求削价12%；麦道公司增加1%，只同意削价7%，谈判又形成僵局。沉默，长时间的沉默。麦道公司的主谈人决定终止交易，开始收拾文件。恰在此时，口吃了几天的日航主谈人突然消除了语言障碍，十分流利地说道：“你们对新型飞机的介绍和推销使我方难以抵抗，如果同意削价8%，我方现在就起草购销11架飞机的合同。”（这增加的一架几乎是削价得来的）说完他笑吟吟地站起身，把手伸给麦道公司的主谈人。“同意！”麦道的谈判代表们也笑着起身和3位日航代表握手：“祝贺你们用最低的价钱买到了世界上最先进的飞机。”的确，日航代表把麦道飞机压到了前所未有的低价位。

日本航空公司以最低的价格购进了世界上最先进的飞机，这是由于他们的谈判代表在谈判中充分利用了美国人率直的谈判方式和谈判风格。而相反的是，美国麦道公司的失利则主要是因为他们没有充分了解日本人的谈判方式和谈判风格。其实这种不同的谈判方式和谈判风格正是来自于他们之间的文化差异。

（资料来源：冯砚，丁立．商务谈判．北京：中国商务出版社，2010）

根据以上案例所提供的资料，试分析：

（1）美、日两国商人的谈判风格有何不同？

（2）日本商人是如何赢得胜利的？

（3）在与美日两国商人进行谈判时应注意哪些问题？

【分析要求】

1. 过程要求

学生分析案例提出的问题，分别拟定《案例分析提纲》；小组讨论，形成小组《商务谈判案例分析报告》；班级交流并修订小组《商务谈判案例分析报告》，教师对经过交流和修改的各小组《商务谈判案例分析报告》进行点评；在班级展出附有“教师点评”的小组优秀《商务谈判案例分析报告》，并将其纳入本校该课程的教学资源库。

2. 成果性要求

（1）案例课业要求：以经班级交流和教师点评的《商务谈判案例分析报告》为最终成果。

（2）课业的结构、格式与体例要求：参照“10.2 商务谈判学生作业范例”《商务谈判案例分析报告》。

第4章

商务谈判前的准备

学习目标

- 商务谈判信息的概念、作用和搜集
- 商务谈判的组织准备、时间和地点的选择以及商务谈判方案的制定
- 商务谈判的会务准备和现场布置
- 模拟谈判的内容与方式
- 能够根据拟定的谈判目标制定相应的谈判方案

导入案例

2010铁矿石谈判十月启动

力拓再次把被动的局面扔给了中国钢铁行业。日前，力拓铁矿石业务首席执行官山姆·威尔士（SamWalsh）对媒体公开表示，“力拓与中国的铁矿石谈判现已中止，何时重启谈判还是未知。”

时值9月初，按照传统的铁矿石谈判机制，每年的9月底10月初，下一年度的长期协议价格谈判就将启动。

眼下，澳大利亚主要矿山已开始迅速减少铁矿石的现货出口，这与上半年力拓一半铁矿石采用现货交易形成鲜明对比。这些动作都预示着，矿石生产商开始为明年的谈判做准备。

中国的钢铁业现在仍陷在2009年谈判的泥潭里。不过，事实上这已无足轻重，因为中国钢铁企业私下大多已与三大矿山公司签订了购货合同，价格按照日韩33%的降幅计算。

就这样，中国被动地接受了2009年度的铁矿石谈判结果，而新一年的谈判，中国面临的局面似乎更为不妙。

尽管中国的铁矿石谈判代表尚未正式为 2009 年度的谈判画上句号，但三大矿山公司已经开始为第二年的价格做准备。

据了解，近期澳大利亚主要矿山近期已经开始迅速减少铁矿石的现货出口。这是矿山公司故意在压供应量，好让铁矿石现货价格止跌回升，以便为下一步的谈判做准备。

国际金融机构再次现身，为明年的铁矿石价格推波助澜。高盛预计 2010 年至 2011 年铁矿石合约价格上升 10%，并称铁矿石现货价格也将走高，原因是全球海运贸易上升和中国进口的增加。该机构称，2010 年供应商将在定价能力上重新占据上风。

反观国内，尽管钢材价格已经连续几十天下挫，但国内钢铁企业的生产依然不断冲击着新高。8 月，全国 77 家主要钢铁企业高炉利用率 90.9%，比 7 月的 87%明显增加，9 月初更是提高到 92%。统计数据显示，8 月份，钢厂粗钢产量再次创下历史最高水平。

联合金属网的分析师认为，中国铁矿石整体刚性需求依然庞大，按全国日产粗钢 166 万吨计算，9 月铁矿石达到 7 700 万吨/月，与历史最高水平持平。这使 2009 年四季度，铁矿石市场保留了反弹的可能。铁矿石价格到了关键的时期。

河北一家大型民营钢铁企业的负责人说，“国内钢厂很可能现在连准备工作都不好做。谈判得首先确定明年的谈判代表，让谁去代表呢？尽管中钢协一直说今年的谈判代表是宝钢，但是宝钢在谈判中根本没有决定权，决定权还是在中钢协。另一方面，2009 年全国钢厂和三大矿山公司私下签订的合同没有一份得到中钢协的同意，这种局面怎么去准备呢？”

中国在价格谈判中，与三大矿山公司相比几乎全部落后。从市场情报收集、到行情分析，从不同时间点主动释放的信号弹，到最终的一致价格口径，三大矿山公司在谈判上，每一步都是精心考虑的。而中国钢铁行业，则是处处被动，最后要开始谈了，谈判的代表们仓促上马。此外，中国钢铁企业过于分散，在应对谈判时始终无法步调一致。

最终的结果是，自 2002 年以来，尽管中国的钢材价格几年内已经上涨了数倍。但时至今日，中国钢价上涨的利润几乎都被铁矿石供应商赚走。

据悉，中国钢协将于下月中旬在青岛召开一年一度的钢铁原材料国际研讨会。在以往，青岛会议实际上是中国钢铁企业与铁矿石供应商，就第二年价格谈判进行初步接触的场所。与以往不同的是，今年的研讨会邀请企业名单上，完全没有了三大矿山公司的影子。其中列出的矿山代表是，印度五矿公司、印度国家矿业发展公司、澳大利亚 API 矿业公司、澳大利亚 AQUILA 资源公司、澳大利亚 WPG 资源公司和澳大利亚 HANCOCK 资源公司等。

这一动向，被业内视为中国钢铁行业在三大公司之外，积极寻找新伙伴。但无法回避的问题是，三大矿山公司在全球铁矿石市场的垄断地位已经形成，他们掌握着全球 70%以上的铁矿石资源。从长远看，中国钢铁行业和三大矿山公司依然相互需要。

业内人士指出，如果中国钢铁行业不能及早采取措施，明年的谈判将会更难，因为对于三大矿山公司来说，2009 年上半年最为困难的时期已经过去，目前全球钢厂的开工率已经开始爬升。

（资料来源：经济观察报 2009 年 09 月 11 日 作者整理）

启示：一年一度的铁矿石谈判总能吸引全球的目光，在中方屡战屡败的情况下，我们必须深思：在铁矿石贸易领域，中国的谈判为何总是如此艰难？三大矿山何以每年都如此强势，甚至在经济危机下仍然扭转了市场形势？每每的准备不足，也许是中方谈判被动的原因之一吧。

俗话说得好，“不打无准备之仗”。商务谈判是一种综合性很强的活动，其准备工作也是内容庞杂、范围广泛。谈判前的准备工作做得如何，将决定着谈判能否顺利进行以及能否达成有利于己方的协议。因此，谈判前的准备是整个谈判过程的重要组成部分。

4.1 商务谈判的信息准备

商务谈判是人们运用资料和信息获取所需利益的一种活动。信息准备是商务谈判准备的重要一环。掌握充分适用的有关信息资料，是取得谈判成功的重要保证。

4.1.1 商务谈判信息的概念和作用

【案例4.1】总经理的“黄昏症”

有位名律师曾代表一家公司参加了一次商务谈判，对方公司由其总经理任主谈。在谈判前，名律师从自己的信息库里找到了一些关于对方公司总经理的材料，其中有这样一则笑话：总经理有个毛病，每天一到下午四五点，就会心烦意乱，坐立不安，并戏称为“黄昏症”。这则笑话使名律师顿生感悟，他利用总经理的“黄昏症”，制定了谈判策略，把每天需要谈判的关键内容拖在下午四五点进行。此举果然取得了谈判的成功。

（资料来源：徐文.商务谈判.北京：中国人民大学出版社，2008）

案例分析：在商务谈判中，搜集、整理对方的信息并利用这些信息，采用有针对性的谈判策略对商务谈判的成功非常重要。只有了解、掌握对手信息，有的放矢，才能使谈判赢得主动权，从而获得成功。

商务谈判信息是指反映与商务谈判相联系的各种情况及其特征的有关资料。商务谈判信息资料同其他领域的信息资料相比较，有其不同特点。首先，商务谈判资料无论是资料的来源还是资料的构成都比较复杂和广泛，在有些资料的取得和识别上具有相当难度。其次，商务谈判资料是在特定的谈判圈及特定的当事人中流动，谈判者对谈判资料的敏感程度，是其在谈判中获取优胜的关键。最后，商务谈判资料涉及己方和谈判对手的资金、信用、经营状况、成交价格等，具有极强的保密性。

不同的商务谈判信息对谈判的影响作用是不同的，有的起着直接作用，有的起着间接作用。谈判信息在商务谈判中的作用主要表现在以下几个方面。

1. 谈判资料和信息是制定谈判计划和战略的依据

谈判战略是为了实现谈判的战略目标而预先制定的一套纲领性总体设想。谈判战略正确与否，在很大程度上决定着谈判的得失成败。一个好的谈判方案应当是战略目标正确可行、适应性强、灵敏度高。这就必须有可靠的大量资料和信息作为依据。在商务谈判中，谁在谈判资料和信息上拥有优势，掌握对方的真正需要和他们的谈判利益界限，谁就有可能制定正确的谈判战略，在谈判中掌握谈判的主动权。

【案例 4.2】掌握历史情报，逼出谈判底牌

我国某厂与美国某公司谈判设备购买生意时，美商报价 218 万美元，我方不同意，美方降至 128 万美元，我方仍不同意。美方诈怒，扬言再降 10 万美元，118 万美元不成交就回国。我方谈判代表因为掌握了美商交易的历史情报，所以不为美方的威胁所动，坚持再降。第二天，美商果真回国，我方毫不吃惊。果然，几天后美方代表又回到中国继续谈判。我方代表亮出在国外获取的情报——美方在两年前以 98 万美元将同样设备卖给一匈牙利客商。情报出示后，美方以物价上涨等理由狡辩了一番后将价格降至合理。

案例分析：从某种意义上讲，谈判中的价格竞争也是情报竞争，把握对手的精确情报就有助于在谈判中的价格竞争中取胜。

2. 谈判资料和信息是谈判双方相互沟通的纽带

在商务谈判中，尽管各种谈判的内容和方式各不相同，但有一点是共同的，即都是一个相互沟通和磋商的过程。没有谈判信息作为双方之间沟通的中介，谈判就无法排除许多不确定因素和疑虑，也就无法进一步协商、调整和平衡双方的利益。掌握了一定的谈判资料和信息，就能够从中发现机会和风险，捕捉住达成协议的契机，使谈判活动从无序到有序，消除不利于双方的因素，促使双方达成协议。

3. 谈判资料和信息是控制谈判过程的手段

为了使谈判过程始终指向谈判目标，使谈判在合理规定的限度内正常进行，必须有谈判资料和信息作为准则与尺度。否则，任何谈判过程都无法有效地加以控制和协调。因此，在实际谈判中通过对方的言行获取信息，及时反馈，可以使谈判活动得到及时调节、控制，按照规定的谈判目标顺利进行。

4.1.2　商务谈判信息准备的内容

一般来说，商务谈判的商务调研，信息准备应包括对以下各类资料的搜集和分析研究。

1. 对方资料

谈判对手的信息资料是商务谈判所应具备的最有价值的资料。对谈判对手应侧重掌握下列资料。

（1）对方的营运状况与资信。在尽可能掌握对方企业的性质、资金状况及注册资金等有关资料情况下，还应侧重了解两个问题：一是对方的营运状况。因为即使对方是一个注册资本很大的公司，但如果营运状况不好，就会负债累累，而公司一旦破产，己方很可能收不回全部债权。二是对方的履约信用情况。应对交易对象在资格信誉等方面进行深入细致的了解，避免客户不能履约，防止货款两空，造成严重的经济损失。

应坚持在不掌握对方信用情况，不熟知对手底细或有关问题未搞清的情况下，不举行任何形式的商务谈判。

在掌握对方营运状况和资信情况下，才能确定交易的可能规模及与对方建立交易往来时间的长短，也才能做出正确的谈判决策和给予对方恰当的优惠程度。

（2）对方的真正需求。应尽可能摸清对方本次谈判的目的，对方谈判要求达到的目标以及对我方的特殊需求，当前面临的问题或困难，对方可能接受的最低界限等方面。

摸清对方的真正需求，必须透过表面现象去辨别、发现。只有认真了解对方的需求，才能有针对

性地激发其成交的动机。在商务谈判中，越是有针对性地围绕需求谈判，交易就越有可能取得成功。

（3）对方参加谈判人员权限。应尽可能多地掌握对方谈判人员的身份、分工。如果是代理商，必须弄清代理商其代理的权限范围及对方公司的经营范围。绝大多数国家规定，如果代理人越权或未经本人授权而代本人行事，代理人的行为就对本人无约束力，除非本人事后追认，否则本人不负任何责任。同样，如果代理人订立的合同越出了对方公司章程中所规定的目标或经营范围，即属于越权行为。对属于越权行为的合同，除非事后经对方董事会研究予以追认，否则对方公司将不负任何责任。

在谈判中，同一个没有任何决定权的人谈判是浪费时间的，甚至会错过最佳交易时机；弄清代理商的代理权限范围和对方公司的经营范围，才能避免日后发生纠纷和损失。

（4）对方谈判的最后期限。必须设法了解对方的谈判期限。任何谈判都有一定的期限。最后期限的压力常常迫使人们不得不采取快速行动，立即做出决定。

了解对方的谈判期限，以便针对对方的期限，控制谈判的进程，并针对对方的最后期限，施加压力，促使对方接受有利于己方的交易条件。

（5）对方的谈判作风和个人情况。谈判作风指的是在反复、多次谈判中所表现出来的一贯风格。了解对手的谈判作风可以更好地采取相应的对策，以适应对方的谈判风格，尽力促使谈判成功。

另外，还要尽可能了解谈判对手的个人情况，包括品格、业务能力、经验、情绪等方面。

2. 市场资料

市场资料是商务谈判可行性研究的重要内容。市场情况瞬息万变、构成复杂、竞争激烈。对此必须进行多角度、全方位、及时的了解和研究。

与谈判有关的市场信息资料主要有以下方面。

（1）交易商品市场需求量、供给量及发展前景。

（2）交易商品的流通渠道和习惯性销售渠道。

（3）交易商品市场分布的地理位置、运输条件、政治和经济条件等。

（4）交易商品的交易价格、优惠措施及效果等方面。

市场情况对企业的商务谈判活动有着重大影响，谈判者要密切注视市场的变化，根据市场的供求运动规律，选择有利的市场，并在谈判中注意对方的要价及采取的措施。

3. 交易条件资料

交易条件资料是商务谈判准备的必要内容。交易条件资料一般包括商品名称、品质、数量、包装、装运、保险、检验、价格、支付等方面的资料。

4. 竞争对手资料

竞争对手资料是谈判双方力量对比中一个重要的“砝码”，会影响谈判天平的倾斜度。竞争对手资料主要包括以下几个方面。

（1）现有竞争对手的产品因素，如数量、品种、质量、性能、包装方面的优缺点。

（2）现有竞争对手的定价因素，如价格策略、让价策略、分期付款等方面。

（3）现有竞争对手的销售渠道因素，如有关分销、储运的实力对比等方面。

（4）现有竞争对手的信用状况，如企业的成长史、履约、企业素质等方面。

（5）现有竞争对手的促销因素，如推销力量、广告宣传、营业推广、服务项目等方面。

了解竞争者是较困难的，但如果是卖方，至少应该知道一个销售价格高于自己，而质量比自已差的竞争对手的详细情况。作为买方则应掌握有关供货者的类似情报。

通过对以上情况的了解分析，找出主要竞争对手及其对本企业商品交易的影响，认清本企业在竞争中所处的地位，并制定相应的竞争策略，掌握谈判的主动权。

5. 相关的环境资料

在商务谈判中，不同的社会背景对具体的谈判项目的成立，对谈判进程和谈判的结果会起到相当重要的影响。因此，在谈判准备阶段必须认真搜集分析以下资料。

（1）政治状况。政治状况关系到谈判项目是否成立和谈判协议履行的结果。因此，必须了解对方国家的政治制度和政府的政策倾向、政治体制、政策的稳定性，以及非政府机构对政策的影响程度。特别是要了解对方国家和地区的政局稳定性，判断政治风险的大小。政治风险一般来源于：政府首脑机构的更替，政治制度改变，社会的动荡或爆发战争，政府的经济政策突然变化，国家间关系的重大变化等。若在合同履行期内发生重大的政治风险，将使有关的企业蒙受沉重的经济损失，这是应该尽力避免的。

（2）法律制度。这主要是为了解与商贸谈判活动有关的法规。除了要熟知我国现有的法律外，还要认真了解当事各国的法规及一些国际法规，如联合国国际货物销售合同公约、联合国国际贸易委员会仲裁规则等。

（3）商业习惯。商业习惯不同会使商贸谈判在语言使用、礼貌和效率，以及接触报价、谈判重点等方面存在极大的差异。商业习惯在国际贸易谈判中显得非常重要，因为几乎每一个国家乃至地区的做法都有自己的特色，而且差别很大，如果不切实了解其商业习惯就可能会误入陷阱，或使谈判破裂。例如，法国商人往往在谈妥合同的重要条件后就会在合同上签字，签字后又常常要求修改。因此，同法国人谈成的协议必须以书面形式互相确认。

（4）社会文化。社会文化主要包括文化教育、宗教信仰、生活方式和社会习俗等。跟外国商人谈判，特别要注意对宗教信仰和社会习俗的了解，了解这些情况，不仅可避免不必要的冲突和误会，而且可以更快更好地理解对方的谈判行为，促使谈判的成功。

（5）财政金融。应随时了解各种主要货币的汇兑率及其浮动现状和变化趋势，了解国家的财税金融政策，以及银行对开证、承兑、托收方面的有关规定等情况。

6. 有关货单、样品资料

这主要包括货单、样品，双方交换过的函电抄本、附件，谈判用的价格目录表、商品目录、说明书等资料。货单必须做到具体、正确，每个谈判人员对此必须心中有数。谈判样品必须准备齐全，特别是注意样品必须与今后交货相符。

4.1.3　信息资料的搜集与整理

1. 信息资料搜集的方法和途径

（1）检索调研法。检索调研法是根据现有的资料和数据进行调查、分类、比较、研究的信息资料准备方法。检索调研法的资料搜集的途径很广，主要的有以下几个方面。

① 统计资料。主要包括我国、对方国家及国际组织的各类统计月刊或统计年鉴，以及各国有关地方政策的各类年鉴或月刊。

② 报纸杂志，专业书籍。如我国的《国际商务研究》《国际经贸消息》《外贸调研》等杂志都刊登有与贸易谈判活动有关的资料。

③ 各专门机构的资料。如政府机关、金融机构、市场信息咨询中心、对外贸易机构等提供的资料。

④ 谈判对方公司的资料。如经对方专任会计师签字的资产负债表、经营项目、报价单、公司预算财务计划、公司出版物和报告、新闻发布稿、商品目录与商品说明书、证券交易委员会或政府机关的报告书、官员的公开谈话与公开声明等。

（2）直接观察法。直接观察法是调查者在调查现场对被调查事物及被调查者的行为与特点进行观察测度的一种信息资料准备方法。直接观察法的形式主要有以下几种。

① 参观对方生产的经营场地。如参观对方的公司、工厂等，以明了对方实情。

② 安排非正式的初步洽谈。通过各种预备性的接触，创造机会，当面了解对方的态度，观察对方的意图。

③ 购买对方的产品进行研究。将对方的产品拆开后进行检验，分析其结构、工艺等，以确定其生产成本。

④ 搜集对方关于设计、生产、计划、销售等方面的资料。

（3）专题询问法。专题询问法是以某一项命题向被调查者征询意见，以搜集资料的一种信息准备方法。专题询问法的方式运用灵活，其途径主要有以下几个。

① 向对方企业内部知情人了解。如对方现在或过去的雇员、对方领导部门的工作人员、对方内部受排挤人员等。

② 向与对方有过贸易往来的人了解。如对方的客户、对方的供货商。

③ 向对方的有关人员了解。如在会议或社交场合通过与对方的重要助手或顾问的交往探取情报，通过银行账户了解对方的财政状况等。

2. 信息资料的加工整理

信息资料加工的整理一般分为下面几个阶段。

（1）筛选阶段。筛选就是检查资料的适用性，这是一个去粗取精的过程。

（2）审查阶段。审查就是识别资料的真实性、合理性，这是一个去伪存真的过程。

（3）分类阶段。分类就是按一定的标志对资料进行分门别类，使之条理化。

（4）评价阶段。评价就是对资料做比较、分析、判断，得出结论，提供谈判活动参考。

4.1.4 信息资料的传递与保密

谈判信息资料的搜集整理与谈判信息资料的传递与保密是紧密相连的有机统一体，谈判者在做好信息资料的搜集整理的基础上，还需要十分注意谈判信息资料的传递与保密工作。

1. 资料的传递

商务谈判信息资料的传递是指谈判人员同己方企业的联系。在外地谈判情况下，为了保持联系，进行有效的控制调节，上下级间应有信息资料的传递。例如，有国外的谈判小组因为需要听取有关专家意见或请示总部决策，就有必要同国内取得联系；而国内的管理部门因为需要及时了解国外谈判进程，必须同在国外的谈判小组联系。为此，应事先规定好联络方式和制度，并明确联络程序、责任人，以便迅速顺利地汇报谈判情况，请示下一步行动，避免推诿以致丢失商机。

2. 资料的保密

对谈判所涉及内容、文件及双方各自有关重要观点等资料应做好保密工作。如果不严格保密，将造成不应有的损失。例如，国外在重要的生意谈判中，有的不惜花重金聘请“商业间谍”摸对方的底。因此，应加强谈判信息资料的保密工作。

谈判信息资料保密的一般措施有以下几个方面。

（1）不要给对方造成窃密机会，如文件调阅、保管、复印、打字等。

（2）不要随便托人代发电报、电信等。

（3）不要随意乱放文件。

（4）不要在公共场所，如餐厅、机舱、车厢、过道等地方谈论有关谈判业务问题。

（5）不要过分信任临时代理人或服务人员。

（6）最后的底牌只能让关键人物知道。

（7）在谈判达成协议前，不应对外公布。

（8）必要时使用暗语。

4.2 商务谈判的组织准备

在现代社会中，一场商务谈判往往比较复杂，涉及的范围较广。就涉及的知识而言，包括产品、技术、市场、金融、运输、保险和法律等许多方面。若是国际间的商务谈判，还涉及海关条例、外语等知识。这些知识绝非个人的精力、知识、能力所能胜任。所以，商务谈判除了一对一的单人谈判外，更多情况下是在谈判团体、谈判小组之间进行。这个谈判团体或小组就是商务谈判组织，它是指为实现一定的谈判目标，依照某种方式结合的集体。商务谈判组织放大了个人力量，并且形成一种新的力量，这种新的力量同个体的力量有着本质的差别。它是组织的总体效应，仅仅依附于组织的存在。组织力量的来源，一方面是组织成员的个人素质和能力，另一方面是组织成员之间的协作能力。

商务谈判组织准备工作主要包括两个方面：组织成员的结构和规模。它贯穿于商务谈判活动的全过程，目的是资源成本最小化，组织能量最大化。

4.2.1　谈判小组的结构和规模

1. 谈判小组的结构

（1）谈判小组的人员构成的原则。

① 知识具有互补性。知识互补包含两层意思，分别为一是谈判人员各自具备自己专长的知识，都是处理不同问题的专家，在知识方面互相补充，形成整体的优势。二是谈判人员书本知识与工作经验的知识互补。谈判队伍中既有高学历的青年知识学者，也有身经百战具有丰富实践经验的谈判老手。高学历学者专家可以发挥理论知识和专业技术特长，有实践经验的人可以发挥见多识广、成熟老练的优势，这样知识与经验互补，才能提高谈判队伍整体战斗力。

② 性格具有互补性。谈判队伍中的谈判人员性格要互补协调，将不同性格的优势发挥出来，互相弥补其不足，才能发挥出整体队伍的最大优势。性格活泼开朗的人，善于表达、反应敏捷、处事果断，但是性情可能比较急躁，看问题也可能不够深刻，甚至会疏忽大意。性格稳重沉静的人，办事认真细致，说话比较谨慎，原则性强，看问题比较深刻，善于观察和思考，理性思维比较明显，但是他们不够热情，不善于表达，反应相对比较迟钝，处理问题不够果断，灵活性较差。

如果这两种性格的人组合在一起，分别担任不同的角色，就可以发挥出各自的性格特长，优势互补，协调合作。

③ 分工明确。谈判班子每一个人都要有明确的分工，担任不同的角色。每个人都有自己特殊的任务，不能工作越位，角色混淆。遇到争论不能七嘴八舌地发言，该谁讲就谁讲，要有主角和配角之分，要有中心和外围之分，要有台上和台下之分。谈判队伍要分工明确、纪律严明。当然，分工明确的同时要注意大家都要为一个共同的目标而通力合作，协同作战。

（2）谈判小组的人员构成。这是一个如何搭配班子的问题。要使谈判小组高效率地工作，一方面，参加谈判的人员都应具有良好的专业基础知识，并且能够迅速有效地解决随时可能出现的各种问题；另一方面，参加谈判的人员必须关系融洽，能求同存异。谈判小组的人员应专家齐备，否则将影响谈判的质量。谈判小组应由以下人员构成。

① 商务人员。由熟悉商业贸易、市场行情、价格形势的贸易专家担任。商务人员要负责合同价格条件的谈判，帮助谈判方整理出合同文本，负责经济贸易的对外联络工作。

② 技术人员。由熟悉生产技术、产品标准和科学发展动态的工程师担任。技术人员在谈判中负责对有关生产技术、产品性能、质量标准、产品验收、技术服务等问题的谈判，也可为商务谈判中的价格决策做技术顾问。

③ 财务人员。由熟悉财务会计业务和金融知识，具有较强的财务核算能力的财务人员担任。其主要职责是对谈判中的价格核算、支付条件、支付方式、结算货币等与财务相关的问题把关。

④ 法律人员。由精通经济贸易各种法律条款，以及法律执行事宜的专职律师、法律顾问或本企业熟悉法律的人员担任。其职责是做好合同条款的合法性、完整性、严谨性的把关工作，也负责涉及法律方面的谈判。

⑤ 翻译人员。由精通外语、熟悉业务的专职或兼职翻译担任，主要负责口头与文字翻译工作，沟通双方意图，配合谈判运用语言策略。在涉外商务谈判中，翻译人员的翻译的水平将直接影响到谈判双方的有效沟通和磋商。

除了以上几类人员之外，还可配备其他一些辅助人员，但是人员数量要适当，要与谈判规模、谈判内容相适应，尽量避免不必要的人员设置。

2. 谈判小组的规模

从实践经验来看，由于商务谈判涉及内容较多，所以大多数较为重要的商务谈判均由多人组成。那么，谈判小组应有多少人组成较为合适呢？国内外谈判专家普遍认为，一个谈判小组的理想规模以 4 人左右为宜。其原因主要包括以下几点。

（1）4 人左右谈判小组的工作效率最高。一个集体能够高效率工作的前提是内部必须进行严密的分工和协作，而且要保持信息交流的畅通。如果人数过多，成员之间的交流和沟通就会发生障碍，需耗费更多的精力统一意见，从而降低工作效率。从大多数谈判情况看，4 人左右时工作效率是较高的。

（2）4 人左右是最佳的管理幅度和跨度。管理学研究表明，一个领导能够有效地管理其下属的人数是有限的，即存在有效管理幅度。管理幅度的宽窄与管理工作的性质和内容有关。在一般性的管理工作中，管理幅度以 4～7 人为宜，但对于商务谈判这种紧张、复杂、多变的工作，既需要其充分发挥个人独创性和独立应付事变的能力，又需要其内部协调统一、一致对外，故其领导者的有效管理幅度在 4 人左右才是最佳的。超越这个幅度，内部的协调和控制就会发生困难。

（3）4 人左右能满足一般谈判所需的知识范围。多数商务谈判涉及的业务知识领域大致是下列四个方面：第一，商务方面，如确定价格、交货风险等；第二，技术方面，如确定质量、规格、程序和工艺等；第三，法律方面，如起草合同文本、合同中各项条款的法律解释等；第四，金融方面，如确定支付方式、信用保证、证券与资金担保等。参加谈判的人员主要是这四个方面的人员，如每个人是某一方面的专家，恰恰是 4 人左右。

（4）4 人左右便于小组成员调换。参加谈判的人员不是一成不变的，随着谈判的不断深入，所需专业人员也有所不同。如在洽谈的摸底阶段，生产和技术方面的专家作用大些；而在谈判的签约阶段，法律方面的专家则起关键性作用。这样，随着谈判的进行，小组成员可以随时调换。因此，谈判小组保持 4 人的规模是比较合理的。

上述谈判小组 4 人左右的规模，只是就一般情况而言，并且只是一种经验之谈。有些大型的谈判，领导和各部门的负责人都可能参与，再加上工作人员如秘书等，队伍可能达 20人左右。在这种情况下，可以进行合理的分工，可大致由 4 人组成正式谈判代表，与对方展开磋商，其余人只在谈判桌外向其提供建议和服务。

4.2.2　确定谈判小组负责人和谈判小组成员

1. 谈判小组负责人应具备的条件

谈判小组负责人应当根据谈判的具体内容、参与谈判人员的数量和级别，从企业内部有关部门挑选，可以是某一部门的主管，也可以是企业最高领导。谈判小组负责人并不一定是己方主谈人员，但他是直接领导和管理谈判队伍的人。谈判小组负责人应具备以下条件。

（1）具备较全面的知识。谈判小组负责人本身除应具有较高的思想政治素质和业务素质之外，还必须掌握整个谈判涉及的多方面知识。只有这样才能针对谈判中出现的问题提出正确的见解，制定正确的策略，使谈判朝着正确的方向发展。

（2）具备果断的决策能力。当谈判遇到机遇或是遇到障碍时，负责人能够敏锐地利用机遇，解决问题，做出果断的判断和正确的决策。

（3）具备较强的管理能力。谈判小组负责人必须具备授权能力、用人能力、协调能力、激励能力、总结能力，使谈判小组成为具有高度凝聚力和战斗力的集体。

（4）具备一定的权威地位。谈判小组负责人要具备权威性，有较大的权力，如决策权、用人权、否定权、签字权等；要有丰富的管理经验和领导威信，能胜任对谈判小组的管理。谈判小组负责人一般由高层管理人员或某方面的专家担任，最好与对方谈判小组负责人具有相对应的地位。

2. 谈判小组负责人的职责

（1）负责挑选谈判人员，组建谈判小组，并就谈判过程中的人员变动与上层领导取得协调。

（2）负责管理谈判小组，协调谈判队伍各成员的心理状态和精神状态，处理好成员间的人际关系，增强队伍凝聚力，团结一致，共同努力，实现谈判目标。

（3）负责组织制定谈判执行计划，确定谈判各阶段目标和战略策略，并根据谈判过程中的实际情况灵活调整。

（4）负责己方谈判策略的实施，对具体的让步时间、幅度，谈判节奏的掌握，决策的时机和方案做出决策安排。

（5）负责落实交易磋商的记录工作。

（6）负责向上级或有关的利益各方汇报谈判进展情况，获得上级的指示，贯彻执行上级的决策方案，圆满完成谈判使命。

3. 确定谈判小组成员

由于人的素质各有差别，因此，不同的人组成的谈判小组其工作效率和谈判结果大不相同。为此，就必须精心挑选谈判小组成员，保证其高质量。

（1）谈判小组成员的选择应根据谈判内容和重要性而定。每一项谈判都有其特定的内容，其重要程度也各异。因此，在选择谈判小组成员时，一方面要充分考虑谈判内容涉及的业务知识面，使得谈判小组的知识结构满足谈判内容的需要；另一方面，如果谈判对企业至关重要，谈判小组的负责人应由企业决策层的有经验的谈判高手担任。

（2）谈判成员的选择还应考虑谈判的连续性。如果某些成员已与对方打过交道，并且双方关系处理良好，则这项谈判还应选派这些人员参加。由此，可以增加对方的了解和赢得对方的信任，大大缩短双方的距离和谈判的时间。

（3）谈判成员在素质上要形成群体优势。谈判小组成员的组合，在性格、气质、能力及知识方面应优势互补，形成群体优势。

（4）谈判成员之间应形成一体化气氛。要想赢得谈判的成功，在组成高质量的谈判小组的基础上，最重要的工作就是小组内通力合作，关系融洽，形成合力。否则，内耗必将导致谈判的失败。因此，选择谈判小组成员应避免曾经或正在闹矛盾或冲突的人选。

【案例4.3】谈判人员的配备

某县一饮料厂欲购买意大利固体橘汁饮料生产技术和设备。派往意大利的谈判小组包括以下四名核心人员：该厂厂长、该县分管工业的副县长、县经委主任和县财办主任。

思考：如此谈判人员的安排说明中国人的谈判带有何种色彩?这样安排的后果会怎么样？如何调整谈判人员？调整的依据是什么？

4.3 制定商务谈判方案

在正式谈判前，必须制定具体的谈判方案。制定周密、细致的谈判方案，可使谈判人员各负其责，协调工作，有计划、有步骤地展开谈判。它是保证谈判顺利进行的必要条件，也是取得谈判成功的基础。所以，任何一方都不应忽视谈判方案的制定，而应该认真对待，做到严谨、周密、明确、具体。

4.3.1 商务谈判方案制定的要求

1. 商务谈判方案的概念

商务谈判方案是在谈判开始前对谈判目标、谈判议程、谈判策略等预先所做的安排。谈判方案是指导谈判人员行动的纲领，在整个谈判过程中起着非常重要的作用。

【案例4.4】中美知识产权中方谈判方案

改革开放以来，我国经济持续健康发展，现在已成为世界上最有活力的市场。为了更好地与世界接轨，在短短十几年里，我国建立了比较完善的知识产权保护体系。同时，中国政府也不断加强法律完善，通过司法和行政两个方面坚决打击侵犯知识产权的行为。由于我国是一个发展中国家，相对于西方发达资本主义国家，在知识产权保护方面还存在着诸多不完善的地方。

美国在这个问题上对我国的压力不断升级，在入世问题上，关于知识产权问题，不断向我国施加压力，双方贸易战一触即发。

中美关于知识产权谈判的主要目的，除了解决关于两国知识产权领域的问题之外，更重要的是，这次谈判在中国加入世界贸易组织过程中，关于中美双边的谈判结果有关键影响。同时，造成美方在知识产权问题谈判上强硬的背后，实质上是中美贸易的不平衡问题。

因而，此次谈判是关于两国知识产权问题的谈判。但是在谈判本身的背后，实质上是中美贸易的不平衡问题。

在此背景下，我方在既定的谈判目标、谈判原则和对策的基础上，制定了三个方案。

方案一：主动出击，谋求双赢

谈判主题：以适当条件就中美知识产权问题达成协议。

谈判策略：积极主动约见对方，表明我方立场，阐述双方合作利益前景。

谈判目标：

最优目标——在维持现状条件下达成协议，扩大美国市场，顺利加入世界贸易组织。

可接受目标——我方同意扩大美国商品的市场准入，加强政府工作的透明度，并且承诺严厉打击侵犯知识产权的行为，并进一步制定扩大内需的相关政策，以缓解两国贸易的不平衡。我方在上两项工作上的努力，必须换来美方在我方加入世界贸易组织问题上的支持和配合。

最低目标——解决贸易报复问题，避免贸易战的发生。

谈判原则：

- 把握我方立场，积极而有诚意地解决问题。
- 在保障自身利益的前提下，考虑对方利益，力争达到真正意义上的双赢。
- 在焦点和重点问题上，求同存异地解决问题，对一时难以解决的问题从长计议，不可以为了达成协议而损失我方的利益。对于双方都认同的问题，要抓住时机，尽快解决问题。

谈判程序：

- 阐述我国为改善知识产权保护所做的努力，反驳其指责我方侵权的不客观性。
- 在维持我国知识产权保护现状的情况下，提出希望美方支持我国加入世界贸易组织的目标。

谈判时间：

2月10日——2月15日　第一阶段

2月18日——2月25日　第二阶段

如若陷入谈判僵局，2月16日和17日进入休会阶段。

方案二：以退为进，见机行事

谈判主题：以适当条件就中美知识产权问题达成协议。

谈判策略：先让对方提出要求和条件。针对对方提出的要求和条件制定我方相应的对策。

谈判目标：

最优目标——在不做出妥协即维持现状条件下，双方达成协议，扩大美国市场，加入世界贸易组织。

可接受目标——以加强知识产权保护、向美方进一步开放市场为条件，换取美方支持中国加入世界贸易组织。

最低目标——解决贸易报复问题，避免贸易战的发生。

谈判原则：

- 等待对方提出问题，根据对方的态度和实际进展来解决问题。
- 力争达到真正意义上的双赢。但对于对方提出的我方无法接受的条件，绝不接受。
- 避免在焦点问题上做过多的纠缠，对一时难以解决的而对方又咄咄逼人的问题，坚持我方立场。不可以为了达成协议而损失我方利益。

谈判程序：

- 听取美方关于我方侵犯知识产权申述和提出的要求。
- 应对美方提出的要求和条件，原则问题上不妥协，运用迂回等谈判战术，积极维护我方利益，争取做出最小的牺牲。

谈判时间：

2月10日——2月15日　第一阶段

2月18日——2月25日　第二阶段

如若陷入谈判僵局，2月16日和17日进入休会阶段。

方案三：终止谈判，以静制动

谈判主题：以适当条件就中美知识产权问题达成协议。

谈判策略：在谈判无法取得实质性进展或美方咄咄逼人的情况下，我方选择终止谈判，并且不再主动提出谈判。

谈判目标：

最优目标——在不做出妥协即维持现状条件下，双方达成协议，扩大美国市场，加入世界贸易组织。

可接受目标——以加强知识产权保护、向美方进一步开放市场为条件，换取美国支持中国加入世界贸易组织。

最低目标——解决贸易报复问题，避免贸易战的发生。

谈判程序：

- 听取美方关于我方侵犯知识产权申述和提出的要求。
- 应对美方提出的要求和条件，原则问题上不妥协，运用迂回等谈判战术，积极维护我方利益，争取做出最小的牺牲。

谈判时间：

2月10日——2月15日　第一阶段

2月18日——2月25日　第二阶段

如若陷入谈判僵局，2月16日和17日进入休会阶段。

（资料来源：高建军.商务谈判实务.北京：北京航空航天大学出版社，2007）

2. 商务谈判方案制定的要求

由于商务谈判的规模、重要程度不同，商务谈判内容有所差别。内容可多可少，要视具体情况而定。尽管内容不同，但其要求都是一样的。一个好的谈判方案要求做到以下几点。

（1）简明扼要。所谓简明扼要就是要尽量使谈判人员很容易记住其主要内容与基本原则，使他们能根据方案的要求与对方周旋。

（2）明确、具体。谈判方案一方面要求简明、扼要，另一方面也必须与谈判的具体内容相结合，以谈判具体内容为基础，否则，会使谈判方案显得空洞和含糊。因此，谈判方案的制定也要求明确、具体。

（3）富有弹性。谈判过程中各种情况都有可能突然发生变化，要使谈判人员在复杂多变的形势中取得比较理想的结果，就必须使谈判方案具有一定的弹性。谈判人员在不违背根本原则情况下，根据情况的变化，在权限允许的范围内灵活处理有关问题，取得较为有利的谈判结果。谈判方案的弹性表现在：谈判目标有几个可供选择的目标；策略方案应根据实际情况可供选择某一种方案；指标有上下浮动的余地；还要把可能发生的情况考虑在计划中，如果情况变动较大，原计划不适合，可以实施第二套备选方案。

4.3.2 商务谈判方案制定的内容

商务谈判方案主要包括谈判目标、谈判策略、谈判议程，以及谈判人员的分工职责、谈判地点等内容。其中，比较重要的是谈判目标的确定、谈判策略的制定和谈判议程的安排等内容。

1. 确定谈判目标

谈判目标是指谈判要达到的具体目标，它指明谈判的方向和要求达到的目的、企业对本次谈判的期望水平。商务谈判的目标主要是以满意的条件达成一笔交易，确定正确的谈判目标是保证谈判成功的基础。谈判的目标可以分为以下三个层次。

（1）最低目标。最低目标是谈判必须实现的最基本的目标，也是谈判的最低要求。若不能实现，宁愿谈判破裂，放弃商贸合作项目，也不愿接受比最低目标更低的条件。因此，也可以说最低目标是谈判者必须坚守的最后一道防线。

（2）可以接受的目标。可以接受的目标是谈判人员根据各种主客观因素，经过对谈判对手的全面估价，对企业利益的全面考虑、科学论证后所确定的目标。这个目标是一个诚意或范围，即己方可努力争取或做出让步的范围。谈判中的讨价还价就是在争取实现可接受目标，所以可接受目标的实现，往往意味着谈判取得成功。

（3）最高目标。最高目标，也叫期望目标。它是本方在商务谈判中所要追求的最高目标，也往往是对方所能忍受的最高程度，它也是一个难点。如果超过这个目标，往往要冒谈判破裂的危险。因此，谈判人员应充分发挥个人的才智，在最低目标和最高目标之间争取尽可能多的利益，但在最高目标难以实现时是可以放弃的。

值得注意的是，谈判中只有价格这样一个单一目标的情况是很少见的，一般的情况是存在着多个目标，这时就需考虑谈判目标的优先顺序。在谈判中存在着多重目标时，应根据其重要性加以排序，确定是否所有的目标都要达到，哪些目标可舍弃，哪些目标可以争取达到，哪些目标又是万万不能降低要求的。

2. 制定商务谈判策略

制定商务谈判的策略，就是要选择能够达到和实现己方谈判目标的基本途径与方法。谈判不是一场讨价还价的简单过程，实际上是双方在实力、能力、技巧等方面的较量。因此，制定商务谈判策略前应考虑如下影响因素。

（1）对方的谈判实力和主谈人的性格特点。

（2）对方和我方的优势所在。

（3）交易本身的重要性。

（4）谈判时间的长短。

（5）是否有建立持久、友好关系的必要性。

通过对以上影响因素的细致而认真的研究分析，谈判者可以确定己方的谈判地位，即处于优势、劣势或者均势，由此确定谈判的策略。如报价策略、还价策略、让步与迫使对方让步的策略、打破僵局的策略等。

3. 安排谈判议程

谈判议程的安排对谈判双方非常重要，议程本身就是一种谈判策略，必须高度重视这项工作。谈判议程一般要说明谈判时间的安排和谈判议题的确定。谈判议程可由一方准备，也可由双方协商确定。议程包括通则议程和细则议程，通则议程由谈判双方共同使用，细则议程供己方使用。

（1）时间安排。时间的安排即确定在什么时间举行谈判、多长时间、各个阶段时间如何分配、议题出现的时间顺序等。谈判时间的安排是议程中的重要环节。如果时间安排得很仓促，准备不充分，匆忙上阵，心浮气躁，就很难沉着冷静地在谈判中实施各种策略；如果时间安排得很拖延，不仅会耗费大量的时间和精力，而且随着时间的推延，各种环境因素都会发生变化，还可能会错过一些重要的机遇。

（2）确定谈判议题。所谓谈判议题就是谈判双方提出和讨论的各种问题。确定谈判议题首先须明确己方要提出哪些问题，要讨论哪些问题。要把所有问题全盘进行比较和分析：哪些问题是主要议题，要列入重点讨论范围；哪些问题是非重点问题；哪些问题可以忽略。这些问题之间是什么关系，在逻辑上有什么联系；还要预测对方会提出什么问题，哪些问题是己方必须认真对待、全力以赴去解决的；哪些问题可以根据情况做出让步；哪些问题可以不予讨论。

（3）拟定通则议程和细则议程。

① 通则议程。通则议程是谈判双方共同遵守使用的日程安排，一般要经过双方协商同意后方能正式生效。在通则议程中，通常应确定以下内容。

- 谈判总体时间及分段时间安排。
- 双方谈判讨论的中心议题，问题讨论的顺序。
- 谈判中各种人员的安排。
- 谈判地点及招待事宜。

② 细则议程。细则议程是己方参加谈判的策略的具体安排，只供己方人员使用，具有保密性。其内容一般包括以下几个方面。

- 谈判中统一口径，如发言的观点、文件资料的说明等。
- 对谈判过程中可能出现的各种情况的对策安排。

- 己方发言的策略，何时提出问题？提什么问题？向何人提问？谁来提出问题？谁来补充？谁来回答对方问题？谁来反驳对方提问？什么情况下要求暂时停止谈判等。
- 谈判人员更换的预先安排。
- 己方谈判时间的策略安排、谈判时间期限。

（4）己方拟定谈判议程时应注意的几个问题。

① 谈判的议程安排要依据己方的具体情况，在程序安排上能扬长避短，也就是在谈判的程序安排上，保证己方的优势能得到充分的发挥。

② 议程的安排和布局要为自己出其不意地运用谈判策略埋下契机。对一个谈判老手来说，是绝不会放过利用拟定谈判议程的机会来运筹谋略的。

③ 谈判议程内容要能够体现己方谈判的总体方案，统筹兼顾，引导或控制谈判的速度，以及己方让步的限度和步骤等。

④ 在议程的安排上，不要过分伤害对方的自尊和利益，以免导致谈判的过早破裂。

⑤ 不要将己方的谈判目标特别是最终谈判目标通过议程和盘托出，使己方处于不利地位。

当然，议程由自己安排也有短处。己方准备的议程往往透露了自己的某些意图，对方可分析猜出，在谈判前拟定对策，使己方处于不利地位。同时，对方如果不在谈判前对议程提出异议而掩盖其真实意图，或者在谈判中提出修改某些议程，容易导致己方被动甚至谈判破裂。

（5）对方拟定谈判议程时己方应注意的几个方面。

① 未经详细考虑后果之前，不要轻易接受对方提出的议程。

② 在安排议程之前，要给自己充分的思考时间。

③ 详细研究对方所提出的议程，以便发现是否有什么问题被对方故意摒弃在议程之外，或者作为用来拟定对策的参考。

④ 千万不要显出你的要求是可以妥协的，应尽早表示你的决定。

⑤ 对议程不满意，要有勇气去修改，绝不要被对方编排的议程束缚住手脚。

⑥ 要注意利用对方议程中可能暴露的对方谈判意图，后发制人。

谈判是一项技术性很强的工作。为了使谈判在不损害他人利益的基础上达成对己方更为有利的协议，可以随时卓有成效地运用谈判技巧，但又不为他人觉察。一个好的谈判议程，应该能够驾驭谈判，这就好像双方作战一样，成为己方纵马驰骋的缰绳。你可能被迫退却，你可能被击败，但是只要你能够左右敌人的行动，而不是听任敌人摆布，你就仍然在某种程度上占有优势。更重要的是，你的每个士兵和整个军队都将感到自己比对方高出一筹。

当然，议程只是一个事前计划，并不代表一个合同。如果任何一方在谈判开始之后对它的形式不满意，那么就必须有勇气去修改，否则双方都负担不起因为忽视议程而导致的损失。

【案例 4.5】商务谈判方案报告例文——关于引进 K 公司矿用汽车的谈判方案

5 年前我公司曾经引进 K 公司的矿用汽车，经试用，性能良好，为适应我矿山技术改造的需要，打算通过谈判再次引进 K 公司矿用汽车及有关部件的生产技术。K 公司代表于 4 月 3 日应邀来京洽谈。

具体内容：

1. 谈判主题

以适当的价格谈成 29 台矿用汽车及有关部件生产技术的引进。

2. 目标设定

（1）技术要求

● 矿用汽车车架运行1 500小时不准开裂。

● 在气温40摄氏度条件下，矿用汽车发动机停止运转8小时以上，在接入220伏电源后，发动机能在30分钟内启动。

● 矿用汽车的出动率在85%以上。

（2）试用期考核指标

● 一台矿用汽车使用10个月（包括一个严寒的冬天）。

● 车辆出动率达85%以上。

● 车辆装载量3 750小时，行程3 125公里。

● 车辆装载量达31 255立方米。

（3）技术转让内容和技术转让深度

● 利用购买29台矿用汽车为筹码，K公司无偿地（不作价）转让车架、厢斗、举升缸、总装调试等技术。

● 技术文件包括：图纸、工艺卡片、技术标准、零件目录手册、专用工具、专用工装、维修手册等。

（4）价格

● ××××年购买W公司矿用汽车，每台单价为23万美元；5年后的今天仍能以每台23万美元成交，那么可定为价格下限。

● 5年时间按国际市场价格浮动10%计算，今年成交的可能性价格为每台25万美元，此价格为上限。

3. 谈判程序

第一阶段：就车架、厢斗、举升缸、总装调试等技术附件展开洽谈。

第二阶段：商订合同条文。

第三阶段：价格洽谈。

4. 日程安排

第一阶段： 4月5日上午9:00—12:00，下午3:00—6:00。

第二阶段：4月6日上午9:00—12:00。

第三阶段： 4月6日晚上7:00—9:00。

5. 谈判地点

第一、第二阶段的谈判安排在公司12楼洽谈室。

第三阶段的谈判安排在××饭店二楼咖啡厅。

6. 谈判小组分工

主谈：张某为我谈判小组总代表。

副主谈：李某为主谈提供建议，或伺机而谈。

翻译：叶某随时为主谈、副主谈担任翻译，还要留心对方的反应情况。

成员A：负责技术方面的条款和谈判记录。

成员B:负责分析动向、意图、财务及法律方面的条款。

4.4 商务谈判的物质条件准备

商务谈判物质条件的准备工作主要包括三个方面：谈判场所的选择、谈判会场的布置和食宿安排。从表面上看，这同谈判内容本身联系不大，但事实上不仅联系密切，而且关系到整个谈判的发展前途。

4.4.1 谈判场所的选择

谈判场所的选择包括两个方面：一是国家、地区的选择；二是谈判具体场所的选择。一般来说，前者应以通信方便、交通便利为首要条件；后者的选择要根据谈判性质而定，正式谈判应选择比较安静和方便的场所，非正式谈判则不受限制。

可供选择的谈判场所有三种类型：己方住地、对方住地和中间地点。

对谈判人员来说，选择不同的场所会产生不同的影响。谈判专家认为，谈判地点不论设在哪一方都各有利弊。

如果谈判地点设在己方办公室、会计室，其优点是：可避免由于环境生疏带来的心理障碍等（这些障碍很可能会影响谈判的结果），获得额外的收获。己方可借"天时、地利、人和"的有利条件，向对方展开攻势，以求对方让步；可以处理谈判以外的其他事情；便于谈判人员请示、汇报、沟通联系；节省旅途的时间和费用。因此，谈判地点在己方，有利于己方优势的自由发挥。就像体育比赛一样，在己方场地举行谈判活动，获胜的可能性就会更大些。一些谈判学家所做的研究也证明了这一点。美国专家泰勒尔的实验表明：多数人在自己家的客厅与人谈话，比在别人的客厅里更能说服对方。这是因为人们一种常见的心理状态就是在自己的"所属领地"里能更好地释放能量与本领，所以成功的概率就高。这种情况也适用于谈判。

如果谈判地点设在对方场地，也有其优越性。

（1）可以排除多种干扰，专心致志地进行谈判。

（2）在某些情况下，可以借口资料不在身边，拒绝提供不便泄露的情报。

（3）可以越级与对方的上级洽谈，获得意外收获。

（4）对方需要负担准备场所等其他事务。

正是由于上述原因，在多轮谈判中，谈判场所往往是交替更换，这已是不成文的惯例。当然，谈判地点在哪一方还取决于许多其他客观因素，如考察生产过程、施工基地、投资所在地的地理环境等。

有时，中间地点也是谈判的合适地点。如果预料到谈判会紧张、激烈，分歧较大，或外界干扰太大，选择中间地点就是上策。总之，不同的谈判场所具有不同的利弊得失。在选择谈判地点时，通常要考虑谈判双方的力量对比、可选择地点的多少和特色、双方的关系因素等。

不论哪一方做东道主，都不应忽视对谈判具体地点的选择。在某种程度上，它直接影响谈判人员的情绪，影响谈判的效果。

选择环境优美、条件优越的具体谈判地点，并巧妙地布置会谈场所，使谈判者有一种安全舒适、温暖可亲的心理感受，不仅能显示出己方热情、友好的诚恳态度，也能使对方对你的诚恳"用心"深表谢意，这就为谈判营造出和谐的气氛，可促使谈判获得成功。一般来讲，谈判场所要环境幽静，不要过于嘈杂和喧闹，通信设施要完备，要具备一定的灯光、通风和隔音条件。最好在举行会谈的会计室旁边备有一两间小房间，以利谈判人员协商机密事情。医疗、卫生条件较好，安全防范工作要好。

主要谈判场所应当整洁、宽敞、光线充足，也可以配备一些专门的设施，供谈判人员挂些图表或进行计算。除非双方都同意，否则不要配有录音设备。经验证明，录音设备有时对双方都会起到副作用，使人难以畅所欲言。

【案例 4.6】心情好一切都好

1972 年，美国总统尼克松访华，中美双方将要开展一场具有重大历史意义的国际谈判。为了创造一种和谐融洽的谈判环境和氛围，中国方面在周恩来总理的亲自领导下，对谈判过程中的各种环境都做了精心而又周密的准备和安排，甚至对宴会上要演奏的中美两国民间乐曲都进行了精心的挑选。在欢迎尼克松一行的国宴上，当军乐队熟练地演奏起由周恩来总理亲自选定的《美丽的亚美尼加》时，尼克松总统简直听呆了，他绝对没有想到能在中国听到他如此熟悉的乐曲，因为这是他平生最喜爱的并指定在他的就职典礼上演奏的家乡乐曲。敬酒时，他特地到乐队前表示感谢，此时国宴达到了高潮，而一种融洽而热烈的气氛也同时感染了美国客人。这样的精心安排，赢得了和谐融洽的谈判气氛，这不能不说是一种高超的谈判艺术。

日本首相田中角荣在 20 世纪 70 年代为恢复中日邦交正常化并到达北京，他怀着等待中日间最高首脑会谈的紧张心情，在迎宾馆休息。迎宾馆内气温舒适，田中角荣的心情也十分舒畅，与随从的陪同人员谈笑风生。他的秘书早饭茂三仔细地看了一下房间的温度，是 17.8℃。这一田中角荣习惯的温度使得他心情舒畅，也为谈判的顺利进行创造了条件。

案例分析：无论是《美丽的亚美尼加》乐曲，还是房间的 17.8℃，都是人们针对特定的谈判对手，为了更好地实现谈判目标而进行的一场不起眼但看得见的谈判策略的运用。

4.4.2 谈判会场的布置

谈判会场的布置及座位的安排是否得当，是检验谈判人员素质的标准之一，甚至还可能影响谈判的成败。例如，一次较大型的谈判，如果谈判会场布置得马马虎虎、杂乱无章，就有可能给客方留下主人对本次谈判缺乏诚意、不重视的印象，从而给其后的谈判蒙上一层阴影。如果主方连座位都不会安排，就会使客方对主方的谈判素质产生怀疑，由此可使客方占尽心理优势。这时，有些商人就有可能故意设立关卡，甚至玩弄伎俩，从而人为地给谈判设置了障碍。严重时，还可能使主方被动，最终难免影响谈判的效益或成败。

一般来说，商务谈判时，双方应面对面而坐，各自的组员应坐在主谈者的两侧，以便互相交换意见，加强其团结的力量。商务谈判一般用长方形条桌，其坐位安排通常如图 4.1 和图 4.2 所示。

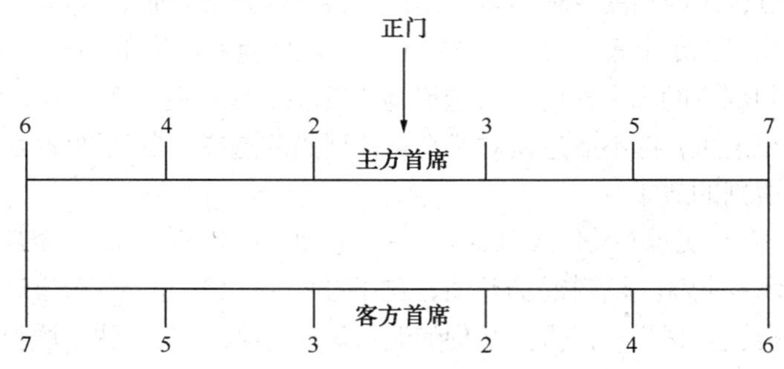

图 4.1　谈判主方、客方的座位安排

如图4.1所示，若以正门为准，主人应坐背门一侧，客人则面向正门而坐，其中主谈人或负责人居中。我国及多数国家习惯把翻译员安排在主谈人的右侧即第二个席位上，但也有少数国家让翻译员坐在后面或左侧，这也是可以的。

如图4.2所示，若谈判长桌一端向着正门，则以正门的方向为准，右为客方，左为主方。其座位号的安排也是以主谈者（即首席）的右边为偶数，左边为奇数，即所谓“左边为大”。

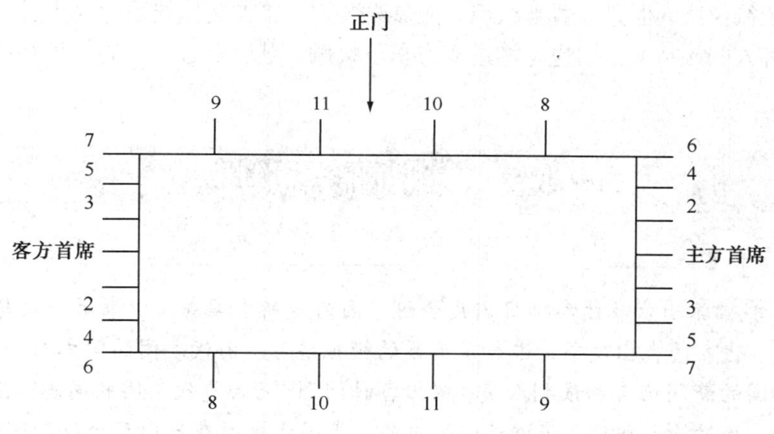

图4.2　谈判主方、客方的座位安排

若没有条桌，也可用圆桌或方桌，其座位安排法分别如图4.3和图4.4所示。一般来讲，比较大型、重要的谈判，谈判桌可选择长方形的，双方代表各居一面。如果谈判规模较小，或双方人员比较熟悉，可以选择圆形谈判桌，以消除长桌那种正规、不太活泼的感觉。双方团团坐定，会形成一个双方关系融洽、共同合作的印象，而且彼此交谈容易，气氛随和。

还有一种排位方法是随意就坐，适合于小规模的、双方都比较熟悉的谈判。有些谈判还可以不设谈判桌。

与谈判桌相配的是椅子。椅子要舒适，不舒适使人坐不住；但是，也不能过于舒适，太舒适使人易产生睡意，精神不振。此外，会议所需的其他设备和服务也应周到，如烟灰缸、纸篓、笔、记事本、文件夹、各种饮料等。

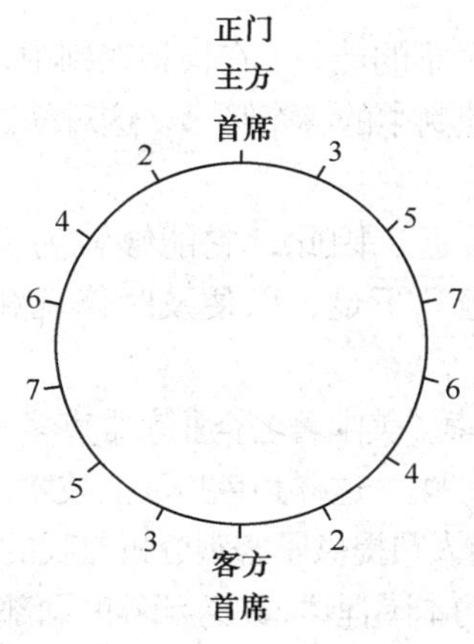

图4.3　圆桌谈判座位安排

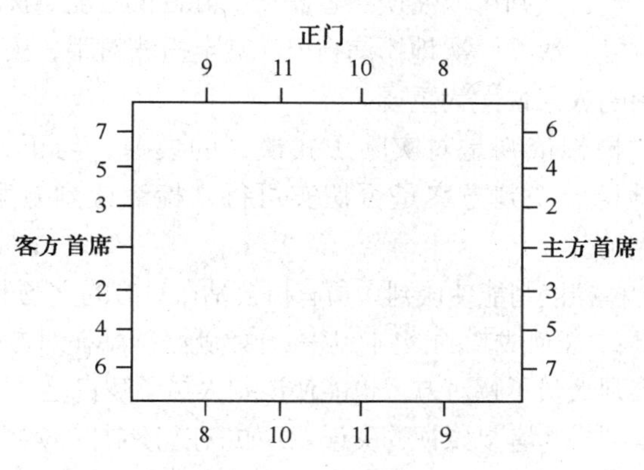

图4.4　方桌谈判座位安排

4.4.3 食宿安排

谈判是一种艰苦复杂、耗费体力和精力的交际活动，因此，用膳、住宿安排也是会谈的内容。东道主一方对来访人员的食宿安排应周到细致、方便舒适，但不一定要豪华、阔气，按照国内或当地的标准条件招待即可。许多外国商人特别是发达国家的客商十分讲究时间、效率，反倒不喜欢烦琐冗长的招待仪式。但是，适当组织客人参观游览、参加文体娱乐活动也是十分有益的。它不仅可以调节客人的旅行生活，也是增进双方私下接触、融洽双方关系的一种有益形式，有助于谈判的进行。

4.5 模拟商务谈判

【案例4.7】

1954年，我国派出代表团参加日内瓦会议。因为是新中国成立以来第一次与西方打交道，没有任何经验。代表团在出发前，进行了反复的模拟练习。由代表团的同志为一方，其他人分别扮演西方各国的新闻记者和谈判人员，提出各种问题“刁难”代表团的同志。在这种对抗中，及时发现问题，及时给予解决。经过充分的准备，我国代表团在日内瓦会议期间的表现获得了国际社会的一致好评。

案例分析：我们经常说不打无准备之仗，做好谈判前的模拟，能极大地提高谈判的成功率。

模拟谈判，也就是正式谈判前的“彩排”。它是商务谈判准备工作中的最后一项内容。它是从己方人员中选出某些人扮演谈判对手的角色，提出各种假设和臆测，从对手的谈判立场、观点、风格等出发，和己方主谈人员进行谈判的想象练习和实际表演。

4.5.1 模拟谈判的意义

在谈判准备工作的最后阶段，本方有必要为即将开始的谈判举行一次模拟谈判，以检验自己的谈判方案，而且也能使谈判人员提早进入实战状态。

模拟谈判可以使谈判者获得实际性的经验，提高应对各种困难的能力。在模拟谈判中，谈判者可以一次又一次地扮演自己，甚至扮演对手，从而熟悉实际谈判中的各个环节。这对初次参加谈判的人来说尤为重要。

模拟谈判是对实际正式谈判的模拟，与正式谈判比较接近。因此，它能够较为全面严格地检验谈判方案是否切实可行，检查谈判方案存在的问题和不足，以便及时修正和调整谈判方案。

模拟谈判能使谈判人员有机会站在对方的立场上进行换位思索。美国著名企业家维克多·金姆说过：“任何成功的谈判，从一开始就必须站在对方的立场来看问题。”这样角色扮演的技术不但能使谈判人员了解对方，也能使谈判人员了解自己，因为它给谈判人员提供了客观分析自我的机会，注意到一些容易忽视的失误。例如，在与外国人谈判时使用过多的本国俚语、缺乏涵养的面部表情、争辩的观点含糊不清等。

4.5.2　模拟谈判的内容

模拟谈判的内容就是实际谈判中的内容。但为了更多地发现问题，模拟谈判的内容往往更具有针对性。模拟谈判内容的选择与确定，根据不同类型的谈判具体内容也有所不同。如果这项谈判对企业很重要，谈判人员面对的又是一些新的问题，以前从未接触过对方谈判人员的风格特点，并且时间又允许，那么模拟谈判的内容应尽量全面一些。相反，模拟谈判的内容可少一些。

4.5.3　模拟谈判的方式

模拟谈判的方式主要有下列两种。

1．组成代表对手的谈判小组

如果时间允许，可以将自己的谈判人员分成两组，一组作为己方的谈判代表，一组作为对方的谈判代表；也可以从本企业内部的有关部门抽出一些职员，组成另一谈判小组。但是，无论用哪种办法，两个小组都应不断地互换角色。这是正规的模拟谈判，此方式可以全面检查谈判方案，并使谈判人员对每个环节和问题都有一个事先的了解。

2．让一位谈判成员扮演对手

如果时间、费用和人员等因素不允许安排一次较正式的模拟谈判，那么小组负责人也应坚持让一位人员来扮演对方，对本企业的交易条件进行磋商、盘问。这样做也有可能使谈判小组负责人意识到是否需要修改某些条件或者增加一部分论据等，而且也会使本企业人员提前认识到谈判中可能出现的问题。

4.5.4　模拟谈判的方法

1．全景模拟法

这是指在想象谈判全过程的前提下，企业有关人员扮成不同的角色所进行的实战性排练。这是最复杂、耗资最大，但往往也是最有效的模拟谈判方法。这种方法一般适用于大型的、复杂的、关系到企业重大利益的谈判。在采用全景模拟法时，应掌握以下技巧。

（1）合理地想象谈判全过程。要求谈判人员按照假设的谈判顺序展开充分的想象，不只是想想事情的发生结果，更重要的是事物发展的全过程，想象在谈判中双方可能发生的一切情形。并依照想象的情况和条件，演绎双方交锋时可能出现的一切局面，如谈判的气氛、对方可能提出的问题、我方的答复、双方的策略和技巧等问题。合理的想象有助于谈判的准备更充分、更准确。所以，这是全景模拟法的基础。

（2）尽可能扮演谈判中所有会出现的人物。这有两层含义：一方面是指对谈判中可能会出现的人物都有所考虑，要指派合适的人员对这些人物的行为和作用加以模仿；另一方面是指主谈人员（或其他在谈判中起重要作用的人员）应扮演一下谈判中的每一个角色，包括自己、己方的顾问、对手和他的顾问。这种对人物行为、决策、思考方法的模仿，能使本方对谈判中可能与遇到的问题、人物有所预见；同时，处在别人的角度上进行思考，有助于本方制定更完善的策略。

2．讨论会模拟法

这种方法类似于“头脑风暴法”。它分为两步：第一步，企业组织参加谈判的人员和一些其他相关人员召开讨论会，请他们根据自己的经验，对企业在本次谈判中谋求的利益、对方的基本目标、对方可能采取的策略、我方的对策等问题畅所欲言。不管这些观点、见解如何标新立异，都不会被人指责，有关人员只是忠实地记录，再把会议情况上报领导，作为决策的参考。第二步，则是请人对谈判中各种可能发生的情况、对方可能提出的问题等提出疑问，由谈判小组成员一一解答。

讨论会模拟法非常欢迎反对意见，这些意见有助于谈判小组重新审核拟定的谈判方案，从多种角度和多重标准来评价方案的科学性与可行性，不断完善准备的内容，提高成功的概率。

3. 列表模拟法

这是最简单的模拟方法，一般适用于小型的、常规性的谈判。具体操作是通过表格的形式，在表格的一方列出己方经济、科技、人员、策略等方面的优缺点和对方的目标与策略。在另一方则罗列出己方针对这些问题在谈判中所应采取的措施。这种模拟方法最大的缺陷在于它实际上还是谈判人员的主观产物，它只是尽可能搜寻问题并列出对策，至于这些问题是否真的会在谈判中发生，这一对策是否能起到的作用，由于没有通过实践的检验，因此，不能百分之百地讲，这一对策是完全可行的。

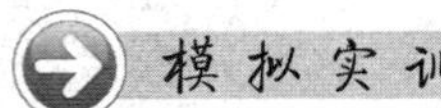

模拟实训

【实训目的】

（1）理论联系实际，训练学生对商务谈判准备的正确认识，能够正确理解商务谈判准备的必要性。

（2）通过训练，学生充分贴近经济生活，提升综合素质。

【实训内容】

商务谈判准备的相关工作。

【实训时间】

本章课堂教学内容结束后的双休日和课余时间，为期一周。或者指导教师另外指定时间。

【背景材料】

20世纪60年代初期，我国大庆油田的情况在国内外尚未公开。日本人只是有所耳闻，但始终未闻底细。后来，在1964年4月26日的《人民日报》上看到“大庆精神大庆人”的字句，于是日本人判断，中国的大庆确有其事，但他们仍然弄不清大庆在什么地方。他们从1966年的《中国画报》上看到一张大庆工人艰苦创业的照片，根据照片上人物的衣着，他们断定大庆油田在冬季为零下30℃的中国东北地区，大致在哈尔滨与齐齐哈尔之间。1966年10月，他们又从《人民日报》和其他杂志上看到有介绍王铁人的文章，提到马家窑的地名，并提到钻井机是用人拉、肩扛弄到现场的。日本人据此断定油田离车站不远，从地图上找到了马家窑的确切位置，并以此推测出大庆油田的确切范围。进而，日本人又从一篇报道王铁人1959年国庆节在天安门自愿去大庆的消息中分析出，1959年8月王铁人还在玉门，以后便消失了音讯，这表明大庆油田的开发时间自1959年9月起。后来，日本人又从《中国画报》上刊登的一张炼油厂的照片推断出大庆的年产原油量。照片上既没有人也没有尺寸方面的数字，但有一个扶手栏杆，依照常规，扶手栏杆高一米左右，日本人推断出炼油厂炼油塔的外径，并换算出内径5米，判断出日炼油能力和每天的原油加工能力，依此算出了大庆的年产原油量。

日方就是利用了公开的新闻资料中的一句话、一条消息、一张照片等加以综合分析，完成了对我国大庆油田的调查，为日后商务谈判提供了可靠的依据。因此，在向我国销售成套炼油设备的谈判时，日方谈判人员介绍只有他们的设备适合大庆油田的实际情况，从而获得较大的主动权，而我方采购谈判人员因无别的选择只好向日方购货。

【实训过程设计】

（1）指导教师布置学生课前预习背景材料。

（2）将全班学生平均分成小组，按每组 5～6 人进行讨论。实训组根据背景材料进行讨论和设计方案。

（3）根据“背景材料”分析日方为什么能获得谈判的主动权。

（4）根据“背景材料”讨论日方是如何揭开大庆油田的秘密的。

（5）根据“背景材料”分析信息准备工作的重要性是如何体现的。

（6）根据“背景材料”分析本案例对开展商务谈判调查有何启示。

（7）各实训组对本次实训进行总结和点评，参照“10.2 商务谈判学生作业范例”撰写作为最终成果的《商务谈判准备实训报告》。

（8）指导教师对小组讨论过程和发言内容进行评价总结，并进行讲解和点评（先评定小组成绩，在小组成绩中每一个人参与讨论的情况占小组成绩的 40%，代表发言内容占小组成绩的 60%）。各小组提交带有“实训组组长姓名、成员名单”的《商务谈判准备实训报告》。优秀的实训报告在班级展出，并收入本校本课程教学资源库。

综合练习

一、单项选择题

1. 商务谈判小组成员一般以（　　）人为宜。

A. 3　　B. 4　　C. 5　　D. 6

2.（　　）是商务谈判人员必须坚守的最后一道防线。

A. 基本目标　　B. 可接受的目标　　C. 最高目标　　D. 期望目标

3. 只供己方使用，具有保密性的是（　　）。

A. 通则议程　　B. 细则议程　　C. 谈判时间安排　　D. 以上都不是

二、多项选择题

1. 商务谈判的组织准备工作主要包括（　　）。

A. 组织成员的结构　　B. 组织成员的规模　　C. 组织成员的性别

D. 组织成员的学历　　E. 组织成员的籍贯

2. 商务谈判小组最好包括以下人员：（　　）。

A. 商务人员　　B. 技术人员　　C. 财务人员

D. 法律人员　　E. 翻译人员

3. 商务谈判方案的制定，应该（　　）。

A. 简明扼要　　B. 明确　　C. 具体

D. 富有弹性　　　　　　E. 及时

三、判断题

1. 最好的谈判方案应该是充分体现企业最高利益，制定出最理想的谈判目标，最能激励谈判人员坚定不移地实现寸步不让的全盘计划。（　　）
2. 谈判信息是商务谈判的决定性因素。（　　）
3. 在商务谈判中双方讨价还价就是在争取实现最高目标。（　　）
4. 在主谈室里为了沟通方便，一般要设置电话。（　　）

四、简答题

1. 谈判信息在商务谈判中的作用有哪些？
2. 如何搜集谈判对手的信息资料？
3. 如何做好商务谈判信息传递和保密工作？
4. 谈判小组的人员构成应遵循哪些原则？谈判小组负责人应具备哪些条件？
5. 如何确定谈判目标？
6. 你是如何认识模拟谈判的必要性的？模拟谈判方式有哪些？

五、案例分析

【背景资料】

材料1:日本的钢铁和煤炭资源短缺，而澳大利亚则盛产铁、煤。日本渴望购买澳大利亚的铁和煤，而在国际贸易中澳大利亚一方不愁找不到买主。按理来说，日本人的谈判地位低于澳大利亚，澳大利亚一方在谈判桌上占据主动权。可是，日本人把澳大利亚的谈判者请到日本去谈判。澳大利亚人一旦到了日本，一般都比较谨慎，讲究礼仪，以不过分侵犯东道主的权益，因而日本人和澳大利亚人在谈判桌上的相互地位就发生了显著的变化。澳大利亚人过惯了富裕的舒畅生活，到了日本几天后，就急于想回到故乡别墅的游泳池、海滨和妻子儿女身边去，所以在谈判桌上常常表现出急躁的情绪。作为东道主的日本谈判代表，却可以不慌不忙地讨价还价，从而掌握了谈判桌上的主动权。结果日本方面仅仅花费少量的款待费作为“鱼饵”，就钓到了“大鱼”，取得了很大的经济利益。

讨论：

（1）日本人为什么能够取得谈判的有利地位？

（2）本案例对开展商务谈判的地点选择有何启示？

材料2: 财产继承

眼下，你哥哥、姐姐和你要继承你住在广州的舅舅的遗产。你们三人都很爱舅舅。尽管你们都住在一个城市，但由于工作和家庭的关系，近几年没怎么联系过。你舅舅的遗嘱上说，只要你们能谈妥，怎么分配财产都行，条件是必须在他去世后30天内解决，否则财产就捐给慈善机构。舅舅的遗产包括：①320万元现金和存款；②一部2004年的林肯车；③两栋房子，共88.5万元；④房子里的所有家具；⑤一件艺术收藏品，价值425万元；⑥广州塔俱乐部的季票；⑦一大盒家庭照片和幻灯片。你们三人决定六天后会面商谈。为了做好准备，请根据所学知识回答下列问题。

（1）做好准备是一周后谈判胜利的关键，准备中要包括找出几方都可能感兴趣的可量化问题和不可量化问题，然后对问题进行排序。你会怎样做准备？

（2）你会不会建议先定好基本原则再谈判，原则包括哪些？你们会不会仔细考虑“谁”的问题——配偶、小孩要不要参与？以及在哪里会面或者座位的安排？

（3）谈判的初次接触会影响谈判风格和结果，你们的初次接触会是怎样的？

（4）预想一些你的哥哥、姐姐会摆出的姿态。虽然你们是兄弟姐妹，但现在毕竟有一大笔财产展现在面前。你会怎样回应？

（5）确定你们是单个问题谈判还是多个问题谈判，并选择恰当的策略。你们需要考虑第三方干预吗？

【分析要求】

1. 过程要求

学生分析案例提出的问题，分别拟定《案例分析提纲》；小组讨论，形成小组《商务谈判案例分析报告》；班级交流并修订小组《商务谈判案例分析报告》，教师对经过交流和修改的各小组《商务谈判案例分析报告》进行点评；在班级展出附有“教师点评”的小组优秀《商务谈判案例分析报告》，并将其纳入本校该课程的教学资源库。

2. 成果性要求

（1）案例课业要求：以经班级交流和教师点评的《商务谈判案例分析报告》为最终成果

（2）课业的结构、格式与体例要求：参照“10.2 商务谈判学生作业范例”《商务谈判案例分析报告》。

第5章

商务谈判开局与报价

学习目标

- 谈判开局阶段及开局目标
- 营造谈判开局气氛的重要性
- 开局目标的设计、表达与实现
- 高调气氛、低调气氛与自然气氛的不同表现
- 营造不同谈判气氛的具体条件
- 营造高调气氛和低调气氛的方法
- 报价原则与方法
- 能根据商务谈判任务进行谈判开局的设计
- 能根据商务谈判任务进行谈判报价的设计

导入案例

书记也懂经济

某国有企业的一位党委书记在同外商谈判时，发现对方对自己的身份持有强烈的戒备心理，这种状态妨碍了谈判的进行。于是，这位党委书记当机立断，站起来对对方说："您好，我是党委书记，但也懂经济搞经济，并拥有决策权。我们公司实力强、产品知名度好，愿意真诚与贵方合作。中国有句古话'四海之内皆兄弟'，无论谈判成功与否，至少有你这样一位'洋先生'为朋友。"寥寥几句肺腑之言，打消了对方的顾虑，使得谈判按照预想的方向发展。

（资料来源：http://cwhan2008.blog.163.com）

启示：商务谈判者各自代表着不同的利益，因此，谈判者之间很难做到完全的相互信任，难免会存在猜忌。案例中，党委书记用自己的真诚打消了对方的顾虑，赢得了对方的信任，营造了热情有好的高调谈判气氛，这对整个谈判的进程会起到非常好的作用。

5.1 商务谈判开局的目标

商务谈判的开局，是指谈判双方第一次见面后，在讨论具体、实质性的谈判内容之前，相互介绍、寒暄以及就谈判具体内容以外的话题进行交谈的阶段。谈判开局是双方刚开始接触的阶段，是实质性谈判的序幕。

5.1.1 商务谈判开局的作用及其影响因素

1. 商务谈判开局的作用

谈判开局的好坏将直接左右整个谈判的格局和前景。首先，开局阶段谈判人员的精力最为充沛，注意力也最为集中，所有人都在专心倾听别人的发言，全神贯注地理解讲话的内容。其次，谈判各方均需要阐明自己的立场，表明各自的重要观点，谈判双方阵容中的个人地位及所承担的角色基本显露出来，各方都将从对方的言行、举止、神态中观察对方的态度及特点，从而确定自己的行为方式。再次，谈判的总体格局基本上在开局后的几分钟内就已确定，它对所要解决的问题及解决问题的方式将产生直接影响，而且一经确定就很难改变。最后，开局的成败将直接关系到谈判一方能否在整个谈判进程中掌握谈判主动权和控制权，取得谈判优势地位，以最大限度谋取谈判利益，从而最终影响谈判结果。

开局阶段所占用的时间较短，讨论的内容除去阐明议题与有关程序外，大多与谈判的主题关系不大或根本无关。但是，这个阶段却很重要。“良好的开端是成功的一半。”开局阶段是为整个谈判奠定基础的阶段。经验表明，这个阶段所创造的特定的谈判气氛会对整个谈判过程产生重要的影响和制约作用。因此，谈判者在开局阶段的基本目标和任务就是为谈判创造一个合适的谈判气氛，为后续的谈判工作打下良好的基础。有经验的谈判人员，都会充分重视和利用谈判开局，创造对己方有利的理想的谈判气氛，从而引导整个谈判的发展方向和左右整个谈判的格局，最终实现己方的谈判目的。

谈判气氛，是谈判双方参与人员之间相互影响、相互作用所共同形成的人际氛围。不同的谈判活动，会表现出不同的谈判气氛。特定的谈判气氛会影响谈判人员的心理、情绪、感觉和态度，从而引发相应的行为反应。如果不加以调整和改变，这一氛围就会不断强化，从而最终影响谈判的成功或失败。特定的谈判气氛还会影响谈判的发展方向。一种特定的谈判气氛可以在不知不觉中将谈判活动推向某一方向。如热烈、积极、合作的谈判气氛会把商务谈判朝达成一致协议的方向推进；而冷淡、对立、紧张的谈判气氛，则会把商务谈判推向严峻的境地，甚至导致谈判失败。同样的谈判议题，在不同的谈判气氛中，谈判结果可能大相径庭。

2. 影响谈判气氛因素

影响谈判气氛的因素是多种多样的。在谈判过程中，这些因素会随着整个谈判形势的变化而变化。但是，形成谈判气氛的关键时间却是十分短暂的，这个关键时机就是双方谈判接触的短暂瞬间。谈判者从与对方的接触中，获得有关各方在这个谈判过程中对对方的评价。而谈判各方对对方的印象和评价将在很大程度上决定谈判气氛。在谈判开局阶段，双方一经接触，谈判气氛就开始形成，并引导整个谈判进程的整体谈判气氛的变化与发展。是热情还是冷漠，是友好还是猜忌，是轻松活泼还是严肃紧张都已基本确定。甚至整个谈判的进展，如谁主谈、怎样谈、双方的策略、双方的态势也都受到很大的影响。因此，开局谈判气氛对整体谈判气氛的形成和发展具有关键性作用。当然，这并不是说双方最初的谈判开局接触是决定谈判气氛的唯一时刻。谈判双方在洽谈以前的非正式见面以及洽谈过程中的交锋都会对谈判气氛产生影响，只是开局瞬间的接触最为重要而已。比如，在正式谈判前，双方可能有一定的非正式接触机会（指非正式会谈），如欢迎宴会、礼节性拜访等。利用此类机会，也可充分影响对方人员对谈判的态度，有助于在正式谈判时建立良好的谈判气氛。但是，开局接触所形成的看法要比以前非正式见面的印象强烈得多，而且会很快取代以前的印象。有时，随着洽谈的进行，气氛会有所发展或变化。比如，即使洽谈开始时双方有明显的分歧，但开局的紧张对立气氛经过共同努力也可能转化为新的洽谈气氛。而相反情况下，开局时双方轻松友好的气氛也可能会恶化。因此，虽然洽谈之初建立起来的气氛不是唯一的和绝对的，但开局谈判气氛却是最为重要的，它奠定了整个谈判的基调。此后，谈判气氛的波动比较有限。因此，谈判人员应对开局瞬间给予高度重视，认真设计和努力实现对己方有利的谈判开局气氛，并在整个谈判进程中采取有效的策略措施，积极维护已经形成的谈判氛围。

5.1.2 开局目标的设计

开局目标是一种与谈判的终极目标紧密相连而又相互区别的初级目标。开局阶段工作的好坏会引导整个谈判发展的方向，谈判人员对开局目标的设计、表达与实现会对谈判终极目标的最终实现发挥深远的影响。在谈判的开局阶段，谈判人员的基本目标是创造特定的谈判气氛，使谈判各方在开谈之初就密切配合，并且心平气和地阐述各自的基本立场和观点，从而为谋求一致，达到各自的谈判终极目标利益奠定良好的基础。因此，对各种各样的谈判气氛的设想、选择，就是对开局目标的设计。

1. 开局目标的设计及意义

在商务谈判的开局阶段，谈判者初次接触，一开始往往存在相互提防与戒备的心理，谈判气氛呈现不活跃的消极状态。另一方面，在整个谈判过程中，谈判人员往往对于表示热情、友好与诚恳、合作的谈判意愿是欢迎的，而对于那些表现出攻击迹象或对抗态度的谈判意愿非常敏感和警惕，并随时准备自卫和反击。所以，客观上要求谈判双方人员在开局之初就做出共同的、积极的努力，创造出一种有利于谈判进展的建设性的谈判气氛。因此，通常情况下，谈判者都把力求实现双方坦诚合作、互谅互让，积极创造和维护融洽的谈判气氛作为谈判开局目标设计的方向。总的来说，这一热烈、友好与积极、建设性的谈判气氛通常表现出诚挚、合作、轻松和认真的特点。所谓诚挚，就是有要达成交易的迫切愿望，有同对方做成生意的诚意；合作，就是双方为实现各自的目标，相互配合，相互支持；轻松，就是双方谈判者处于不拘谨、不对立、应对自如的状态；认真，就是以严肃负责的态度，积极主动地搞好商务谈判，力争交易实现。

当然，客观上由于谈判双方经济实力和谈判人员能力的不同，以及谈判双方的要求和态度的不同等多种原因，都将可能导致谈判各方对各自开局目标设计的差异性。比如说，谈判双方的经济实力和谈判能力相当，各自又都抱有良好的主观愿望，态度认真坦诚，表现出求大同存小异的意向和态度，彼此都以大局为重，决心共同实现各自的差异化的需要，这就应把创造和谐的谈判气氛作为谈判开局的目标。但是，如果双方经济实力、谈判能力悬殊，且对方企图先发制人，以强凌弱，那么作为弱者的谈判一方就应把平等对话、平等协商的谈判气氛作为谈判开局的目标。

在谈判活动的客观实践中，谈判气氛的类型与特点多种多样，不同的谈判氛围适用于不同的谈判环境。谈判人员应根据实现谈判终极目标利益的需要，结合现实谈判环境条件针对性地设计谈判开局目标，设定有利于实现己方谈判利益的特定的谈判开局气氛，谋取谈判的主动权和控制权，从而引导整个谈判活动朝有利于己方目标和利益的方向发展，最终获得谈判的成功。

2. 开局目标设计的策略方法

从特定的谈判终极目标和具体的谈判环境条件出发，可以采取以下三种策略方法设计谈判开局目标。

（1）优势定位法。优势定位法是商务谈判的一方在谈判开局阶段把创造平等坦诚、互谅互让的谈判气氛作为己方的开局目标的策略方法。

采取优势定位法，其条件通常是：商务谈判双方的实力对比悬殊；双方谈判的主谈人的谈判能力存在明显差异；我方为强方，在经济实力、政治背景、协作关系等方面占有较大优势；对方为弱方，企业实力、谈判能力较弱，且多为外来客户；双方本次交易的需求愿望不对等，对方有较急迫的利益要求；同时，在谈判的开局阶段，已觉察到作为弱者的对方，对我方的态度弱而不卑；等等。

优势定位法设法营造的平等坦诚、互谅互让、轻松愉快的谈判气氛，是一种理想的谈判气氛。为此。谈判人员在开局阶段要做到以下几点。

① 在热烈友好氛围下交往，谈判的东道主应有主人的风度。

② 态度平和、诚恳、真挚，作为强者的己方不以势压人、倚强凌弱。

③ 在商谈中心议题前交流思想，双方努力适应彼此需要。

④ 建立认真的工作气氛，交谈的内容稍带事务性。

运用优势定位法应注意以下事项。

① 主动地创造积极的谈判气氛。开局之初常常出现的困难是冷场。在这种情况下，会谈的东道主应有主人的风度，当仁不让，以热情友好的言语先讲话。要是客人主动发言，则再好不过了。我方应有意识地同对方产生共鸣，创造一种和谐、活跃的谈判气氛。

② 在行为举止上要尽量表现出豁达大度。由于我方为强方，在主场谈判情况下，为形成积极的谈判气氛，要表现出我方的豁达、宽容，与对方的感情交流要真情流露，对对方的谈判人员要平等相待，双方的发言要平分秋色，切忌出现独霸江山、不可一世的局面。

③ 引导对方按我方设定的目标思维并采取行动。优势定位法的谈判开局目标的设定在开谈之初只是我方一方的意愿，要努力使之成为谈判双方的共识。我方必须发挥在开局目标设定上的主导作用，引导对方向我方设定的目标靠拢，争取创造出良好的谈判气氛。

④ 密切注意对方的策略定位，谨防对方“反向行动”给我方造成的不利。切忌大意失利，恶化开局阶段的谈判气氛。

（2）均势定位法。均势定位法是商务谈判的双方在谈判开局阶段把创造和谐的洽谈气氛作为双方的开局目标的策略方法。

采用均势定位法，其条件通常是：商务谈判双方的经济实力相当，双方谈判的主谈人的谈判能力差别不大，双方呈均势状态；谈判双方各自又都有良好的主观愿望，谈判的态度认真坦诚；同时，在谈判的开局阶段，双方已表现出初步的求大同存小异的意向或承诺，决心适应彼此需要，坚持不让小事、枝节问题改变根本决策或破坏大局等。这些都为双方把创造和谐的气氛作为开局目标打下良好基础。

应该认识到，均势定位法主要源于谈判双方均势状态下所存在的共同利益。一项成功的商业交易，其目标并不是要置谈判对手于死地。谈判的目标应该是双方达成协议，而不是一方独得胜利。交易双方都必须感到自己有所得，即使其中有一方不得不做出某些牺牲，整个格局也应该是双方各有所得。对于谈判双方存在的共同利益至少有下述几个方面。

① 双方都要求格局稳定，保持均势。

② 双方都希望达成彼此都大体满意的贸易协定。

③ 双方都期望维护良好的合作状态。

④ 双方都期望维护良好的、长期的关系。

因此，明确谈判双方的共同利益，保持谈判双方的均势状态，对采用均势定位法是至关重要的。

运用均势定位法应注意以下事项。

① 清醒认识并保持谈判双方的均势。均势格局是保持稳定的必要条件，没有均势就难有和谐。谈判双方实力平衡，谈判局势往往呈现稳定或相持的状态。对抗的发生是对平衡势态的打破。谈判双方实力失衡，谈判局势往往呈现恶化或动荡的状态。因此，在商务谈判中，必须通过双方或多方的力量的牵制与制约，求得均衡之势，以避免对抗，布好开局。

② 努力为实现利益均沾的目标创造和谐气氛。如上所述，均势定位法主要源于双方的共同利益。因此，应当把商务谈判当作一项合作的事业，双方认真权衡共同利益与各自的独立利益，为实现利益均沾的谈判目标，双方相互适应，彼此迁就，密切合作，形成和谐的谈判气氛。

③ 提防谈判一方打破平衡，恶化谈判气氛的企图。均势下和谐的谈判气氛的形成和维持是有难度的，因为谈判双方实力大体相当，任何一方都没有明显的优势。不排除其中一方企图打破均势，谋求谈判的有利态势。如果均势格局的平衡点被打破，双方的力量对比发生倾斜，就可能破坏和谐的谈判气氛的形成和维持，这在开局目标设定时应特别警惕。

（3）劣势定位法。劣势定位法是商务谈判的一方在开局阶段把先追求平等对话，后创造友好气氛作为己方的开局目标的策略方法。

采用劣势定位法，其条件通常是：商务谈判双方的实力对比悬殊，我方为弱方，对方为强方，对方在经济实力、企业背景、谈判能力等方面均处于优势，我方处于劣势；常常对方为主场谈判，我方为客场谈判；双方需求不对等，我方需求愿望强烈，对方需求并不急迫；同时，在谈判的开局阶段，对方已表现出企图先发制人，以强凌弱的态势。在这种情形下，作为弱者的我方只能把先追求双方能平等对话，后创造友好谈判气氛作为己方的开局目标。

运用劣势定位法应注意以下事项。

① 理智地规范己方开局阶段的行为。由于我方处于劣势，为顺利开局，掌握好言行的分寸感十分重要。在行为方式上，应诚挚友好，坦然平和，不卑不亢，以礼相见。不要低三下四，曲意附和，更不能感情用事，只图一时痛快地“乱放炮”。

② 情、理、利“三管齐下”，追求双方平等对话。情、理、利，即感情、道理、利益或利害关系。在这三者间，情为前提，理为根基，利为关键。在我方处于劣势的情势下，围绕平等互利这一命题，动之以情，晓之以理，明之以利，三管齐下，争取说服对方，使对方从中感觉到却之

违情，抗之悖理，背之不利，从而接受我方的开局目标。

③ 积极主动地调节对方的言行。由于对方处于谈判的有利地位，在言行上表现为傲慢、过分轻狂、自以为是、盛气凌人等是常见的。这时的谈判气氛往往也是紧张的、冷淡的、对立的。处于这种情况下的我方，应不予计较，以礼相待，以情感化，据理力争，积极影响、调节对方的过分言行，“化干戈为玉帛”，变消极因素为积极因素，推动谈判气氛向平等、友好、富于建设性的方向转化。

5.1.3　谈判开局的表达

在开局目标设定后，接踵而来的是谈判开局目标的表达。谈判开局的表达，即选择适当的方式对己方谈判开局的目标予以表露和传达，使己方的开局目标易于为对方理解并对对方的开局目标产生积极的影响。

1. 谈判开局的表达及意义

商务谈判活动是谈判双方表达各自意愿的复杂过程。谈判各方人员以一定方式表露和传达信息，往往既显示了己方的谈判目标，又展现了各自不同的谈判信心和谈判状态，并在一定程度上引导谈判发展的方向，影响谈判最终的成败。因此，商务谈判各方应选择适当的开局目标的表达方式，并对己方谈判人员要有合乎开局目标要求的行为约束。

在实际的商务谈判活动中，常见的谈判开局目标的表达方式有多种，一般可从两种角度划分。

（1）按“直率”与“婉转”两种因素的组合，开局目标的表达方式分为“直率对直率”、“直率对婉转”、“婉转对直率”、“婉转对婉转”等方式。

（2）按“刚”与“柔”两种因素的组合，开局目标的表达方式分为“以刚对刚”、“以柔对柔”、“刚柔相兼”、“以柔克刚”、“以刚制柔”等方式。

在商务谈判双方面对面的交谈过程中，开局目标的表达方式选择适当，就能使己方的开局目标容易为对方理解，并对对方开局目标产生积极的影响；如果对开局目标的表达方式选择失当，常会造成对方对我方开局目标的曲解、误会以至敌意，给对方的开局目标产生消极的影响。

2. 谈判开局表达的策略方法

在谈判双方相互竞争与相互合作的矛盾中，可以选择以下三种策略方法表达开局目标。

（1）协商表达法。协商表达法是指以婉转、友好、间接的交谈方式表达开局目标的策略方法。

从交际心理学的角度看，商务谈判人员虽然有着不同的身份地位、文化程度、社会经历、思想性格和心理情绪，但在谈判过程中，都有一种出于上述特定境况的心理上的亲和需求。比如一般都有从属于团体组织的需要，被人尊重和理解的需要，获得支持与帮助的需要，取得合作与友谊的需要等。因此，我方在表达开局目标时，应注意从当时的背景环境、客观情势，以及谈判对手的年龄、地位、思维、性格、文化、心理等情况出发，力求使自己的表达从方式到内容都符合客观情势和对方心理上的主观需要，从而达到表达开局目标的预期目的。

协商表达法符合交际心理学的上述要求。协商表达法要求谈判的一方以相互商量、商谈的口吻，而不是以陈述甚至是命令的口吻，婉转、友好地表达己方的开局目标，以至处理谈判后续阶段的种种分歧。通常这一方法容易为对方接受，促使对方点头称是，忘掉彼此间曾经有过的争执，并使双方在友好、愉快、轻松的气氛中将商务谈判引向深入，收到意想不到的良好效果。

采取协商表达法，其条件通常是：商务谈判双方都有良好的谈判意愿，希望能促成眼前的交易；或谈判的一方明显地居于谈判劣势，试图以协商表达方式联络双方的感情，争得己方起码的、大致平等的谈判地位；或者谈判双方均为交易的老客户，彼此间对各自的经济实力、谈判能力都非常熟悉；等。

【案例5.1】

甲乙双方在谈判刚开局时有以下一段简单的交谈。

甲方：我们彼此介绍一下各自的生产、经营、财务和商品的情况，您看如何？

乙方：完全可以，如果时间、情况合适的话，我们可以达成一笔交易，您会同意吧？

甲方：完全同意。我们谈半天如何？

乙方：估计介绍情况一个小时足够了，其他时间谈交易条件，如果进展顺利，时间差不多。

甲方：那么，是贵方先谈，还是我先谈？

乙方：随便，就请您先谈吧。

可见甲乙双方已就速度等方面达成一致意见。

运用协商表达法应注意以下事项。

① 注意表达的用语、语气，把握好语言的分寸感。在语言表达上，一般多用礼貌用语、寒暄用语、设问用语；同时，尽量做到发音清晰，语气适当，音量适中，音调高低快慢适宜。比如，“我想先和您商量一下这次会谈的总的安排，您觉得怎样？”“我们先交流一下彼此的情况，您看好吗？”等。切忌使用命令的、冒犯的、冷淡的语言。

② 淡化表达语言的主观色彩。口口声声讲“我提出”、“我认为”，自作鉴定，自我评论，即使其意不在排“他”扬“我”，这种表达语言也是不可取的。为此，要讲究语言表达技巧，或谈己不言己，或变抽象为具体，或引用他人之语等，以淡化表达语言的主观色彩，增强开局表达效果。

③ 努力培养谈判双方的认同感。在表达开局目标时，要以协商、婉转的口吻表达，争取建立和培养谈判双方的认同感。比如，“我们先确定会谈的议程，您是否觉得合适？”“您觉得合适，那是我先谈，还是贵方先谈好？”等。这些表面上无足轻重的问话，很容易让对方无所顾虑地给予肯定的回答，从而形成彼此一致的观点和意见，双方就能比较容易达成互惠的协议。

（2）直陈表达法。直陈表达法是指以坦诚、直率的交谈方式表达开局目标的策略方法。

选用直陈表达法表达开局目标时，我方直截了当地陈述己方的开局目标，和盘托出己方的判断及意图；同时，还可以站在对方的立场上设想并提出己方的看法，推动对方回应我方的提议，争取双方形成共同的开局目标。一般情况下，坦诚、直率的表达方式，是获得对方理解和信赖的方法之一，人们往往对愿意表露真实意愿的人有安全感和亲切感；同时，坦诚、直率的表达方式还能满足听者的自我意识和充分的权威感，往往可能缩短与对方的心理距离。因此，直陈表达经常能达到理想的预期效果。

采取直陈表达法，其条件通常是：商务谈判双方已有多次交易往来，双方谈判人员关系密切，对对方有较深的了解，说话无需拐弯抹角；双方谈判人员包括主谈人的身份和资格大体相当，反差不大；或者在谈判的开局阶段，已发现对方对自己的身份及能力表示怀疑，或持有强烈的戒备心理，并且可能妨碍谈判的深入，而下决心姑且一试，以争取谈判的主动地位，并力争赢得对方的信赖和支持。

【案例5.2】

一个经济实力较弱的小厂与一个经济实力强的大厂在谈判时，小厂的主谈人为了消除对方的疑虑，向对方表示道："我们摊子小，实力不够强，但人实在，信誉好，产品质量符合贵方的要求，而且成本较其他厂家低。我们愿意真诚平等地与贵方合作。我们谈得成也好，谈不成也好，我们这个'小弟弟'起码可以与你们这个'大兄长'交个朋友，向贵方学习生产、经营及谈判的经验。"肺腑之言，不仅可以表明自己的开局意图，而且可以消除对方的戒心，赢得对方的好感和信赖，这无疑会有助于谈判的深入进行。

运用直陈表达法应注意以下事项。

① 使用好直陈表达的方式。直陈表达在于直接诉诸理性。直陈表达的方式要有理有据，明确简洁，言简意赅，杜绝一切不实之词和无稽之谈。要用简单明了、提纲挈领、直截了当并且具有较强浓缩性的语言表达我方的开局目标，使对方准确无误地理解我方的思想。一般来说，表达的语言明确简洁，体现了谈判者的智力水平和表达能力，能使对方产生好感，并从心理上受到抑制。反之，表达的语言晦涩冗长，啰唆重复，不仅不利于对方理解我方的意图，而且低水平的语言表达也容易引起对方的轻视，甚至厌恶、鄙视。

② 把握好直陈表达的分寸。直陈表达中，说话的深浅，着力的大小，用词的轻重，表达的激缓，都是值得斟酌的。对对方直陈过激，对方容易反感，造成双方的紧张态势；对对方直陈过缓，又可能使对方感到我方的软弱，或认为我方缺少诚意，容易引起对方的怀疑。因此，直陈表达既要克服急躁情绪，又要避免给人以怠慢的感觉。

③ 控制好直陈表达的极限。直陈表达的内容与范围是有限度的，其限度在既不影响己方的开局目标，不损害己方的根本利益，又不致恶化谈判气氛，甚至导致双方谈判关系的破裂。因此，直陈表达不能把己方的一切和盘托出，尤其是关系己方根本利益的意图，在表达时必须保留。

（3）冲击表达法。冲击表达法是指以突然、激烈、令谈判对方意外甚至受窘的交谈方式表达开局目标的策略方法。

冲击表达法不是一种常规的开局目标表达方法。这是在商务谈判开局时的某些特殊场合下采用的一种特别的表达方法。

在商务谈判中，绝大多数谈判者在谈判的全过程，尤其在开局阶段都是以尊重人、体谅人、理解人的方式交往，谈判一方在开局阶段就蛮横无理的情形是极个别的。但是有时确实出现了这种情况，商务谈判双方刚一接触，对方非常傲慢，以居高临下之势口出狂言，自命不凡，令人反感；或者对方在谈判一开始就对我方讽刺挖苦，百般刁难，伤害我方的感情。在此情势下，我方若谨行慎言，不厌其烦地述说己方的开局目标，只能助长对方的嚣张气焰。因此，可考虑选用冲击表达法，先是退避三舍，让对方充分表演，然后采用冲击度极强的表达方式，突然拍案而起，开门见山，旗帜鲜明地批驳对方的言行，亮出己方的关键论点。这一方法，常常会弄得对方手足无措，锐气大减。但由于利益所在，对方常会在窘态消失之后，坐下来开始进行真诚的平等的对话与谈判；我方也可借谈判气氛缓和之机，坦诚地表达己方开局目标。

【案例5.3】

一位客商利用某企业急需求购原料且濒于停产之机，大肆抬高交易条件，并且出言不逊，伤害该企业谈判人员的感情，诋毁该企业的名誉。在这种情况下，如果该企业的谈判人员一味谦恭，诉说己方的困难处境，只会适得其反，助长对方气焰。该企业谈判人员在谦恭、退让之后，突然拍案而起，采用了冲击表达方法。他指责对方道："贵方如果缺乏诚意，可以请便。我们尚有一定的原料库存，并且早就做好了转产的准备，想必我们今后不会再有贸易往来。先生，请吧！"由于谈判双方已投入了一定的人力、财力，再加上利益所在和双方都有调和的意愿，这种冲击式的表达技巧，产生了应有的效果，促使双方终于坐下来开始了真诚的谈判。

运用冲击表达法应注意以下事项。

① 冲击表达要有突然性和创意性。冲击表达应突然，令对方意外，以保持它应有的冲击强度。同时，冲击表达要富于新意，不落俗套，具有振聋发聩的感染力量，能给对方以冲击、震动。切忌任何平淡无奇、软弱无力的陈词滥调。

② 不要视对方为敌，避免双方情绪对立。冲击表达有可能得到好的效果，但也可能产生负面效应。因此，在选用此法时，在指导思想上应不视对方为敌，并且要判断己方观点、态度的冲击力度，预测对方的可能反应及程度。必须尽力避免攻击对方的自尊心，以免产生谈判者最忌讳的情绪性对立。

③ 不要对对方的行为定性或批评其动机。对方可能在开局阶段会有过分言行，可以运用冲击表达法进行批驳。但最好是一带而过，尤其是不要对对方的行为定性或揭露其背后隐藏的动因。这样才能在冲击表达后，利用谈判气氛可能出现的缓和机会，积极创造扭转对立局面的条件，争取商务谈判后续各阶段的友好合作。

5.1.4 谈判开局目标的实现

开局目标设定和表达之后，还要选择适当的方法，最终实现或基本实现开局目标。同时，在商务谈判后续的各个阶段，还要通过双方的共同努力，努力维护和维持开局目标。

1. 谈判开局目标的实现及意义

谈判开局目标的实现，是谈判者通过运用一定的策略方法，最终形成或实现特定的、适合谈判开局目标要求的谈判开局气氛。任何商务谈判开始时，双方谈判人员的心态，可以说是在有保留的热诚到隐含敌意的幅度内变动。究竟是热诚或是敌意，双方刚一接触便形成的第一印象有重要的作用。在开局阶段，谈判人员在相互交往中，对对方的表情、目光、姿态等动作语言和口头语言做出初步评价，形成对对方的第一印象，它输入谈判人员的大脑，使之受到相应的刺激。这种刺激反过来又会形成不同的情绪，从而决定大脑兴奋的程度、思维活动的频率，并产生不同的心态和情绪。这些心态和情绪又会依其性质的不同反馈回来，使谈判人员在谈判中表现出或信心十足，富于安全感、成就感，或疑虑重重，保持戒备甚至怀有敌意。在一定环境中谈判人员究竟反映出何种情绪，表现出何种心态，完全取决于构成这一环境的各种因素所造成的刺激的性质及刺激信号的强弱。

应该看到，在商务谈判的开局阶段，绝大多数的谈判人员都是抱着通过谈判来达到己方合理受益的目的而相互接触的。理想的、建设性的谈判气氛有助于谈判活动的顺利进行，沉闷冷淡的气氛会给谈判活动的开展增加阻力。可是，要实现开局目标，创造一种理想的、建设性的谈判气氛，则要求所有参加谈判活动的人员，自觉地把自己看作是谈判环境的一部分。在商务谈判的全过程，尤其是在开局阶段，及时、准确地揣测对方的心理，巧妙地以恰如其分的信号刺激对方。经双方努力，在谈判的开局阶段就渲染烘托起热烈、友好、诚挚、和谐的谈判气氛，最终实现谈判的开局目标。

2. 谈判开局目标实现的策略方法

在开局阶段，双方谈判人员从见面入座、开始交谈，到话题进入实质性内容之前，要创造出理想的、建设性的谈判气氛，通常选用的策略方法如下。

（1）中性话题实施法。中性话题实施法是指以与谈判正题无关又无害的话题开场，促使谈判双方情感上的接近、融洽，实现开局目标的策略方法。

中性话题实施法适用于绝大多数的商务谈判场合。谈判开始，为什么适宜于选择中性话题开场？这是因为中性话题的谈论容易引起谈判双方感情的共鸣，给彼此间的续谈提供了方便，便于双方通过语言的交流迅速实现情感上的融洽。

商务谈判人员通常选用的中性话题有如下一些。

① 谈论气候、季节及适应性。

② 双方互聊个人状况，互致私人问候。

③ 会谈前旅途的经历或本次谈判后的游览计划。

④ 当前社会普遍关心的热门话题，名人轶事。

⑤ 双方个人的爱好和兴趣。

⑥ 体育新闻、文娱消息。

⑦ 家庭状况。

⑧ 双方都熟悉的人员及经历。

⑨ 曾有过的交往，以往的共同经历或过去成功的合作等。

⑩ 开些较轻松的玩笑。

运用中性话题实施法应注意以下事项。

① 选择积极的中性话题，设法避免令人沮丧的话题。中性话题有积极与消极之分，积极中性话题容易使对方向我方靠拢，对我方的意见持肯定看法，并表现出认同、接受的态度，从而将其引向我方所要达到的目标；消极的中性话题则使对方背离我方，对我方的意见持否定的看法，并表现出一种反感、排斥的态度，影响我方开局目标的实现。为了顺利地创造和谐的谈判气氛，应主动选择积极的中性话题，设法避免令人沮丧的话题。

② 积极主动入题，努力防止开局冷场。商务谈判双方，尤其是主场谈判的一方，应发扬主人的风度，先行入题，以产生共鸣。如果我方能从对方的角度引入中性话题，并为对方所接受，对方也加入交谈，整个谈判气氛就会活跃起来。在双方情感趋近的情势下，如果能照顾到对方希望多讲并企图显示其优越性的心理需求，交谈的效果会更好。

③ 互叙中性话题时间不可太长，应适可而止。避免过分闲聊，离题太远，浪费谈判时间。

④ 避免在开局阶段就中性话题所涉及的有关内容讨论彼此有分歧的看法。

（2）坦诚实施法。坦诚实施法是指用坦白率直、开诚布公的态度与谈判对方交谈，向对方表露己方的真实意图，以取得对方的理解和尊重，赢得对方的通力合作，实现开局目标的策略方法。

商务谈判的成功，不仅取决于双方在谈判时所处的背景和形势，还取决于谈判者人为地制造的交往关系的密切程度。就一般的看法而言，谈判者之间不可能完全相互信任，总会存在猜疑。谈判老手的高明之处不在于企图消除这种猜疑，而是巧妙地利用人所共有的希望他人支持自己的观点、赞同自己的主张、言行能使他人产生共鸣的人际交往的心理，创造感情上的相互接近，取得对方的尊重和信任，使对方甘愿从友好的方面进行猜测。坦诚相待正是获得对方理解和尊重的好方法。在谈判双方实力与需求大体对等，或双方原来就有良好的合作关系，以及双方主谈人的性格气质大体相近的情况下，对开局目标的实现通常采用坦诚实施法。

运用坦诚实施法应注意以下事项。

① 肯于流露真实的感情和看法。如前所述，人们往往对肯流露真情的人有亲切感。同时，真情的流露还能满足听者的自我意识和充分的权威感。所以，坦诚的真情流露经常能收到预期的效果。为此，要肯于表露自己真实的希望和担心，公开自己的立场和目标，用事实和行为使对方认为自己值得和可以信赖。

② 坦诚要适度，“度”的大小要视情况而定。在商务谈判中，坦诚是有限度的，并不是要把己方的一切和盘托出，特别是与谈判的底数有关的事项，绝不可以向对方坦诚交底。若谈判对方为不合作型的谈判对手，坦诚度要小，因为言多失密，对己方不利；若谈判对方为长期合作的老客户，坦诚度可放大一些，以增强合作意识，取得皆大欢喜的结果。

③ 谈判人员必须努力培养坦诚守信的素质。坦诚给对方以真实感，坦诚正直、守信用是赢得谈判对方真诚合作的先决条件。朝令夕改，出尔反尔，虚情假意，轻改诺言都不可能使谈判双方建立起信任感和创造出融洽的谈判气氛。

④ 注意坦诚可能带来的风险。要做好谈判对方利用你的坦白率直、开诚布公逼迫你退让的准备。遇到这种情况，要能审慎处理并且不失坦率的风度。

（3）幽默实施法。幽默实施法是指借助形象生动的媒介、风趣诙谐的语言风格与对方交谈，以打破对方的戒备心理，引起对方的好感和共鸣，实现开局目标的策略方法。

恩格斯说：“幽默是具有智慧、教养和道德上优越感的表现。”幽默的谈吐是一个人的思想、学识、智慧和灵感在语言运用中的结晶，也是谈判交际语言的“味精”和“润滑剂”。在商务谈判的开局阶段以至其后各阶段采用幽默实施法，可以使谈判气氛轻松活跃，提高双方人员谈判或继续谈判的兴致，或者至少可以使谈判者紧张的情绪得到有效的缓解；可以使冷淡、对立、紧张、一触即发的谈判气氛变为热烈、积极、友好、和谐的谈判气氛；可以使对方不失体面地理解、接纳、叹服你的劝慰，接受你的观点；可以帮助在谈判中已经处于不利的一方巧妙地摆脱困境；可以促使对方形成对你的修养、学识和能力的认同，转变其固有的观念与态度，为进一步的谈判打下基础。

幽默包含有多种类别，主要有谑称的幽默，反语的幽默，灰色的幽默，病态的幽默，低级、黄色的幽默。幽默实施法多用谑称的幽默和反语的幽默。幽默实施法适用于多数的商务谈判场合。不过，谈判双方以前曾有过一定的接触，谈判双方人员，尤其是双方的主谈人的素质反差不大，运用这一方法更为适宜。

运用幽默实施法应注意以下事项。

① 运用幽默要合时宜，即要符合谈判的对象、环境、事项。幽默是客体的喜剧性与主体的幽默感的有机结合，需要幽默的氛围。在商务谈判的开局阶段，为形成良好的、建设性的谈判气氛，幽默应因人、因事、因时、因地而发。幽默要尽可能力求内容健康而不落俗套，寓意含蓄而不晦涩，语言风趣而不庸俗。

② 不要在幽默中加进嘲笑的成分。商务谈判中对幽默手法的运用，要围绕实现开局目标的要求，建立在对谈判对方尊重的思想基础上。幽默应该是善意的，友好的，发自内心的，幽默的运用更多是为了活跃谈判气氛，而不要含有对谈判对方嘲笑的成分。要做到调侃但不嘲弄，敏锐但不滑头，委婉但不悲观，尖锐但不刻薄。

③ 笑谈自己，以增加己方的吸引力。这实际上是一种漫画式的夸大其词。在笑谈自己时，对自己表面的、无大碍的某些缺陷、缺点进行夸大或缩小，使自身的某些本质特征鲜明地显露出来，既可以作为幽默的“笑料”调节了整个开局阶段的气氛，又表现了自己的大度胸怀，并在看似难堪的窘境中，以自我排解的方式实施了己方的开局目标。

④ 谈判双方人员要有必备的文化素质和相应的气质、修养、风度。由于幽默是语言、性格、情景等因素别开生面的巧妙组合，因此要求谈判人员要有高雅的情趣和乐观的信念，较强的观察能力和想象力，较高的文化素养和较强的驾驭语言的能力。只有双方的谈判人员具备大体相当的素养，才能借用幽默的方法激发形成融洽、活泼、建设性的谈判氛围。

5.2 商务谈判气氛的营造

谈判开局气氛是由参与谈判的所有谈判人员的情绪、态度与行为共同影响、共同作用而形成的。任何谈判个体的情绪、态度与行为都可以影响或改变谈判开局气氛；与此同时，任何谈判个体的情绪、思维都要受到谈判开局气氛的影响。由于谈判开局气氛是在谈判开局的很短时间内形成的，而且开局气氛会对整个谈判进程发挥重要的影响作用，这就要求谈判人员要善于运用灵活的策略技巧和有效的开局方法，努力营造一种有利于己方的谈判开局气氛，从而控制谈判开局，左右谈判对手，引导整个谈判的进程。

实际上，每一次商务谈判都会表现出独特的谈判气氛。有的谈判气氛十分热烈、积极、友好，双方都抱着互谅互让、使彼此都能得到满足的态度来参加谈判，通过共同努力签订一份利益双赢的协议，使谈判变成一次轻松、愉快的合作。有的谈判气氛是冷淡、对立、紧张的，双方抱着寸土不让、寸利必争的态度来参加谈判，都想尽可能签订一份使己方利益最大化的协议，从而使谈判变成一场激烈的争夺和战争。有的谈判气氛是平静的、严肃的；有的谈判则松松垮垮、旷日持久。更多的谈判气氛则介于上述气氛之中，热烈之中包含紧张，对立之中存在友好，严肃之中有着轻松。实践中，谈判气氛的表现形态是丰富多样和错综复杂的。一般来说，理论上根据出现于谈判开局阶段的谈判气氛的表现状态和情势的高低，将谈判开局气氛分为三种情形，即高调气氛、低调气氛与自然气氛。

谈判气氛的类型虽然复杂多样，但是具体选择并营造一种什么样的谈判气氛却不是一件随意和想当然的事情。一方面，开局气氛的营造要体现灵活性、技巧性和策略性。谈判人员要注意研究和运用各种谈判开局策略与开局气氛营造方法。一定的开局策略的具体运用会有利于形成特定的谈判气氛，而这一谈判气氛又会反过来影响谈判开局策略与手段的有效利用，两者相互作用，相互促进。另一方面，开局气氛的营造更取决于各种复杂的客观背景与环境因素。具体营造一种什么样的谈判气氛要服务于特定的谈判者的谈判总体目标，利益预期与谈判方针、政策，需要综合考虑谈判双方之间的谈判实力对比与谈判历史关系以及其他谈判环境因素，需要通过谈判双方参与人员的共同努力或共同影响才能现实地形成。

5.2.1 高调气氛

高调气氛是指谈判气氛比较热烈，谈判双方情绪积极、态度主动，愉快因素成为谈判情势主导因素的谈判开局气氛。高调气氛通常会对谈判的开局及谈判的顺利进展发挥积极的促进作用。在这种谈判气氛中，谈判对手往往只注意到他自己的有利方面，而且对谈判前景的看法也倾向于乐观，因此，高调气氛易于促进协议的达成。

1. 高调气氛的表现

高调气氛主要表现为热烈、积极、友好的谈判气氛。谈判双方态度诚恳、真挚，彼此主动适应对方的需要；见面时话题活跃，口气轻松；感情愉悦，常有幽默感。双方显得精力充沛，兴致勃勃；谈判人员服装整洁，举止大方，目光和善；见面热情友好、相互让座，欣然落座，相互问候，互敬烟茶等。双方对谈判的成功充满信心，把谈判成功看成友谊的象征。

2. 营造高调气氛的条件

在什么情况下营造高调气氛，应具体考虑谈判双方的实力对比，谈判双方企业之间的业务关系和双方谈判人员的个人关系以及谈判者的成交意愿等因素。通常而言，可以在以下几种情况下营造高调气氛。

（1）己方占有较大优势。如果本方谈判实力明显强于对方，为了使对方清醒地意识到这一点，并且在谈判中不抱过高的期望值，从而产生威慑作用，同时又不至于将对方吓跑，在开局阶段，在语言和姿态上，既要表现得礼貌友好，又要充分显示出本方自信的气势。

（2）双方企业有过业务往来，关系很好。这种友好关系应该作为双方谈判的基础。在这种情况下，开局阶段的气氛应该是热烈的、友好的、真诚的、轻松愉快的。本方谈判人员在开局时，语言上应该是热情洋溢的；内容上可以畅叙双方过去的友好合作关系，或两企业之间的人员交往，也可以适当地称赞对方企业的发展和进步；姿态上应该比较自由、放松、亲切。在寒暄结束时，可以这样将话题引入实质性谈判："过去我们双方合作得一直非常愉快，我想，这次我们依然会有一个皆大欢喜的结果，让我们一起开始努力吧！"

（3）双方谈判人员个人之间的关系。谈判是人们相互之间交流思想的一种行为。个人感情会对交流的过程和效果产生很大的影响。如果双方谈判人员有过交往接触，并且还结下了一定的友谊，那么，在开局阶段应该畅谈友谊。可以回忆过去交往的情景，也可以讲述离别后的经历，还可以询问对方家庭的情况，以增进双方之间的感情。一旦双方谈判人员之间建立和发展了私人感情，那么，提出要求、做出让步、达成协议就不是一件太困难的事。

（4）己方希望尽早与对方达成协议。由于己方的成交愿望强烈，希望把握时机，担心失去机会；或者对谈判成交前景判断乐观，希望提高谈判效率，迅速成交，因而全力投入，态度恳切，积极烘托热烈向上的谈判气氛。

3. 高调气氛营造方法

营造高调气氛通常有以下几种方法。

（1）感情攻击法。感情攻击法是指通过某一特殊事件来引发普遍存在于人们心中的感情因素，使这种感情迸发出来，从而达到营造热烈、积极的谈判气氛的目的。

【案例 5.4】

江苏仪征化纤工程是世界上最大的化纤工程。1985年7月，江苏仪征化纤工业公司总经理任传俊主持了一次和原联邦德国吉玛公司的索赔谈判，对手是理扬·奈德总经理。由于引进的圆盘反应器有问题，中方提出了1 100万马克的索赔要求，而德方只认可300万马克。这是一次马拉松式的谈判。在一次谈判的开始前，任传俊提议陪理扬·奈德到扬州游览。

在花木扶疏、景色宜人的大明寺，任传俊对德方代表团介绍道："这里纪念的是一位为了信仰，六渡扶桑，双目失明，终于达到理想境界的高僧鉴真和尚。今天，中日两国人民都没有忘记他。你们不是常常奇怪日本人对华投资为什么比较容易吗？那很重要的原因是日本人了解中国人的心理，知道中国人重感情、重友谊。"接着，他对理扬·奈德笑道："你我是多年打交道的朋友，除了彼此经济上的利益外，就没有一点个人之间的感情吗？"

旅行车从扬州开回仪征，直接开到谈判室外，谈判继续进行。任传俊开门见山地说："问题既然出在贵公司身上，为索赔花费太多的时间就是不必要的，反正要赔偿……"

理扬·奈德耸耸肩膀："我公司在贵国中标，才花了1亿多美元，我无法赔偿过多，我总不能赔着本干……"

任传俊紧跟一句："据我得到消息，正是因为贵公司在世界上最大的化纤基地中标，才得以连续在世界15次中标，这笔账怎么算呢？"理扬·奈德一时语塞。

任传俊诚恳地说："我们是老朋友了，打开天窗说亮话，你究竟能赔多少？我们是重友谊的，总不能让你被董事长敲掉了饭碗；而你也要为我想想，中国是个穷国，我总得对这里1万多名建设者有个交代。"

谈判结束了，德方赔偿800万马克。

理扬·奈德事后说："我付了钱，可我心里痛快，因为对方比我精明，比我更具备战略眼光。"

（2）称赞法。称赞法是指通过称赞对方来削弱对方的心理防线，从而激发出对方的谈判热情，调动对方的情绪，营造高调的气氛。

【案例 5.5】

美国华克公司在费城承包建筑一座庞大的办公大厦。工程启动后，计划进行得很顺利，不料在接近完工阶段负责供应内部装修的铜器承包商突然宣布他们无法如期交货。这样一来，不仅整个工程要延期，华克公司还得支付巨额罚金。为了避免遭受重大的损失，公司与该承包商进行了多次电话交涉，因双方分歧较大均无结果。公司只好派高先生前往纽约与承包商面议。

高先生一走进那位承包商的办公室便微笑着说："你不知道，在纽约你这个姓氏只有一个，一下火车，我在电话簿里很快就找到了你的地址。"

"这我一向不知道。"承包商说着也兴致勃勃地查阅起电话簿来，一边查找，一边不无骄傲地谈论起他的家族和祖先："我的家庭是从荷兰移居纽约的，几乎有200年了。"高先生听了他的谈论，先是称赞他的祖先，然后称赞他居然创建了这么大的一家工厂。承包商听后很自豪地说："这是我花了一生的心血建立起来的一项事业，我为它感到骄傲，你愿不愿意到车间里去参观一下呀？"高先生欣然前往。

参观时，高先生一再称赞他的工厂组织制度健全，机器设备精良。承包商听了高兴极了。他声称其中有一些机器还是他亲自发明的。高先生马上又问他，那些机器操作起来如何？工作效率怎样？到了中午，承包商坚持要请高先生吃饭。他说："到处都需要铜器，但是很少有人像你这样对这一行感兴趣。"

至此，高先生尚只字未提来访的真正目的。

用完午餐，承包商说："现在，我们谈谈正事吧。我知道你这次来的目的。但我没有想到我们竟是如此愉快。你可以带着我的保证回到费城去，我保证你们要的材料如期运到。尽管我这样做会给另一笔生意带来损失，不过我认了。"

高先生轻而易举地获得了他所急需的东西。那些器材及时运到，使大厦在契约期限届满的那一天完工了。

采用称赞法时应注意以下几点。

① 选择恰当的称赞目标。选择称赞目标的基本原则是：择其所好，即选择那些对方最引以自豪的，并希望别人注意的目标。

② 选择恰当的称赞时机。如果时机选择得不好，称赞法效果往往适得其反。

③ 选择恰当的称赞方式。称赞方式一定要自然，不要让对方认为你是在刻意奉承他，否则会引起对方的反感。

（3）幽默法。幽默法是指用幽默的方式来消除谈判对手的戒备心理，使其积极参与到谈判中来，从而营造高调的谈判气氛。

采用幽默法时应注意以下几点。

① 选择恰当的时机。

② 采取适当的方式。

③ 要收发有度。

（4）问题挑逗法。问题挑逗法是指提出一些尖锐问题诱使对方与自己争论，通过争论使对方逐渐进入谈判角色。这种方法通常是在对方谈判热情不高时采用，有些类似于"激将法"。但是，这种方法很难把握好火候，在使用时应慎重一些，要选择好退路。

5.2.2 低调气氛

低调气氛是指谈判气氛十分严肃、低落，谈判一方情绪消极、态度冷淡，不快因素构成谈判情势的主导因素的谈判开局气氛。低调气氛会给谈判双方都造成较大的心理压力，在这种情况下，哪一方心理承受力弱，哪一方往往会妥协让步。

1. 低调气氛的表现

低调气氛通常表现为以下两种类型。

（1）冷淡、对立、严肃紧张的谈判气氛。谈判双方见面不热情、彼此互不关心；目光不相遇，相见不抬头，相近不握手，企图在衣着、语言、表情、行为等方面以优势因素压倒对方；交谈时语带双关，甚至使用讥讽的口吻等。双方处于明显的戒备、不信任的心理状态和强烈的对立情绪之中，整个开局呈剑拔弩张的局面。这种谈判气氛给整个开局蒙上了一层阴影。这一类型的谈判气氛有时是在法院等第三方参与调解、双方利益严重对立的情况下产生。

（2）松弛、缓慢、旷日持久的谈判气氛。商务谈判中不乏持续性、分阶段性的洽谈。这时，谈判双方人员对谈判已经感到厌倦。谈判人员进入谈判会场姗姗来迟、衣冠不整、精神不振。相见时握手例行公事、不紧不松；面部表情麻木，眼视他方；或入座时左顾右盼，显出一种可谈可不谈的无所谓的态度。对双方谈判的目标不表示信心，对对方的话题不认真倾听，甚至以轻视的口吻发问，双方谈判不断转换话题，处于一种打持久战的氛围之中。

2. 营造低调气氛的条件

在什么情况下营造低调气氛，应具体考虑谈判双方的实力对比和谈判双方之间的业务关系等因素。通常而言，可以在以下几种情况下营造低调气氛。

（1）己方有讨价还价的砝码，但是并不是占有绝对优势。如果己方谈判实力相对弱于对方，为了不使对方在气势上占上风和轻视己方，谈判人员应做好充分的心理准备并要有较强的心理承受能力，始终显示一种内在的信心和展示一种顽强作战、不屈不挠的斗争精神，也可以向对方表示一定的合作姿态，同时要善于运用己方的砝码迫使对方让步。

（2）双方企业有过业务往来，但本企业对对方企业的印象不佳。这时，开局气氛通常是严肃的、凝重的。己方谈判人员在开局时，语言上在注意礼貌的同时，应保持严谨，甚至可以带一点冷峻；内容上可以对过去双方业务关系表示不满、遗憾，以及希望通过本次交易磋商来改变这种状况，也可以谈谈途中见闻、体育比赛等中性话题；姿态上应该充满正气，注意与对方保持一定的距离。在寒暄结束时，可以这样将话题引入实质性谈判："我们双方有过一段合作关系，但遗憾的是并不那么愉快，希望这一次能有令人愉快的合作。千里之行，始于足下。让我们从头开始吧！"

3. 低调气氛营造方法

营造低调气氛通常有以下几种方法。

（1）感情攻击法。这里的感情攻击法与营造高调气氛的感情攻击法性质相同，即都是以情感诱发作为营造气氛的手段，但两者的作用方向相反。在营造高调气氛的感情攻击中，是激起对方产生积极的情感，使得谈判开局充满热烈的气氛；而在营造低调气氛时，是要诱发对方产生消极情感，致使一种低沉、严肃的气氛笼罩在谈判开始阶段。

【实例 5.6】

以吴仪为首席代表的中国代表团与以坎特为首席代表的美国代表团，就中美知识产权保护问题进行谈判。因美国企业知识产权在中国受到盗版的困扰，所以美方代表态度强硬，要求中国政府采取有力措施制止侵权行为。谈判开始，坎特就来了一个下马威："我们是在与小偷进行谈判。"针对美方这种蛮横无理行为，吴仪当即回击道："我们是在与强盗谈判。"狠狠地打击了对方的气焰，赢得了开局的主动权。

（2）沉默法。沉默法是以沉默的方式来使谈判气氛降温，从而达到向对方施加心理压力的目的。

【案例 5.7】

沉默和忍耐是日本商人常用的一种谈判策略。在一次美日贸易谈判中，美国代表提出美日联合向巴西开放一种新的生产设备和工艺技术，然后等待日方丰田公司代表的答复。25 秒过去了，三位日商还是默不作声，低着头，双手搭在桌面上。最后，一位美商急得脱口而出："我看这样坐着总不是个事儿吧！"他说得非常对，但会谈也就此告终了。其实，这位美商应该再忍耐一下。

应该注意的是，在商务谈判实践中，运用沉默法并非总是一言不发，而是指己方尽量避免对谈判的实质问题发表议论。

沉默的同时要注意倾听。悉心倾听对方吐露的每一个字，注意他的措辞和他选择的表达方式，以及他的语气和声调。这些都能为你提供线索，去发现对方的一言一行背后隐含的真实动机、目的和需要，并感受到对方的情绪。

沉默倾听不但可以使你听得更明白，而且也可以使对方说得更准确。如果你听得很认真并偶尔插话说："对不起，你的意思是不是……"对方会感到他不是在做无聊的闲谈或是进行例行公事式的谈话，他会从被听和被了解中得到满足感。这是因为人们一般都希望被人了解，希望表现自己，而你的认真倾听，正是满足了对方的这种心理，会使对方对你产生好感。因此，有人说，最廉价的让步就是让对方知道你在洗耳恭听。倾听是了解对方需求和发现事实真相的最简捷的途径，这就是沉默的力量。

采用沉默法时要注意以下几点。

① 要有恰当的沉默理由。通常来说，人们采用的理由有假装对某项技术问题不理解，假装不理解对方对某个问题的陈述，假装对对方的某个礼仪失误表示十分不满。

② 要沉默有度，适时进行反击，迫使对方让步。

（3）疲劳战术。疲劳战术是指使对方对某一个问题或某几个问题反复进行陈述，从生理和心理上使对手感到疲劳，降低对手的热情和谈判情绪。

在商务谈判中，有时会遇到一种锋芒毕露、咄咄逼人的谈判对手。他们以种种方式表现其居高临下、先声夺人的挑战姿态。对于这类谈判者，疲劳战术是一个十分有效的策略。这种战术的目的在于通过许多回合的拉锯战，使这类谈判者感觉疲劳生厌，以此逐渐磨去其锐气。同时也扭转己方在谈判中的不利地位，等到对手筋疲力尽、头昏脑涨之时，己方即可反守为攻，促使对方接受己方的条件。

心理学研究表明，人类的心理特质有很大的差异性。在气质、性格等方面，几乎人人不同，而人们个性上的差异又使人们的行为染上其独特的色彩。一般来说，性格比较急躁、外露，对外界环境富于挑战特点的人，往往缺乏耐心、忍耐力。一旦其气势被遏制住，自信心就会丧失殆尽，很快败下阵来。遏制其气势的最好办法就是采取马拉松式的战术，攻其弱点，避其锋芒，在回避与周旋中消磨其锐气，做到以柔克刚。实行疲劳战术最忌讳的就是硬碰硬，因为这很容易激起双方的对立情绪，况且硬是对方的长处，只有以柔克刚、以软制硬，才会收效显著。此外，如果确信谈判对手比己方更急于达成协议，运用疲劳战术会很奏效。

【案例5.8】

中东的企业家们最常采用的交易战术，就是白天天气酷热时邀请欧洲的代表观光，晚上则招待他们观赏歌舞表演。经过充分的休整，到了深夜，白天不见踪影的中东代表团的领队出现了，神采奕奕地和欧洲代表展开谈判。欧洲代表经过一天的奔波，早已疲惫不堪，只想上床早点休息。那么，谈判的结果可想而知，欧洲代表常常会做出让步。

采用疲劳战术应注意以下几点。

① 多准备一些问题，而且问题要合理。每个问题都能起到使对手感到疲劳的作用。

② 避免激起对方的对立情绪，致使谈判破裂。

（4）指责法。指责法是指对对手的某项错误或礼仪失误严加指责，使其感到内疚，从而达到营造低调开局气氛的目的。

【案例5.9】

派莱克斯公司是美国最大的万向节公司之一，拥有广泛的国际市场销售渠道网络。1984年春，该公司亚洲经销处的多伊尔公司总裁多伊尔先生来到杭州万向节厂考察，双方签订了向美国出口“钱潮”牌万向节总成的合同书。一年以后，杭州万向节厂厂长鲁冠球赴美考察，双方再次签订了在未来五年里由杭州万向节厂每年向美方出口20万套万向节的合同。此后几年间，由于杭州万向节厂生产技术精良、产品质量达到国际标准、企业经营守信誉，因而产品在国际市场销路不断成长。

1987年9月，多伊尔和国际部经理莱比赶到杭州万向节厂，向鲁冠球提出了一个“垄断性”要求，凡是杭州万向节厂的产品，都必须经过他们的公司才能出口。

响着空调器“嗞嗞”声的洽谈室内一片沉寂，紧张的气氛似乎使温度也陡然上升。

扮“红脸”角色的莱比说话口气咄咄逼人：“鲁先生，你还是签这个协议为好，否则，我方将削减向贵方的订货量。”

扮“白脸”的多伊尔老成持重，“威胁之剑”不露声色地藏于他那不失身份的轻言慢语中：“尊敬的鲁先生，您会看到，这里有两种选择，一种是我们向贵厂提供技术、资金、先进设备、市场情报、代培工程师等等优惠，而条件只是贵厂的产品由我们独家经销；还有一种是你们可以把产品卖给其他客户，但我们也可以转而购买其他地方，如印度、韩国的产品。鲁先生，您会选择哪一种呢？”

鲁冠球心想，美国人也太不讲信誉了，既然是“贸易伙伴”，那就是平等相待的；由你独家经营，不是要把我系在你的套索上吗?

想到这里，鲁冠球义正词严地说：“我厂与贵公司的关系，只是卖方和买方的关系，它的基点应该是相互合作，共同发展。至于产品，我们愿意卖给谁就卖给谁，贵公司是不应该干涉的。”

多伊尔霍地站起来，收拾起皮包：“很遗憾，我们将停止进口贵厂的产品!”

听完了翻译的话，鲁冠球把身体靠向沙发，尽力抑制着心中的怒火道：“那请便！多伊尔先生，倘若您能在世界各地找到比我的价格更便宜、质量又比我的更好的万向节，您可以随时终止合同。但我仍然感谢当初贵公司对我厂的支持，因此也随时欢迎贵公司来继续合作。”

不久，一份措辞严厉的函件出现在鲁冠球的办公桌上。美方在信中说，杭州万向节厂的产品存在问题，需要检验，检验费由万向节厂支付。随即，原订购1987年出口46.5万套的万向节的计划，被削减为21万套。“只要签订独家经营合同，检验费和削减合同等事可以一笔勾销。”多伊尔在捎来的信中“宽容”地说。

美方的这种背信行为，确实使杭州万向节厂一度陷入困境。数十万套万向节积压在仓库，资金流转出现困难，企业效益直线下降。但全厂职工并没有在美方的压力下屈服，在兄弟部门的大力支持下，齐心协力地开发出了60多个新品种，打开了日本、意大利、法国、澳大利亚、联邦德国等18个国家和地区的市场，当年创汇140万美元。

这一年的圣诞节前，一辆豪华的轿车驶进了杭州万向节厂，走下车来的是多伊尔和莱比，他们捧出一只铜鹰，放在鲁冠球的办公桌上。

“鲁先生，我们敬佩您精明、强硬的性格，愿我们的事业像鹰一样腾飞全球!”同时，重新签订了1988年的代销合同。

在这场中方供货和美方要求独家经营的谈判中，鲁冠球依靠本厂一流的产品质量和企业信誉，坚持不卑不亢、有理有节、平等互利的立场，迫使对方放弃了“独家经营”的要求，从而取得了谈判的胜利。

5.2.3 自然气氛

自然气氛是指谈判双方情绪平稳，谈判气氛既不热烈，也不消沉。自然开局气氛便于向谈判对手进行摸底，这是因为谈判双方在自然气氛中传达的信息比在高调气氛和低调气氛中传达的信息要准确、真实。

1. 自然气氛的表现

自然气氛主要表现为平静、朴实、严谨的谈判氛围。通常来说，谈判双方已不是谈判生手，也不是初次见面，但处于一定的形势和受到一定条件的制约；或者谈判一方对谈判对手的情况了解甚少，对手的谈判态度不甚明朗时，谋求在平缓的气氛中开始对话是比较有利的。因此，谈判双方见面时并不热情，握手一触即弃，入座并不相让，抽烟喝茶并不互请。讲话时语言平实，句子简练，音质清晰，语速适中。双方目光对视，面带微笑一闪而过。谈判人员心态平静，谨慎自信，不事声张。双方处于一种相互提防、似有成见的氛围之中。

2. 营造自然气氛的条件

自然气氛一般无须刻意地去营造，商务活动中的许多谈判都是在这种气氛中开始的。但是，具体考虑谈判双方的实力对比和谈判双方之间的业务关系等因素，也可以针对性地营造自然气氛。

（1）谈判双方势均力敌或实力相差不多。谈判人员应该努力防止一开始就强化对方的戒备心理和激起对方的敌对情绪，以致使这种气氛延伸到实质性谈判阶段而使双方一争高低，结果两败俱伤。因此，在开局阶段谈判人员要保持沉稳大方，语言和姿态要做到轻松而不失严谨，礼貌而不失自信。

（2）双方企业有过业务往来，关系一般。开局目标是要争取创造一个比较友好、随和的气氛。但是，本方在语言的热情程度上应该有所控制。在内容上，可以一般地聊一聊双方过去的业务往来及人员交往，也可以谈一谈双方人员在日常生活中的兴趣爱好；在姿态上可以随和自然。在寒暄结束时，可以这样来将话题引入实质性谈判：“过去我们双方之间一直保持着业务往来关系，我们希望通过这一次的交易磋商，将我们两个企业之间的关系推进到一个新的高度，让我们一起动手干吧！”

（3）双方企业在过去没有业务关系往来，是第一次业务接触。开局目标是要争取创造一个比较友好、真诚的气氛，以淡化和消除双方的陌生感，以及由此带来的防备甚至是稍含敌意的心理，为后面的实质性谈判奠定基础。因此，本方谈判人员在语言上应该表现得礼貌、友好，但又不失身份。在内容上以旅途见闻、体育消息、天气状况、个人业余爱好等比较轻松的话题为主，也可以就个人在公司的任职时间、负责范围、专业经历进行一般性的询问和交谈；在姿态上应该是不卑不亢，沉稳中不失热情，自信但不骄傲。在寒暄结束时，可以这样来将话题引入实质性谈判阶段：“这笔交易是我们双方的第一次业务交往，希望它能够成为我们双方长期友好合作关系的一个良好开端。我们都是带着希望来的，我想只要我们共同努力，我们也一定能够带着满意而归。”

【案例5.10】

A公司是一家实力雄厚的房地产开发公司，在投资的过程中，相中了B公司所拥有的一块极具升值潜力的地皮。而B公司正想通过出卖这块地皮获得资金，以将其经营范围扩展到国外。于是，双方精选了久经沙场的谈判干将，对土地转让问题展开磋商。

A公司代表："我公司的情况你们可能也有所了解。我公司是××公司和××公司(均为全国著名的大公司)合资创办的，经济实力雄厚，近年来在房地产开发领域业绩显著。在你们市去年开发的××花园收益很不错，听说你们的周总也是我们的买主啊。你们市的几家公司正在谋求与我们合作，想把他们手里的地皮转让给我们，但我们没有轻易表态。你们这块地皮对我们很有吸引力，我们准备拆迁原有的住户，开发一片居民小区。前几天，我们公司的业务人员对该地区的住户、企业进行了广泛的调查，基本上没有什么拆迁阻力。时间就是金钱啊，我们希望以最快的速度就这个问题达成协议，不知你们的想法如何？"

B公司代表："很高兴能有机会与你们合作。我们之间以前虽然没有打过交道，但对你们的情况还是有所了解的。我们遍布全国的办事处也有多家住的是你们建的房子，这可能也是一种缘分吧。我们确实有出卖这块地皮的意愿，但我们并不急于脱手，因为除了你们公司外，兴华、兴运等一些公司也对这块地皮表示出了浓厚的兴趣，正在积极地与我们接洽。当然了，如果你们的条件比较合理，价钱比较理想，我们还是愿意优先与你们合作的。我们可以帮助你们简化有关手续，使你们的工程能早日开工。"

双方谈判代表都不愧是久经沙场的谈判行家。

A公司代表明确、直接地进行了自我介绍，同时又充分显示了己方的谈判地位与实力。B公司代表也表现得相当镇静，不卑不亢，在对对方的合作愿望予以回应的同时，也显示了己方不可小视的谈判实力，使己方在谈判开局时不落于下风。

在商务谈判实践中，营造自然气氛要做到以下几点。

① 注意自己的行为、礼仪。

② 不要与谈判对手就某一问题过早地发生争论。

③ 运用中性话题开场，缓和谈判气氛。

④ 尽可能正面回答对方的提问。如果不能回答的，要采用恰当方式进行回避。

最后，需要指出的是，在谈判的开局阶段，不论是营造高调气氛、低调气氛还是自然气氛，一些最为基本的因素会对谈判气氛的营造产生重要的影响作用。通常来说，为充分实现谈判的开局目标，有效营造有利于谈判开局与谈判进程的特定谈判氛围，谈判者应特别注意以下一些基本问题。

① 注意环境的烘托作用。谈判环境的布置是营造良好谈判气氛的重要环节。对方会从环境的布置中看出你对谈判的诚意和重视程度，从而留下较为深刻与持久的印象。特别是一些较为重要和大型的谈判，任何马虎或疏忽都会给对方造成对谈判不够重视、缺乏诚意的印象，从而影响谈判的气氛。

谈判场所的布置一般应以宽敞、整洁、优雅、舒适为基本格调，能显示己方的精神面貌，符合礼节要求。同时还可根据对方的文化、传统及爱好增添相应的设置，这样能促使谈判人员以轻松、愉悦的心情参与谈判。

洽谈座位的安排也大有学问。要充分考虑双方的主次关系及谈判人员的心理因素以及文化、社会背景。此外，要合理组织谈判时间、地点及与谈判有关的活动，甚至组织谈判前的非正式接触或谈判场所以外的礼节性活动等。

② 具体研究和观察谈判对手。谈判前，谈判人员应初步了解并具体分析谈判对手的有关情况，特别应重点掌握对方主谈人的有关工作和生活背景。具体涉及对方的工作环境，对方在企业中的地位，对方的家庭状况，对方的生活方式及生活观念，以及对方的个性类型，如心胸开阔、慷慨大方、谨慎内敛、墨守成规、妄自尊大、盛气凌人、反复无信，等等。同时，在开局谈判时，针对性地调整好自己的心理状况。

在开局阶段，谈判人员要通过细心观察对方的行为、举止，认真倾听对方的发言，了解和判断对方的谈判经验、谈判策略、谈判技巧、谈判作风等。

谈判对手的经验和技巧通常可通过对方的口头语言和体态语言反映出来，如姿态、表情、入题的方式、态度、意向、观点等。例如，若对方在寒暄时不能舒展自如，或突然单刀直入谈起生意，可以断定这是位谈判新手。谈判高手总是留心观察对方的这些微妙之处。

在开局阶段通过观察对方的行为也可以了解对方的谈判作风和谈判风格。谈判高手为谋求双方的合作，总是在谈判开始时谈论一般性的中性话题。同时，根据对方的行为举止表现出的种种无声的信息，了解对方的虚实。一般来说，第一次的目光接触最为重要，它可以了解对方是开诚布公还是躲躲闪闪，是以诚相待还是怀疑猜测。又如对方的姿势，可以反映出对方是信心十足还是优柔寡断，是精力充沛还是疲惫不堪，是轻松愉快还是剑拔弩张。又如反映情绪变化的身体关键部位头部、手臂和肩膀，对方的双臂交叉于胸前，往往表示防备疑惑；摊开双手，解开衣扣，表示开诚布公；两手手指对贴，掌心分开，形似尖塔，表示高傲自信；凑近对方，表示问题接近解决。又如握手的手势、姿态和力度可以反映对方是强硬还是温和，是理智还是冲动。此外，还可以观察对方的仪表，是大众化还是别出心裁，是整洁还是肮脏，有时甚至人身上的气味也会成为影响谈判气氛的因素，如存在令周围人无法忍受的体味和气息，就会引起谈判人员的烦躁等。

③ 把握好开局的关键时机。开局之初的瞬间非常关键。如前所述，这时的谈判人员精力最为充沛，注意力最为集中，所有人都在专心倾听别人的发言，注意观察对方的一举一动。谈判人员应表现出坦诚、自信的精神状态和对对方的尊重与平等的姿态。开场之初最好站着交谈。这是因为站着的时候比较容易改变同对方接触的角度，发挥体态语言的优势，从而有助于创造融洽的气氛，感染对方。

④ 选择中性话题入题。开局之初常被称为“破冰期”。素不相识的谈判双方走到一起谈判，最初极易出现停顿和冷场；谈判一开始就进入正题，更容易增加“冰层”的厚度。双方坐下后，一般不要急于切入正题，应利用一定的时间谈些非业务性的轻松话题以活跃气氛。但到底用多长时间为好，并无统一的标准。虽然也有专家认为应该把谈判时间的5%作为破题阶段，但也不必拘泥，谈判者完全可以根据具体的情况来把握。当然，这种切入正题前的闲聊也不是漫无边际的瞎侃。所选择的话题应有一定的目的性，一般应是对方感兴趣的话题，如体育比赛、文艺演出、对方的业余爱好、社会兼职，以及双方过去经历中的某些共同的社会背景关系，如校友、同行、同乡等。谈判时以这些内容切入话题，可以调动对方的兴趣，使对方乐于和你接触，甚至能使对方感到彼此趣味相投，这样有利于创造出一种融洽的气氛。在谈判中，不可忽视这一策略，如果运用得当，的确能发挥重要的作用，有时甚至会成为成功的关键因素。

⑤ 注意言行举止。

谈判者步入会场时，要步履轻松，稳健，充满自信。双方见面时，握手应毫不迟疑，坚定有力。要互致问候，注重礼仪。寒暄要恰到好处，不能毫无目的、漫无边际地闲扯。谈话时要正视对方，以免给对方留下心不在焉或缺乏信心的形象。

言行举止要自然得体，表情要轻松自如，不能慌慌张张、吞吞吐吐。发言要简洁明确，重点突出，能恰如其分地表达己方的观点和情感倾向；要避免引起对方的敌意与不满；不要涉及个人隐私和敏感的问题。语调要平稳，语速要适中。要注意倾听，观察和体验对方的感受。要适当地进行提问或适时进行反馈。要均等地享受和提供发言与陈述的机会，要乐于接受对方的合理可行的建议和意见。

谈判者的服饰、仪表要符合个人身份与内在气质，姿态要端庄得体，要塑造适合个性特征与特定谈判要求的形象。服饰要美观、大方、整洁，颜色不要太鲜艳，式样不能太奇异，尺码不能太大或太小。在国际商务谈判中，由于不同国家或地区经济发展水平不同，风俗习惯各异，谈判者的服饰要与具体场合相适应。实际上，无论是语言、动作还是服饰、仪表，都内含微妙而丰富的无声信息，谈判人员要细心领会，要善于运用非言语沟通方式。

5.3 初始报价策略

5.3.1 报价的含义及原则

1. 报价的含义

报价又叫发盘或发价。它有两重含义：从广义上讲是指谈判双方各自向对方提出全部交易条件的过程，其内容不仅包括价格问题，还包括交货条件、品质规格、数量质量、支付方式、运输费用等条款；从狭义上讲，报价是指双方对所交易的标的物的价格提出的观点。在谈判中，由于价格问题是双方磋商的关键，因此本章所讨论的报价主要是以狭义的报价为主。从发盘这个概念来看，也有两种形式，即发实盘和发虚盘。

（1）实盘是发盘人所作的承诺性表示。实盘对发盘人具有约束力。在实盘所规定的有效期限内，除非发盘人先声明撤回或修正，否则应负有效承诺责任。实盘一经受盘人在有效期内全盘接受，不需要再经发盘人的确认，就可以达成交易构成双方具有约束力的合同。实盘必须具备三项条件。

① 内容清楚确切，没有含糊和模棱两可的词句。例如，“飞达牌缝纫机 JA-B”“3000 架　木箱装　每架 62 美元”“CIFC2%”。

② 买卖商品的主要交易条件是完整的，包括商品的名称、品质、规格、包装、数量、交货期、价格、支付方式等主要交易条件。

③ 发盘人没有任何其他保留条件，只要受盘人在有效期限内表示完全同意，即视为交易达成。

（2）虚盘是发盘人所作的非承诺性的表示。凡是不具备实盘的三项基本条件的发盘，都是虚盘。

① 发盘内容不明确肯定。即发盘内容含混不清，没有肯定的订约表示，如“可能接受的价格”、“数量视我供货的可能性”等。

② 主要交易条件不完备。即发盘中，虽然没有含糊或模棱两可的词句，但未列出必须具备的主要交易条件，如数量、价格、交货期等内容。这种发盘，即使受盘人表示接受，也不能达成交易，仍需双方继续商定其他主要交易条件。

③ 有保留条件。即发盘的内容明确、完整，但发盘人列明有保留条件，如“以我方最后确

认为准”等。这种发盘对发盘人没有约束力，在受盘人表示接受后，仍需发盘人表示确认后才算有效，否则合同不能成立。

2. 报价的意义

（1）一般地说，在任何一种交易中，买方或卖方的报价，以及随之而来的还价，是整个谈判过程的核心和最实质性的环节。这是因为不论在国际商务谈判中还是在国内商务谈判中，通常要谈判的内容，主要包括品质、价格、运输、装运、保险、支付、商检、异议索赔、仲裁、不可抗力等各项交易条件。而在其中，价格条件占有突出重要的地位，因为它直接关系到双方的利益。总之，在卖方的发盘或买方的递盘中，价格是最重要的交易条件，是商务谈判的实质性问题。

（2）报价是商务谈判的第一个重要回合，它不仅对对方的还价及接连而来的讨价还价关系重大，而且对整个谈判结果都会产生重大影响。在价格谈判中，双方都期望达成一个于己有利的交易价格。对卖方来说，售价越高越有利；而就买方而言，购价越低越受欢迎，这是不言而喻的。一般来说，卖方的初次报价代表卖方的最大期望售价，而买方的递盘价格则是买方愿意支付的最小期望售价。无论是卖方的发盘价还是买方的递盘价，都在一定程度上影响着对方的还价，一方的报价与另一方的还价之间虽然没有固定的差距比例，但是，经验表明，一方的还价是同另一方的报价成比例变化的。报价较高，还价也相对较高；报价较低，还价也较低。而讨价还价也只能在报价与还价所规定的范围内进行。在讨价还价过程中，通过双方的互相让步，报价与还价之间的距离逐渐缩短，最后在某一点上确定下来，就形成了成交价格。这时，假设成交价格是报价额与还价额的简单平均数，即起始报价与还价之间的折中数额，则它的高低显然在很大程度上受起始报价水平的影响。当然，也不能无限制地过高或过低报价，因为成交价格是以双方的接受为前提的，报价太高会被对方认为是无诚意的，而无诚意的报价会对谈判过程造成不良的影响。

5.3.2 报价原则

1. 报价的依据

不同商品的报价，为什么有高有低呢？同一种商品为什么此时报价高而彼时报价低呢？针对同一种商品同时与几个对手谈判，为什么对有些对手报价较高，而对另一些对手报价较低呢？为理解这些问题，首先要明确报价的依据是什么，即哪些因素决定着报价的高低及其程度。一般来说，一个报价的提出，至少受以下三个方面因素的影响。

（1）商品价值。价格是价值的货币表现形式。因此，谈判中的报价虽然不是价值的确定，但也不能完全抛开价值因素盲目报价。例如，在其他条件相同的情况下，电视机的报价比收音机的报价要高。在其他项目的谈判（如建筑承包项目谈判）也要考虑不同项目所耗劳动的差别，确定不同的开盘价格。离开了价值，价格便失去了基础，因此，价值是报价的基本依据，在国内谈判或国际谈判中都是如此。考虑商品的价值首先就是计算商品的成本。对卖方来说，不仅要考虑自己的生产成本（因为成本是成交价格的底限），还要考虑同行业中其他生产者的生产成本。买方不清楚卖方的生产成本，但在报价之前，也根据有关资料，对之作出大致的估计。

（2）市场行情。这是报价决策的主要依据。任何交易都是在市场上进行的，市场因素的变动必然会对商品的价格产生影响，尤其是国际市场的行情，经常处于不断变化之中。这种错综复杂的变化，都会通过价格的涨跌和波动表现出来。同时，价格的波动反过来又会影响市场的全面波动。因此，报价决策应当由谈判人员根据以往和现在所搜集掌握的、来自各种渠道的商业情报和市场信息，并在比较分析、判断和预测的基础上加以制定，其中主要内容包括：该商品当前的供求状况及报价水平如何，是供不应求、供过于求，还是供求大致平衡。

① 今后供求关系将发生什么变化，变化的速度如何。

② 价格如何变动以及可能变动的幅度有多大。此外，在该商品或其替代品的生产技术上如有重大突破因而有革新的征兆时，也应予以密切的关注。当然，市场行情的内涵除上述之外，还包括许多方面。但就我们制定报价策略，妥善掌握报价幅度这一目的而言，上述的市场供求关系及价格动态是我们着重分析研究的对象。

（3）谈判对手的状况。这是报价决策的必要依据，谈判人员除了了解价格形成的基础，以及所交易商品的市场行情外，还必须考虑谈判对手情况，如他们的资信状况、经营能力、同我方交往的历史、其所在国商业习惯、政策法令及其与国际贸易惯例的区别等。此外，在谈判过程进入报价阶段之前，还要进一步探测对方的意图、谈判态度和策略，以便调整我方的策略，掌握报价的幅度。

2. 报价的原则

（1）“最低可接纳水平”原则。即最差的但却可以勉强接受的谈判最终结果。例如，作为卖方，可以把他要出售的某种商品的最低可接纳水平定为 5 万美元，如果售价高于 5 万美元，他肯定愿意成交。但若低于 5 万美元，他则宁可保留这种商品而不愿意出售。又如买方将他欲购进的某种商品最低可接纳水平定为 3 万美元，假如售价不高于它则他愿意成交，若高于它宁可不要。报价前设立一个最低可接纳水平有下列好处。

① 谈判者可据此避免拒绝有利条件。

② 谈判者可据此避免接受不利条件。

③ 谈判者可据此避免一时的鲁莽行为。

④ 在有多个谈判人员参加谈判的场合，可以据此避免谈判者各行其是。

（2）利益最大化原则。即在谈判中，不能仅从自身的角度去考虑问题，而是要兼顾双方的利益，从而达到双赢的结果。比如一对姐妹面对一个橘子，姐姐希望拿橘子皮去烘烤面包，而妹妹希望吃到橘子瓣，聪明的母亲会想方设法把橘子皮分给姐姐，把橘子瓣分给妹妹，这样双方的要求都得到满足。总之，报价将给对方带来的第一印象，是能否引起对方兴趣的前奏。报价做得好坏，直接影响到谈判者的利益。既要使对方有兴趣，又要最大程度地获得自身的利益，这是个矛盾。但是，很多谈判当事者双方常能举杯共庆交易的成功，说明这个矛盾是可以合理解决的。关键是该怎样掌握这个“合理”的尺度。对于卖方来说，当然希望卖出的商品价格越高越好，而对于买方来说，则希望买进的商品在保证质量的条件下，其价格越低越好。但无论买方或是卖方，一方的报价只有在被对方接受的情况下，才能产生预期的结果，才能使买卖成交。这就是说，报价水平的高低并不是由任何一方随心所欲地决定的，它要受到供求、竞争以及谈判对手状况等各方面因素的制约。因此，谈判一方向另一方报价时，不仅要考虑按此报价所能获得的利益，还要考虑能否被对方或其竞争者接受的可能性，即报价能否成功的概率。所以，报价决策的基本原则是：通过反复比较和权衡，设法找到报价者所得利益与该报价被接受的成功率之间的最佳结合点，如图 5.1 所示。

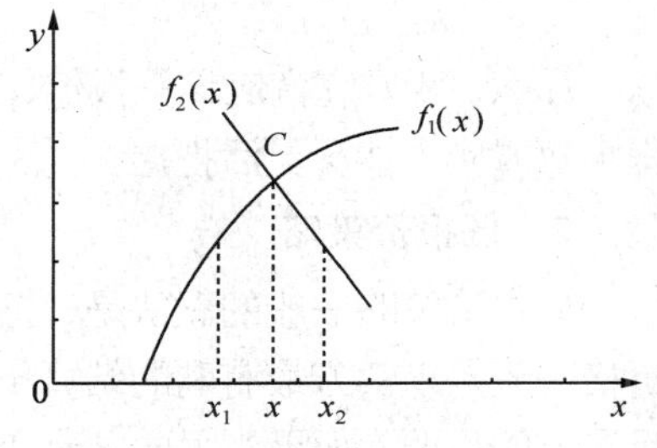

图 5.1　报价原则示意图

在图 5.1 中，x 的大小表示报价的高低，$f_1(x)$ 表示卖方报价高低与所得利益的关系。x 越大，$f_1(x)$ 就越大，所得利益就越多。$f_2(x)$ 表示买方报价高低与所得利益的关系。x 越大，$f_2(x)$ 越小，所得利益就越少。$f_1(x)$ 与 $f_2(x)$ 的交点为 C，则 C 为最佳结合点。由于现实的复杂性，很难找到这样一个最佳结合点 C，谈判人员应把握这一原则的精神实质，并尽可能做到，确定能被对方接受的大致范围（x_1，x_2）。

5.3.3 报价顺序与方式

如何运用报价的基本原则，实现其要求呢？这就涉及许多报价技巧问题，即起始报价的策略。

1. 先报价策略

谈判过程进入报价阶段以后，谈判人员面临的第一个问题就是由哪方首先提出报价，有时买方想让卖方报价，卖方又想让买方先递价。孰先孰后的问题，不仅仅是形式上的次序问题，它会对谈判过程的发展产生巨大的影响，因而同双方的切身利益关系极为密切。安排得当，则可使我方处于主动地位，推动谈判结果向着利于我方的方向发展；如果处理不当，则可能使我方陷于被动，对我方利益造成不可弥补的损失。因此，谈判人员必须事先对这个问题进行周密的考虑和妥善安排。先报价的优点：如果说有利，这主要在于先行报价影响较大，先报价的卖方实际上为谈判规定了一个框框，最终协议将在此范围内达成。并且第一个报价在整个谈判与磋商过程中都会持续起作用。因此，先报价比后报价的影响大得多。所以，要使谈判尽可能顺着我方意图的轨道运行，首先就要以实际的步骤来树立我方在谈判中的影响。我方首先报价就是为此而迈出的一步，它为以后的讨价还价树立了一个界碑。在这种情况下，首先报价比反应性还价更具有影响力。

2. 后报价策略

（1）先报价会在一定程度上暴露我方的意图，当对方得到我们的报价之后，他们就有可能对自己已订的报价幅度进行针对性的调整，通过修改他们原先拟定的价格得到额外的利益。例如，作为卖方，我们首先以 2 万美元报价，对方可能相应地还价为 1 万美元。但是，如果我方不抢先报价而让对方先递价，他们可能会递价 1.5 万美元，甚至更多。这样，因为我方的先行报价，而暴露了我方的目的，使对方可以从容不迫地根据我方的报价而递低价。

（2）先报价的另一个不利之处，是对方会试图在磋商过程中迫使我方按照他们的路子谈下去。也就是说他们会集中力量对我方的报价发动攻势，逼我方一步步降低，而不泄露他们究竟打算出多高的价格。例如：

我方：“我方这种商品的报价是每吨 1 000 美元。”

对方：“1 000 美元太高了。”

对方：“韩国的同类货物比你们的报价低得多，你们得降价。”

……

那么，我方究竟应该先报价，还是后报价呢？答案对买卖双方都不是绝对的，可依据谈判过程中双方实力情况灵活把握。

3. 低报价策略

低报价策略一般的做法是，将最低价格列在价格表上，以求首先引起买主的兴趣。由于这种价格一般是以卖方最有利的结算条件为前提，并且在这种低价格的交易条件下，各方面都很难满足买方的需要，如果买主要求改变有关条件，则卖主就会相应地提高价格，因此，买卖双方最后成交价格，往往高于价格表中的价格。低报价一方面可以排斥竞争对手，而将买方吸引过来，取得与其他卖主竞争的优势和胜利。另一方面，当其他卖主败下阵时，这时买方原有的优势不复存在，想要达到一定的需求，只好任卖方一点一点把价格抬高才能实现。

4. 高报价策略

高报价策略一般模式是，首先提出含有较大虚头的价格，然后根据买卖双方的实力对比和该笔交易的外部竞争状况，通过给予各种优惠，如数量折扣，价格折扣，佣金和支付上的优惠（如延长支付时间，提供优惠信贷等）来逐步软化和接近买方的市场与条件，最终达成交易。实践证明，这种报价方法只要能够稳住对方，往往会有一个不错的结果。

先确定的合理价格范围内，报价要尽量高，递价要尽量低。要高（或低）得合情合理，更能够讲得通。卖方的起始报价，应是防御性的最高报价。所谓“最高可行价”，不是一个绝对的数字，在具体掌握上仍有较大的伸缩性，我们还得把报价的高低同谈判对手的意图、谈判作风，以及是否打算同我方真诚合作等因素结合起来考虑。

5. 加法价策略

加法报价法是报价时不将自己的要求一下报出，而是分几次提出，以免一开始吓倒对方，导致谈判破裂。由于总的要求被分解后是逐个提出，往往被认为是一个一个小要求，就容易被对方接受，而一旦接受第一个要求后，就使对方接受下一个要求。

6. 除法报价策略

除法报价法是报出自己的总要求，然后再根据某种参数（时间、用途等），将价格分解成最小单价的价格，使买方觉得报价不高，可以接受。

5.3.4　报价的表达方式

在谈判中，当我方向对方发盘时，应掌握其中的报价表达方式，做到既准确表示出我方的态度，又不致暴露我方的真正意图。

（1）报价要严肃。发盘是报价方意愿的表示，因此，报价方必须严肃对待。在谈判进入报价阶段之前，要审慎、周密地考虑一番，想好什么样的报价水平最合适。一旦发盘报出以后，就应严肃对待，不可有任何动摇的表示。假如我方是卖方，即使对方宣称已从其他供货商得到低于我方所报价格的发盘，我方仍应毫不含糊地坚持已开出的价格。唯有如此，才能使人相信我方对谈判抱着认真和坚定的态度。否则，就会让对方察觉到我方对发盘缺乏信心，进而对我方施加压力，使我方处于被动地位。假如我方是买方，也要使对方相信，我们的递价是有根据的，并非随意杀价。

（2）报价必须准确明白。报价要非常明确，以便对方准确地了解我方的期望。有现成的报价单当然好，但若是口述报价，除了口头表达上要准确外，可以借助于直观的方法进行报价。比如，在宣读报价表的时候，拿出一张纸把数字写下来，并让对方看见，这样就能使报价更加明确无误，避免在数字上出差错。在这方面，商务人员曾有过不少教训。例如，我国某公司与外国商人成交零部件 5 000 箱，五种型号。由于业务员粗心大意，全部报错了价格，少收外汇 18 976 美元。合约已签，只能向顾客说明原因，协商解决。虽然多次商谈，客户只同意分担差价一半，我方损失外汇 9 000 多美元。可见，报价表达的准确与否，直接关系到我方的收入，我们一定要加强责任心，杜绝粗心大意、马虎从事的现象。

（3）不要对报价进行解释。报价方对自己所出的条件（除价格外，还包括其他各项交易条件），不要流露出任何信心不足的表示，更不能有半点歉意的表示，对所报价不要加以解释或评论。谈判双方之间的关系是对立统一的关系。一方面双方都想促成合同的签订，一方想买，一方想卖，这是合作的基础。因此，在交易没有达成或宣布破裂之前，双方是不会终止沟通的。对于我方的报价，如有不清楚之处，对方会提出疑问，我方不必主动解释。另一方面，一方的得利可能形成另一方的损失，在这种情况下，双方都应尽量多了解对方的意图，少暴露自己的目标。在对方没有提出要求时主动提供信息是不可取的。原因有两点。

① 就“解释”本身而言，对对方可能毫无意义，也许对方对报价本身并无疑问。

② 言多必失。主动评论可能暴露我方意图，使对方觉察到我方所关心或有所顾忌的问题。

可见，报价方的主动解释或说明实属画蛇添足之举，于己无利而可能生害。当然，这并不是说一切解释和说明都是无效的。作为卖方，在商议各项合同条款之前，已向客户报价，然后特地向对方说明“我方所报的价是优惠价格”，作为一种策略，这种说法有两种含义：第一，暗含对方，这是价格的下限，没有还价的余地了。第二，这句话还意味着卖方的经营方针是把价格定在保本的基础上，甚至可能是低利亏本的定价。因此，很难指望在其他交易条件上让卖方给予更多的优惠或让步。作为买方，首先要使自己确切明白对方的报价究竟是什么情况。并且要非常明确，在提问题的过程中，他应使对方感到，这些问题只是为弄清报价，而不是让他们解释如此报价的原因。当他感到满意了，就应当把自己的理解进行归纳总结，并加以复述，以此检验双方能否有效地交换意见。还价的一方可以向对方提出问题，要求解释报价，除此而外，他应当向对方还价，但不应当向对方提出诸如“为什么这样报价”及“你们是如何计算这个价格的”等问题。报价方没有向对方解释报价理由的义务，遇到这类问题应予以回避。

总之，表达报价要遵循严肃认真、明白清楚、不附加评论三个原则。做到这三点，就可避免由于报价方式不当可能产生的不利局面。

模拟实训

【实训目的】

（1）理论联系实际，训练学生对商务谈判开局的正确认识，能够正确理解商务谈判开局的重要性。

（2）分析背景材料，解决案例中的问题，培养学生分析问题的能力。

【实训内容】

商务谈判开局的设计。

【实训时间】

本章课堂教学内容结束后的双休日和课余时间，为期一周。或者指导教师另外指定时间。

【背景材料】

在新学期实训室建设中，学院计划购进一批计算机。经初步接洽，学院有意从新科技公司采购。

在收集了相关的信息之后，学院与新科技公司要进行谈判。谈判的开局要向对方提出书面要求，并营造好商务谈判的气氛，请策划好开局的策略。

【实训过程设计】

（1）要求参加实训的学生分成若干组，每组5～6人，一组代表学院，一组代表新科技公司。

代表学院的一组要提出书面要求，并营造良好的谈判气氛。双方做模拟谈判。

（2）各实训组对本次实训进行总结和点评，参照“10.2 商务谈判学生作业范例”撰写作为最终成果的《商务谈判开局实训报告》。

（3）指导教师对小组模拟谈判进行评价总结（先评定小组成绩，在小组成绩中每一个人参与讨论的情况占小组成绩的 40%，小组代表发言内容占小组成绩的 60%）。各小组提交填写带有“实训组组长姓名、成员名单”的《商务谈判开局实训报告》。优秀的实训报告在班级展出，并收入本校本课程教学资源库。

综合练习

一、单项选择题

1. 谈判开局阶段的目标是（　　）。

A. 确定报价　　B. 确定首席谈判代表

C. 给对方挖个陷阱　　D. 确定谈判的座次

2. 在谈判开局阶段，已觉察到作为弱者的对方，对我方的态度为弱而不卑，则可以采用（　　）开局。

A. 优势定位法　　B. 协商表达法　　C. 中性话题法　　D. 幽默实施法

3. 商务谈判双方刚一接触，对方非常傲慢，以居高临下之势口出狂言，自命不凡，令人反感，在此情势下，可考虑采用（　　）开局。

A. 直陈表达法　　B. 感情冲击法　　C. 协商表达法　　D. 幽默表达法

4. 报价的主要依据是（　　）。

A. 竞争对手的状况　　B. 商品价值　　C. 市场行情　　D. 领导意图

二、多项选择题

1. 商务谈判的开局（　　）。

A. 是实质性谈判的序幕

B. 讨论实质性的谈判内容

C. 奠定整个谈判的基调

D. 其目标服务于谈判的终极目标

E. 不占重要地位

2. 下列论述正确的是（　　）。

A. 谈判开局气氛具有关键性作用

B. 谈判开局气氛决定整体谈判气氛

C. 商务谈判应把和谐的谈判气氛作为谈判开局设计的目标

D. 谈判开局目标设计具有客观差异性

E. 谈判开局就是想办法给对方一个下马威

3. 下列属于谈判开局目标的实现的方法的是（　　）。

A. 均势定位法　　B. 协商表达法　　C. 中性话题法

D. 幽默实施法　　E. 淡定表达法

4. 低调气氛主要表现为（　　）。

A. 热烈、积极、友好的谈判气氛

B. 冷淡、对立、严肃紧张的谈判气氛

C. 松弛、缓慢、旷日持久的谈判气氛

D. 平静、朴实、严谨的谈判气氛

E. 小声说话

5. 营造高调气氛的条件是（　　）。

A. 己方占有较大优势

B. 己方有讨价还价的砝码，但并不占有绝对优势

C. 双方企业有过业务往来，关系一般

D. 双方企业过去没有业务往来

E. 讲话声音很大

6. 以下对报价表达表述正确的是（　　）。

A. 报价要严肃　　B. 报价要准确明白　　C. 不要对报价多做解释

D. 对报价做详细的解释　　E. 对报价做简单的评论

三、问答题

1. 为什么说谈判开局的好坏将直接左右整个谈判的格局和前景？

2. 什么是谈判气氛？谈判气氛对商务谈判活动有什么影响？

3. 什么是开局目标的设计？开局目标设计有哪几种策略方法？

4. 什么是冲击表达法？运用冲击表达法应注意哪些事项？

5. 列举几例商务谈判人员通常选用的中性话题。

6. 什么是高调气氛？营造高调气氛通常有哪些方法？

7. 采用称赞法应该注意哪些问题？

8. 什么是低调气氛？营造低调气氛通常有哪些方法？

9. 采用沉默法应注意哪些问题？

10. 营造谈判气氛应注意哪些基本问题？

11. 报价的含义与报价的原则分别是什么？

12. 在谈判过程中如何采用灵活的报价方式？

四、案例分析

1. 我国某地方进出口公司在对外经济交流中涉及一桩小的索赔案，适逢对方的代表来我国走访用户，于是公司领导指示我方某位业务员负责接待。本来这笔索赔案金额很小，经过友好协商是完全可以圆满解决的，但由于我方人员急于求成，在外商刚刚抵达的时候马上要求外商赔偿我方损失，高兴而来的外商迎头被泼了一盆冷水，因此说话也很不客气，谈判的气氛马上紧张起来。双方针锋相对，寸利必争，会谈效果很不理想。你认为我方业务人员犯了哪些错误？

2. 下面是一次谈判开局阶段双方的开场白。

“欢迎您，见到您真高兴！”

“我也十分高兴能再来这里，这地方的风光很美！”

“旅途愉快吗？”

“非常愉快。”

“在途中饮食怎么样？来点咖啡好吗？”

“好的，谢谢您！我很喜欢咖啡！”

这属于什么类型的开局气氛？谈判人员运用了什么样的开局实现方法？

3. 日本人对正式谈判以外的私下交往十分看重，他们把这看得与谈判本身一样重要。因此，日本人通常要花上几个小时、一个上午，乃至更长时间与对方交往以取得私下的信赖。交易越大，这种预备时间也就越长。

某一次美日高级贸易洽谈，美方要购买日本一企业的大宗气轮机。日方经理先花上好几个晚上在东京几家豪华饭店和夜总会款待美国客商，带他们去观赏日本民间舞蹈，然后领他们参观了公司基地，最后还花上一个下午打高尔夫球。美方的一位代表只打了十多杆，虽然他的日本对手实力比他强，他还是赢了。这位美方代表很有感触地说：“在这种场合，你们怎么打也不会输给那些客气的东道主的。”类似的做法在日本商界十分普遍。有一个数据值得人们回味：日本企业每年花在商务性娱乐活动上的钱高达 130 亿美元。运用你所学的谈判开局的知识，分析日本人为什么要这样做。

4. 1958 年，联邦德国阿登纳访问法国与戴高乐举行会晤。戴高乐选择了他在科隆贝的私人别墅接待阿登纳。这个别墅的环境十分优雅，房间的布置虽说不上华丽，但给人非常舒适的感觉。会谈在戴高乐的书房里举行，阿登纳进入书房后，举目四望，周围都是书橱，收藏有各种史学、哲学、法学著作。阿登纳认为，从一个人的书房陈设就可以多方面了解这个人。后来他多次向他的左右谈到戴高乐的书房给他留下的良好印象。由于首次会谈给双方留下的良好而深刻的印象，奠定了尔后签订法国—联邦德国友好条约的基础。戴高乐为什么选择自己的别墅作为双方首次会谈的地点？

【分析要求】

1. 过程要求

学生分析案例提出的问题，分别拟定《案例分析提纲》；小组讨论，形成小组《商务谈判案例分析报告》；班级交流并修订小组《商务谈判案例分析报告》，教师对经过交流和修改的各小组《商务谈判案例分析报告》进行点评；在班级展出附有“教师点评”的小组优秀《商务谈判案例分析报告》，并将其纳入本校该课程的教学资源库。

2. 成果性要求

（1）案例课业要求：以经班级交流和教师点评的《商务谈判案例分析报告》为最终成果。

（2）课业的结构、格式与体例要求：参照“10.2 商务谈判学生作业范例”《商务谈判案例分析报告》。

第6章 商务谈判价格磋商与再谈判

学习目标

- 商务谈判价格磋商的程序
- 讨价还价策略
- 商务谈判小结的内容、方式和时机选择
- 商务谈判再谈判的运作形式与目标
- 能根据商务谈判任务进行谈判还价的设计
- 能根据商务谈判需要选择适当的再谈判运作形式

导入案例

俄乌谈判继续“赌气”

俄罗斯和邻国乌克兰关于天然气价格纠纷依旧看不见解决前景，双方在“赌气式”谈判中均不让步，而离俄威胁“断气”的日子已屈指可数。俄罗斯《生意人报》 28日报道说，乌方又拿出了新方案，而俄方依然不为所动。

1. 乌克兰“争气”

《生意人报》说，乌克兰燃料和能源部长普拉奇科夫将于28日晚些时候在莫斯科同俄罗斯方面举行会谈。根据他带来的新方案，乌克兰同意在2006年上半年支付每千立方米天然气的价格为80美元，但同时将天然气“转输费”提高60%。

根据这一方案，如果俄罗斯不接受“转输费”提价，还可以选择将通过乌克兰领土输送欧洲的天然气留给乌克兰15%作为补偿。《生意人报》说，普拉奇科夫到莫斯科前，乌政府高官在总统办公室举行对策研讨会，总统、总理均在座，外交部长和国家安全与国防委员会秘书也出席了这次“纯经济性会议”。普拉奇科夫的提议是，他会在28日的会谈中要求俄罗斯方面从2009年才开始将天然气价格逐渐涨到“欧洲水平”，而不是突然涨价，原因是乌克兰“需要技术准备”。

80美元同俄罗斯要求的230美元相差甚远，还捆绑上“转运费涨价”的条件，普拉奇科夫的新提议显然相当“争气”。

2. 俄罗斯“硬气”

乌克兰急需天然气过冬，偏偏却又资金不足。作为供应方，俄罗斯自然“气粗”。在本次天然气涨价风波中，俄罗斯对乌克兰的一贯立场是“要么交钱，要么断气，二者只能选其一”。

俄天然气工业公司新闻部副主管库普里亚诺夫说，如果乌克兰方面抽取天然气的15%作为“过路费”，那将被视为“偷窃行为”，如果双方不能在明年1月1日前达成协议，公司将切断对乌克兰的天然气供应。

俄工业和能源部长维克托·赫里斯坚科也拒绝乌克兰方面逐渐涨价的提议。他说，在天然气费用上，俄方不会再提出新建议。这意味着乌克兰必须同意每千立方米天然气220美元到230美元的市场价格，同时俄罗斯每千立方米天然气输送100公里的费用最高将涨到1.75美元。赫里斯坚科留给乌克兰的第二个选择是：别用俄罗斯天然气。

3. 即将“断气”

《生意人报》报道说，双方立场如此强硬最终结果将是“断气”，而目前看来，双方也做好了准备。该报说，俄天然气工业公司已经向电视台发出邀请，欢迎参与转播关闭库尔斯克天然气中转站和莫斯科中央控制室的阀门的过程。基辅方面，乌克兰能源公司27日宣布，将在未来两周内取消对10家最大欠费用户的电力和天然气供应，而且一家大采矿场已经被切断了天然气供应，用电也受到限制。

“赌气”双方已似乎将一切准备就绪，他们是否在为谈判“作秀”外界无法知晓，但无论双方能否利用最后有限的时间“消气”，1月1日对他们来讲都是新年的第一天，也将是两国经济和政治关系中的重要一天。

（资料来源：http://news.sina.com.cn/w/2005-12-29/08307846939s.shtml）

启示：商务谈判磋商的过程实际上就是讨价还价的过程。讨价还价也有一定的方法与技巧。因此，在谈判前市场调查充分，准备方案到位，才能在谈判中游刃有余，最终取得良好的谈判效果。

商务谈判过程中，当交易一方发盘之后，一般情况下，另一方不会无条件地接受对方的发盘，而会提出“重新报价”或“改善报价”的要求，即“再询盘”，俗称“讨价”。发盘方在接到或听到对方的要求后修改了报价或未修改报价，又向对方询盘，如果对方发盘即视为“还盘”，俗称“还价”。如果受盘方接受或讨价方降低要求，即“让步”。显而易见，“讨价还价”有三层含义：一是讨价；二是还价；三是经历多次的反复磋商，一方或双方做出让步，才能促成交易双方达成一致意见。因此，在讨价还价之前，必须进行市场调查研究，其调查研究的主要内容有：商品价格、市场变化情况、商品供求状况、交易商品的性能、规格以及商品近期动态、同种商品经营的竞争情况、同类商品的代用品、谈判对手的经营、财务等各种状况，以及交易双方有无其他购买或出售对象等各方面的情况。作为买方，讨价还价应遵循“货比三家”的原则；作为卖方，在讨价还价中要极力突出自己经营的商品的优良性、合理性、公平性的特点。只有这样，在讨价还价过程中方能促成谈判目标朝着对己方有利的方向发展。商务谈判过程中还应及时小结，如果分歧过大或一时难以达成协议，可以暂时休会，日后再进行谈判也就是再谈判。

6.1 商务谈判中的讨价

6.1.1 价格评论

1．价格评论的含义

买方对卖方的价格及通过解释了解到的卖方价格的贵贱性质作出批评性的反应，就是价格评论。也即通过对卖方的解释进行研究、寻找报价中的不合理点，并对这些"虚头"、"水分"在讨价还价之前先"挤一挤"，这就好比总进攻前的"排炮"，扫一扫路障，打掉一些明暗碉堡。

2．价格评论的策略

价格评论不同于平常工作中人与人之间提意见，这里包含了利害冲突、经济利益的问题。因此，要有一定的策略，主要有以下几点。

（1）针锋相对，以理服人。价格评论既要猛烈，又要掌握节奏。猛烈，指准中求狠，即切中要害、猛烈攻击、着力渲染，卖方不承诺降价，买方就不松口。掌握节奏，就是针对问题逐一发问、评论。

（2）严格组织，边听边议。在价格谈判中，虽然买方参加谈判的人员都可以针对卖方的报价及解释发表意见、加以评论，但是，鉴于卖方也在窥测买方的意图，寻找买房的底牌，所以，绝不能每个人想怎么评论就怎么评论，而是要事先精心策划、"分配台词"，然后在主谈人的暗示下，其他人适时、适度发言。

（3）评论中再侦察，侦察后再评论。买方进行价格评论时，卖方以进一步的解释予以辩解，这是正常的现象。对此，买方不仅应当允许其辩解并注意倾听，而且还应善于引导，以便侦察其反应。实际上，谈判需要"舌头"，也需要"耳朵"。买方通过卖方的辩解，可以了解更多的情况，则可以使评论增加新意，使评论逐步向纵深发展，从而有利于赢得价格谈判的最终胜利。

6.1.2 讨价定义和作用

讨价，是指在一方报价之后，另一方认为其报价离己方的期望目标太远，而要求报价一方重新报价或改善报价的行为。这种讨价要求是实质性的，即迫使价格降低；也是策略性的，其作用是引导对方对己方的判断，改变对方的期望值，并为己方的还价做准备。讨价是价格磋商的正式开始。

6.1.3 讨价的方式

从宏观角度与微观角度来看，讨价可分为总体讨价与针对性讨价。

1．总体讨价

当一方报价并且对报价进行了解释和说明后，据此如果另一方认为对方报价不合理且离自己的期望太远时，则可以要求对方从整体上重新报价。总体讨价即从总体价格和内容方式的方面要求重新报价，常常用于评论之后的第一次要价，或者用于较为复杂交易的第一次要价。双方从宏观的角度，主要凭“态度”压价。笼统地提要求，不显露掌握的准确材料。对方为了表示“良好态度”，也可能调整价格。例如，“贵方已听到了我们的意见，若不能重新报出具体有成交诚意的价格，我们的交易是难以成功的”、“请就我方刚才提出的意见，报出贵方改善的价格”等。

2. 针对性讨价

针对性讨价是就分项价格和具体报价内容要求重新报价。常常用于对方第一次改善价格之后，或不易采用笼统讨价方式时。如水分较少、内容简单的报价，在评论完成后即进入有针对性的要求明确的讨价。具体讨价的要求在于准确性与针对性，而不在于“全部”将自己的材料（调查比价的结果）都端出来，在做法上是将具体的讨论内容分成几块。分法可以按内容分，如运输费、保险费、技术费、设备条件、资料、技术服务、培训、支付条件等。也可以按评论结果分，各项内容的水分大小归类，水分大的放在一类，中等的放在一类，水分低的放在一类。分块、分类的目的是要求体现“具体性”，分类是要求准确性的务实做法。只有分成块才好予以不同程度、不同理由的讨价。

具体讨价策略应注意不能任意起手从哪一块讨价。一般规律（即成功的讨价规律）是从水分最大的那一块起手讨价，然后再对水分中等的那块讨价，最后谈水分较小的那块的讨价问题。

例如，某高压硅堆生产线的报价，按分块原则，硬件包括生产线设备、备件、生产试车及试生产用的关键或全部原材料费用；软件包括技术经费、商务联络、技术资料、技术培训、技术指导、合同条件等。在这两大块中，又可按其水分大小继续分类。以硬件为例，既可对设备、备件、原材料三者本身所含内容予以评论区别并依此讨价，也可以设备为主，将该生产原设备报价分为前工序（制作硅片的加工部分）设备、中间处理（制作硅片的清洗和化学处理部分）设备、后工序（芯片的分割、烧结、封装部分）设备三块。相比之下，中间处理的设备价格水分很高；后工序设备次之；前工序设备因为通用设备较多，其价格为合理。

6.1.4　讨价的次数

一般每一次讨价，如果能得到一次改善的报价，则对买方有利。不过，一般卖方都会坚守自己的价格立场。那么，买方讨几次价为妥呢？这应根据价格分析的情况与卖方价格解释和价格改善的状况而定。只要卖方没有大幅度的明显让步，就说明他留有很大的余地；而且只要买方有诚意，卖方就会再次改善价格。只有不被卖方迷惑，买方才有可能争取到比较好的价格。

卖方为了自己的利润，一般在做了两次价格改善以后就不会再报价了，他们通常以委婉的方式表达不可以再让了。如“这是我们最后的立场”、“你们若是钱少，可以少买些”等。卖方有时语言诚恳，态度时而低下，时而强硬，表情十分感人，请求买方接受他的第二次或第三次改善的价格，或要求买方还价。此时，买方要注意卖方的动向，不应为之迷惑而有所动，只要卖方没有实质性改善，买方就应根据报价的情况、虚头的大小、来人的权限、卖方成交的决心、双方关系的好坏等，尽力争取。

6.1.5　讨价的态度

正常情况下，所有商务谈判者都会固守自己的价格立场。只要对方报价没有大幅度的明显改进，说明对方仍留有较大的余地，此时受盘方继续讨价直到对方价格有实质性改善，方能还价。

在商务谈判过程中，要力促报价和还价由对方进行，以便己方掌握主动。商务谈判中，常见的讨价态度有投石问路和严格要求策略。下面以卖方作为最初发盘方，买方作为受盘方为例，介绍这两项策略的实际运用。

1. 投石问路

投石问路是卖方发盘之后，买方不马上还盘，而是提出种种假设条件下的商品售价问题。这样既能保持“平等信赖”的气氛，又有利于还价前对卖方情况的进一步掌握。在卖方的回答中搜集可能出现的对己有利的信息，以便及时抓住机会。买方提出的假设条件诸如：假如我们的订货数量加倍或减半呢？假如我们与你们签订一年或更长时期的合同呢？假如我们以现金支付或分期付款呢？假如我们供给你们工具或其他机器设备呢？假如我们在淡季接你们的订单呢？假如我们买下你们的全部商品或同时购买好几种商品呢？这种种假设条件，每一条就是一块“石头”，都能使买方进一步了解卖方的商业习惯和动机。卖方面对着买主提出的这些相关的问题，想要拒绝回答是很不容易的。所以，许多卖主宁愿降低他的价格，也不愿意接受这种“疲劳轰炸”的询问。卖方在买方投出“石头”之后，要仔细考虑后再答复。有下述办法可以成为“投石问路”的对策。

（1）找出买主真正想要购买的东西，因为他不可能作那么多选择、购买那么多商品。

（2）切记不要对“假如”的要求马上估价。

（3）如果买方投出一个“石头”，最好立刻要求以对方订货作为条件。

（4）并不是每个问题都值得回答，你可以要求对方提出“保证”，这可以反过来摸清对方的诚意。

（5）有的问题应该花一段很长的时间来回答，也许比限制买方的截止期还要长些。

（6）反问买方是否准备马上订货。当他了解这点以后，也许就会接受大概的估价。

卖方要将买方所投出的“石头”变成一个很好的机会，如提出种种附加条件，反请买方考虑等。

【案例6.1】

某食品加工厂为了购买某种山野菜与某县土产公司进行谈判。在谈判过程中，食品加工厂心里的成交价格是每千克山野菜15元。为了试探对方的价格“底牌”，土产公司的代表采用了投石问路的技巧，开口报价每千克山野菜22元，并摆出一副非此价不谈的架势。急需山野菜的食品加工厂的代表急了：“市场的情况你们都清楚，市场上山野菜的价格都是每千克18元。”食品加工厂的代表在情急之中暴露了价格“底牌”，于是土产公司的代表紧追不放。“那么，你是希望以每千克18元的价格与我们成交？”这时，食品加工厂的代表才恍然大悟，只得无奈地应道：“可以考虑。”最后，双方真的以每千克18元的价格成交，这个结果比土产公司原定的成交价格要高出3元钱。如果土产公司的代表不是巧妙地运用投石问路的技巧揭出对方的“底牌”，是很难找到一个如此合适的价位与对方成交的。

2. 严格要求

严格要求是买卖双方均可能表现的态度。买方对卖方的商品从各个方面进行严格检查，提出卖方交易中的许多问题并要求卖方改善报价，就是买方的严格要求策略。买方严格要求卖方的目的就是为使卖方降低其商品的价格。从心理角度分析，买方精明强干的行为得到表现，可促成卖方重视买方，从而提高买方谈判地位。买方恰到好处地提出问题，是严格要求策略成功的关键。买方的严格要求范围，一般是在商品质量、性能等使用价值方面和成本价格以及运输等方面寻找“弱点”。“严格要求”的方式要采取对比法，即将卖方的商品及其交易条件与其他卖主的商品和交易条件相比较，使卖方不得不承认自己的弱点，按发盘价卖出的可能性很小，从而不得不降低价格。在此基础上买方适当让步，就能使交易取得成功。卖方采取的对策做法通常是，保持耐心，寻找对方提问中的漏洞和不实之词，实事求是地加以解释；对于某些难题、有争议的问题，要快刀斩乱麻，直截了当地提出看法；对于不便回答或次要的问题，要适当回避；当对方节外生枝或无理挑剔时，要及时反驳揭露。对买方提出的要求，卖方不宜轻易让步。同时也运用严格要求策略，向买方提出一些问题和要求，从而加强己方讨价还价的力量。

6.1.6　讨价方法

1. 举证法

举证法亦称引经据典法。为了增加讨价的力度，谈判者应以事实为依据，要求对方改善报价。引用的事实可以是当时市场的行情、竞争者提供的价格、对方的成本、过去的交易惯例、产品的质量与性能、研究成果、公认的结论等。总之，引用的事实必须是有说服力的证据，是对方难以反驳或难以查证的。

2. 求疵法

讨价往往是针对对方报价条款的缺漏、差错、失误而展开的。有经验的谈判者，都会以严格的标准要求对方，对其报价的条款加以挑剔以寻找对方的缺陷，并引经据典、列举旁证来降低对方的期望值，要求对方重新报价或改善报价。

3. 假设法

假设法以假设更优惠条件的语气来向对方讨价。如以更大数量的购买、更宽松的付款条件、更长期的合作等优惠条件来向对方下次讨价，这种方法往往可以摸清对方可以承受的大致底价。假设条件因其是假设，不一定会真正履行。

4. 多次法

讨价一般是针对对方策略性虚拟价格的水分、虚头进行的，它是买方要卖方降价、卖方向买方要求加价的一种表示。不论是加价还是降价，一般都不可能一步到位，都需要分步实施。只要每一次讨价的结果都会使交易条件得以改善，即使对方的理由并不都合乎逻辑，只要对己方有利都应该表示欢迎。

6.2　进行商务谈判还价

6.2.1　还价前的准备

对方的报价连同主要的合同条款一旦向我方提出之后，我方应立即仔细过目，对其全部内容包括细节部分，都要了如指掌。这些实际上在报价阶段已经做到了，紧接着应从以下两个方面开展工作。

1. 弄清对方为何如此报价

弄清对方为何如此报价，即弄清对方的真正期望。在弄清对方期望这一问题上，要了解怎样才能使对方得到满足，以及如何在谋得我方利益的同时，不断给对方以满足；还要研究对方报价中哪些东西是必须得到的，而哪些是他希望得到但不是非得到不可的；研究对方报价哪些是比较次要的，而这些又恰恰是诱使我方让步的筹码。这样知彼知己，才能在讨价还价中取得主动。为此，在这一阶段要做到以下几点。

（1）检查对方报价的全部内容，询问如此报价的原因和根据，以及在各项主要交易条件上有多大的灵活性。

（2）注意倾听对方的解释和答复，千万不要主观臆测对方的动机和意图，不要代别人讲话。

（3）记下对方的答复，但不要加以评论，避免过早过深地陷入具体的某一个问题中去，其目的是把谈判面铺得广一些。相反，当对方了解我方的意图时，应尽力使答复减少到最低限度，只告诉他们最基本的东西，掌握好哪些该说，哪些不该说。好的讨价还价者不会把手中的所有东西都推开，不会完整透彻地把他们需要什么以及为什么需要这些东西都讲出来。有经验的讨价还价者只有在十分必要时才会把自己的想法一点一滴地透露出来。

2. 判断谈判形势

判断谈判形势，是为了对讨价还价的实力进行分析。这时首先需要弄清双方的真正分歧，估计什么是对方的谈判重点，此时要弄清以下几点。

（1）哪些是对方可以接受的，哪些是不能接受的。

（2）哪些是对方急于要讨论的。

（3）在价格和其他主要条件上对方讨价还价的实力。

（4）可能成交的范围。假如双方分歧很大，我方可以拒绝对方的报价，如果决定继续下去，就要准备进入下一回合的谈判。此时要进行如下选择。

① 由我方重新报价（口头或者书面均可）。

② 建议对方撤回原价，重新考虑一个比较实际的报价。

③ 改变交易形式，比如对售价不进行变动，但对其他一些交易条件如数量、品质、交货时间、支付方式等进行一些改变。改变交易形式的目的是使之更适合于成交的要求。接下来应采取下列具体做法来保证我方在还价过程中总的设想和意图得到贯彻。

a. 列出两张表。一张包含我方原则上不能做出让步的问题和交易条件，可写成合同条款的形式。一张则包含我方可以考虑让步或给予优惠的那些具体项目。最好附上数字，表明让步幅度和范围。例如，我方可把对某商品的递价 20 元作为起始的价格，由此逐渐往上，30、35、40、45 直到 50 元，并把 50 元定为让步上限，这就形成了一个阶梯式的让步数量范围。

b. 列一张问题表。以便会谈中掌握提问的顺序。什么时候该谈什么问题，有时是有一定规律的。例如，在进口谈判中，我方往往在其他各项主要合同条款已逐项地同对方拟定之后，最后才抛出价格条款，向对方还价。

c. 一场谈判往往旷日持久，需要许多回合的会谈。在还价阶段每一回合谈判开始时，要努力造成一种新的气氛，根据需要随时调整并提出新的会议日程。在每一回合谈判结尾时，对那些棘手的、双方相持不下的问题，重审我方的立场或再提一个新的解决方案，供对方回去仔细考虑。

6.2.2　还价的方式

还价的方式，从性质上分为两类：一类是按比价还，另一类是按分析的成本价还。两种还价方式的选取决定于手中掌握的比价材料。如果比价材料丰富且准确，选“按比价还价”，对买方来讲简便，对卖方来讲容易接受；反之，则用分析的成本价还价。如果比价材料准确，但不优惠，而卖方坚持比价，买方从总的价格水平出发，视卖方具体情况而定。有的卖方总价格条件很优惠，态度坚定，买方则应实事求是，谨慎抛出资料。有的卖方以认真的现象、假的条件说服你同意他的价格，例如，“我雇人装卸货，需要人工费”，这属事实；但人工的报酬实际是多少，可能会出现假条件，以埋伏利润。如果买方明确提出给卖方利润，请卖方公开人工费数目及利润数额，卖方若为了掩盖不合理之处，常拒绝公开。对此，买方也只能“有选择地使用比价材料”。从总体上看，双方在利益的交锋中得到了“平衡”。只是在做法上，应避免“公开的欺骗”之嫌。卖方要注意运用“存在的事实”夸大成本、费用的技巧。相应的是，买方要运用注重“比价真实感”，“贬低”卖方商品价值的策略。

无论是按比价还，还是按分析的成本价还，其具体做法均有总体还价、分项还价和单项还价 3 种方法，根据谈判双方的情况具体选择。

（1）总体还价。总体还价即一揽子还价，它是对谈判的全部内容进行还价的方式，也就是把成交货物或设备的价格集中起来还一个总价。

（2）分项还价。分项还价是指把交易内容划分成若干类别或部分，然后按各类价格中的含水量或按各部分的具体情况逐一还价。分项还价，是分别讨价后的还价方式。

（3）单项还价。这是指按所报价格的最小单位还价，或者对某个别项目进行还价。单项还价，一般是针对性讨价的相应还价方式，如技术费、培训费、技术指导费、设计费、资料费、保密费等都可以分项进行还价。

从价格谈判的过程来看，一般第一阶段采用总体还价，因为正面交锋刚刚拉开，买方总喜欢从宏观的角度先笼统压价；第二阶段使用分项还价；第三阶段进行针对性还价。对于不便采用全面还价的，第一步可以按照交易内容的具体项目分项还价；第二步再按各项价格虚假成分的大小分项还价；第三步进行针对性还价。值得注意的是，在按价格虚假成分大小进行分别还价时，一般是先从虚假成分最大的那类开始，然后是中等的，最后是最小的，这样会事倍功半。

【案例 6.2】

荷兰某公司向中国某工厂“一揽子”出售一条窗式空调机生产线，总价近 400 万美元。“交钥匙”项目的做法，技术有保证，对于买方倒也省事，就是价格不菲。买卖双方就此进行了谈判。

买方提出，交易形式不重要，可以“一揽子”出售全线设备，也可不“交钥匙”，关键是“价廉物美”。卖方解释，不了解中方情况，“交钥匙”较为简单，交易风险也小。

买方又指出，卖价太高。卖方的“一揽子”价格内容让人不易理解，仅看最终结果不行。卖方介绍其公司习惯和信誉，并保证一定会货真价实，让买方别担心。

买方希望将“一揽子”价中的技术费和设备费给分出来。卖方推托一阵后除掉了技术价和设备价。买方进一步要求卖方将技术费按工艺流程或单项技术分成单项价，将设备按清单所列单台设备分出相应单价。对此，卖方以公司秘密、工作量大、难以分解、这次不行以后再说进行推托。而买方很客气地坚持阐述我方的观点：卖方为大公司，应有信誉；报价自己做，分解自然也容易；总价看似无理，分解了易于理解；既谈交易条件，分项价即不为秘密；不按分项谈，谈判破裂得快……经过反复推敲，荷兰卖方同意了买方要求。

两天后，卖方交来了分项技术价和设备单价。买方十分高兴，赞扬了卖方工作效率和谈判诚意，表示将认真研究卖方报价。经过对工艺技术逐项评估，又按卖方提供的设备清单向制造商询价，结果全线主要生产线的设备售价仅需160万美元。

当恢复谈判时，买方先向卖方谈了技术费的看法。由于空调机系传统技术，且深度仅在机械、电气、制冷系统之下，因此，技术费不应很高。然后，将调查到的设备总价告诉了卖方。买方介绍的信息，有根有据，介绍的态度诚恳坦率，成交的希望真诚热切，表明的困难真实可信。买方的上述做法使卖方感到十分惊讶，但又不能不佩服买方的调查研究工作。

卖方开始只表示佩服，但并不接受买方的调查条件。认为160万美元的设备不含卖方的采购费用、组建生产线费用及保证费用。买方对此表示理解。作为补偿，买方可以分担部分工作，如按卖方清单要求，自己采购生产设备，可承担部分组建生产线的工作。双方对这几项工作又进行了讨论，并以此引申到中方采购设备后，组线及技术保证的分工与责任等问题的谈判上。为了确保生产线顺利投产，买方确认了卖方必须承担的工作。

在分清责任的基础上，价格条件就可以谈了。卖方想做这笔生意，这是其进入中国家电市场的“桥头堡”。买方有意要这条线，但投资有限。既然由“交钥匙”改为“拼盘”建设生产线，卖价应该降低。双方最后协议为：共同采购设备，其价限在250万美元以内。卖方保证生产线技术，由买方配合建生产线。为此卖方提供技术指导和对买方人员的培训，其总价不超过50万美元。

（资料来源：杨晶. 商务谈判.北京：清华大学出版社，2005）

案例分析：上例反映买方成功运用了“化整为零”的策略。首先将“一揽子”方案化解出技术与设备两个主要构成因素，进而细化出“工艺流程技术费”和“单台设备价”。调查研究后，先按细分内容分别谈，以实现分项突破。然后，集中谈，使总价在保证原交易目标的前提下，由400万美元降到250万美元。卖方得到了合同，买方得到完整的技术及生产线，节省了投资。

6.2.3 还价起点

当买方选定了还价的性质和方式以后，最关键的问题就是确定还价的起点，即以什么水平和条件作为第一还价，这第一锤子敲得好，对双方将起决定性的影响。若能敲出对方讨价还价的热情，说明成交有望；若能使对方跟着买方还价走，将对买方成交价高低有决定性的影响。倘若敲得不好，卖方就会失去成交的信心，这是因为卖方把希望寄托在买方身上。因此，买方对于第一次还价一定要十分慎重。

怎样才能确定还价起点？首先，应分析卖方在买方的价格评论和讨价后，其价格改善了多少；其次，看卖方改善的报价与买方拟定的成交价格之间还有多大的差距；最后，看买方准备不准备在还价后让步，若让步，准备让几步。这几条是决定还价起点的基本条件。

6.2.4　还价的次数

还价的次数取决于谈判双方手中有多少余地。如买方第一次还价高，手中余地不大，则自然再还价的机会少；反之，卖方态度强硬时，手中也无可让的牌，不是逼卖方再让，就是自己也退让，否则谈判会破裂。一般情况下，从卖方固守改善二次后的起价，仍有二次或三次的价格改善，买方还价次数亦如此。每次让步幅度的大小视交易金额而定，卖方的让步幅度要较买方大一些，多以 5%～10%为一档调，或把各价格成分分先后几次来调，以制造“台阶”保护价格水平。买方的让步幅度要较卖方的小一些。还价的次数也是依据交易金额而定，如果项目小且报价水分不大，则还价的次数不宜太多，以免浪费时间；项目小但报价水分大，买方可以多还几次价。无论二次还是三次还价，没有台阶的做法是不行的，因为“老油条”的商人们是不会相信一口价或不二价的，不把对方的水分挤干绝不罢手，所以还价一定要留有余地。

6.2.5　还价的措施

在实际的讨价还价过程中，争论几乎常常是以纯逻辑的方式进行的，但是其中所牵涉到的当事人双方之间的相互作用，却更具有个人关系的特点，带有浓厚的感情色彩。最后问题的解决可能取决于当事人双方之间存在的感情的深厚程度。如果你想影响对方，那么就应该是一个受对方欢迎，为对方所接受的人；如果你有时想靠强硬的态度来得到你预想的结果，想使用你的力量来压服对方，最好的做法却总是先唤起人们的友好情感，以便当你必须坚持自己的立场时，你尽可以放心地坚持，而不必担心把关系搞坏。

买方经常会遇上一些摆出不允许讨价还价姿态的卖方，他们会说“我们的价格和折扣都没有商量的余地了”，“这也是最后的比价”或“这是最低的价格”，可是我们却一时无法知道那是否是真正的最后价格。所以，这时不要轻易地相信他们，他们那样或许只是想方设法激起你的兴趣。经验成熟的买方，开始时会避开对方，然后去了解各种竞争价格的范围，从实力出发进行讨价还价。在不泄露商业机密的情况下，也可以向对方显示一下其竞争者的开价，以加强自己的力量。

如果你对对方的提案表示兴趣，但却不能显示出过分的热情。如果你渴望得到某种东西的欲望太强烈，那就会成为你的弱点，如果让对方发现了这一点，他们就会在这一点上大做文章。在讨价还价过程中，他们也将随时侦察你的防线，一旦他们发现了突破口，也就会从这里进攻。当一方提出某种要求之后，立即做出反应非常重要，最后的反应是什么也不说——拖延，使你赢得时间来思考。什么也不说，只是思索，这样对方立刻感到有一种压力。还价者越默默无言，对方心中越降低他的眼界。这时还价者就能看到对方在多大程度上是真实的，在多大程度上是假动作。但不要把对方弄得太恼火，以至于使他们认为你太难共事。因为一旦他们不再有兴趣与你打交道的话，你就不会有交易可做了。

在还价中，卖方吸引买方兴趣的常用办法是，宣扬他们的东西是如何好，做成这笔交易你将占多大的便宜。与此相应的策略是，你也把对方在这场交易中可能赢得的好处一份一份地加到一起，并悄悄地开始把这点灌输到其意识之中，让他们看一看，在交易中他们是大有赚头的。例如，你可以通过向对方提出某些做法的价值，如减少库存、改善现金状况、腾出场地增加生产、保证劳动就业、提高威信、改善销售地位等实现这一点。请记住，在任何一项谈判中，达到我们所希望的目标的途径可以有千百条，但是最好的途径总是在确认我们目标的同时，也确认对方期望利益之所在，并以此作为整个谈判的有机组成部分。

6.3 讨价还价中的让步

6.3.1 讨价还价的范围

1. 理想的讨价还价的特点

在讨价还价阶段，谈判双方从各自利益出发，唇枪舌剑，竭力使谈判朝着有利于自己的方向发展。一时间谈判桌风起云涌，色彩纷呈，有时还会出现戏剧性变化。在剧烈的争夺角逐中，谈判双方很容易感情冲动，稍不留神，就会引起谈判人员的个人冲突，生意因此告吹。所以，如何在瞬息万变的谈判中保持清醒头脑，合情合理地进行讨价还价工作，是谈判人员需要解决的问题。

要保证谈判人员在激烈的角逐中不迷失方向，双方的谈判态度就必须是心平气和的。要保持态度的平和，谈判双方除需具有较高的个人修养之外，会谈外的审时度势、巧妙安排也是必不可少的。谈判人员只有充分预见、分析谈判过程中可能发生的种种情况，制定好应付措施，做到心中有数，才能临阵不乱，在千变万化的形势面前从容镇定、心平气和地据理力争。

比较理想的讨价还价应具有以下几个特点。

（1）谈话范围广泛，双方有充分回旋余地。

（2）双方发生的是观点的交锋而不是双方人员的冲突。

（3）诚心诚意地探讨解决问题的共同途径。

2. 讨价还价的可能范围

在讨价还价开始后，首先有一方表明自己的立场，接下来另一方就应该要求对方澄清一下对方的观点。谈判人员在要求对方澄清问题时应该注意自己提问的方式，尽量避免提出一些挑战式的、令对方不快的问题。任何一方盛气凌人的提问方式，必定会引起对方的反感甚至是愤慨，这往往会导致对方的反唇相讥，稍有不慎就会酿成一场轩然大波，使本应成交的生意告吹。在一方做出澄清以后，另一方就可以开始讲述自己一方的观点，如果还有不清楚之处，这时另一方也可以继续要求澄清，依次类推。

在讨价还价阶段，双方都要求大同，存小异，尽量强调双方共同的地方，千万不要本末倒置，吹毛求疵。这并不意味着双方之间没有任何问题，更不是要掩饰这些问题，通过和谐气氛的创造，使双方心平气和地解决共同面临的问题。

一般而言，双方的初始报价肯定存在着分歧（这也是产生讨价还价过程的原因），分歧一般在如图 6.1 所示的 s2、b2 之间。由于初始报价一般不被对方所接受，于是谈判双方开始展开一系列的讨价还价（几次或多次的让步或交换条件），逐渐向最终的合同价格 p 逼近，直至最后达成协议。只要协议能够达成，那么最终的合同价格 p 肯定会落在谈判的合理范围 s～b 区间内。在讨价还价过程中，买方会运用各种手段（包括初始的报价）去影响卖方的理性判断，尽量减低卖方对于己方保留价格的预期和估计。于是，在一系列讨价还价所组成的谈判过程中，双方心目中所判断的谈判合理范围也不断地变化，从而双方的可妥协范围也不断发生变化。因此，在谈判中谁能够有力地影响或引导对方的判断，使对方的可妥协范围向着有利于己方的方向变化，谁就能够赢得主动，并控制整个价格谈判的进程。

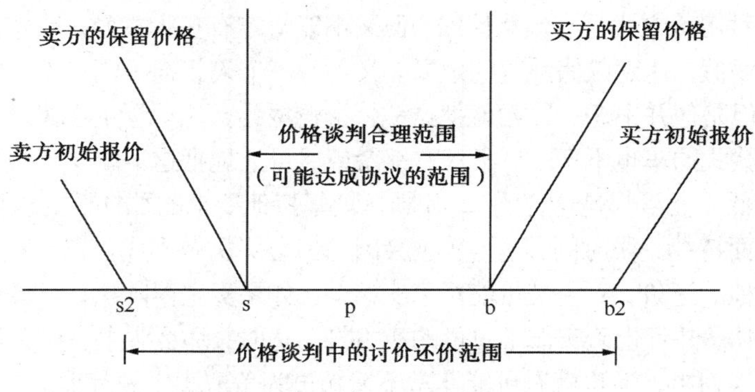

图 6.1　讨价还价示意图

必须指出的是，即使双方在价格谈判的合理范围内就某一合同价格 p 达成了协议，双方的利益分割也往往是不相等的，即价格 p 往往不会是 s～b 区间的中点。我们把这种情况称为价格谈判中盈余分割的非对称性。造成这种非对称性的因素是很多的，除了初始报价和采取的策略不同之外，非对称性还取决于双方谈判实力的差异、拖延时间需要付出代价的不同，双方需要的不同等。所有这些因素都将导致双方在讨价还价过程中让步的不平衡性，从而最终形成谈判中盈余分割的非对称性。

6.3.2　讨价还价中的让步

在讨价还价过程中，一方向另一方做出让步是常事，让步一般是通过减价来进行的。减价牵涉到受益人用什么方法、在什么时候和以什么作交换条件等几方面的因素。为防止出现失误而带来得不偿失的结果，我们应该了解讨价还价者的减价心理、减价方式和原则。

1. 减价心理

减价心理是指对于减价的心理反应。例如，我与你正为购买一套昂贵的立体声音响而进行讨价还价，该音响是市场上最先进技术的成果。因为你卖的是新产品，你想看看顾客对这种新产品的反应，假如我的预算支出是 1 500 元，我第一次出价是 1 000 元，第二次是 1 400 元，那么你不会知道我真的出价是多少。如果我们之间是互不信任的对立关系，你会估计我实际上能付 1 600 元、1 800 元甚至 2 000 元。为什么？因为我从 1 000 元到 1 400 元的上升幅度太大了。在别人看来，这是一位有钱的买主，所以你认为我的出价会超过 1 500 元。假如我发誓我只有 1 500 元，而且这是千真万确的，但是处在明显竞争的讨价还价当中，你作为卖方是不会相信我的，这点是确凿无疑的。专家们的经验表明，减价行为的增额乃是真正权限的最精确的气压表。在这种情况下，我怎样让你知道我的最高出价是 1 500 元呢？如果我先出 900 元，你拒绝了，接着我出 1 200 元，然后长到 1 350 元，过一会儿又升到 1 425 元，然后我又不情愿地升到 1 433.62 元。这样就很容易使你相信我只有 1 500 元了，因为我不断地把递增幅度减小。买方出价及其递增幅度见表 6.1。

表 6.1　买方出价及递增幅度表

<table>
<tr><td>买方出价（元）</td><td colspan="2">900</td><td colspan="2">1 200</td><td colspan="2">1 350</td><td colspan="2">1 425</td><td colspan="2">1 433.62</td></tr>
<tr><td>递增价（元）</td><td></td><td colspan="2">300</td><td colspan="2">150</td><td colspan="2">75</td><td colspan="2">8.62</td><td></td></tr>
</table>

表中数据显示买方出价在向着他的期望目标缓慢靠拢。同样的出价策略也适用于卖方。虽然买卖双方都知道这种出价方式具有策略性质，但又不能肯定有多大成分是真实的，又有多大成分是策略性的，真真假假，达到以假乱真的效果。又如，一个人想把一辆车设法转卖出去，车子也许多少有些毛病，但是他并不想一开始就把这一情况透露给买主。买主在买以前，也了解了市场行情。市场上这样款式的车也不多。买卖双方都希望尽可能地把这一笔交易做好。如果买主一开始就把价格压得很低（通常都是这样的），并固执地坚持他要求的那样低的价格。双方的较量会因为买主拒绝表态而持续一段时间，这样卖主会因为担心买卖做不成显得有点紧张，这时候只要买主稍微松动一下他的还价，卖主就可能乐意卖给他。如果卖主很固执，当买主发现自己在和一个在价格上不肯妥协，并且也确实很难对付的卖主打交道时，那么买主在费劲地赢得卖主的某种减价后，在随后的谈判中，他也就有可能非常不情愿再为争取卖主做其他的减价而奋斗。因此，在重大问题上，尽早地使自己站住脚，并坚持这一地位，就可以改变对方对这笔可能“做不成”的交易的最后期望。之所以说有可能做不成，是因为如果固守阵地太顽固的话，有可能导致谈判破裂。所以，在减价问题上又应有灵活性，也就是说买卖双方的期望目标都应该有弹性。

2. 减价方式

假设有一位卖主，他准备减价 60 元，分 4 期完成，可以有 8 种不同的减价方式（见表 6.2）。其中第 7 种减价方式中的 + 1 和 − 1，表示由于计算失误或别的原因使“舞步”发生了混乱，该倒退时他反而前进了，发现后又纠正了这个错误。

表 6.2 卖方减价表

减价方式	第一期减价	第二期减价	第三期减价	第四期减价
1	0	0	0	60
2	15	15	15	15
3	8	13	17	22
4	22	17	13	8
5	26	20	12	2
6	49	10	0	1
7	50	10	+ 1	− 1
8	60	0	0	0

第 1 种减价方式。这是一种坚定的减价方式，让对方一直认为妥协的希望很小。若是一个软弱的买主，可能由于卖主的坚持而过早停止向卖主讨价还价了；若是一个坚强的买主则会坚持阵地，继续讨价还价，迫使卖主进一步减价。卖主在第一、二、三期不减价可能是进行试探，看看对方的态度，若碰到的是强攻的买主，他接着会采取第 4 种方式。当然卖主这样做必然冒着形成僵局的风险。

第 2 种减价方式。假如买方肯耐心地等待，这种方式会鼓励他继续期待卖主更进一步地减价。但是假如卖主能把步子迈得更小些，把谈判拖得更长些，便能使对方厌烦不堪、不攻自退了。

第 3 种减价方式。这种减价方式往往会造成卖主的重大损失。因为它引导买主相信“更令人鼓舞的日子就在前头”。买主的期望随着时间推移反而会越来越高，因而这是“倒行逆施”的减价方式。

第 4 种减价方式。开始大幅度减价表示卖主的诚意，接着步子越来越小，显示出卖主立场愈来愈强硬，虽减价但不会轻易减价。

第 5 种减价方式。这种减价方式表示出卖主强烈的妥协意愿，不过同时也告诉买主，卖主所能做的减价乃是有限的。在讨价还价前期有提高买主期望的危险，但是随着减价幅度的减小，表明卖主趋向一个坚定的立场之后，这种危险性也就渐渐地降低了。一个聪明的买主便会悟出，要求更进一步的减价已经是不可能的了。

第 6 种减价方式。这种方式一开始是大减价。这将会大幅度地提高买主的期望。不过，接着而来的小减价、拒绝减价和最后一期的小小减价，会很快抵消这个效果。这是一种很有技巧的方法，使对方知道，即使进一步讨价还价也是徒劳的。从卖主的角度看，一开始就进行 49 元的大减价，存在一定的风险。因为他永远不会知道买方是否愿意付出更高的价格，如果碰到的是愿付高价格的买主，他就会损失本可以不损失的利益。

第 7 种减价方式。这种形式是第 6 种减价方式的变形。第三期的轻微涨价（可能是刚刚发现到计算错误），表示出更坚决的立场。第四期又恢复了 1 元的减价，这将会取得一些买主的信任，使买主感到满意。

第 8 种减价方式。这种减价方式会给买主造成强烈的印象。一下子减价 60 元，把对方的期望很快大大地提高。假如买主把这种兴奋的情绪带回公司去，则受了感染的伙伴们，便会期待他带回更好的消息。可是紧接着而来的却是卖主的坚持，双方会因此而造成相持不下的僵局，碰到这种情形，买主只有愧对公司同人的期待了。因为他实在无法再得到任何减价。

以上 8 种不同的减价方式表示：不同的减价方式可以传递不同情息。对方的反应取决于你减价的数额、速度以及速率（速度改变的快慢）。这正如舞蹈演员对不同的舞曲会做出不同反应那样。谈判专家们的实践表明，在讨价还价的进程中，成功的谈判者总是较能控制自己的减价程度，特别是在僵局快要形成时更为突出。他们所做的减价通常都比对方的幅度小，他们看上去比较吝啬，也比较难以揣测。这实际上是因为他们在不断地改变自己的减价方式。不成功的谈判者，往往无法控制住减价的程度。很多人在刚刚开始的时候只肯做极微的减价，甚至丝毫不让，可是眼看快要形成僵局的时候，便忍不住退让了，而且往往因此做出一连串的减价。试验的结果表明：成功的谈判者比较能够忍受事物的不确定性。当双方相持不下的时候，他们不会轻易地崩溃。

【案例 6.3】

我国某机械进出口公司欲订购一台设备，在收到了报价单并经过估价之后，决定邀请拥有生产该设备先进技术的某西方国家的客商前来我国进一步洽谈。在谈判中，双方暗中讨论了价格问题。一开始我方表示愿意出价 10 万美元，而对方的报价则是 20 万美元——同其报价单上所开列的价格完全一样。在比较了第一回合各自的报价之后，双方都预计可能成交的价格范围在 14 万美元到 15 万美元之间，他们还估计要经过好几个回合的讨价还价，双方才可能就价格条款取得一致意见。

如何掌握以后的减价幅度和节奏呢？有关人员进行了讨论，认为可以有以下几种方式。第一种方式，向对方提出："原先我方出价 10 万美元，而你方要价 20 万美元。为了取得一致，消除差距，咱们双方最好都互谅互让。公正地说，14 万美元这个价格兼顾了双方的利益，因而比较现实，你方能否考虑接受呢？"这看上去是十分合情合理的要求，实际上是一个典型的过大过快的减价模式，表现我方急于成交。这时如果对方抓住我们急于成交的弱点，猛压我们，我们就再也没有回旋余地了。第二种减价方式，向对方表示我方愿意考虑的加价不超过 5 000 美元，即由原报价 10 万美元增加到 10.5 万美元。可是这样的加价显得有点微不足道，会使对方觉得我方缺乏达成协议的诚意。第三种减价方式，是一种比较稳妥的方式。由10万美元增到11.4万美元，然后依次增加，不过增的幅度越来越小。他们以此方案与对方进行了讨价还价，前四个回合双方的出价及减价幅度见表6.3。

表6.3　　买卖双方出价及减价幅度表

单位：万美元

轮回次数	卖方出价	买方出价	卖方递减额	买方递增额
第一回合	20	10		
第二回合	17.5	11.4	2.5	1.4
第三回合	16.0	12.7	1.5	1.3
第四回合	14.7	13.5	1.3	0.8

案例分析：到第四个回合结束时，双方出价已离各自的期望值不远了。最后就很有可能以14万美元的价格拍板成交了。这个例子中双方的减价方式是谈判中最普遍的减价模式。当买卖双方有做成交易的愿望，并希望彼此不伤和气时大都采用这种减价模式。一般情况下，买主处在比卖主较为有利地位。因此，上例中可以看出买主的递增幅度，较之卖方要小一些。当然，减价的具体形式很多，而且在具体运用上要视双方的反应而灵活地掌握，切忌一成不变地固守一种模式。减价的基本要点可以归纳为：假如我方是买主，从一开始就只做小的减价，并在此之后始终坚持缓慢的递增幅度；而我方若是卖主，则开始所做的减价可以稍大一些，以后再缓慢地减价。

另外，有关的减价事项应注意的是：第一，在决定减价之前，先不要向对方透露减价的具体内容及我方已打算减价，以期换取对方做相应减价的承诺时，我方可以说："好吧，我们暂时把这个问题先放一放，我想，这个问题以后若要解决是不太困难的。"第二，以我方减价的许诺来谋求对方也同样做出减价。假如我方想以价格上放折扣为条件来换取对方在交货期限上的减价，则不妨可以说："哟，要让我方在价格上再做变动，那实在使我感到为难了。不过，如果你方在交货期这个问题上还有进一步协商的余地，我想这大概会有助于我方对价格问题重新做一番考虑。但是在目前的情况下，这种考虑恐怕是不现实的。好，那么关于交货期限，你方的意见如何，我们能不能现在就谈一谈？"

3. 减价的原则

在讨价还价过程中，做不做减价应三思而后行，不能随随便便掉以轻心。这是因为每一次的减价都与自身的实质利益——利润或成本密切相关。有时能做到"固执己见"的话是值得的，尤其是在处理重大问题上，这样可以防止对方在以后的阶段从你这里赢得更多的减价。如果不得不做减价的话，在实际的谈判中，由于交易的性质不同，交易额大小不同，双方讨价还价力量的不同，减价没有固定的模式，要靠讨价还价者对策略技巧的灵活运用。但是，灵活程度不是任意的，它应该受到原则的制约，没有规矩也就不成方圆。在此，我们提供以下减价原则及策略。

（1）不要做无谓的减价。每次减价都应该是为了换取对方在某些方面的相应减价或优惠，体现出对我方有利的宗旨。如果不能换回什么东西，就不要把自己的东西轻易给人。

（2）减价时间的选择。减价的时间可以挪前或延后，以满足对方的某些要求，使得对方马上能够接受，没有犹豫不决的余地。

（3）减价要让在刀刃上，让得恰到好处，使你的较小的减价能给对方以较大的满足，以求得较大的回报。但是要使谈话保持轻松并有伸缩性，以免被对方发觉你占了上风，从而更加坚持自己的要求。

（4）在你认为重要的问题上要力求使对方减价。而在较次要的问题上，根据情况需要，你可以考虑先做减价，并记下已做出的每一减价，经常谈及它，这将有助于抵御对方以后的要求。

（5）不要承诺给予同等幅度的减价。例如，如果对方在某一条款项目上让你 40%，因此，他也要求你在另一项目上让他 40%。因为项目不同，同样是 40%，但其结果却可能是不等价的，所以你应该以“我方无法负担 40%的减价”来婉言拒绝他。因为这不是协定，完全可以推倒重来，进行修正。不过最好找个借口，好让对方看上去你的修正是合理的。

（6）即使我方已决定做出减价，也要使对方觉得从我方得到减价不是件轻而易举的事，他就会珍惜所得到的减价。

（7）一次减价的幅度不宜过大，节奏也不宜过快。要做到步步为营。因为减价太大，会使人觉得你的这一举动是处于软弱地位的表现，会建立起对方的自信心，并使对方在以后的谈判中掌握主动。在这种情况下，要让对方回报以相应大小的减价也是很困难的。

（8）双方减价要同步进行。即自己在每一次减价后，都必须要对手做相应的减价，在对方做出相应减价前，不能再减价。

（9）尽量做一些毫无损失，甚至是有益的减价。这类减价是：倾听对手的发言；适度地招待对手；尽量为对手提供详尽的说明；经常说“我会考虑你的意见”之类的话；向对手担保，我方已尽全力迁就他；让对手自由地求证我方所说的一切；不厌其烦地向对手指出为何根据我方的条件达成协议是对他有利的理由。只要谈判者善于运用这些毫无损失的减价，则他很可能因为让对手获得高度满足而赢得谈判的成功。

总之，在做出减价时，一方面要经过缜密考虑，减价要稳妥；另一方面减价又必须是充分的，恰到好处的，使对方确实尝到甜头，这就为在其他重要交易条件上制定对己方有利的合同条款奠定了基础。

【案例 6.4】　从合资谈判看掌握谈判节奏的重要性

一个谈判如果按阶段来划分时，可分成谈判的准备阶段、开局阶段、磋商阶段和终局阶段四个过程。在这四个不同的谈判阶段，又涉及谈判的具体行为和策略。因此，一个谈判是谈判的不同阶段、具体的工作程序和方法的综合体。正因为如此，一个谈判如果能正确地把握谈判的程序和节奏，结合采用有效的工作方法和谈判策略，将使谈判工作更为顺利地进行，更快地到达成功的彼岸。下面中国和德国合资兴建拜耳—上海齿科有限公司谈判案，比较全面地体现和反映了上述特点。

这个谈判的中方是上海齿科材料厂。当时上海齿科材料厂的齿科产品占国内产量的 70%，为国内同行业中的佼佼者，当该厂与联邦德国合资兴建有限公司一事一经立项，即预先做好了充分的准备工作。首先，上海齿科材料厂在 1985 年 4 月派人赴德国实地考察，进行可行性研究，了解有关信息、资料，考虑谈判方案的选择与比较，分析可能影响谈判的各种主客观因素，并与德方在对项目进行综合评判的基础上，共同编制了可行性研究报告。回国后，该厂又专门挑选和组织了一个包括从上级部门请来参与谈判的参谋和从律师事务所聘来的项目法律顾问的谈判班子，为该项目的谈判奠定了一个良好的基础。作为该项谈判的另一方是联邦德国拜耳公司。该公司系当时联邦德国全国第三大公司，在世界上设有 100 多个公司，他们的医药产品行销全世界，年销售额为 600 亿马克。在谈判之前，德方对国际国内的市场做了充分的调查了解，进行了全面深入的可行性研究。他们还特别对中方的合作伙伴做了详细的分析、了解，全面掌握了与谈判有关的各种信息和资料，并在此基础上，组织了一个精干的谈判班子，该班子由公司董事长兼首席法律顾问充当主谈人。

同年9月，中德合资兴建拜耳—上海齿科有限公司谈判在中国举行，前后举行了十轮谈判，一直到第二年的8月12日谈判成功，历时近一年时间，终于达成了一个双方都较满意的协议。

在谈判的开局阶段，德方采用了先声夺人的策略，力图抢占谈判优势。他们凭借拜耳这一威名赫赫的国际性大公司的实力、技术和经验等方面的专长来影响中方的谈判心理，希望中国方面依赖他们。而中方与对方一交手就意识到，必须扬己所长，避己所短，才能抵制对方的"优势战"。因此，中方发挥东道主的优势，强调在中国兴建合资企业，受中国行政管辖和法律制约，只有充分尊重中方的意见，才有利于谈判。中方用无可回避的事实，有力地打消了德方试图在谈判中发挥主导作用的心理，从谈判开始阶段的技术角度考虑，双方率先打"优势战"，抢占制高点是正常的。因为有经验的谈判者在谈判的开局时，总想掩饰己方的需求，夸大对方的需求；贬低对方的实力，夸大己方的实力；强调己方的优点，夸大对方的弱点，以图制造对方有求于己方的气氛。谁能成功地完成这一步，谁就掌握了谈判的主动权。当双方进行了初步较量之后，是否能从各自释放的能量中，产生一种合力，拨正谈判之舟的舵轮，开始在合作基础上的对等谈判，这是衡量谈判开局阶段成功的关键。

谈判开局阶段双方的努力是否成功，要看谈判者在起始阶段是否能把握好竞争与合作的分寸，是否能扬长避短，进取有度。无论哪一方在谈判开局时努力不足或工作失误，都会使谈判的舵轮偏向，进而导致在谈判磋商阶段的失利。从中德合资企业谈判的开局阶段来看，双方势均力敌，旗鼓相当，创造了谈判开局阶段的均势，矫正了谈判之舟的船头。由于双方的共同努力，在谈判的开局阶段形成了一种合力，把谈判推向了友好协商的阶段。在这一谈判阶段中，中德双方采用了分合兼用的工作方法，时而召开全体会议进行总体讨论，调整工作进度；时而分技术、财务、法律三个组进行专项研究，具体谈判。双方各自对保密与泄露的信息不断进行分析综合，评估调整。

当谈判进入磋商阶段后，由于该阶段是谈判过程中最复杂、最具体的讨价还价阶段，会出现许许多多烦琐而又与双方利益密切相关的问题，因此需要谈判双方既斗争又妥协，既竞争又合作，有理有节，进退有度。在中德谈判的过程中，同样出现了许许多多的问题，但双方本着上述精神和态度，克服了一个又一个困难，最后握手成交。

在中德合资谈判中，首先遇到的就是合资企业名称问题。德方建议定名为"拜耳齿科中国有限公司"，但遭到中方的反对。因为这个名称实际上否定了双方平等谈判的主体资格，变成了总公司与分公司的隶属关系。按1985年6月17日公布的《企业名称登记办法》的规定：国名不能放在企业名称中。据此，中方提出了"上海拜耳齿科有限公司"的名称。由于中方根据充分，从而有力地支持了己方的立场，使德方不得不做出让步。

德方在同意我方所提议的名称的前提下，要求将"拜耳"与"上海"两个名词对换，把"拜耳"放在"上海"之前。德方的理由有三：一是拜耳是世界性大公司，在国际上享有盛名；二是拜耳的声誉有利于合资企业经销产品；三是拜耳在合资企业的股份多于中方。由于德方的建议有理有据，在情在理，中方也无法拒绝，但中方又提议在"拜耳"和"上海"之间加一道横线，就成为"拜耳—上海齿科有限公司"。这一名称，使双方都感到满意。这一问题的谈判成功，有力地证明了谈判双方都是胜利者的观点。

随后在谈判过程中，又遇到了德方独占出口权问题。关于产品的销售问题，在该项目的可行性研究中曾有两处提到：一是“外商负责包销出口 25%，其余 75%在国内销售”；二是“合资公司出口渠道为拜耳、合资公司和中国外贸公司”。双方在这一表述的理解上产生了分歧。这种理解上的分歧，构成了谈判的严重阻碍。德方对此两点表述的理解是：许可产品（用外方技术生产的产品）只能由拜耳独家出口 25%，一点也不能多；而其他的两个渠道，是为出口合资企业的其他产品留的。而中方的理解是：许可产品的 25%由拜耳出口，其余 75%产品中的一部分，有可能的话，用另外两渠道出口。双方争执的焦点在于对许可产品，中方和合资企业有无出口权。德方担心扩大出口数量和多开出口渠道，会打破自己的价格体系，挤掉自己的国际市场份额，因此反对中方和合资企业出口。

中方同样基于自己的利益而不愿意放弃出口权，双方为此互不相让，僵持不下，谈判步入危难局面。此时，正值第三轮谈判的最后一天，德方要求终止分组讨论，由双方主谈人召集全体会议，就此问题展开专题辩论，但双方仍互不让步，于是德方宣布终止谈判，以示在此问题上决不让步，导致谈判破裂。当然德方中止谈判不过是个手段，无非是想以此来向中方施加压力，迫使中方做出让步。当时，中方对谈判破裂的性质认识不清，一时陷于忧心忡忡的境地。中方谈判代表团为此集思广益，研究对策。经过认真分析，大家认识到，此项目投资大，且拜耳是个享有盛名的大公司，其目光是长远的。他们此次来中国谈判，事先做过充分的可行性调查研究。此项目作为问路之石，旨在打开中国市场。

在中国，上海齿科材料厂是最合适的合作伙伴，因为它无论从技术到产品都是国内第一流的，如果德方在中国第一个合作项目失败，再想在中国投资合办企业就难了，为此，德方是不会轻易放弃此项谈判的，他们终止谈判不过是个手段而已。中方谈判班子的正确分析，为正确的决策提供了依据。因此中方不再担心谈判失败，而是顺风推舟，故意不予理睬。此时，谈判从形式上看似已破裂，但实际上双方都在静静等待对方的让步，此时，对谈判双方的毅力、耐性和自信心而言，都是一个考验。

一般而言，谁先妥协，谁就要付出代价。几天之后，德方因对该项目的依赖性和寄予的希望较大，终于沉不住气了，主动发来电传，再次陈述他们的理由：一是包销 25%的许可产品已经承担了很大风险；二是如再出口其余的 75%，就等于自己投资培植一个与自己争夺市场的对手，这绝非拜耳合资办企业的初衷；三是合资企业出口会破坏拜耳的价格体系，如独立经营 75%的其余产品再出口，就超出了中方要求获得技术和利润的目标，而拜耳也无法实现分享市场、获取利润的目标。中方接到电传后，仔细研究了德方的陈述，觉得不无道理，但己方又不肯让步。

为此，中方采取了新的对策，假手“第三人”的权威性来迫使对方让步。为此，在谈判重新开始后，中方请来上海外经贸委负责联系此项目的同志一起参与谈判。中方的这一做法有两个目的，一是希望他起到缓冲作用；二是希望以审批机构代表意见的权威性，促使对方让步。在此次谈判中，中方也陈述了坚持扩大出口的三项理由：其一，合资企业为独立法人，享有独立经营权；其二，国际市场潜力巨大，合资企业与拜耳共同战胜竞争对手；其三，合资企业增加出口，有助于外汇平衡，有利于企业长期生存。外经贸委的同志此时如同一个仲裁者，听取了中德双方陈述的理由后，巧妙地提出了一个意见：请德方把所占领的国际市场区域做出图示。这下可把德方难住了，因为德方产品销售不可能覆盖全球。但他们毕竟是身经百战的谈判老手，立即转守为攻，笼统地坚持拜耳在全世界都有销售点，回避接触实际问题。这时，细心人看得出，德方那绝不让步的防线已被打开了缺口。

中方乘机提出，如果合资企业直接收到国外订单该如何处理？为此双方经过进一步的讨价还价之后，最终在这一问题上都做出了妥协，达成了合资企业在不破坏拜耳的国际价格体系的前提下，可对外来订单有条件履行合同的方案。这个条件主要是：如果合资企业接到合同地域外塑料牙的订单，其价格和拜耳国际价格表相同，只要在收到合资企业通知后的 14 个工作日内，拜耳未以书面通知合资公司、拜耳或者拜耳指定的第三者将接受这些订单的话，合资公司则有权履行这些订单。对所有通过合资公司而由拜耳履行的订单，拜耳应支付给合资公司 1% 的佣金。如果拜耳将订单转给合资公司，并由合资公司履行，合资公司也应支付拜耳同样的佣金。这个双方妥协的方案，实际是既保护了德方一定的利益，同时也否定了外商独占出口权。

就在合同文本的谈判就要接近尾声时，德方再次就合同中规定的解散条款提出异议，德方坚持要在合同中规定：当中国法律有新的规定，且德方判断它对外商不利时，可以申请合资企业解散。中方显然对此不能接受，经多次争执。结果德方同意删除不要，但要规定："本合同经审批机构批准后，即使中国法律有新的规定，本合同仍按其合同条款执行。"这一条款意味着中国新的立法对合资企业无管辖权，中方开始不同意，谈判再度搁浅，为促成谈判，中方谈判班子再三进行研究，认为德方已在一些条款上做了让步，中方在此问题上不顾外商利益，采取僵化立场，不利于争取谈判成功，为此，谈判项目法律顾问改变僵化的思考问题方式，提出了一个新的又是顺理成章的解释：一是，相信中国对外开放的道路会愈走愈宽；二是，《涉外经济合同法》第 40 条明确规定：对已经批准的合同，即便有新的立法，仍可按原合同执行。这个解释，是一个不拘泥于原则和深具务实精神的生动例证，正是中方这一关键性让步，使谈判迈过了最后一道难关。

中德这次谈判，经过双方求同存异，友好协商，使谈判之舟顺利地抵达了成功的彼岸，进入了谈判的终局手段。这个阶段的主要工作就是要对已经成立的谈判的有关文件进行逐条逐字的修正完善，斟酌定稿；相互校对章程、协议、合同等文字文本的意思是否一致；等等。中德双方对这一阶段的工作做得十分认真和仔细。并且，谈判终局阶段的文字工作做得愈是仔细，就愈能反映出履约的诚意。

案例分析：综观这次谈判的全过程，其成功的经验，首先表现在中德双方在谈判准备阶段，即进行了严密的可行性研究，组织了一个精干的谈判班子；而在谈判的开局阶段，双方恰当地掌握了竞争与合作的分寸，使谈判一直在"平等互利"的轨道上正常运行；在谈判的磋商阶段，双方既相互竞争，又相互妥协，在每个关系到双方利害的问题上，都成功地找到了使各方都满意的方案，尽管其间曾不止一次地出现过僵局甚至假性败局。最后，在谈判的终局阶段，双方毫不马虎，做好各种文字工作，为双方在合作期间避免纠纷，顺利履约，把好了最后一道关。

6.4 商务谈判小结与再谈判

6.4.1 商务谈判小结

1. 商务谈判小结的目的

商务谈判小结是指谈判过程中双方对已经谈过的内容及双方的立场予以归纳整理的行为。商务谈判小结是谈判过程中的一个阶段，又是谈判的一个手段。商务谈判小结在确认协议点上具有法律作用，在安排分歧点上有组织作用，因此对谈判双方具有重要意义。

商务谈判小结的出现有着十分明确的条件与目的。盲目的小结毫无意义。从大量的谈判实践来看，商务谈判小结目的有两个：清理谈判和引导谈判。

（1）清理谈判。清理谈判是指廓清谈判局势，理出谈判结果的工作。它的作用在于保证谈判不乱，收获不失。

① 廓清谈判局势。参与谈判的人一般都具有一定专业知识，但谁也避免不了认识、情绪、文化差异等因素的影响而造成的冲突。有时冲突能被谈判高手们理智迅速地解决，有时则被固执地推向白热化，使谈判陷入混乱之中。此时通过商务谈判小结廓清局势，对清除混乱有极大的作用。比如，在谈判中，常常会有谈判高手借用体育比赛中的暂停手势，让争吵打住，继而提出休息和小结，以缓解紧张气氛并廓清谈判局势。

② 理出结果。经过一段时间的谈判，谈了就会有收获。不论是谈判的议题、双方谈判中的沟通、妥协与理解，甚至对方表达的意思、体现的行为，都是谈判的结果。小结就是要把这些不同的结果分类地理出来，把对方的妥协收进账，把己方的妥协记支出，把未进行的议题作为后面谈判的任务争取完成。

（2）引导谈判。引导谈判是在明确局势及某些议题或阶段谈判进展的情况下，确定下一步谈判的目标。由于谈判小结为双方所做，它的引导作用可以对一方，也可以对两方。

① 对一方的引导。任何一方都可以从谈判小结中看到谈判的形势，自己的地位、收获，对方的态度、条件，对进一步谈判的部署可以有调节的新依据。当依靠这些谈判小结获得的认识重新部署自己的谈判条件和策略时，谈判小结就实现了对单方面的引导。

② 对双方的引导。一般地讲，谈判双方在小结时，不要求对谈判条件达成共识，但对谈判形势——问题与态度会达成认识上的一致。如存在什么分歧以及分歧的理由，双方应采取的态度与面临的任务等。这些十分客观的内容也是谈判者不可回避的问题。清理出这些一致的认识后，也意味着提出了双方共同工作的方向，随后为了解决这些问题，双方谈判的议程也就出来了，谈判小结对双方的引导也就实现了。

2. 商务谈判小结内容、方式与时机选择

（1）商务谈判小结的内容。商务谈判小结内容是指为达到商务谈判小结目的所需要的各种构成因素。没有具体内容的谈判小结只能是一个评论，没有意义。一般地，这些要素有以下几个方面。

① 异同点。商务谈判小结异同点是双方谈判达成的协议与存在的分歧。这也是整理前面谈判的主要内容。依据谈判小结的阶段与时间，异同点可大可小，可多可少。然而谈判小结要求清理全面，使谈判双方对谈判小结中的谈判成果和谈判形势有客观、完整的认识，遗漏将成为误会的引子。

② 分歧理由。谈判小结分歧理由是明确双方立场的支撑点。在明确过程中分成两个层次。一是双方明确自己坚持的是什么，为什么坚持，使双方明确无误地了解对方态度与立场。二是己方的进一步小结将双方的理由予以分析，哪些是站得住脚的，哪些是没有依据的，从而正确客观认识彼此，正确制定小结后阶段的谈判策略。

（2）商务谈判小结方式。在商务谈判实践中，谈判小结的方式多种多样，各有优缺点，谈判者可根据需要加以选择使用，以保证谈判小结的质量。

① 口述。口述小结就是口头进行的归纳整理工作。该方式简便易行，但要求把握准确和严肃性。信口开河、随口即改式的小结其效果会适得其反。口述式小结有三种不同的做法。

- 声明。口述中的声明是单方引起的清理行为，它旨在使双方思维进入同一方向或阶段，以达到推进谈判的目的。如某方说“请安静，我建议暂停××问题的争议，先谈××问题会更好”，“请打住，议题跑远了，应思考××问题”等。当对方响应了，并按声明内容这么做了，这种声明式的口头小结即告完成。该方式快捷、见效，不过需要掌握好时机，用词准确，切合双方利益。
- 虑题。口述中的虑题是逐一对所谈内容、状况进行归纳整理的行为。该方式优点是能全面认识谈判形势，明确双方的进退结果，缺点是要求清晰、全面、准确。如果说得没有条理甚至遗漏，或含糊不清，都将失去了该方式的意义。
- 复核。口述中的复核是对某些重点问题或立场重复表述并要求确认的做法。复核可以主动做，也可以被动做。主动做时是重复或强调某条件、某理由。被动做时则在解释、说明某条件、某理由。复核为双方共同做时互相的再次确认。有时复核后可能达成协议，至少明晰分歧所在。它的好处在于针对性强，立竿见影；不足之处是易暴露关注点，有可能增加谈判难度。

② 书面形式。书面形式小结是以书面形式归纳整理的做法。该方式优点是准确无误，缺点是工作量大，尤其是两种文字时翻译工作量大。书面小结一般又有双方共拟小结文件和单方拟订的小结文件两种类型。

③ 板书。板书小结是在谈判间的白板、黑板或纸板上进行归纳整理的做法。该方式活泼、直观，但在运用中容易出错。并且主动做板书和对方做板书时要求是不同的。己方主动走上前做板书小结可以反映能力与自信，但应注意，多写对方承诺及己方要求，写双方达成的协议点或存在的分歧。写的过程不能做理解性的回答，不做讨价还价式的谈论。写板时应有人配合，以协助审核。对方上台做板书小结反映其主动与自信，但给己方会带来机会。此时应注意的是及时记录对方板书的小结内容；确切理解对方所写的本质。为此常伴有复述式的确认，如“让我重复一下，看贵方是否此意”，“如果我没有听错的话，贵方的意思是……”抓住时机通过对对方板书的确认将模棱两可、可进可退的条件、态度向前推进。

（3）商务谈判小结的时机选择。商务谈判小结的时机选择得当与否直接影响谈判效果。商务谈判小结时机的选择可按以下三种情况酌情选择。

① 按商务谈判进行的时间阶段或场次来选择。谈判阶段有初期、中期、后期之分；谈判场次有上午、下午或晚上谈判之分，有时上下午谈判以中间休息时间为界再分出两个半场；这些结束点都可以作为小结时刻。

② 按谈判议题完成的情况来选择。议题可根据双方协商意见而定。如可以将交易内容分出大类：技术、服务、设备合同文本等。还可分出细类：工艺、工程设计、技术指导和技术培训、合同正文与附件等。这些议题的完成同样可以作为谈判的小结点。

③ 根据谈判气氛及双方谈判心理动向选择小结时机。如谈判过程中的紧张时、混乱时、兴奋时或沉闷时都可以作为小结时机。紧张时的小结可缓解紧张气氛，也给双方以改变立场的台阶；混乱时的小结可澄清混乱的谈判局面，理出谈判头绪；兴奋时的小结可及时收获谈判结果，促进双方继续努力，一鼓作气完成谈判任务；沉闷时的谈判小结可找到谈判僵持的原因，提出方向和振奋斗志，促使谈判继续向前。

6.4.2　商务谈判的再谈判

再谈判是指经过小结后新一轮的谈判阶段。再谈判是前期谈判的恢复与继续，是谈判的深入，因此，再谈判更紧张，难度更大。组织好再谈判是非常重要的。

1. 再谈判的基础与目标

（1）再谈判的基础。再谈判基础是指再谈判阶段的前提条件及其影响。再谈判是以过去的谈判为基础的，认识了基础才可以掌握和控制谈判的继续进行。再谈判的组织基础是过去谈的进度与方向。

谈判进度一般分为：总体进度，即商务谈判的进展情况，或者说完成谈判任务的百分比；单项进度，即具体谈判议题完成情况。这两种谈判进度是再谈判组织人力、时间的主要依据。

谈判方向是指通过小结阶段归纳出异同点及其支撑理由，找出再谈判的目标与路线。目标也就是待解决的分歧点及可能解决的条件。路线则是指再谈判的手法，即再谈判从哪儿开始、到哪儿去以及怎么谈下去等技术问题。

（2）再谈判的目标。再谈判目标是指再谈判阶段应实现的谈判任务。从商务谈判组织或者说从实现解决剩余分歧的谈判措施来讲，再谈判目标应为了解对方最后立场与调整己方最后立场。这两个再谈判目标有不同的谈判要求。

① 了解对方最后立场。在再谈判中，要了解对方的最后立场，常用的谈判手法是问出所以然并逼出底牌。只有这样，再谈判才能有效。

问出所以然是指谈判任何问题无论是否赞同，均要求知道为什么，只有这样才能弄清对方哪些是不可以谈判点，哪些是可以考虑但深浅未定点，哪些是对方准备放弃点以及这些答案反映的可能的最后立场。

逼出底牌除了谈判手段要求复杂多变外，还要突出一个“逼”字。“逼”可以通过横竖提要求和拼条件来实现。横竖提要求是在横向上不论谈判何种议题，均要求改善，横扫对方立场；在竖向上打击某一点，以逼出对方最后条件。拼条件是横竖提要求的配合，通过投入条件的交换，以使对方最后立场能够更加显现。说是“拼”实际上也是“引”，口手并用，逼劲更足。

② 调整己方最后立场。从谈判的角度讲，再谈判就是为调整己方谈判立场找为什么。相对于原谈判方案，调整存在“调紧”（交易条件更严） 与“调松”（交易条件更宽）两种可能。当然也会因原方案极有远见而无需调整。一般地，调整己方谈判立场，要考虑对方反应和双方实力对比。如果对方反应软、改善少，调整力度应小、态度要硬；如果对方反应强、改善力度大，则调整力度可大、态度可温和；如果对方反应对抗、改善无意，则调整谈判方案而非条件，消除对抗后再看谈判条件。从实力对比来看，如果己方处在“求人”地位，理由又缺乏时，调整力度可大些；反之就小。

2. 再谈判的运作形式

再谈判运作形式是指其进行的方式或组织上的形态特点。再谈判从组织形式看一般有四种类型。

（1）“解释—还价—讨价”结构。该结构形式在再谈判中为“先出手”，即先拿条件，不论谈判处于买方卖方，单方均可使用。

① 表达方式。在再谈判中，该结构形式是指先做原立场的支持理由的解释，再以对方要求

或己方承诺做出还价，同时向对方提出还价要求。示范如下。

——尽管贵方所言并不占理，作为一种诚意的表示，我方可以应贵方要求将我方硬件部分的出价再降低（卖方时）/再提高（买方时）1%，请贵方能考虑我方条件。同时，我方希望贵方也能像我们一样共同努力解决分歧，将贵方在软件上的条件予以改善。

上述这段话，属实战中常见表述，也是还价结构形式的典型表述方式。第一句中前两小分句在说明态度，即解释；后两小分句为还价，改善了条件。后句则以前句（还价）为支持点，反提要求——讨价。

② 运作条件。运作条件是指该组合结构选用的时机。作为先还价的结构，运作条件为：对方已做努力，而己方被逼出手时；谈判进展到该己方拿出条件时；双方已陷入僵持或沉闷之中，己方又有余力促进谈判时；己方需要谈判，需要交易且有力量时。

（2）“评论—还价—讨价—解释—讨价还价”结构。该结构在再谈判也是以出价（或条件）在先，不过该结构组合是双方行为的组合，而非单方组合。不论作为买家或卖家均可利用该结构并把对手的行为融入其中。

① 表达方式。该结构形式要求，先将对方条件批评一通，然后再还出自己的条件，随即要求对方改善其原立场所坚持的条件。在此情况下，对方只好应战，对其立场先做解释，以避免先出硬条件，然后才出真正的退让条件，并同时反击，形成双方互动的讨价与还价并存的局面。

从表达形式也可见双方谈判的激烈程度。以技术指导费的谈判为例。

——贵方出价太低了，这也是对我方专家的不尊重，降低了他们的身份，对贵方技术指导工作不利。作为卖方，为了体现我们的优惠与对贵方的尊重，我方可以把日服务单价再降低 10 美元。请贵方能考虑我方对专家差旅费的要求。

——我方给贵方专家的服务单价是参照了我国市场的劳务价水平并分析了贵方人员的专业构成后提出的平均价，是个公正而客观的价。贵方降 10 美元不够，若要我方考虑贵方专家差旅费的要求，贵方日服务单价还要降。

——我理解。贵方同意我方关于专家差旅费的建议吗？

——这是种可能性，它取决于贵方专家日服务单价的水平。

……

从上述谈判的内容不难看到“五层”（五个过程）与双方行为组合的结构形式的实战作用。卖方评了买方出价后，还了一手并进而要求买方改善条件。买方在卖方追逼之下，先做解释说明，其后在态度与说辞上做了一定的退让——软化了口气，假设了条件。最后，双方短兵相接，进行互相的讨价与还价的商讨，对谈判推动很大。

② 运作条件。该结构形式较复杂，双方动作较多，话题直切利益，有时真有“见底”的气势，启用时机选择很重要。总体来讲，该形式在谈判尾声或谈判后期用效果较好。具体讲，应具备四个条件：一是双方对谈判内容均已谈判过，其中50%以上的议题已达成协议，即具备进度条件；二是谈判时间已快用完，不允许拖拉，即具备时间条件；三是为了尽快了解交易的结局，不论谈判用了多少时间、分歧还剩多少，仅就原则性的、重点议题来用该组织结构形式谈判，即具备策略条件；四是双方经协商同意以这种形式投入谈判，即具备协作条件。依任一条件选用该组合形式均可。

（3）“解释—评论—讨价还价”结构。该结构形式为双方组合、双方出手的形式。该结构为“三层”。适合紧凑的谈判气氛与单一的条件谈判。

① 表达方式。结构形式是一方为自己辩护而拒不出条件，另一方则提批评，双方从“舌战”转入“肉搏战”，互相拿出条件来。示范如下。

——我方已解释过工程设计费的构成，我再重复一遍，我们是按投入的人员的工作时间来计算设计费的，我们投入了优秀设计师和先进的设计手段，又降了两次价，目前的价格很合理了。

——贵方用了优秀的设计人员与先进的科技手段，设计时间还要这么多，还不如我国设计专家的设计速度。这里是否有误？要不就是贵方专家水平不够。因为我方设计人员虽然手段落后，但进度却很快。若这样就应减少设计人员工时单价。

——若贵方认为时间长可以缩短，但工作内容要减少，单价不能变。

——很好，贵方同意修改设计所用时间，若欲减工作内容，那我方要求核实设计专家的结构，以确定设计日单价。

……

上述四段对话针对设计费的解释、评论、讨价还价，扣人心弦，谈判效率很高。

② 运作条件。该结构是再谈判中最具进攻性、最激烈的一种谈判方式，多用于决战阶段，或全局或局部条件的谈判。当为全局条件时，一定用在谈判后期，否则会使谈判过早陷入僵局，或过早逼对方决战而使谈判易于破裂。当为局部条件时，可在谈判中期使用。此时局部系指某个具体的条件，作为最后一击而用该组合谈判形式。

（4）“还价—讨价还价—解释与评论—讨价还价”结构。该结构形式是讨价还价阶段（过程中）特定的一种谈判形式。它由双方行动组成。表现出“打打停停”、“说说做做”的特点，反映谈判手在讨价还价过程中攻防兼备的慎重态度和虚实结合的谈判技巧。所需时间时长（几天）时短（几小时）。

① 表达方式。该结构表述为：一方先拿出新的改善条件，并与另一方纠缠回应条件，形成互相的讨价或还价，均有所得之后，双方再互相追逼出新的改善条件。此时，双方为了少出钱，于是又进入互相说明、彼此批判的状态。稍逊理由或表达者，应“掏口袋”，但这“一掏”即转变地位，有权要求对方，将谈判引向新一轮讨价还价。

当交易简单时，上述过程可在几小时内完成，甚至个把小时内完成。当交易复杂、规模大时，所需时间长到几天也不为怪。取决于理由多（话多）与理由少（话少），还取决于双方态度与策略。但绝不可为省时间而省略过程。省略过程等于改变结构形式，也改变了谈判组合的性质。示范如下。

——按我方计算，贵方顾问费应为 20 万美元。考虑到贵方利润要求，我方可加 3 万美元。

——这个数额太小了，还不够我们的差旅费和做资料用的费用，也太贬低我们的知识和技术价值了。再说，就算我们不想赚这个钱，也不能遭人贬！若贵方需要我们的服务，该价应说得过去，希望贵方再提提价。

——正因为我们重视贵方劳动，也认可贵方水平才与贵方谈，但别让我们请不起。既然贵方已开口，我方可再涨 5 万美元，务请贵方接受。

——谢谢贵方连调了两次价，请允许我方说点不同意见。请贵方别忘了我方报价为 65 万美元。该价包括了两部分的内容：为贵方项目管理设计程序及量化指标，还有跟踪程序的运行及人员的培训工作。在正常情况下，这些工作量在市场上可值近百万美元。我方已从 85 万美元报价降到了 65 万美元，贵方出价仅 28 万美元，我方实难接受。

——贵方所言有一定道理，可我们仅用于自己企业，贵方技术还有别的市场，不能将所有成本均计到一个项目合同上。况且我们也核算过贵方的人工成本，贵方已有盈利了。

——贵方管理具有个性，不可能再将此转卖别的客户。再说贵方核算工时也过于本地化，对我方所在地及公司内部组织情况考虑过少。

——贵方的基础设计工具是通用的。贵方价虽然经过改善，但65万美元我方也仍不能接受。我们请贵方再优惠优惠。

——说了这么多，我相信贵方是有诚意的，否则，早就不谈了。作为回应，我方再降5万美元，60万美元，其他条件不变，请贵方接受。

——不行，60万美元不行，要是贵方这么坚持，看来难以成交。若谈判破裂对双方都不利，我方最后建议：以贵方条件60万美元与我方条件28万美元折中成交。行，就签约；不行，只能遗憾。请贵方研究后答复我方。

……

上述虽然长了点，但在实战中，话还要多，不过其中的组合结构及各自作用已基本得以体现了。

② 运作条件。该结构形式在谈判中用得较多，在谈判的中后期均可用。由于结构复杂，难度大，运作时条件要求较高。一要明确掌握所有条件与理由，才可自如走完这较为深长而复杂的过程；二要出第一手时即应设计好与之相应的步骤（条件与理由），不能随意改变；三要死抓结构，一气呵成，即使在隔天的状态下，也不断过程，不断逻辑链。

模拟实训

【实训目的】

通过训练，学生学会在具体环境中运用让步策略。

【实训内容】

商务谈判中让步策略的运用。

【实训时间】

本章课堂教学内容结束后的双休日和课余时间，为期一周。或者指导教师另外指定时间。

【背景材料】

一家制造企业的老总准备和工会领导展开对话。涉及到的最大问题是涨工资问题。工会要求涨4%，而公司只想涨1%。这位老总研究了一下形势，过去的几次谈判中，双方都极力要占领有利的位置，并多次假装威胁拒绝继续谈下去，这总是会浪费好几个星期的时间，而最终不过是双方都妥协达成意料之中的结果。

在这种情况下有两种选择。

方案一：企业慢慢提高工资，而工会慢慢让步，最终双方取中，2.5%可能是双方都接受的结果。

方案二：为避免双方的激战和时间上的浪费，企业早早地作出让步，在谈判的一开始就宣布他准备最终接受3%的结果，并宣称他只能做这么多。

最终这个企业老总选择了方案二。这让工会的领导们感到很高兴，但他们并不接受。如果公司一开始就可以提供这么多，他们自然会想，可能他们的要求太低了。而由于工会的期望值提高到不切合实际的程度，一个本来很有希望达成妥协的谈判失败了，并最终导致员工罢工。

【实训过程设计】

（1）指导教师布置学生课前预习背景材料。将全班学生平均分成若干小组，按每组 5～6 人进行讨论。

（2）根据背景资料讨论：企业老总与工会的谈判为什么失败了？企业老总采用了哪一种让步方式？

（3）根据背景资料分析假如这位企业老总采用方案一会有什么样的结果，为什么。

（4）将学生分为两组，模拟上述案例练习让步的策略。

（5）各实训组对本次实训进行总结和点评，参照“10.2 商务谈判学生作业范例”撰写作为最终成果的《商务谈判实训报告》。

（6）指导教师对小组讨论过程和发言内容进行评价总结，并讲解本案例的分析结论（先评定小组成绩，在小组成绩中每一个人参与讨论的情况占小组成绩的 40%，代表发言内容占小组成绩的 60%）。各小组提交填写带有“实训组组长姓名、成员名单”的《商务谈判实训报告》。优秀的实训报告在班级展出，并收入本校本课程教学资源库。

综合练习

一、单项选择题

1. 买方还价中（　　）。
   A. 对方报价离自己目标价格越远，还价起点越低
   B. 对方报价离自己目标价格越近，还价起点越低
   C. 对方报价离自己目标价格越远，还价起点越高
   D. 对方报价离自己目标价格越近，还价起点越高

2. 谈判中，一方首先报价之后，另一方要求报价方改善报价的行为被称作（　　）
   A. 要价　B. 还价　C. 讨价　D. 议价

3. 商务谈判追求的主要目的是（　　）
   A. 让对方接受自己的观点　B. 让对方接受自己的行为
   C. 平等的谈判结果　D. 互惠的经济利益

4. 以当时市场的行情、竞争者提供的价格、对方的成本、过去的交易惯例、产品的质量与性能、研究成果、公认的结论等进行讨价的方法是（　　）。
   A. 求疵法　B. 假设法　C. 举证法　D. 多次法

二、多项选择题

1. 讨价的方式有（　　）。
   A. 总体讨价　B. 分项讨价　C. 弹性讨价
   D. 动态讨价　E. 静态讨价

2. 比较理想的讨价还价具有的特点包括（　　）。
   A. 谈话范围广泛　B. 双方有充分回旋的余地
   C. 双方是观点的交锋而不是人员的冲突　D. 诚心诚意探讨解决问题的途径
   E. 摆出强势姿态

3. 商务谈判小结的目的有（　　）。

A. 清理谈判　　B. 准备退出谈判　　C. 引导谈判

D. 确定报价　　E. 准备还价

4. 一方为自己辩护而拒不出条件，另一方则提出批评，双方从“舌战”到“肉搏战”，互相拿出条件来，这种结构形式是（　　）。

A. 解释—还价—讨价

B. 解释—评论—讨价还价

C. 评论—还价—讨价—解释—讨价还价

D. 还价—讨价还价—解释与评论—讨价还价

E. 讨价还价—还价—讨价还价—解释

三、问答题

1. 还价的方法有哪些？
2. 如何把握总体讨价策略和具体讨价策略？
3. 商务谈判小结一般包括哪些内容？
4. 商务谈判的再谈判指的是什么？再谈判的运作形式一般有哪几种类型？

四、案例分析

【背景材料】

1. 在一场涉及机械设备买卖的国际谈判中，谈判双方在价格问题上出现分歧，买方代表提出卖方所提供的设备价格比其他国家的同类产品价格要高出近10%。面对买方代表对价格的反对意见，卖方代表应如何应对？

2. 中日索赔谈判中的议价沟通与说服

我国从日本S汽车公司进口大批FP—148货车，使用时普遍发生严重质量问题，致使我国蒙受巨大经济损失。为此，我国向日方提出索赔。

谈判一开始，中方简明扼要地介绍了FP—148货车在中国各地的损坏情况以及用户对此的反应。中方在此虽然只字未提索赔问题，但已为索赔说明了理由和事实根据，展示了中方谈判威势，恰到好处地拉开了谈判的序幕，日方对中方的这一招早有预料，因为货车的质量问题是一个无法回避的事实，日方无心在这一不利的问题上纠缠。日方为避免劣势，便不动声色地说：“是的，有的车子轮胎炸裂，挡风玻璃炸碎，电路有故障，铆钉震断，有的车架偶有裂纹。”中方觉察到对方的用意，便反驳道：“贵公司代表都到现场看过，经商检和专家小组鉴定，铆钉非属震断，而是剪断，车架出现的不仅仅是裂纹，而是裂缝、断裂！而车架断裂不能用‘有的’或‘偶有’，最好还是用比例数据表达，更科学、更准确……”日方淡然一笑说：“请原谅，比例数据尚未准确统计。”“那么，对货车质量问题贵公司能否取得一致意见？”中方对这一关键问题紧追不舍。“中国的道路是有问题的。”日方转了话题，答非所问。中方立即反驳：“诸位已去过现场，这种说法是缺乏事实根据的。”“当然，我们对贵国实际情况考虑不够……”“不，在设计时就应该考虑到中国的实际情况，因为这批车是专门为中国生产的。”中方步步紧逼，日方步步为营，谈判气氛渐趋紧张。中日双方在谈判开始不久，就在如何认定货车质量问题上陷入僵局。日方坚持说中方有意夸大货车的质量问题：“货车质量的问题不至于到如此严重的程度吧？这对我们公司来说，是从未发生过的，也是不可理解的。”此时，中方觉得该是举证的时候，并将有关材料向对方一推说："这里有商检、公证机关的公证结论，还有商检拍摄的录像。如果……""不！不！对商检、公证机关的结论，我们是相信的，我们是说贵国是否能够做出适当让步。否则，我们无法向公司交待。"日方在中方所提质量问题攻势下，及时调整了谈判方案，采用以柔克刚的手法，向对方踢皮球。但不管怎么说，日方在质量问题上设下的防线已被攻克了。这就为中方进一步提出索赔价格要求打开了缺口。随后，对FP—148货车损坏归属问题上取得了一致的意见。日方一位部长不得不承认，这属于设计和制造上的质量问题所致。初战告捷，但是我方代表意识到更艰巨的较量还在后头，索赔金额的谈判才是根本性的。

随即，双方谈判的问题升级到索赔的具体金额上——报价，还价，提价，压价，比价，一场毅力和技巧较量的谈判竞争展开了。中方主谈代表擅长经济管理和统计，精通测算。他翻阅了许多国内外的有关资料，甚至在技术业务谈判中，他也不凭大概和想当然，认为只有事实和科学的数据才能服人。此刻，在他的纸笺上，在大大小小的索赔项目旁，写满了密密麻麻的阿拉伯数字。这就是技术业务谈判，不能凭大概，只能依靠科学准确的计算。根据多年的经验，他不紧不慢地提出："贵公司对每辆车支付加工费是多少？这项总额又是多少？""每辆车10万日元，计4.84亿日元。"日方接着反问道："贵国报价是多少？"中方立即回答："每辆16万日元，此项共计9.4亿日元。"精明强干的日方主谈人淡然一笑，与其副手耳语了一阵，问："贵国报价的依据是什么？"中方主谈人将车辆损坏后各部件需如何修理、加固、花费多少工时等逐一报价。"我们提出的这笔加工费并不高。"接着中方代表又用了欲擒故纵的一招："如果贵公司感到不合算，派员维修也可以。但这样一来，贵公司的耗费恐怕是这个数的好几倍。"这一招很奏效，顿时把对方将住了。日方被中方如此精确的计算所折服，自知理亏，转而以恳切的态度征询："贵国能否再压低一点？"此刻，中方意识到，就具体数目的实质性讨价还价开始了。中方答道："为了表示我们的诚意，可以考虑贵方的要求，那么，贵公司每辆出价多少呢？""12万日元。"日方回答。"13.4万日元怎么样？"中方问。"可以接受。"日方深知，中方在这一问题上已做出了让步。于是双方很快就此项索赔达成了协议。日方在此项目费用上共支付7.76亿日元。

然而，中日双方争论索赔的最大数额的项目却不在此，而在于高达几十亿日元的间接经济损失赔偿金。在这一巨大数目的索赔谈判中，日方率先发言。他们也采用了逐项报价的做法，报完一项就停一下，看看中方代表的反应，但他们的口气却好似报出的每一个数据都是不容打折扣的。最后，日方统计可以给中方支付赔偿金30亿日元。中方对日方的报价一直沉默不语，用心揣摩日方所报数据中的漏洞，把所有的"大概"、"大约"、"预计"等含糊不清的字眼都挑了出来，有力地抵制了对方所采用的浑水摸鱼的谈判手段。

在此之前，中方谈判班子昼夜奋战，液晶体数码不停地在电子计算机的荧光屏上跳动着，显示出各种数字。在谈判桌上，我方报完每个项目的金额后，讲明这个数字测算的依据，在那些有理有据的数字上，打的都是惊叹号。最后我方提出间接经济损失费70亿日元！

日方代表听了这个数字后，惊得目瞪口呆，老半天说不出话来，连连说："差额太大！差额太大！"于是，进行无休止的报价、压价。

"贵国提的索赔额过高，若不压半，我们会被解雇的。我们是有妻儿老小的……"日方代表哀求着。老谋深算的日方主谈人使用了哀兵制胜的谈判策略。

"贵公司生产如此低劣的产品，给我国造成多么大的经济损失啊！"中方主谈接过日方的话头，顺水推舟地使用了欲擒故纵的一招，"我们不愿为难诸位代表，如果你们做不了主，请贵方决策人来与我们谈判。"双方各不相让，只好暂时休会。这种拉锯式的讨价还价，对双方来说是一种毅力和耐心的较量。因为谈判桌上，率先让步的一方就可能被动。

随后，日方代表急用电话与日本S公司的决策人密谈了数小时。接着谈判重新开始了，此轮谈判一接火就进入了高潮，双方舌战了几个回合，又沉默下来。此时，中方意识到，己方毕竟是实际经济损失的承受者，如果谈判破裂，就会使己方获得的谈判成果付诸东流；而要诉诸法律，麻烦就更大。为了使谈判已获得的成果得到巩固，并争取有新的突破，适当的让步是打开成功大门的钥匙。中方主谈人与助手们交换了一下眼色，率先打破沉默说："如果贵公司真有诚意的话，彼此均可适当让步。"中方主谈为了防止由于己方率先让步所带来的不利局面，建议双方采用"计分法"，即双方等量让步。"我公司愿意付40亿日元。"日方退了一步，并声称，"这是最高突破数了。""我们希望贵公司最低限度必须支付60亿日元。"中方坚持说。

这样一来，中日双方各自从己方的立场上退让了10亿日元。双方比分相等。谈判又出现了转机。双方界守点之间仍有20亿日元的逆差。（但一个界守点对双方来说，都是虚设的。更准确地说，这不过是双方的一道最后的争取线。该如何解决这"百米赛路"最后冲刺阶段的难题呢？双方的谈判专家都是精明的，谁也不愿看到一个前功尽弃的局面。）几经周折，双方共同接受了由双方最后报价金额相加除以2，即50亿日元的最终谈判方案。

除此之外，日方愿意承担下列三项责任：

（1）确认出售给中国的全部FP—148型货车为不合格品，同意全部退货，更换新车；

（2）新车必须重新设计试验，精工细作，并制作优良，并请中方专家检查验收；

（3）在新车未到之前，对旧车进行应急加固后继续使用，日方提供加固件和加固工具等。

一场罕见的特大索赔案终于公正地交涉成功了！

问题：（1）在关于第一项议题的谈判中，中方采取的是何种策略？

（2）在关于第二项议题的谈判中，中日双方各采取了哪些策略？

【分析要求】

1. 过程要求

学生分析案例提出的问题，分别拟定《案例分析提纲》；小组讨论，形成小组《商务谈判案例分析报告》；班级交流并修订小组《商务谈判案例分析报告》，教师对经过交流和修改的各小组《商务谈判案例分析报告》进行点评；在班级展出附有"教师点评"的小组优秀《商务谈判案例分析报告》，并将其纳入本校该课程的教学资源库。

2. 成果性要求

（1）案例课业要求：以经班级交流和教师点评的《商务谈判案例分析报告》为最终成果。

（2）课业的结构、格式与体例要求：参照"10.2 商务谈判学生作业范例"《商务谈判案例分析报告》。

第7章

结束商务谈判

学习目标

- 商务谈判终结的判断方法
- 商务谈判合同的特点与总体构成及格式
- 商务谈判合同的签约过程及履行原则
- 商务谈判合同纠纷的处理
- 能根据谈判进程判断商务谈判是否应该终结
- 能正确处理商务谈判合同纠纷

导入案例

小米注资迅雷谈判已进入收尾阶段

来自多个不同渠道的消息源证实，小米公司注资迅雷的谈判已临近收尾阶段，不过尚未得知小米是以战略投资者的身份入股迅雷，还是通过收购的形式完全控股迅雷。

知情人士透露，小米与迅雷方面的谈判时间并不长，双方之所以能迅速确定交易，主要由外部市场的时机决定。交易达成后，小米盒子、小米电视等产品将与迅雷看看等应用进行史无前例的深度合作。

对小米而言，以下几个因素是他们急于投资迅雷的原因。

（1）虽然爱奇艺、乐视已经推出了盒子产品，不过目前品牌市场中销量最大的依然是小米盒子，在小米内部，盒子与电视也是继手机之外最重要的产品线。

来自第三方渠道的数据显示，小米盒子在目前的品牌盒子中销量排名第一。有知情人士透露，雷军对小米盒子与小米电视这两款产品极度重视，对方以小米盒子举例，小米立项盒子产品比其他竞争对手至少提前1年时间，仅在小米盒子的纸盒外包装上，小米就申请了多项专利。

（2）与小米对盒子、电视高度重视形成鲜明对比的是：虽然小米盒子销量喜人，但是在内容源上却不得不依赖于 CNTV 播控平台，由于小米本身并不进行视频版权的采购，这导致无论与乐视相比，还是与爱奇艺相比，其内容丰富度方面远逊于竞争对手。此外，也有大量购买小米盒子的用户在使用后发现 10M 带宽的情况下，高峰期播放视频依然遇到卡顿。这些大量用户范围已经引起了小米方面的重视，但是由于播放源依赖于 CNTV，小米无力解决用户普遍遭遇的视频卡顿问题。

（3）随着优酷盒子以及其他视频网站逐步加大对用户客厅端的争夺，2014年视频网站之间盒子与智能电视大战的局势已经一触即发。小米现在硬件销量领先并非依赖于产品功能，而是外观设计和通过小米手机营销而积累的大量粉丝，但是内容流畅度和内容丰富度两个层面是小米客厅端产品的软肋。

（4）上述困境将可以通过注资迅雷的方式得到解决。迅雷看看上拥有独立的版权内容视频，这将丰富小米客厅终端的视频来源，而不再像之前那样单纯依赖于 CNTV 的内容源。并且通过迅雷加速技术，可以使小米不需要进行带宽采购即能解决用户播放的卡顿问题。

对于迅雷而言，以下几个因素是令他们接受小米注资的因素。

（1）一位知情人士透露，去年第四季度腾讯视频曾与迅雷方面进行过接触。腾讯与迅雷看看进行一些 BD 方面的资源合作后，发现将迅雷看看嫁接到腾讯电商平台的效果很好，随后腾讯视频方面根据当时合作的数据提出了一个迅雷无法拒绝的价格，但这一邀约最终因遭到邹胜龙的反对而结束。

邹胜龙的底线是迅雷看看可以出售，但是迅雷是非卖品，依然希望能够走独立上市的发展路线。而腾讯方面经过评估后最终认为，迅雷看看的最大优势是依托于迅雷平台，单独的迅雷看看不具收购价值。

（2）除了腾讯视频外，其他多家视频巨头也与迅雷看看进行过接触，但由于邹胜龙的坚持导致这些谈判最终不了了之。

（3）迅雷看看今天的战略目标是实现从流量平台向用户平台转型，但是这种转型却遇到巨大阻力。随着视频行业的几个重大并购于2013年完成，网络视频未来真正的增长点将不再是PC端，而是客厅段与移动端。迅雷看看虽然也在移动端进行了部署，但与其他视频网站的移动端产品相比并不占优。此外，客厅端已经成为 2014 年各大视频网站必争之地，但迅雷看看在这个领域目前还无所作为。

（4）迅雷看看在PC端积攒的技术优势嫁接到客厅端并不困难，但是迅雷却缺少在客厅端的合作伙伴。目前海尔、TCL、长虹等硬件企业在不同程度上已经与优酷、爱奇艺等企业合作，留给迅雷的空间不多，而乐视自己做硬件的思路需要大量资本投入，这对处于创业阶段的迅雷而言则不现实。

（5）知情人士称，迅雷开始意识到，将迅雷看看与小米盒子、小米互联网电视进行合作，既对小米有利，也能帮助迅雷获得抢占用户客厅端的门票。

截稿前，小米与迅雷看看均未回应注资一事。

（资料来源：http://it.sohu.com/20140116/n393602637.shtml）

启示：从这个案例得到的启发是多方面的。如没有签约的谈判就没有实际的谈判效果，没有签约的口头承诺就是一句空话。没有签约也容易发生误会，同时拒绝也是要讲究艺术的。小米与迅雷，在结束谈判前，还有哪些工作要做？双方该如何结束谈判？这是双方都要思考的。

7.1　商务谈判结束方式的选择

7.1.1　商务谈判终结的判断

商务谈判何时终结？是否已到终结的时机？这是商务谈判结束阶段极为重要的问题。谈判者必须正确判定谈判终结的时机，才能运用好结束阶段的策略。错误的判定可能会使谈判变成一锅夹生饭，已付出的大量劳动付之东流。错误的判定也可能毫无意义地拖延谈判成交，丧失成交机遇。谈判终结可以从以下四个方面判定。

1．从谈判涉及的交易条件来判定

这个方法是指从谈判所涉及的交易条件解决状况来分析判定整个谈判是否进入终结。谈判的中心任务是交易条件的洽谈，在磋商阶段双方进行多轮的讨价还价，临近终结阶段要考察交易条件经过多轮谈判之后是否达到以下三条标准，如果已经达到，那么就可判定谈判进入终结阶段。

（1）考察交易条件中的分歧数。首先，从数量上看，如果双方已达成一致的交易条件占据绝大多数，所剩的分歧数量仅占极小部分，就可以判定谈判已进入终结阶段。因为量变会导致质变，当达到共识的问题数量已经大大超过分歧数量时，谈判性质已经从磋商阶段转变为终结阶段，或者说成交阶段。其次，从质量上看，如果交易条件中最关键最重要的问题都已经达成一致，仅余留一些非实质性的无关大局的分歧点，就可以判定谈判已进入终结阶段。谈判中关键性问题常常会起决定性作用，也常常需要耗费大量的时间和精力。谈判是否即将成功，主要看关键问题是否达成共识。如果仅仅在一些次要问题上形成共识，而关键性问题还存在很大差距，是不能判定进入终结阶段的。

（2）考察谈判对手交易条件是否进入己方成交线。成交线是指己方可以接受的最低交易条件，是达成协议的下限。如果对方认同的交易条件已经进入己方成交线范围之内，谈判自然进入终结阶段。因为双方已经出现在最低限度达成交易的可能性，只有紧紧抓住这个时机，继续努力维护或改善这种状态，才能实现谈判的成功。当然己方还想争取到更好一些的交易条件，但是己方已经看到可以接受的成果，这无疑是值得珍惜的宝贵成果，是不能轻易放弃的。如果能争取到更优惠的条件当然更好，但是考虑到各方面因素，此时不可强求最佳成果而重新形成双方对立的局面，使有利的时机丢掉。因此，谈判交易条件已进入己方成交线时，就意味着终结阶段的开始。

（3）考察双方在交易条件上的一致性。谈判双方在交易条件上全部或基本达成一致，而且个别问题如何做技术处理也达成共识，可以判定终结的到来。首先，双方在交易条件达成一致，不仅指价格，而且包括对其他相关的问题所持的观点、态度、做法、原则都有了共识。其次，个别问题的技术处理也应使双方认可。因为个别问题的技术处理如果不恰当，不严密，有缺陷，有分歧，就会使谈判者在协议达成后提出异议，使谈判重燃战火，甚至使已达成的协议被推翻，使前面的劳动成果付之东流。因此，在交易条件基本达成一致的基础上，个别问题的技术处理也达成一致意见，才能判定终结的到来。

2. 从谈判时间来判定

谈判的过程必须在一定时间内终结，当谈判时间即将结束，自然就进入终结阶段。受时间的影响，谈判者调整各自的战术方针，抓紧最后的时间做出有效的成果。时间判定有以下三种标准。

（1）双方约定的谈判时间。在谈判之初，双方一起确定整个谈判所需要的时间，谈判进程完全按约定的时间安排，当谈判已接近规定的时间时，自然进入谈判终结阶段。双方约定多长时间要看谈判规模大小、谈判内容多少、谈判所处的环境形势，以及双方政治、经济、市场的需要和本企业利益。如果双方有较好的合作意愿，紧密配合，利益差异不是很悬殊，就容易在约定时间内达成协议，否则就比较困难。按约定时间终结谈判对双方都有时间的紧迫感，促使双方提高工作效率，避免长时间地纠缠一些问题而争辩不休。如果在约定时间内不能达成协议，一般也应该遵守约定的时间将谈判告一段落，或者另约时间继续谈判，或者宣布谈判破裂，双方再重新寻找新的合作伙伴。

（2）单方限定的谈判时间。由谈判一方限定谈判时间，随着时间的终结，谈判随之终结。在谈判中占有优势的一方，或是出于对己方利益的考虑需要在一定时间内结束谈判；或是还有其他可选择的合作者，因此，请求或通告对方在己方希望的时限内终结谈判。单方限定谈判时间无疑对被限定方施加某种压力，被限定方可以随从，也可以不随从，关键要看交易条件是否符合己方谈判目标，如果认为条件合适，又不希望失去这次交易机会，可以随从，但要防止对方以时间限定向己方提出不合理要求。另外，也可利用对方对时间限定的重视性，向对方争取更优惠的条件，以对方优惠条件来换取己方在时间限定上的配合。如果以限定谈判时间为手段向对方施加不合理要求，会引起对方的抵触情绪，破坏平等合作的谈判气氛，从而可能造成谈判破裂。

（3）形势突变的谈判时间。本来双方已经约定好谈判时间，但是在谈判进行过程中形势发生突然变化，如市场行情突变、外汇行情大起或大落、公司内部发生重大事件等，谈判者突然改变原有计划，比如要求提前终结谈判。这是由于谈判的外部环境是在不断发展变化，谈判进程不可能不受这些变化的影响。

3. 从谈判策略来判定

谈判过程中有多种多样的策略，如果谈判策略实施后决定谈判必然进入终结，这种策略就叫终结策略。终结策略对谈判终结有特殊的导向作用和影响力，它表现出一种最终的冲击力量，具有终结的信号作用。常见的终结策略有以下几种。

（1）最后立场策略。谈判者经过多次磋商之后仍无结果，己方阐明己方最后的立场，讲清只能让步到某种条件，如果对方不接受，谈判即宣布破裂；如果对方接受该条件，那么谈判成交。这种最后立场策略可以作为谈判终结的判定。己方阐明自己最后立场，成败在此一举，如果对方不想使谈判破裂，只能让步接受该条件。如果双方并没有经过充分的磋商，还不具备进入终结阶段的条件，己方提出最后立场就含恐吓的意味，让对方俯首听从，这样并不能达到预期目标，反而过早地暴露己方最低限度条件，使己方陷入被动局面，这是不可取的。

（2）折中进退策略。折中进退策略是指将双方条件差距之和取中间条件作为双方共同前进或妥协的策略。例如，谈判双方经过多次磋商互有让步，但还存在残余问题，而谈判时间已消耗很多，为了尽快达成一致实现合作，己方提出一个比较简单易行的方案，即双方都以同样的幅度妥协退让，如果对方接受此建议，即可判定谈判终结。

折中进退策略虽然不够科学，但是在双方很难说服对方，各自坚持己方条件的情况下，也是寻求尽快解决分歧的一种方法。其目的就是化解双方矛盾差距，比较公平地让双方分别承担相同的义务，避免在残余问题上过多地耗费时间和精力。

4. 以谈判者发出的信号来判定

收尾在很大程度上是一种需要掌握火候的艺术。通常会发现，一场谈判旷日持久却进展甚微，然后由于某种原因大量的问题会神速地得到解决，双方互做一些让步，而最后的细节在几分钟内即可拍板。一项交易将要明确时，双方会处于一种即将完成的激活状态，这种激活状态的出现，往往由于己方发出成交信号所致。

各个谈判者使用的成交信号是不尽相同的，但常见的有以下几种。

（1）谈判者用最少的言辞阐明自己的立场，谈话中表达出一定的承诺意愿，但不包含讹诈的成分。比如，“好，这是我最后的主张，现在就看你的了”。

（2）谈判者所提的建议是完整的、绝对的，没有不明确之处。这时，如果他们的建议未被接受，除非中止谈判，否则没有出路。

（3）谈判者在阐述自己的立场时，完全是一种最后决定的语调。坐直身体，双臂交叉，文件放在一边，两眼紧盯对方，不卑不亢，没有任何紧张的表示。

（4）回答对方的任何问题尽可能简单，常常只回答一个“是”或“否”。使用短语，很少谈论据，表明确实没有折中的余地。

（5）一再向对方保证，现在结束谈判对他有利，并告诉他一些好的理由。

发出这些信号，目的是为了使对方行动起来，脱离勉勉强强或优柔寡断的状态，促成谈判达成一致协议。这时应注意，不要过分地使用高压政策，否则有些谈判对手就会退步；不要过分地表示出你希望成交的热情，否则对方就会寸步不让，反而向你进攻。

7.1.2　商务谈判成交的促成

1. 成交机会的把握

谈判双方在谈判了很多个回合后，双方该让步的也都让步了，该减价的也都减价了，此时谈判到了关键的时刻，必须把握成交的机会。当双方都认为对方已做出了能够做出的让步，再谈下去也不会有什么新结果时，这时成交的机会就到了，谈判也就该结束了。

那么如何判断对方有成交的愿望呢？主要从以下几个方面判断。

（1）对方由对一般问题的探讨延伸到对细节的探讨。例如，当向客户推销某种商品时，客户忽然问：“你们的交货期是多长时间？”这是一种有意表现出来的成交迹象，要抓住时机明确地要求其购买。

（2）以建议的形式表示他的遗憾。当客户仔细打量、反复查看商品后，像是自言自语地说：“要是再加上一个支架就好了。”这说明客户对商品很中意，却发现有不理想的地方，但只是枝节问题或小毛病，无碍大局。这时最好马上承诺做一些修改，同时要求与其成交。

（3）当介绍商品的使用功能时，客户随声附和，接过话头来，讲得甚至更具体时，这也是可能成交的信号。这时就要鼓励客户试用一下。例如，当向客户介绍某一种研磨器时，对方说：“我以前也曾用过类似的，但功能没有这么多，你这东西能打豆浆吗？要是那样的话，每天都可以喝新鲜的豆浆了。”接下来就是如何接过他的话题了。

（4）当对方的谈判小组成员开始由紧张转向松弛，相互之间会意地点头、用眼睛示意时，这也许就是在向我方表示：“我们可以成交了。”

2. 商务谈判成交的促成

在商务谈判中，成交是商务谈判的关键。和一位客户谈判了很长时间，但是最终还是没有达成交易，这样的事情随处可见。我们要学习抓住成交的技巧，在谈判桌上促使对方尽快签约。

（1）谈判的焦点是利益而不是立场。

德国著名的社会学家韦伯在研究欧洲工业资本主义兴起的根源时认为，在资本主义社会里，社会行动的基本形态是“目的理性”的概念。在谈判中，“目的理性”指的是要坚持根本利益。在关系与利益之间，利益是根本所在，也是谈判者应该追求的最终目的。各自坚持自己的利益原则是对的，但是每个人在坚持自己利益原则的基础上，也要从对方的利益上考虑问题，而不是坚持自己的立场，反对对方的立场。

【案例7.1】

在图书馆里两个读者之间发生了争吵。其中的一个想把窗户打开，而另一个则坚持不能开窗，两人吵了半天也没有结果。这时，图书馆管理员走了过来，问其中的一个人为什么要开窗户，他回答说想呼吸新鲜空气；问另一个人为什么要关窗户，对方说不想吹风。图书馆管理员思索了一下，便去打开隔壁房间的一扇窗户。结果既没有风吹进来，室内也有了新鲜的空气。争吵的双方都感到满意。

（资料来源：黄卫平，董丽丽.国际商务谈判.北京：机械工业出版社，2012）

案例分析：在这个事件中，争吵的双方之所以陷入了僵局，是因为双方把焦点都放在了各自的立场上。“打开窗户”和“关紧窗户”两者显然是对立的，双方顽固地坚持自己的立场而没有考虑各自的利益，是两者矛盾的症结所在。而图书管理员由于注意到了“想呼吸新鲜空气”和“不想吹风”两种利益，从而想出了调解的办法，使双方的需求都得到了满足。可见，在谈判中要找到双方的利益所在，而不是在各自的立场上斤斤计较。

利益是隐藏在立场分歧背后的原动力，表面的立场是当事人决定做的某一件事情或结论，而利益却是导引当事人作决定或结论的原因。在谈判过程中应当调和的是双方的利益，而不是双方的立场，这就需要把注意力放在立场背后的实质利益上。

（2）造足优势法。造足优势法是指在谈判中发挥和创造有利于已方的态势，以便使谈判对手认识到已方的足够优势，从而在谈判中占据主动地位，并依靠强大的实力促成谈判。

在谈判中要善于挖掘已方的优势，展现已方的优势。将已方的优势提炼成易懂、易记的几个方面，如自己产品的先进性、唯一性、市场性、成长性和高利性等，能让对方感受到投资合作的可行性，这就是依靠优势吸引对方。当某种优势形成以后，在谈判中既能给对方造成深刻的印象，又能激发对方的成交心理，从而加大了谈判成功的概率。

（3）运用专业知识。在谈判过程中，当用专业知识来回击对手时，往往会显得更加有力。这是因为专业知识是不可替代的，如果对手要反驳，那么他也同样要具备如此深厚的专业知识。人们往往对专家的结论不质疑，专业性的结论、论点都是十分有分量的。

【案例7.2】

甲在装修房屋时，坚持要用一种他认为非常漂亮的壁纸，但是不确定这种壁纸是否和家具相配。而装修设计师却认为其创意已经过时，这时甲发现其装修设计师登上了最新一期的室内设计杂志封面时，甲的自信心立刻消失了。因为甲完全相信其装修设计师是这个行业的顶尖人物，其意见是不容忽视的。

在谈判过程中，要表现得像一个顶尖的专业人员，具有相当的专业素养。因为谈判对手对专家同样抱有好感，特别是当谈判对手缺少相应的专业素养和专业知识时，他们就会放弃自己那些“被我们认为”幼稚可笑的想法，不再坚持自己的立场。

（4）善于造势。造势是商务谈判中不可缺少的组成部分，它服务于谈判的整体目标。造势往往能起到化难为易、变被动为主动的作用，使谈判活动获得意想不到的成功。造势应尽可能利用各种环境、人物、事件，利用人们关心的载体，造成声势浩大的印象。例如，我国许多企业利用奥运会或足球世界杯为自己造势，打开了其营销局面。

（5）参与说服法。谈判的双方一般都是各执一词，互不相让，各自坚持各自的立场。而要说服对方，就必须使对方在某些方面参与到己方的工作中，使对方认为这项工作有其贡献，使其自觉自愿地接受己方的建议。

【案例7.3】

纽约布鲁克林的一家医院计划购买一套X光设备。许多厂商纷纷派人前来介绍产品，负责X光部门的A医生不胜其烦。但是有一家厂商只来了一封信，信中说：“我们厂最近刚制成一套X光设备，这套设备并非尽善尽美，为了进一步改进，我们非常诚恳地请您前来指教。为了不耽误您的时间，请随时和我们联系，我们会马上开车去接您。”A医生十分惊讶，因为以前从未有厂商询问过他的意见。他去看了那套设备，并提了一些无关紧要的意见，厂方立刻作了小小的改进。A医生很喜欢这套自己发表过意见的设备，于是决定买下这套设备。

在那家厂商的巧妙攻势下，原来的对手成了同盟者，一切障碍将由A医生清除，如去说服医院董事会和院长等。为此，A医生还准备了翔实的资料，因为他觉得买下这套设备是他“自己的主意”。

（资料来源：黄卫平，董丽丽.国际商务谈判.北京：机械工业出版社，2012）

（6）诱导对方走向肯定。谈判是一种磋商的过程，这种过程常常是在辩论中达成共识的。辩论是通向真理的桥梁，是实现共同妥协的基础，而谈判多半是冲突立场的协调。如果谈判者之间的立场、观点、利益完全一致，也就无需谈判了。谈判者在辩论中，通过自己的技巧提问，诱导对方不断地认可，也就是常说的“苏格拉底式的回答法”。运用这种回答方法，可以出其不意地击溃对方的心理防线，使其不自觉地倒向己方。在辩论中有经验的谈判者绝不会轻易地肯定对方的观点。所以，在谈判的开始期间，最好不要锋芒毕露，而应顺应对方的思路，拐弯抹角地诱导对方走向己方事先设计好的思路，使其在不知不觉中肯定己方的立场、观点和方案。

7.1.3　商务谈判终结前应注意的问题

1．回顾总结前阶段的谈判

在交易达成的会谈之前，应进行最后的回顾和总结，其主要内容包括如下几个方面。

（1）是否所有的内容都已谈妥，是否还有一些未能解决的问题，以及对这些问题的最后处理方案。

（2）所有交易条件的谈判结果是否已经达到己方期望的交易结果或谈判目标。

（3）最后的让步的项目和幅度。

（4）采用何种特殊的结尾技巧。

（5）着手安排交易记录事宜。

回顾的时间和形式取决于谈判的规模。它可以安排在一天谈判结束后休息时间里，也可安排在一个正式会议上。谈判者在对谈判的基本内容回顾总结之后，就要对全面交易条件进行最后确定，双方都需要做最终的报价和最后的让步。

2. 最终报价及最后让步

（1）最终报价。最终报价时，谈判者要非常谨慎。这是因为，报价过早会被对方认为还有可能做另一次让步，等待再得到获取利益的机会。报价过晚，会对局面已不起作用或影响太小。为了选好时机，最好把最后的让步分成两步走：主要部分在最后期限之前提出，刚好给对方留下一定的时间回顾和考虑；次要让步，如果有必要的话，应作为最后的“甜头”，安排在最后时刻做出。

（2）最后让步时，要注意如下几点。

① 严格把握最后让步的幅度。

② 最后让步幅度大小必须足以成为预示最后成交的标志。在决定最后让步幅度时，主要因素是看对方接受让步的这个人在其组织中的级别。合适的让步幅度是：对较高职位的人，刚好满足维护他的地位和尊严的需要；对较低职位的人，以使对方的上层领导不至于指责他未能坚持为度。

③ 最后的让步和要求同时并存。

除非己方的让步是全面接受对方的最后要求，否则必须让对方知道，不管在己方做出最后让步之前或做出让步的全过程，都希望对方予以响应，做出相应的让步。谈判者向对方发出这种信号的方法如下。

a. 谈判者做出让步时，可示意对方这是自己本人的意思，这个让步很可能受上级的批评，所以要求对方予以相应的回报。

b. 不直接地给予让步，而是指出自己愿意这样做，但要以对方的让步作为交换。

3. 谈判记录及整理

在谈判中，双方一般都要做洽谈记录。重要的内容要点应交换整理成简报或纪要，向双方公布，这样可以确保协议不致以后被撕毁。这是因为，这种文件具有一定的法律效力，在以后可能发生的纠纷中尤为有用。

在一项长期而复杂，有时甚至要延伸到若干次会议的大型谈判中，每当一个问题谈妥之时，都需要通读双方的记录，查对是否一致，不应存在任何含混不清的地方，在激烈的谈判中尤为必要。一般谈判者都争取己方做记录，因为谁保存记录，谁就掌握一定的主动权。如果对方向己方出示其会谈记录，那就必须认真检查、核实。因为如果有错误的记录予以公布，同样具有法律力量，可作为谈判的原始记录存档。因此，在签约前，谈判者必须对双方的谈判记录进行核实。这种核实包括两方面：一是核实双方的洽谈记录是否一致。应认真查看对方记录，将自己的记录与对方的加以比较，若发生偏差，就应予以指出，要求修正。二是要查对双方洽谈记录的重点是否突出，正确。检查之后的记录是起草书面协议的重要依据。

7.1.4 商务谈判的可能结果及结束方式

1. 商务谈判结果的各种可能

商务谈判结果可以从两个方面看：一是双方是否达成交易；二是经过谈判双方关系发生何种变化。这两个方面是密切相关的，我们根据这两个方面的结果联系起来分析，可以得出六种谈判结果。

（1）达成交易，并改善了关系。双方谈判目标顺利完成，并且实现交易，双方关系在原有基础上得到改善，促进今后进一步的合作。这是最理想的谈判结果，既实现了眼前利益，又为双方长远利益发展奠定了良好基础。要想实现这种结果，双方首先要抱着真诚合作的态度进行谈判，同时谈判中双方都能为对方着想并做出一定的让步。

（2）达成交易，但关系没有变化。双方谈判结果是达成交易，但是双方关系并没有改善也没有恶化。这也是不错的谈判结果。因为双方力求此次交易能实现各自利益，并且没有刻意去追求建立长期合作关系，也没有太大的矛盾造成不良后果，双方平等相待，互有让步，实现交易成功。

（3）达成交易，但关系恶化。虽然达成交易，但是双方付出了一定的代价，双方关系遭到一定的破坏或是产生阴影。这种结果从眼前利益来看是不错的，但是对今后长期合作是不利的，或者说是牺牲双方关系换取交易成果。 这是一种短期行为，"一锤子买卖"， 对双方长远发展没有好处，但为了眼前的切实利益而孤注一掷也可能出于无奈。

（4）没有成交，但改善了关系。这为双方以后成功合作奠定了良好的基础。

（5）没有成交，关系也没有变化。这是一次毫无结果的谈判，双方既没有达成交易，也没有改善或恶化双方关系。这种近乎平淡无味的谈判没有取得任何成果，也没有造成任何不良后果。双方都彬彬有礼地坚持己方的交易条件，没有做出有效的让步，也没有发生激烈的相互攻击，在今后的合作中也有可能进一步发展双方关系。

（6）没有成交，但关系恶化。这是最差的结果，谈判双方在对立的情绪中宣布谈判破裂。双方既没有达成交易，又使原有关系遭到破坏；既没有实现眼前的实际利益，也对长远合作关系造成不良的影响。这种结果是谈判者不愿意看到的，所以应该避免这种结果出现。当然在某种特殊环境中特殊情况下，出于对己方利益的保护，对己方尊严的维护，坚持己方条件不退让，并且反击对方的高压政策和不合理要求，虽然使双方关系恶化，也是一种迫不得已的做法。

2. 商务谈判结束的方式

商务谈判结束的方式不外乎三种：成交、中止、破裂。

（1）成交。成交即谈判双方达成协议，交易得到实现。成交的前提是双方对交易条件经过多次磋商达成共识，对全部或绝大部分问题没有实质上的分歧。成交方式是双方签订具有高度约束力和可操作性的协议书，为双方的商务交易活动提供操作原则和方式。由于商务谈判内容、形式、地点的不同，因此，成交的具体做法也是有区别的。

（2）中止。中止谈判是谈判双方因为某种原因未能达成全部或部分成交协议，而由双方约定或单方要求暂时终结谈判的方式。中止如果是发生在整个谈判进入最后阶段，在解决最后分歧时发生中止，就是终局性中止，并且作为一种谈判结束的方式被采用。中止可分为有约期中止与无约期中止。

① 有约期中止。有约期中止是指双方在中止谈判时对恢复谈判的时间予以约定的中止方式。如果双方认为成交价格超过了原规定计划或让步幅度超过了预定的权限，或者尚需等上级部门的批准，使谈判难以达成协议，而双方均有成交的意向和可能，于是经过协商，一致同意中止谈判。这种中止是一种积极姿态的中止，它的目的是促使双方创造条件最后达成协议。

② 无约期中止。无约期中止是指双方在中止谈判时对恢复谈判的时间无具体约定的中止方式。无约期中止的典型是冷冻政策。在谈判中，或者由于交易条件差距太大，或者由于特殊困难存在，而双方又有成交的需要并不愿使谈判破裂，双方于是采用冷冻政策暂时中止谈判。此外，如果双方对造成谈判中止的原因无法控制时，也会采取无约期中止的做法。例如，涉及国家政策突然变化，经济形势发生重大变化等超越谈判者意志的重大事件时，谈判双方难以约定具体的恢复谈判的时间，只能表述为："一旦形势许可"、"一旦政策允许"，然后择机恢复谈判。这种中止双方均出于无奈，对谈判最终达成协议造成一定的干扰和拖延，是被动式中止方式。

（3）破裂。破裂是指双方经过最后的努力仍然不能达成共识和签订协议，交易不成，或友好而别，或愤然而去，从而结束谈判。谈判破裂的前提是双方经过多次努力之后，没有任何磋商的余地，至少在谈判范围内的交易已无任何希望，谈判再进行下去已无任何意义。谈判破裂依据双方的态度可分为友好破裂结束谈判和对立破裂结束谈判。

① 友好破裂结束谈判。友好破裂结束谈判是指双方互相体谅对方面临的困难，讲明难以逾越的实际障碍而友好地结束谈判的做法。在友好破裂方式中，双方没有过分的敌意态度，只是各自坚持自己的交易条件和利益，在多次努力之后最终仍然达不成协议。双方态度始终是友好的，能充分理解对方的立场和原则，能理智地承认双方的客观利益上的分歧，对谈判破裂抱着遗憾的态度。谈判破裂并没有使双方关系破裂，反而通过充分的了解和沟通，产生了进一步合作的愿望，为今后双方再度合作留下可能的机会。当谈判不得不以破裂的方式结束时，我们应该提倡这种友好的破裂方式。

② 对立破裂结束谈判。对立破裂结束谈判是指双方或单方在对立的情绪中愤然结束未达成任何协议的谈判。造成对立破裂的原因有很多，如对对方的态度强烈不满，情绪激愤；在对待对方时不注意交易利益实质性内容，较多责怪对方的语言、态度和行为；一方以高压方式强迫对手接受己方条件，一旦对方拒绝，便不容商量断然破裂；双方条件差距很大，互相指责对方没有诚意，难以沟通和理解，造成破裂。不论何种原因，造成双方在对立情绪中使谈判破裂毕竟不是好事，这种破裂不仅没有达成任何协议，而且使双方关系恶化，今后很难再次合作。所以，在破裂不可避免的情况下，首先要尽力使双方情绪冷静下来，不要使用过激的语言，尽量使双方能以友好态度结束谈判，至少不要使双方关系恶化；其次，要摆事实讲道理，不要攻击对方，要以理服人，以情感人，以礼待人，这样才能体现出谈判者良好的修养和风度。

7.2 签订商务谈判备忘录

备忘录，顾名思义是商务谈判中用来记录和提示谈判成果与进程的公文，是商务谈判中不可少的一种文书。在经济活动中，备忘录的签订往往是解读谈判的重要指南，特别是跨国公司之间签订的备忘录，甚至会对某个行业的发展产生重大的影响。

7.2.1　备忘录的含义、特点及类型

1. 备忘录的含义和用途

备忘录是一种录以备忘的公文，是常常用来记录有关活动或事务，或就其某个问题提出自己的意见和看法，启发或提醒对方以免忘却的一种记事性文书。备忘录是公文函件中等级比较低的公文。在商务活动中，它一般用来补足正式文件的不足。

备忘录可以用于个人事务的记录，也可以作为商务谈判或企业合作的记录。

2. 备忘录的特点

（1）事务性。备忘录所记录的事情有两类：一类是如实记录现实中曾经发生过的事项，如记录商务谈判中双方的承诺，一致或不一致的意见等；另一类是提前记下计划办理的事项，如总经理的要求备忘录、重要活动安排备忘录等。

（2）提醒性。即具有就某件事情提示当事人避免忘却的特性。

3. 备忘录的类型

备忘录可分为如下三种类型。

（1）个人备忘录。这是属于个人事务的备忘录，记录的事情其他人不参与。

（2）交往式备忘录。这是记录人际交往活动的备忘录，这种备忘录必须真实地记录各种情况，包括对当事人有利或不利的情况。商务谈判备忘录就是其中的一种。

（3）计划式备忘录。即提醒将来所要做之事的备忘录。

7.2.2　商务谈判备忘录的撰写

1. 备忘录的结构

（1）标题。商务谈判备忘录标题通常有两种写法：一种直接写文种名称，即《备忘录》；另一种由单位、事由和文种组成，如《××公司与××集团公司合作开发机电产品会谈备忘录》。

（2）正文。商务谈判备忘录正文一般有三个要点：导言、主体和结尾，分别介绍如下。

① 导言。记录谈判的基本情况，包括双方单位名称、谈判代表姓名（与外商谈判须注明国别）、会谈时间、会谈地点、会谈项目等。

② 主体。记录双方谈判情况，包括讨论的事项、一致或不一致的意见、观点和作出的有关承诺。主体内容的记录类似于意向书的写法，通常采用分条列项式记录。

③ 结尾。备忘录一般不另写结尾。

（3）落款。由参加谈判的各方代表签字认可并标明时间。

2. 备忘录的案例参考

合作备忘录

甲方：　　　　代表：

乙方：　　　　代表：

为更好地贯彻落实科教兴国的方针，积极推进教育体制改革，适应新形势下社会发展对人才的需求，××市××教育投资有限公司（以下简称甲方）和盛世宏扬教育（以下简称乙方）是××理工学院、××中医药大学在××市的教学站点，就合作招生等事宜，进行了双方友好协商，本

着平等互利、真诚合作的原则达成如下协议。

一、性质及办学层次（略）

二、招生专业（略）

三、毕业

取得学籍的学员，修完教学计划规定的全部课程，所有科目考试考查合格并通过毕业鉴定，即可获得全国上网、电子注册的成人教育专科、本科毕业证书，国家承认其学历。

四、甲方职责

1. 确保招生录取计划指标的落实，并按当年的招生政策和程序做好录取工作。

2. 制订符合专业特点及其培养目标的教学计划，确保面授时间的安排及考试考查等教学活动的正常进行。

3. 建立和管理学生学籍。

4. 对符合毕业条件的学生颁发证书，对优秀毕业生进行表彰；对不符合毕业条件的学生，按学籍管理规定发给结业证、肄业证或成绩证明。

5. 全权负责考生赴长沙或岳阳参加全国统考的各项事宜，乙方应全力配合。

6. 负责为乙方提供教材。

五、乙方职责

1. 乙方应根据自身资源开展招生、教学工作。

2. 乙方按国家教育方针和有关教育行政法规的规定开展工作。

3. 招生合作有效期内，认真地做好招生宣传咨询工作和报告登记事宜。

4. 在有效期内免费参加甲方举办的各类业务培训。

5. 乙方在进行招生宣传和解答时，须按甲方提供的宣传材料进行。

6. 乙方应及时将学生报名表及咨询报名情况以传真或电子邮件方式反馈给甲方，以便甲方存档并办理学员入学手续。乙方保留甲方反馈的确认传真和邮件，作为结算劳务费的依据。

7. 乙方自主经营，自负盈亏，独立核算，独立承担经济、法律责任。

六、授权范围的限制

乙方作为甲方的招生合作伙伴，应遵守以下规定。

1. 遵守本协议的规定。

2. 不得过分承诺甲方做不到的事情，不得做超范围的许诺和虚假宣传，若需对外做广告时，广告内容宣传发布之前必须经甲方审批同意方可发布。未经甲方同意，乙方私自发布广告，一切后果由乙方全部承担，同时甲方将终止与乙方的合作关系。

3. 乙方不得以甲方名义收取任何费用，或从事欺诈活动。

4. 乙方所招学生，学生所交的一切费用必须到指定的学习中心处交纳。未经许可，乙方不得擅自收取任何费用；乙方如擅自收取学生学费等一切费用，则出现任何民事责任和刑事责任全部由乙方承担，与甲方无关，甲方不承担任何民事责任和刑事责任。

（下略）

甲方（公章）　　　　乙方（公章）

代表（签字）　　　　代表（签字）

201　年　月　日　　　　201　年　月　日

（资料来源：陈丽清，何晓媛.商务谈判理论与实务.北京：电子工业出版社，2011）

3. 备忘录注意事项

（1）注意商务谈判纪要与商务谈判备忘录的区别。一是效力不同。商务谈判纪要一经双方签字，就具有一定的约束力；而商务谈判备忘录没有约束力，只起提示备忘作用。二是内容不同。商务谈判纪要中记录的主要是谈判双方达成的主要的一致意见；而商务谈判备忘录中所载的则不一定是谈判达成的一致意见，可能是为了下一次谈判、洽谈或磋商而提示的问题。

（2）内容要翔实、具体而完备。商务谈判备忘录应当完整地记录前期谈判的所有内容，记录取得一致的意见和为达成一致意见的项目，以备日后查阅。因此，遗漏和省略任何项目都是错误和存在失误的。

（3）语言要朴实、客观、准确。要明确商务谈判备忘录是一种商务公文，因此，语言要力求精练、客观，一般用第三人称记录，不能夸大其词，也不能有推测和揣摩之意。同时，此类文体也无需过多华丽辞藻的修饰言语，做到朴实、客观、准确即可。

7.3 签订商务谈判合同

7.3.1 谈判合同的总体构成

合同的格式与一般文章一样，由标题部分和行文部分组成，行文部分则又因文章的起承转合而相应地分为开头部分、正文部分和结尾部分三个行文层次，这三个层次又可分别叫作约首、条款和约尾。约首和约尾与合同的其他各项条款一样，也是书面合同的组成部分，具有法律或行政约束力。标题即为合同名称。约首包括需方、供方的单位名称（简称甲方、乙方），签订合同的日期、地点及此项经济活动的目的等，订约日期、地点不一定要放在约首，也可以放在约尾。约尾实际上是合同的补充条款或是为了工作方便而提供的信息，一般包括下列内容。

（1）本合同一式×份，供方×份，需方×份，或供需方上级各×份。

（2）合同规定生效和作废的条件与日期。一般规定合同有效期×年，自合同签订之日起生效，×年×月×日作废或履行完毕时作废；或限期前×月另行协商续订；或根据计划协商续订，或根据生产需要协商续订。

（3）双方单位的地址、电话、电报挂号。

（4）双方单位盖章。盖单位章或合同专用章。

（5）法定代表人及经办人签名盖章。

7.3.2 商务谈判合同的格式

随着市场经济的发展，我国的商务谈判合同又不断细分为更多的形式和内容。下面介绍一个规范的国际货物买卖合同的合同格式，供谈判人员参考。

【案例7.4】 出口合同

合同号：

签约日期：

签约地：

卖方：A公司

地址：

电话：

传真：

电传：

买方：B公司

地址：

电话：

传真：

电传：

双方同意按照下列条款由卖方出售、买方购进下列货物。

1. 货物名称、规格：

2. 数量：

3. 单价：

4. 总值：

5. 交货条件：FOB／CFR／CIF，________，________。

除非另有规定，“FOB”、“CFR”和“CIF”均应依照国际商会制定的《国际贸易术语解释通则》（1NCOTERMS 1990）办理。

6. 货物生产标准：

7. 包装：

8. 唛头：

9. 装运期限：

10. 装运港口：

11. 目的港口：

12. 保险：

当交货条件为FOB或CFR时，应由买方负责投保；

当交货条件为CIF时，应由卖方按发票金额110%投保________险；附加险________。

13. 支付条款：

13.1 信用证（L／C）支付方式

买方应在装运期前/合同生效后________日，在________银行以电传/电信方式开立以卖方为受益人的不可撤销的议付信用卡。信用证应在装船完毕后________日内在受益人所在地到期。

13.2 托收（D／P或D／A）支付

货物发运后，卖方出具以买方为付款人的付款跟单汇票，按即期付款交单（D/P）方式，通过卖方银行及________银行向买方转交单证，换取货物。

货物发运后，卖方出具有以买方为付款人的承兑跟单汇票，汇票付款期限为________，按即期承兑交单（D／A）方式，通过卖方银行及________银行，经买方承兑后，向买方转交单证，买方按汇票期限到期支付货款。

14. 单证：

卖方应向议付银行提交下列单证：

（1）标明通知收货人/收货代理人的全套清洁的、已装船的、空白抬头、空白背书并注明运费已付/到付的海运提单；

（2）商业发票________份；

（3）在 CIF 条件下的保险单 / 保险凭证；

（4）装箱单一式________份；

（5）品质证明书；

（6）原产地证明书。

15. 装运条件：

15.1　在 FOB 条件下，由买方负责按照合同规定的交货日期洽定舱位。卖方应在合同规定的装船期前________日将合同号、货物名称、数量、金额、箱数、总重量、总体积及货物在装运港备妥待运的日期以电传/传真通知买方。买方应在装船期前________日通知卖方船名、预计装船日期、合同号，以便卖方安排装运。如果有必要改变装运船只或者其到达日期，买方或其运输代理应及时通知卖方。如果船只不能在买方通知的船期后________日内到达装运港，买方应承担从第________日起发生的货物仓储保管费用。

15.2　在 FOB、CFR 和 CIF 条件下，卖方在货物装船完毕后应立即以电传/传真向买方及买方指定的代理人发出装船通知。装船通知应包括合同号、货物名称、数量、毛重、包装尺码，发票金额、提单号码、起航期和预计到达目的港的日期。

15.3　允许/不允许部分装运或转运。

15.4　卖方有权在________%数量内溢装或短装。

16. 质量/数量不符合索赔条款

在货物运抵目的港后，一旦发现货物的质量、数量或重量与合同规定的不符，买方可以凭借双方同意的检验组织所出具的检验证书，向卖方索赔。但是，应由保险公司或航运公司负责的损失除外。有关质量不符的索赔应由买方在货物到港后 30 天内提出；有关数量或重量不符的索赔应在货物到港后 15 天内提出。卖方应在收到索赔要求后 30 天内回复买方。

17. 不可抗力

卖方对由于下列原因而导致不能或暂时不能履行全部或部分合同义务的，不负责任：水灾、火灾、地震、战争或其他任何在签约时卖方不能预料、无法控制且不能避免和克服的事件。但卖方应尽快地将所发生的事件通知对方，并应在事件发生后 15 天内将有关机构出具的不可抗力事件的证明寄交对方。如果不可抗力事件的影响超过 120 天，双方应协商合同继续履行或终止履行的事宜。

18. 仲裁

因履行本合同所发生的一切争议，双方应友好协商解决，如果协商仍不能解决争议，则应将争议提交中国国际经济贸易仲裁委员会（北京），依据其仲裁规则仲裁，仲裁裁决是终局的，对双方都有拘束力。仲裁费应由败诉一方承担，但仲裁委员会另有裁定的除外。在仲裁期间，除仲裁部分之外的其他合同条款应继续执行。

19. 特殊条款

本合同由双方代表签字后生效，一式两份，双方各执一份。

卖方：A公司　　　　买方：B公司

授权代表：（签字）　　　　授权代表：（签字）

7.3.3 商务谈判合同的签约过程

合同的签订过程，也是双方当事人对合同内容进行相互协商、谈判取得一致意见的过程。这个过程概括起来，一般要经过订约提议（要约）和接受提议（承诺）两个主要步骤。

（1）要约。要约是当事人一方以缔结合同为目的，向对方提出签订经济合同的建议、要求或一种意思的表示。提出要约的一方称要约人；对方称为受约人，又称承诺人。要约人在提出要约时，除表示订立合同的愿望外，依法还必须提出合同的主要条款，以供对方考虑是否同意要约。要约中，一般还要指明等待答复的期限。要约通常有书面方式和口头方式。书面方式通过寄送订货单、书信、发电报等提出。口头方式可以由一方向另一方当面口头提出。要约是一种法律行为，在提议到达对方时发生法律效力，对要约人有法律约束力。如果要约中规定了答复期限，要约人在规定期限内要受约束。只要在规定期限内收到了对方表示接受提议的答复，要约人就有与之订立经济合同的义务。在此期间，要约人不得向第三人提出同样提议或与第三人订立此项合同；否则，由此给对方造成的损失，就要负赔偿责任。但是，在下列三种情况下，要约人可以不受原要约的约束。第一，在规定期限内收到对方拒绝接受要约的答复，或者对方做出了改变原要约主要条款的答复；第二，对方超过期限才做出同意要约的答复；第三，虽然对方是在规定期限内做出同意要约的答复，但是要约人收到答复时已经过期，并且立即将此情况通知了对方。

（2）承诺。承诺即接受要约，是受约人按照要约所指定的方式，对要约的内容表示完全同意。要约一经承诺，合同即告成立。承诺人就要承担合同规定的义务。承诺也是一种法律行为。对要约的修改、部分同意或者附有条件的接受，则不能认为是接受承诺，而应当看作是拒绝原要约而提出的新要约，这是因为它改变了原提议的内容。

7.4 商务谈判合同的履行与纠纷的处理

7.4.1 商务谈判合同的履行

商务谈判合同的履行应遵循下列原则。

（1）实际履行原则。实际履行也叫实物履行，就是当事人必须严格按照合同所规定的标的来履行。合同写的是什么标的，就一定要交付什么标的，不能故意更换标的而用其他物品、款项代替，也不能折合现金来代替。只有当实际履行在事实上已经不可能或不必要，或者法律规定一方违约只要赔偿损失的情况下，才能仅以偿付违约金、赔偿金作为补偿，但这并不能看作是代替履行。例如，在货物运输合同中，因承运方的过错，运输过程中货物丢失、短少或损坏，承运方就只能按实物的实际损失价值赔偿。不可能再以实物来履行时，才可以免除原标的履行。在贯彻实际履行原则时，应该从实际出发，不可过分机械执行原则。如在购销合同中，某些季节性强的产品，如电风扇、雨具等，供方未能按期交货，已过了销货旺季，此时供方的继续履行对需方不仅已经没有实际意义，而且还会造成积压浪费，需方可只要求供方偿付违约金、赔偿金，而不再要求交货。

（2）适当履行原则。合同的适当履行，就是当事人按照合同规定的标的，按质量、数量、期限、地点、方式、价格和包装要求等，用适当的方法全面履行合同。义务人不得以次充好，以假充真，否则权利人有权拒绝接受。当事人只有按合同的这些规定去切实履行，才是全面完成了合同任务，没有按规定去履行合同每一项条款的行为，都是违约行为。

（3）协作履行原则。协作履行原则，是指当事人双方要团结协作，互相帮助来完成经济合同规定的任务。谈判合同当事人双方各自有其规定的经济权利和经济义务，具体的经济利益也有所不同，但订立经济合同的目的则是互惠互利的，愿望是一致的。因此，当事人不仅要按实际履行和适当履行原则，承担自己的义务，也应对另一方当事人履行义务表示关心，并提供方便和帮助，进行必需的督促和检查，对可能引起合同履行障碍的行为要及时提出和制止。如果在履行过程中发生分歧，双方要按照法律和合同的规定及时协商解决，避免扩大分歧、影响合同的履行。

7.4.2　商务谈判合同纠纷的处理

1. 商务谈判合同纠纷的协商

所谓合同纠纷的协商，就是在合同发生纠纷时，由双方当事人在自愿、互谅的基础上，按照《合同法》以及合同条款的有关规定，直接进行磋商，通过摆事实、讲道理，取得一致意见，自行解决合同纠纷。

双方当事人在协商解决合同纠纷的过程中，应注意以下问题。

（1）双方的态度要端正、诚恳。应本着与人为善、解决纠纷的态度去协商解决，本着实事求是的精神，既不要缩小自己的责任，也不要夸大对方的责任。

（2）通过协商达成的协议，一定要符合国家的法律、政策。否则，即使达成了协议也是无效的。为此，各个经济组织，都应是执行政策、法令的模范，任何违反政策、法令的行为都是不允许的。对在合同纠纷过程中所发现的投机倒把、买空卖空，欺诈行骗等违法行为，要毫不留情，坚决揭露。

（3）协商解决纠纷一定要坚持原则，绝不允许损害国家和集体的利益，特别是不能影响国家计划或规化的完成。

（4）协商一定要在平等的前提下进行。签订合同的双方当事人，在法律地位上都是平等的，绝不允许任何一方享有特权，坚决反对以大压小，以强欺弱，对那些只要求对方履行义务，不规定自己应负责任的“霸王合同”，应予抵制。

（5）在协商解决合同纠纷中，还要防止拉关系、搞私利等不正之风。现在已经发现有些地方在协商解决合同纠纷中，出现慷国家之慨以饱私囊的情况。对于这种损害国家和集体利益的行为必须坚决反对，凡情节严重的，须依法惩处。

总之，合同双方当事人，要在坚持友好、平等、合法原则的前提下，从有利于国家和集体利益，有利于加强团结协作，有利于发展生产经营出发，互谅互让，协商解决合同纠纷。

2. 商务谈判合同纠纷的调解

所谓合同纠纷的调解，是指发生合同纠纷时，当事人双方协商不成，根据一方当事人的申请，在国家规定的合同管理机关的主持下，通过对当事人进行说服教育，促使当事人双方相互让步，并以双方当事人自愿达成协议为先决条件，达到平息争端的目的。通过调解方法使问题得到恰当的解决，是合同管理机关解决合同纠纷的基本方法。合同纠纷的调解应按以下程序进行。

（1）提出调解申请。当合同发生纠纷时，当事人任何一方都可以向对方所在地合同管理机关申请调解。先由提出要求调解的一方填写合同纠纷调解申请书，要求表中的原诉单位和被诉单位的名称必须与合同中的名称一致，申诉代表人必须与合同中的签约代表一致。如果签约代表更换，或委托别人代为出面参加调解，必须在申请书中注明。

（2）接受调解申请。合同管理机关收到合同纠纷调解申请书之后，先进行案情登记，仔细审查合同的内容和条款有无问题。同时，要做好调查研究工作，在摸清纠纷产生的原因的基础上，决定可否受理。如果属于受理范围，方可受理。受理后，开出合同纠纷调解通知书两份，并随每份附空白调处合同纠纷代表资格证明书一份；分送发生纠纷的双方当事人，同时将原诉方的调解申请书抄件一并传送给被申诉方，通知准备答辩。最后，通知双方在指定的时间和地点进行调解。

（3）进行调解。双方参加调解的代表必须持盖有本单位公章的调处合同纠纷代表资格证明书。如果哪方不按规定的时间到指定的地点接受调处，即算自动接受调处协议，并即予实行。

调解时，要客观地、细致地、实事求是地做好当事人的思想工作，弄清纠纷的原因，双方争执的焦点和各自应负的责任。调解必须双方自愿，不得强迫，使问题得到公平合理的解决。调解结束，要制作调解笔录和调解书。

（4）制作调解书。合同管理机关通过调解方式达成协议后，制作具有法律效力的文书，即调解书。调解书是按自愿、合法的原则制作的，它与仲裁书具有同等的法律效力，双方当事人必须执行。

调解书应写明以下内容：当事人的名称、地址；代理人姓名、职务；纠纷的事实、责任；协议内容和费用的承担等。调解书由仲裁员署名，代理人签字，并加盖合同管理机关的印章，分发给双方。

（5）产生法律效力。调解书由双方当事人签字，合同管理机关盖章后生效，即具有法律的约束力。如果一方或双方对调解协议反悔，可以在收到调解书之日起 15 天内，向国家规定的管理机关申请仲裁，也可以直接向人民法院起诉。在法定期间内，若当事人收到调解书后不申请仲裁，也不起诉，当事人就应自动履行。

3. 商务谈判合同纠纷调解的方法

由于合同关系错综复杂，合同纠纷也必然会多种多样。因此，必须针对不同的情况，采取不同的调解方法。

（1）当面调解。这是一种比较常用的方法，主要用于工商合同。当面调解，就是请双方当事人开调解会，当面协商，兼听双方意见，鉴别有关依据，经过反复多次的协商调解后，在事实清楚、责任明确的基础上达成协议。

（2）现场调解。对农副产品中的鲜活品种，以及某些工业品的规格质量验收中发生的合同纠纷，召集争议双方和有关单位到现场，用合同条款和《经济合同法》的规定与实物对照的办法协商调解，这种方法解决纠纷及时准确、说服力强。

（3）异地合同，共同调解。对那些本地单位与外地企事业部门签订的合同所发生的经济纠纷，如果请外地当事人到所在地或仲裁机关会同本地当事人到外地调解，会有诸多不便。为有利于调解，对这种异地合同，可以发公函或派人请双方所在地的工商局会同当地有关主管部门共同配合调解，这样有利于问题的及时解决。由于有当地主管部门参加，协议也容易付诸执行。

（4）通过信函进行调解。对于矛盾比较单纯，是非责任比较明确，金额不大，申诉方远在外地的，就可以通过信函进行调解。但事先要根据申诉书对诉方进行调查，弄清情况，分清是非，按合同条款，取得被诉方的解决意见后，才可发函商调。这样既节省申诉方的人力、物力，也能使纠纷较快解决。

（5）分头解决和会合调解穿插进行。有的合同纠纷案件，事实清楚、责任分明，但申诉一方调子很高，被诉一方则推卸责任，消极应诉。对于这种情况，一般可采取分头调解，多做双方工作，进行说服疏导与法制宣传，使双方坐下来协商。这种方法有利于缓和矛盾，促进安定团结，便于纠纷顺利解决。

（6）根据需要分别采用开会调解和开庭调解。对案情较为简单，双方态度诚恳，容易解决纠纷的，一般都可采用开会的方式进行调解。若遇案情复杂，而且纠缠不休的经济纠纷案件，可采用单独开庭调解，如果调解达不成协议，就做好开庭判决的准备。

4. 商务谈判合同纠纷的仲裁

所谓仲裁，亦称“公断”，是指当事人双方对某一问题或事件争执不下时，由无直接利害关系的第三者，做出具有约束力的裁决。

合同纠纷的仲裁，就是由国家规定的合同管理机关，根据合同当事人的申请，对合同纠纷在查清事实、分清是非的基础上，根据法律，做出仲裁，制作仲裁决定书，交双方执行。

仲裁程序是指仲裁案件自开始至终止的过程中，有关仲裁机构，仲裁庭、仲裁员、申诉人、被诉人、其他关系人以及与法院之间的相互关系和活动。从实践情况来看，我国大体是按以下程序来仲裁合同纠纷的。

（1）提出仲裁申请。经济纠纷发生后，当事人应及时协商解决，或者请上级主管机关调解，协商不成时，可向仲裁机关提出仲裁申请。申请仲裁合同纠纷案件必须按规定内容填写并递交申请书及其副本，同时抄送被诉单位及其有关单位。

申请仲裁应从知道或应知道权利被侵害之日起一年内提出，超过期限的，一般不予受理。

（2）接受仲裁申请。仲裁机关在接到申请书后，在进行仲裁之前，应做好以下准备工作：审查申请手续是否完备；将仲裁申请书副本送交被申请仲裁人；限期进行答辩和提出有关证据；审查被申请仲裁人的答辩和有关证据；告诉双方当事人应有的辩护和请求回避的权利。经过初步审查，认为案情重大或其他特殊理由需要由高一级仲裁机关处理的，可请求移送。

（3）进行答辩。被诉单位在接到申请书副本的 10 天内提出书面答辩。答辩内容要针对申诉方所提出的问题，并提供人证、物证及有关材料。无论申诉或答辩都必须不夸大，不缩小，坚持实事求是的原则。

（4）调查和取证。仲裁员必须认真审阅申诉和答辩书，进行调查研究，搜集证据，弄清纠纷发生的时间、地点、原因、经过、结果及争执的焦点等。当事人、证人、关系人在外地，需要委托所在地管理机关代为调查的，应提出调查项目和要求，受委托的管理机关应抓紧时间，认真办理，及时回复。

仲裁机关有权调阅企业与案件有关的文件档案资料和原始凭证。有的案件需要现场勘察或对物证进行技术鉴定时，应通知有关人员到场，必要时可邀请有关单位派员协助。在处理案件时，为避免造成更严重的财产损失，仲裁机关还可根据当事人的申请做出保全措施的裁定。

（5）进行调解。仲裁机关在处理案件时，应当先行调解，调解可以由仲裁员一人主持，也可以由仲裁庭主持。调解笔录和达成的协议应由当事人和参加调解的人员签名盖章，对某些重要调解案件，根据协议可由仲裁机关制作调解书，经盖公章后发给当事人，调解书和仲裁书具有同等效力。

（6）组织仲裁。对合同纠纷如经调解无效，可由仲裁机关的该案仲裁小组进行裁决。在裁决前应将裁决时间、地点以书面形式通知当事人，当事人应按时参加。申请仲裁人两次通知不到时，即作为撤诉；被申请仲裁人两次通知不到时，可进行缺席仲裁。仲裁庭应当认真听取当事人陈述和辩论，出示有关证据，然后依申诉人、被诉人的顺序征询双方最后意见。调解不成时，由仲裁庭评议后裁决，并按照规定的内容要求，制作仲裁决定书，加盖公章后通知双方当事人。

在仲裁合同纠纷案件过程中，发现需要追究刑事责任的，可由仲裁机关转交当地司法机关处理。

（7）仲裁的监督和执行。工商行政管理局的局长、副局长对已发生法律效力的裁决，若发现确有错误，可以指令重新裁决。上级仲裁机关对下级仲裁机关已发生法律效力的裁决，若发现确有错误，有权撤销原裁决，指令重新裁决。重新裁决时，应当另行组成仲裁庭进行。已发生法律效力的仲裁决定，应由仲裁机关监督执行，如果当事人拒不执行，应通知有关银行从当事人账户中扣留或划拨需支付的款项。

5. 商务谈判合同纠纷的审理

所谓合同纠纷的审理，是指经济审判机关根据当事人一方的请求，依法处理合同纠纷案件而进行的职能活动。

合同发生纠纷，无论是否经过仲裁，当事人凡直接向人民法院提起诉讼的，人民法院应予以受理。人民法院经济审判庭根据当事人一方的申诉，依照《中华人民共和国民事诉讼法》的规定，对合同纠纷案件经过调查研究，取得纠纷案件有关的可靠证据，在弄清事实的基础上，依法进行调解或对争议做出判决。这是人民法院按照法律规定，通过对合同纠纷案件审理的执法活动，对当事人的合法权益给予法律上的保护。

模拟实训

【实训目的】

正确把握成交信号，灵活运用成交阶段的相关策略。

【实训主题】

成交阶段的相关策略的运用。

【实训时间】

本章课堂教学内容结束后的双休日和课余时间，为期一周。或者指导教师另外指定时间。

【背景材料】

甲公司技术改造后需处理一部分替换下来的设备，乙公司得知消息后上门求购，于是双方展开了谈判。卖方的小李说：“这些设备都是七八成新的，售价不能低于10万元。”买方的老刘说：“你不要说得那么死嘛，我已经做过调查并向行家打听说，这些设备最多也就值4万元，而且应当包括安装费在内。”双方谈了一会，卖方首先做出让步，小李说：“好吧，看来你们是真需要这些设备，我们事先研究过，最低不能低于8万，这样就8万吧，不过我们不负责运输、安装。”老刘却说：“不！如果你们不负责运输和安装。那我们可以出价5万，你考虑考虑如何？”谈判进行不下去了，于是二人约好第二天再谈。

第二天双方谈了一个上午，没有一点进展。到了第二天下午，买方的老刘说：“小李，这些设备我已经仔细看过了，如果可以5.8万元卖给我们，我们回去就可以安装投入运行。如果超过这个价格，我们还不如去买新的呢，所以我们只能再让你们8 000元，这回该满意了吧？”

此时卖方的小李已经看出对方没有太大的让步余地，目前的让步和谈话已经表现出了他们的签约意向，公司里给他定的价格是不能低于5.5万元。但小李并没有立刻同意对方的条件，很诚恳地对老刘说：“我跟你实话实说吧，公司里定的价格是6万元，这是我们的底价了，贵公司买一批设备也不差2 000元吧，要不然我也实在没法交代。如果同意，我们就马上签协议，您看怎么样？”

老刘的公司里定的价格是不高于6.5万元就可以成交，双方都彼此把握住了对方的签约意向，最后以6万元成交。卖方的小李非常满意，同样买方的老刘也很满意，因为谈判的结果都在双方的可能接受范围之内。

【实训过程设计】

（1）指导教师布置学生课前预习背景材料。

（2）将全班学生平均分成小组，按每组5～6人进行讨论。

（3）根据“背景材料”讨论：

① 假如你是卖方的小李，你是如何从买方老刘的话语里看出签约意向的呢？

② 在小李和老刘的谈判中，他们各自运用了哪些策略？

③ 改变双方公司预先设定的限价，以小组为单位，在规定的时间内，模拟案例里的谈判情景。要求根据具体情况，尝试运用成交阶段的各种谈判策略。

（4）各实训组对本次实训进行总结和点评，参照“10.2 商务谈判学生作业范例”撰写作为最终成果的《商务谈判实训报告》。

（5）指导教师对小组讨论过程和发言内容进行评价总结，并讲解本案例的分析结论（先评定小组成绩，在小组成绩中每一个人参与讨论的情况占小组成绩的40%，代表发言内容占小组成绩的60%）。各小组提交填写带有“实训组组长姓名、成员名单”的《商务谈判实训报告》。优秀的实训报告在班级展出，并收入本校本课程教学资源库。

综合练习

一、单项选择题

1. 对案情较为简单，双方态度诚恳，容易解决的纠纷，一般可采用（　　）的方式解决。

   A. 开庭　　B. 开会　　C. 信函　　D. 会合

2. 成交线是指（　　）。

   A. 己方可以接受的最低交易条件，是达成协议的上限

   B. 己方可以接受的最低交易条件，是达成协议的下限

   C. 己方可以接受的最高交易条件，是达成协议的上限

   D. 己方可以接受的最高交易条件，是达成协议的下限

二、多项选择题

1. 商务合同的正文部分包括的内容主要有（　　）。

A. 合同标的　　B. 合同的有效期限　　C. 违约责任

D. 价格与支付条件　　E. 合同的签署与批准

2. 一般而论，有效合同必须具备的条件是（　　）。

A. 合法　　B. 双方自愿订立　　C. 时限

D. 没有不可抗力　　E. 合乎社会公德

三、问答题

1. 如何判定商务谈判的终结？
2. 在谈判成交阶段，为促成成交，适用的策略与技巧有哪些？
3. 商务谈判合同的特点及总体构成是什么？

四、案例分析

【背景材料】

山东某市塑料编织袋厂厂长获悉日本某株式会社准备向我国出售先进的塑料编织袋生产线，立即出面与日商谈判。谈判桌上，日方代表开始开价240万美元，我方厂长立即答复："据我们掌握的情报，贵国某株式会社所提供产品与你们完全一样，开价只是贵方一半，我建议你们重新报价。"一夜之间，日本人列出详细价目清单，第二天报出总价180万美元。随后在持续9天的谈判中，日方在130万美元价格上再不妥协。我方厂长有意同另一家西方公司做了洽谈联系，日方得悉，总价立即降至120万美元。我方厂长仍不签字，日方大为震怒。我方厂长拍案而起："先生，中国不再是几十年前任人摆布的中国了，你们的价格，你们的态度都是我们不能接受的！"说罢把提包甩在桌上，里面那些西方某公司设备的照片散了满地。日方代表大吃一惊，忙要求说："先生，我的权限到此为止，请允许我再同厂方联系请示后再商量。"第二天，日方宣布降价为110万美元。我方厂长在拍板成交的同时，提出安装所需费用一概由日方承担，又迫使日方让步。

案例讨论：

（1）我方厂长在谈判中运用了怎样的技巧？

（2）我方厂长在谈判中稳操胜券的原因有哪些？

（3）请分析日方最后不得不成交的心理状态。

【分析要求】

1. 过程要求

学生分析案例提出的问题，分别拟定《案例分析提纲》；小组讨论，形成小组《商务谈判案例分析报告》；班级交流并修订小组《商务谈判案例分析报告》，教师对经过交流和修改的各小组《商务谈判案例分析报告》进行点评；在班级展出附有"教师点评"的小组优秀《商务谈判案例分析报告》，并将其纳入本校该课程的教学资源库。

2. 成果性要求

（1）案例课业要求：以经班级交流和教师点评的《商务谈判案例分析报告》为最终成果。

（2）课业的结构、格式与体例要求：参照"10.2 商务谈判学生作业范例"《商务谈判案例分析报告》。

第8章

商务谈判技巧的运用

学习目标

- 商务谈判僵局产生的原因与处理商务谈判僵局的技巧
- 威胁的种类与对付威胁的技巧
- 进攻者的类型与对付进攻的技巧
- 商务谈判中的沟通技巧
- 能在商务谈判中灵活运用主要的谈判技巧

导入案例

丹麦式的“难得糊涂”

丹麦一家大规模的技术建设公司准备参加德国在中东的某一全套工厂设备签约招标工程。开始时，他们认为无法中标，后来经过详细的研究分析以及在技术上经过充分的讨论，他们相信自己比其他竞争对手更有优势，中标很有希望。

在同德方进行一段时间的洽谈后，丹麦公司想尽早结束谈判，早日签约，可是德方代表却认为应该继续进行会谈。会谈中，德方主谈人说：“我们进行契约的招标时，对金额部分采取保留态度，这一点你们肯定能够理解。现在我要说点看法，这可能很伤感情，就是贵公司再减 2.5%的金额。我们曾把这一想法告诉了其他公司，现在正等他们答复。选哪个公司，对我们来说都是一样的。不过我还是希望能和贵公司合作。”德方代表彬彬有礼的语气中，颇有犀利的言辞。丹麦公司表示：“我们必须商量一下。”

一个半小时以后，丹麦人回到了谈判桌旁，他们故意误解对方的意思，回答说，他们已经将规格明细表按照德方所要求的价格编制，接着又一一列出可以删除的项目。

德方一看情形不对，马上说明："不对，你们搞错了。本公司的意思是希望你们仍将规格明细表保留原装。"

接下来的讨论，便围绕着价格明细表打转，根本未提到降价的问题。

又经过一个小时，丹麦方面准备结束会谈。于是就向德方提出："你们希望减价多少？"

德方回答说："如果我们要求贵公司消减成本，但价格明细表不作改动，我们的交易还能成功吗？"这一回答其实已经表明德方同意了丹麦方面的意见。

于是丹麦公司向德方陈述了该如何工作，才能使德方获得更大的利益。德方听了之后表现出极大的兴趣。丹麦公司还主动要求，请德方拨出负责检查的部分工作，交由丹麦公司分担。交易谈成了，德方得到了所希望得到的利益，丹麦公司也几乎未作出什么让步。

（资料来源：http://cwhan 2008.blog.163.com）

启示：假装糊涂贵在一个"巧"字。装糊涂要有一个度，倘若超过了这个度，超过了对方的承受范围，势必影响感情，甚至引起谈判破裂。识破这类装糊涂的陷阱同样有个度，婉言点出其圈套，既不伤面子，又不至于在谈判中处于下风，这个度同样是个"巧"字。商务谈判的过程中，灵活运用各种策略与技巧，对谈判目标的实现具有重要意义。

8.1 打破商务谈判僵局技巧的运用

【案例 8.1】 福克兰与爱尔兰老妇的交锋

福克兰是美国鲍尔温交通公司的总裁，在他年轻的时候，他成功地处理了公司的一项搬迁业务因此而青云直上。当时，他是该公司的机车工厂的一名普通职员，在他的建议下，公司收购了一块地皮，准备用来建造一座办公大楼，而这块地皮上原来居住的100多户居民，都得因此而举家搬迁。但是居民中有一位爱尔兰老妇人，却首先跳出来与机车工厂作对。在她的带领下，许多人都拒绝搬走，而且这些人抱成一团，决心与机车工厂周旋到底。福克兰对公司说："如果我们建议通过法律手段来解决这个问题，就费时费钱。但我们更不能用强硬的手段去驱逐他们，这样我们将会增加许多仇人，即使大楼建成，我们也将不得安宁。这件事还是交给我去处理吧！"

福克兰找到这位爱尔兰老妇人时，她正坐在房前的石阶上。福克兰故意在老妇人面前忧郁地走来走去，以引起老妇人的注意。果然，老妇人开口说话了："年轻人，你有什么烦恼？"福克兰走上前去，他没有直接回答老妇人的问题，而是说："您坐在这里无所事事，真是太可惜了。我知道您具有非凡的领导才干，实在可以成就一番大事。听说这里将建造一座新大楼，您何不劝劝您的老邻居们，让他们找一个安乐的地方永久居住下去，这样，大家都会记住您的好处。"福克兰这几句看似轻描淡写的话，却深深地打动了老妇人的心。不久，她就变成了全费城最忙碌的人。她到处寻觅住房，指挥她的邻居搬迁，把一切办得稳稳妥妥的。而公司在搬迁过程中，仅付出了原来预算代价的一半数目。

从以上案例可以看出，在谈判进入交锋阶段、妥协阶段等实质性的磋商时候，常常由于某些人为或突发原因，谈判双方相持不下，从而产生了一种进退维谷的僵持局面。在这种情况下，如果谈判人员不善于找寻产生僵持局面的原因和解决的方案，一味地听任其发展下去，就很可能导致谈判的破裂。能否打破僵局，就成为谈判能否继续进行下去的关键。

8.1.1　僵局产生的原因

事实上，谈判之所以陷入僵局，并不完全是因为谈判双方存在着不可化解的矛盾，也就是说，谈判本身并不属于那种没有可行性的谈判。通常情况下，没有可行性的谈判具有三种情况。

第一，客观条件的不具备。有些谈判由于客观上不具备履约条件，随着谈判的深入，这个问题就越发明朗化，从而直接导致了谈判的破裂。

第二，不具备谈判的协议区。在谈判中，协议区并不是一开始就非常明朗的，它是一个双方逐步探索的过程。在经过激烈的争论之后，谈判双方可能会发现，他们提出的条件根本没有达成一致的可能，因而谈判陷入僵局并最终导致其破裂是在所难免的。

第三，没有商谈的价值。这种情况的出现，常常是由于事前的盲目和冲动，在没有做好调查和可行性研究的前提下，匆匆地举行谈判。双方在一番唇枪舌剑之后，精疲力竭地发现他们所进行的谈判实属耗资费神，毫无价值，于是，悬崖勒马，果断地停止了谈判。

只要没有出现以上三种情况，商务谈判出现僵局的原因，一般有因意见分歧引起对立和因感情上的伤害而引起对立两大类。意见性对立，由于只因对某些具体问题的不同认识所引起，所以不管分歧多大，或者通过新的方法，或者寻求双方妥协，创造性地解决意见对立的希望还是很大的。如果属于感情上的伤害即情绪性的对立，解决困难则要大得多。这主要是因为人在遭受屈辱之后，言行很容易走向极端，但这方面的僵局也是可以缓解和打破的。形成商务谈判僵局的原因具体如下。

1. 主观上、客观上的反对意见

主观反对意见形成僵局，并不一定是由于谈判内容本身造成的，而是谈判对手从自己本身的立场、爱好、习惯等方面提出的。人们总是自觉不自觉地脱离客观实际，盲目地坚持自己的主观立场，甚至忘记了自己的出发点是什么。

客观反对意见是谈判对手针对质量、价格、时间等条款提出的反对意见。由于谈判双方固执己见，因此，找不到一项超越双方利益的方案来打破这种僵局，从而使谈判陷入僵局。

2. 圈套

在商务谈判中常有人凭借自己的实力或个人争强好胜的性格，以及心理战术的研究成果向对方施展阴谋诡计，设置圈套，迷惑对方，以达到平等条件下难以实现的谈判目标。这样就容易造成谈判僵局。

3. 外部环境变化

谈判中由于外部环境突然发生变化，对已做的承诺不好食言，但又无意签约，拖延至对方忍无可忍造成僵局。

4. 小题大做或增加议题

谈判中将原来相对较小的议题或不太重要的问题作为较大的议题或重要的问题来讨论，将原来可以在下级管理人员或业务人员中解决的问题上升为必须经决策人员亲自过问才能解决的问题，将原来可以取得共识的议题与另外的一时无法取得共识的议题挂钩并使之互为条件，从而增

加谈判的难度，甚至造成僵局。

5. 保全立场

谈判一开始，双方不是在分歧中寻求解决问题的途径，而是各自想保持自己的立场。以为保住了立场，局面将向有利于自己的方面转化，其实不然。若谈判气氛一紧张，往往会使谈判双方两败俱伤。

8.1.2 破解僵局的方法

谈判中并不是自始至终都是一帆风顺的，出现僵局也是情理之中的事。谈判的僵局看似“山穷水尽疑无路”，但只要找出问题所在，是能够“柳暗花明又一村”的。事实上，许多谈判之所以陷入僵局，常常是基于谈判双方在立场、感情、原则上存在着一些分歧，而这些分歧通过谈判者的努力，打通心理渠道，逾越人为障碍，是能够取得谈判的成功的。

1. 缓解意见性对立僵局的技巧

【案例8.2】

曾有一家大公司要在某地建立一分支机构，找到当地某一电力公司要求以低价优惠供应电力，但对方态度很坚决，自恃是当地唯一一家电力公司，态度很强硬，谈判陷入了僵局。这家大公司的主谈私下了解到了电力公司对这次谈判非常重视，一旦双方签订了合同，便会使这家电力公司经济效益起死回生，逃脱破产的厄运，这说明这次谈判的成败，对他们来说关系重大。这家大公司主谈便充分利用了这一信息，在谈判桌上也表现出决不让步的姿态，言称：“既然贵方无意与我方达成一致，我看这次谈判是没有多大希望了。与其花那么多钱，倒不如自己建个电厂划得来。过后，我会把这个想法报告给董事会的。”说完，便离席不谈了。电力公司谈判人员叫苦不迭，立刻改变了态度，主动表示愿意给予最优惠价格。至此，双方达成了协议。在这场谈判中，起初主动权掌握在电力公司一方。但这家大公司主谈抓住了对方急于谈成的心理，耍了一个花招，声称自己建电厂，也就是要退出谈判，给电力公司施加压力。因为若失去给这家公司供电，不仅仅是损失一大笔钱的问题，而且可能这家电力公司面临着破产的威胁，所以，电力公司急忙改变态度，表示愿意以最优惠价格供电，从而使主动权掌握在大公司一方了。这样通过谈判技巧的运用，突破僵局，取得了成功。

在实践中常用的突破意见性对立僵局的技巧有以下几点。

（1）借助有关事实和理由委婉地否定对方意见。一般包括以下四种具体的处理方法：先肯定，后否定，即在回答对方提出的意见时，先对意见或其中一部分略加承认，然后引入有关信息和理由给予否定；先利用，后转化，即谈判一方直接或间接利用对方的意见说服对方；先提问，后否定，即谈判者不直接回答问题，而是提出问题，使对方来回答自己提出的反对意见，从而达到否定原来意见的目的；先重复，后削弱，即谈判人员先用比较委婉的语气，把对方的反对意见复述一次，再回答，但复述的原意不能变，文字或顺序可颠倒。

（2）求同存异。求同存异，就是撇开双方争执不休的问题，去谈容易达成一致意见的问题。在谈这类问题时要尽量使对方觉得满意，努力创造一种合作的谈判气氛。最后再谈争执的问题，事情可能就好商量一些。避重就轻，转移视线也不失为一个有效方法。有时谈判之所以出现僵局，是因为双方僵持在某个问题上。这时，可以把这个问题避开，磋商其他条款。例如，双方在价格条款上互不相让，僵持不下，可以把这一问题暂时抛在一边，洽谈交货日期、付款方式、运输、保险等条款。如果在这些问题处理上，双方都比较满意，就可能坚定了解决问题的信心。如果一方特别满意，很可能对价格条款做出适当让步。

运用这种方法应注意的问题如下。

最好先由对方采取主动改变话题打破僵局。这说明对方承受的压力比己方大，使己方既可摸清对方的新思路，又可以少做点让步。

当经过相当时间的争执或沉默之后，己方没有把握对方会先改变话题，而僵局的持续给己方带来很大的压力时，可采用以下方法打破僵局。

① 说些笑话，缓和气氛。

② 改变付款方式：一次付清；时间不等的分期付款；或者其他不同的付款方式，只要所付的总和一样，什么方式都没有关系。

③ 另选商谈时间。例如，彼此约定好再商谈的时间，以便讨论较难解决的问题，因为到时可能会有更多的新资料或双方的态度已改变了。

④ 改变售后服务的方式。

⑤ 改变交易形态。使互相竞争、对立的情况改变为同心协力的团体。

⑥ 改变合同的形式。

⑦ 确定一些规格或者在条件上稍做修改。

⑧ 让对方有更多的选择余地。这样即使己方的建议根本不会被对方所选用，也会使一个近乎破裂的谈判缓和下来。

（3）运用技巧直接答复。具体包括例证法、说服法、合并法、反问法。例证法是指谈判人员通过大量引入事实和数据资料文件，使对方改变初衷或削弱反对意见。说服法就是用具有充分理由的语言使对方口服心服。这就要求谈判人员要进入到对方的世界中去，即站在对方的立场上或背景下进行分析和推理，从关心对方的利益出发，让对方心悦诚服。合并法是指谈判人员将对方提出的各种反对意见概括为一种，或者把几条反对意见放在同一时刻讨论。这样做可以起到削弱反对意见的效果。反问法是指谈判人员利用对方的反对意见来反问对方的一种方法。

（4）推延回答。在谈判中经常会遇到比较棘手的问题而出现僵局，处理这些问题需要时间。因此，对这类问题过些时候再回答效果要好些。在下列情况下，一般应推延回答。

① 如果你不能马上给对方一个比较满意的答复。

② 反驳对方的反对意见缺乏足够的例证。

③ 立即回答会使己方陷入矛盾之中。

④ 对方的反对意见会随着谈判的深入而逐渐减少或削弱。

⑤ 对方的反对意见离题甚远。

⑥ 对方谈判人员由于心情不佳而提出的一些借口或反对意见。

（5）唱好黑白脸。黑白脸技术又称坏人与好人策略。先是由唱黑脸的人登场，他傲慢无礼、苛刻无比、强硬僵死，让对手产生极大的反感。然后，唱白脸的人出场，以合情合理的态度对待谈判对手，并巧妙地暗示：若谈判陷入僵局，那位“坏人”会再度登场。在这种情况下，谈判对手一方面不愿与那位“坏人”再度交手；另一方面被“好人”的礼遇迷惑，而答应他提出的要求。

运用黑白脸法的技巧应注意的问题如下。

① 攻方主谈者或负责人应扮演白脸。在谈判陷入僵局时，找借口暂时回避，让己方黑脸代谈，采取强硬立场，从气势上压倒对方，给对方在心理上造成错觉，迫使对方让步，或将对方主谈者激怒，使其怒中失态。

② 若已取得上面的预期效果，攻方的主谈者即回到谈判桌旁，但不必马上发表意见。而是让己方的“调和者”以缓和的口气、诚恳的态度调和己方黑脸与对方的矛盾，实际上也是向己方主谈者汇报刚才一段时间的谈判进展情况，以便继续巩固已取得的结果和优势。

攻方的主谈人根据此时的情势，以亲切的态度，提出“合情合理”的条件（往往高于或等于原定计划），使对方接受。黑白脸法，尤其要注意把握时机和分寸、配合默契，否则会弄巧成拙。在谈判过程中，此法只是在不得已的情况下才使用，切不可滥用。

（6）幕后交易。幕后交易是指谈判的一方预料谈判会陷于僵局或谈判已陷于僵局，却不想做较大的让步，于是有议定权的决策人转入幕后指挥，而让代理人替其进行谈判，以打破僵局的策略方法。

运用幕后交易时应注意下列问题。

① 选用的代理人的条件要合适，要根据不同的场合和谈判的内容选用适宜担当此任的代理人。代理人若选用失当，差不多可以说是未战先败了。不是所有谈判都可以请代理人。有些关系全局的重大谈判，必须由有议定权的本人亲自出面。若委托给代理人，将无法达成协议，也会影响谈判的严肃性。

② 代理人进行谈判时，要善于使用权利有限的武器。这样，对方在要求上不会苛刻，不致得寸进尺。并且代理人说话更少顾忌，更便于提出要求，即使有时说得不当，最后也由有议定权的本人来收场。此外，有时候代理人先进行试探性的谈判，能更好地摸清对方的情况和要求，便于议定者在幕后“拍板”或亲自出马，进一步谈判。况且，即使代理人谈判失败了也不会影响谈判双方的关系。

③ 对代理人授权，要看问题的性质、重要程度和代理人的身份与能力而定。

2. 缓解情绪性对立僵局的技巧

处理谈判僵局的最有效的途径是将形成僵局的因素消灭在萌芽状态。在实践中，常用的缓解情绪性对立僵局的技巧如下。

（1）运用休会策略。谈判出现僵局，双方情绪都比较激动、紧张，会谈一时也难以继续进行。这时，提出休会是一个较好的缓和办法，东道主可征得客人的同意，宣布休会。双方可借休会时机冷静下来，仔细考虑争议的问题，也可以召集各自谈判小组成员，集思广益，商量具体的解决办法。

但是我们在运用休会策略时，要注意以下问题。

① 休会一般先由一方提出，只有经过双方同意，这种策略才能发挥作用。要取得对方同意，首先要求提建议的一方把握好时机，看准对方态度的变化。如果对方也有休会的要求，很显然，双方一拍即合。其次要清楚并委婉地讲清需要。一般来说，参加商贸谈判的各种人员都是有涵养的，不会回绝这一要求。

② 在提出休会建议的时候，谈判人员不是去休息，而是继续为谈判工作。因此，应讲清休会的时间及休会后再谈的问题，尽量避免谈新的问题，先解决了眼前的事情再说。

③ 休会期间双方应集中考虑的问题为：贸易洽谈的议题取得了哪些进展？还有哪方面有待深谈？双方态度有何变化？我方是否调整一下策略？下一步谈些什么？我方有什么新建议？等等。

（2）运用真挚的感情打动对方。当谈判进入僵局时，谈判双方因观点不同而出现情绪对立，双方争执不下，谈判的一方可巧妙运用感情因素和手段，缓和对方的情绪，影响和改变对方的态度和观点，使谈判顺利进行下去，或改变对方的观点。

在运用感情打动对方时，要注意以下问题。

① 态度要诚恳。谈判的成功，不仅依赖于双方利益的互补和均衡，也有赖于双方感情上的融洽一致，诚恳的态度，往往能消除对方的疑虑，增加彼此的信任，削弱彼此的防御心理。

② 要襟怀坦白。襟怀坦白容易引起人们的亲切感和信任感，同时获得对方的尊重和让步。

③ 真诚表现出对对方的情义。要显出生意不成情义在的高姿态，这样反而会使对方心里感到对不起你，从而主动做出让步。

（3）改变谈判环境。即使是做了很大努力，采取了许多办法、措施，谈判僵局还是难以打破，这时，可以考虑改变一下谈判环境。

谈判室是正式的工作场所，容易形成一种严肃而又紧张的气氛。当双方就某一问题发生争执，各持己见，互不相让，甚至话不投机、横眉冷对时，这种环境更容易使人产生一种压抑、沉闷的感觉。在这种情况下，我方可以建议暂时停止会谈或双方人员去游览、观光、出席宴会、观看文艺节目，也可以到游艺室、俱乐部等处娱乐、休息。这样，在轻松愉快的环境中，大家的心情自然也就放松了。更主要的是，通过游玩、休息、私下接触，双方可以进一步增进了解，清除彼此间的隔阂，增进友谊，也可以不拘形式地就僵持的问题继续交换意见，寓严肃的讨论于轻松活泼、融洽愉快的气氛之中。这时，彼此间心情愉快，人也变得慷慨大方。谈判桌上争论了几个小时无法解决的问题，在这儿也许就迎刃而解了。

经验表明，双方推心置腹的诚恳交谈对缓和僵局也十分有效。如强调双方成功合作的重要性、双方之间的共同利益、以往合作的愉快经历、友好的交往等，以促进对方态度的转化。在必要时，双方会谈的负责人也可以单独磋商。

（4）利用中间人调节。当出现了比较严重的僵持局面时，彼此间的感情可能都受到了伤害。因此，即使一方提出缓和建议，另一方在感情上也难以接受。在这种情况下，最好寻找一个双方都能够接受的中间人作为调节人或仲裁人。

在这里，仲裁人或调节人可以起到以下的作用：提出符合实际的解决办法；出面邀请对立的双方继续会谈；刺激启发双方提出有创造性的建议；不带偏见地倾听和采纳双方的意见；综合双方观点，提出妥协的方案，促进交易达成。

调节人可以是公司内的人，也可以是公司外的人。最好的仲裁者往往是和谈判双方都没有直接关系的第三者，一般要具有丰富的社会经验、较高的社会地位、渊博的学识和公正的品格。总之，调节人的威望越高，越能获得双方的信任，越能缓和双方的矛盾，达成谅解。

（5）调整谈判人员或改期再谈。当谈判僵持的双方已产生对立情绪，并不可调和时可考虑更换谈判人员，或者请地位较高的人出面，协商谈判问题。

但是在更换谈判人员应注意以下问题。

① 如果需要撤销前任的于己方不利的允诺，替补者则可以用新的主持者的身份，否定和抹杀前任已做的让步或允诺，要求重新开始。

② 如果需要打破已形成或即将形成的僵局，替补者则可以避开原来争吵不休的议题，另辟蹊径，更换议题；也可以继承前任的有利因素，运用自己的新策略，更加有力地控制对方，迫使对方不得不做出让步；还可以吸收前任的经验教训，改换策略，以调和者的身份，通过运用有说

服力的资料、例子，去强调所谓公平、客观标准和双方共同的利益，使大事化小，小事化了，以赢得原已被激怒的对方的好感，为后续谈判的正常化打下基础。

③ 如果对方成交心切，有求于己方时，己方即可通过替补者的出现以及谈判的从头开始，给对方造成心理上的怕拖、怕变的压力，从而促使对方改变策略，接受原来所不同意的让步，使己方达到谈判的目的。

④ 当谈判仍一时无法进行下去时，可考虑暂时中止谈判。在双方决定退席之前，可向对方再重申一下己方所提的方案，使对方在冷静下来后有充分的时间去考虑。此外，还要明确下次再谈的时间和地点。

（6）态度冷静，不为意见而争吵。从心理学的角度看，商务谈判双方的决定都是受理智和感情控制的，在谈判中会出现形形色色的反对意见，其中包括那些不合理的反对意见。在这种情况下谈判人员一定要谨慎从事，切不能带愤懑的口吻反驳对方的意见。如果对别人的意见采取针锋相对的做法，如果谈判双方对某些议题出现争吵或冷嘲热讽，那么即使一方的意见获胜也难以使对手心悦诚服，对立情绪难以消除，无法达成协议。

8.2 对付威胁技巧的运用

威胁是施加压力，是谈判中用得最多的伎俩。这是因为威胁很容易做出，它比提条件、说服要容易得多。它只要几句话，而且不需要兑现，因此，许多谈判人员自觉或不自觉地使用威胁手段。它具有以下特点：威胁是一种战术，而不是一种战略；威胁虽然可以赢得暂时的胜利，但它会打乱谈判的进程，甚至破坏谈判双方的长远关系；威胁实质是一种让步，当威胁者在施加威胁时，其真实用意是，假如你接受我的意见，或停止你的行动，我将放弃对你的惩罚或者对你做一定的让步；当威胁无法起到作用时，威胁者的可信度就会降低；威胁有时会导致反威胁。

对付威胁这种谈判伎俩，首先要保持情绪上的镇静，保持清醒、冷静的头脑。当对方向你大喊大叫、挥拳击掌时，就是希望看到你心慌意乱、不知所措的样子。如果你能顶住压力，处变不惊，以局外人的身份观看他的"表演"，最先泄气的一定是他。相反，如果我们也意气用事，"以其人之道，还治其人之身"，则很可能会导致一场"混战"，双方的情感都会受到难以弥补的伤害，谈判也就很难成功了。

8.2.1 谈判中的威胁

【案例8.3】

穷人甲和富人乙是邻居。一天，富人乙家翻修屋顶，拆掉的坯土都落到了穷人甲家的院子里。正赶上那天下了一场大雨，落下来的土让穷人家的院子变得泥泞不堪。于是，穷人甲就对富人乙说："邻居啊，你们翻修屋顶，你房顶上的土都积在我家院里了，你能不能处理一下？"富人乙盛气凌人地说："那又怎么样，泥水自然会排掉，太阳出来就蒸发了。"穷人甲气愤地说："你怎么这么讲话？""你能怎么样？"富人乙说。"那我告官去！"穷人甲就对富人乙说："官是我的朋友。"

穷人甲最后对富人乙说："我告诉你，你在两天内要是不给我解决问题，我就赔给你一条命！"富人乙听到这样的话，很快派人解决了问题。

从以上案例可以看出，穷人首先运用了法律威胁，但看到法律威胁不奏效后，拿出撒手锏——暴力威胁，最后迫使富人就范。

在实际商务谈判中，谈判者的威胁方式方法很多，大体有以下类别。

1. 按威胁的表现分

（1）强烈、直接的威胁。这种威胁虽然能够引起对方的关注并加剧其不安和恐惧，但同时也使对方产生了更加强烈的逆反心理，所以效果反而较差。

（2）中间型。介于强烈与轻微、直接与间接之间的一种类型。

（3）轻微、间接的威胁。

大量的心理实验发现，三种方式中第三种也即“轻微的威胁”效果最明显。

2. 按威胁的方式分

（1）语言威胁。直接运用语言威胁对方。例如，可以对对方说“假如贵公司一直坚持，我方将退出谈判”。

（2）行动威胁。它是一种直接向对方显示自己力量的威胁方式。

（3）人身攻击。人身攻击的第一种表现是，愤怒的一方面红耳赤，唾沫横飞，指责谩骂另一方，有的人甚至拍桌子，高声叫喊。这种做法的目的就是企图用激烈的对抗方式向对方施加压力，迫使其屈服。

人身攻击的另一种表现就是寻找各种讽刺挖苦的语言嘲笑对方，羞辱对方，使对方陷入尴尬难堪的境地，借以出心头之气，或激对方让步。这种方式有时可能会达到目的，但更多的情况是把对方推到了自己的对立面，使谈判变得愈加困难。

人身攻击的第三种表现是采用或明或暗的方式，使你产生身体上和心理上的不适感，你为了消除这种不适而向对方屈服。例如，他可能暗示你没有知识，拒绝听你说话，或故意让你重复说过的话。实践证明，大多数人对此感到不舒服，却又无法提出。

3. 按威胁的性质分

（1）经济的威胁。例如，指出如果协议没有达成，会增加单方或双方的成本，从而就会减少单方或双方的利润。

（2）法律的威胁。例如，指出如果协议没有达成，就会运用制裁或法律禁令来阻止对方采取行动。

（3）感情的威胁。例如，指出若对方不做出让步，就会影响双方的感情和友谊。

（4）政治的威胁。指出若对方不做出让步，就会影响双边的政治关系。

（5）暴力的威胁。指出如果谈判破裂，就直接运用暴力迫使对方就范。

8.2.2　对付威胁的技巧

【案例 8.4】

美国一家公司在得知我国某电缆厂需要购买一台无氧铜主机组合炉时，立即派代表前来洽谈。谈判一开始，美方代表口若悬河，大谈了一番组合炉的先进技术和美方的运输服务措施，包括走哪条线路、如何装箱、如何托运、如何保险等，好像中方已经购买了一样。最后，美方报价 220 万美元。

中方代表起初被美方的热情所打动，直至听到报价才警觉起来。

“你们的报价高得出奇，没法谈！”

美方代表立刻表示价格可以商量。经过一番表白，美方代表提出：“原价 7 折优惠，150 万美元，这可是极其优惠的价格了，你们要尽快决定。”美方一下子把价格削去这么多，期望中方尽快成交。但是，中方代表摇摇头，仍然不同意，谈判出现裂痕。

第 2 天，美方带来许多资料送给中方，其中有许多是其他国家厂商购买该公司生产的组合炉的使用资料，美方代表介绍了使用者对该公司产品的肯定意见。

当看到中方代表对这么多精美的资料不屑一顾时，美方代表不得不又一次把价格降下来：“我们的组合炉质量是最好的，如果你们有诚意，就 130 万美元吧。”

中方代表还是不同意，美方代表站起身来说：“我们已经两次大幅度地削价，而你们一点诚意都没有，不谈了！”

面对美方代表的威胁，中方代表反唇相讥：“你们开出这样高的价格，还说有诚意，你不想谈，我们更不想谈了。”碰了一枚硬钉子，美方代表又坐了下来。经过双方交涉，美方代表下了最后通牒：“120 万美元，不能再降了！”

结果，谈判破裂，美方代表买好机票准备回去了。临走前一天，与中方代表作告别性会晤。他拿出订好的机票表示这一次很遗憾，双眼观察着中方代表的动静。中方代表将两年前美方以 95 万美元的价格将组合炉卖给匈牙利的资料送到美方代表面前，美方代表叫了起来：“这是两年前的事情了，现在价格自然是上涨了！”

中方代表反驳说：“物价上涨指数是每年 6%，按此计算价格是 106.7 万美元。”

美方代表瞠目结舌，最后，这笔交易以 107 万美元成交。

从以上案例可以看出，对付美方最后通牒的威胁的有效办法，就是无视威胁，对其不予理睬，可以把它看成是不相干的废话，或是对方感情冲动的表现。必要时，揭示使威胁成立的虚假条件，这样，威胁就失去了应有的作用。

具体来说，对付威胁常用的技巧和措施有以下几种。

① 对付威胁的有效办法，是无视威胁，对其不予理睬。

② 告诉对方你不能在威胁下进行谈判，只有对方能够证明接受这样的条件能带来好处时才可能做出让步。看有无其他的选择。

③ 佯装不晓得这回事，或将它看成是开玩笑，表示对其不予关心。

④ 向对方表示毫无损害，同时还可以让对方知道施加威胁对他自身也具有风险。

⑤ 以威胁反击，同时警告对方，如果谈不妥，局面会更加难堪。

这里需要特别说明的是：威胁的副作用很大。谈判专家对一些典型案例的研究表明，威胁很多时候并不能达到使用者的目的，它常常会导致反威胁，形成恶性循环，损害双方的关系，导致谈判破裂。例如，“你们如不能保证在第四季度中全部交货，我们将拒绝接受你们的货物，一切损失将完全由你方承担”。这种威胁的口吻虽然比不上“你们如果不同意这个条件，我们就将退出谈判”来得直截了当，但其作用却差不多，很容易激怒对方，使被威胁的对方感到有必要进行自卫。优秀的谈判者不仅不赞成使用威胁，而且尽量避免使用威胁的字眼。表达同样的意思有各种方式，如果有必要指出对方行为的后果，就指出那些你意料之外的事，陈述客观上可能发生的情况，而不提出你能控制发生的事。从这一点来讲，警告就要比威胁好得多，也不会引起反威胁。

就上面的例子来讲，可以这样说："从现实情况来看，你们在第四季度全部交货确实存在一些困难，但如果不能在年底前交货，我们部分车间就会停工待料，造成生产上的损失不说，也会使我们继续履约有极大困难。"

8.3　对付进攻技巧的运用

在真正成功的谈判里，了解对手是一种必需的准备，只有在这种准备的基础上，才能选择具体而有效的谈判方式，反击对手，使自己立于不败之地。要真正地了解对手，必须明确谈判对手属于哪一种类型和采用那种进攻手段，这样，便能在谈判桌上采用行之有效的手段和方法，既可节省精力，又可一击而中。

1. 进攻者的类型和进攻手段

（1）进攻者的类型。

① 强硬型的谈判对手。他们往往情绪表现得十分激烈，态度强硬，在谈判中趾高气扬，不习惯也没耐心听对方的解释，总是按着自己的思路，认为自己的条件已经够好的了；他们在谈判中爱虚张声势，动不动就对对手进行威胁恐吓；这种谈判对手总是咄咄逼人，不肯示弱。

② 攻击型的谈判对手。他们往往有目的、有针对性地向对方发起进攻，迫使对方屈服，甚至会不给对方反抗的余地。

③ 搭档型的谈判对手。他们在谈判的过程中若隐若现，虚实相间，最令人防不胜防。他们的通常表现是：当谈判开始时，对方只派一些低层人员作为主谈手，等到谈判快要达成协议时，真正的主谈手突然插进来，表示以前的己方人员无权做出这样的决定，或是以前所谈的价格过低，或是时间难以保证。当你表示失望或觉得一切都完了的时候，对方会说："如果你确实急需，我也可以与你成交，但至少在价格上要做些调整……"你此时往往无可奈何。因为谈判进行到这个时候，你已完全摊开了底牌，对方掌握了你谈判的一切秘密，如果你想达成协议，除了做出让步外别无他法。

④ 逼迫型的谈判者。这也是很难对付的一种谈判对手。他们通常会采取各种方式来威胁对方，使对方就范，如利用期限进行逼迫，利用对方的竞争对手进行逼迫，利用拖延战术进行逼迫，甚至还会用无中生有的方法进行逼迫等。这些逼迫方式只要运用巧妙，其效果往往是不错的，有时甚至比正面的强迫威逼效果还要好。

⑤ 圈套型的谈判对手。这类谈判者往往比较喜欢使用自己的聪明机智，在谈判中设下各种各样的圈套。他们有的通过语言来设置圈套，有的通过一些动作或事实来设置圈套，有的就干脆将整个谈判设置成一个大圈套。稍不注意，就会陷入对方设置的圈套。

（2）进攻者常用的进攻手段。

【案例 8.5】　在去机场的路上达成协议

一位带着一大堆有关日本人的精神和心理分析书籍的美国商人，前往日本进行谈判。飞机在东京机场着陆时，两位专程前来迎接的日方代表彬彬有礼地接待了这位美国客商，并替他办好一切手续。

"先生，您会说日语吗？"日本人问。

"不会，但我带来了一本字典，准备学一学。"美国商人答道。

"您是不是非得准时乘机回国？到时我们可以安排这辆车送您去机场。"日本代表关怀备至地对美国商人说。不加戒备的美国商人觉得日本人真是体贴周到，以至于毫不犹豫地掏出回程机票，说明何时离开。至此，日本人已知对方的期限，而美国人还懵然不知日本人的底细。

后来，日本人安排来客用一个星期的时间游览，从皇宫到风景区全参观遍了，甚至还安排了他参加为期一个星期的用英语讲解的"禅机"短训班，据说这样可以让美国人更好地了解日本的宗教风俗。每天晚上，日本人让这位美国商人半跪在硬地板上，接受他们殷勤好客的晚宴款待，往往一跪就是四个多小时，叫他厌烦透顶却又不得不连声称谢。但只要美国商人提到谈判的问题，他们就宽慰说："时间还多，不忙，不忙！"第十二天，谈判终于开始了，然而下午却安排了打高尔夫球的活动。第十三天，谈判再次开始，但为了出席盛大的欢送宴会，谈判又提前结束。美国人暗暗着急。

第十四天早上，谈判重新开始。不过，在谈判的紧要关头，汽车来了，前往机场的时间到了。这时，主人和客人只得在汽车开往机场途中商谈关键条件，就在到达机场之前，谈判正好达成协议。

案例分析： 从上面的谈判案例中可以看出，日本商人在去机场的路上和对手签订协议，也是打的时间差战术，令对手在最后期限到来的时候，于一种焦虑和无奈的形势下，同意了对方的要求。

在商务谈判中，常用的进攻手段有如下几种。

① 高压与怀柔政策并举。适当的高压，是怀柔政策的助推力，常常能起到锦上添花的谈判效应。

② 时间性通牒。期限在谈判中是一种时间性通牒，它可以使对方感到如不迅速做出决定，就会失去这个机会。因此，在对手走投无路的前提下，想抽身但又为时已晚的时候，进攻者往往发出最后通牒，因为这时对手已耗费了许多的时间、金钱和精力，他已经没有了选择的余地。

③ 出其不意的进攻。采用一些防御者意想不到的手段，迫使谈判者就范，如兵贵神速、突然加快节奏等技巧。

2. 对付进攻的技巧

【案例 8.6】 11 张赞成票和 1 张反对票

在美国某乡镇有一个由 12 名农夫组成的陪审团。有一次，在审理了一项案件之后，陪审团中的 11 个人认为被告有罪，另一个人则认为被告不应该判罪。由于陪审团的判决只有在其所有成员一致通过的情况下才能成立，于是这 11 名农夫花了一整天的时间，想说服那位与众不同的农夫改变初衷。此时，天空中忽然乌云密布，眼看一场大雨就要来临，那 11 名农夫都急着要在大雨之前赶回去，好把放在屋外的干草收回家去。可是，这时候另外那个农夫却仍旧不为所动，坚持己见，11 名农夫个个都急得像热锅上的蚂蚁。他们的立场开始动摇了，最后，随着"轰隆"一声雷鸣，这 11 名农夫再也无法等下去了，他们转而一致投票赞成另一个农夫的意见：宣告被告无罪。

案例分析： 从上述谈判案例中可以看出，那位坚持己见的农夫用的是拖延技巧，在颇具进攻压力的对手们面前表现得淡定从容，从而最终赢得了这场看似无望的胜利。谈判结束的时间被称为"死线"，在一般情况下，谈判者都要保密自己的最后期限和"死线"。因此在谈判中，往往会出现这种情况，双方都希望摸到对方在谈判中的“死线”，以争取主动；与此同时，都对“死线”严格进行保密。在针对谈判对手的“死线”时，谈判者常常采用拖延技巧。

常用的对付进攻的技巧一般有以下几种。

（1）对付强硬型的谈判对手的技巧。世界上的任何事物都是相互矛盾、相克相生、互相转化的，有时也可以化不利为有利。既然双方能坐到一起，进行谈判，就必然是能互利互用的，他对你有用，你对他也有用，这种相互关系就提供了一种可能，使我们可以充分地利用这种可能对强硬型的谈判对手进行有目的、有计划的反击。

在进行反击之前，最好先了解一下对手的情况：他如此强硬的原因是什么？是否根据上级的指示，或许这只是他的一种谈判技巧？是否是由谈判者个人的性格和作风造成的？只有摸清了这些情况，才能从容地进行有效的反击。

如果对方是根据上级的指示而这样做的，那你最好放弃与对手争论的机会，直接去找他的上级；如果这不是对手使用的谈判技巧，那么你大可沉着应战，不为其强硬所动；如果这是对手的一贯作风，那么，就应当从打掉他的气焰着手。

（2）对付攻击型的谈判对手的技巧。这类攻击型的对手往往气势汹汹，以掩盖其理由的不足。他们往往是想用气势压倒你。对付这类人，当事人首先必须注意的一点就是切莫惊慌，因为惊慌往往会自乱阵脚。同时，也不要过于愤怒，过于愤怒则会使自己失去分寸。无论是自乱阵脚还是失去分寸，都会给对方一些可乘之机，并使自己受到一定程度的损害。

攻击型的对手表面上看有点吓人，击败他的关键之处是要找到要害，也就是其理由不足之处。掌握了这一点，你也可以套用对付强硬型对手的手法来对付他。

（3）对付搭档型的谈判对手的技巧。和搭档型谈判对手进行谈判，一定得小心翼翼，谈判桌上处处是陷阱，稍有不慎就有掉下去的危险。

在谈判之初，你必须了解对手是否有权在协议书上签字。如果他表示决定权在他的上级那里，那你应坚决拒绝谈判。但是，也有另外的办法来应付这种情况。那就是，既然对手派的是下层人员与你谈判，你也不妨派下属人员去谈判或由别人代替你去谈判，待草签协议之后，你再直接与对方掌权之人谈判。这样，你将获得较大的转换空间，不至于到关键时刻被别人牵着鼻子走。

（4）对付逼迫型的谈判对手的技巧。对于竞争式逼迫，首先应了解自己的优劣，并与竞争对手进行比较。如果确信自己具有优势，就应坚持自己的原则立场，不为压力所迫，这样也可尽量多地获利，同时尽量少地受损失。

对于拖延式逼迫与期限式逼迫，前者是不给定时间，后者是给定时间，共同的是都用时间来给对方造成压力。对付这种谈判对手，通常应当根据两个方面的情况进行衡量和确定：一是己方如果超过这个期限或无限期拖下去是否会有损失和损失有多大；二是己方对这份协议的重视程度如何。一般来说，应当认真研究一下对方设定期限或拖延的动机，并仔细比较达不成协议对双方各自的损失，由此判断对方设立期限或拖延是在制造压力，还是真的不想谈了。

（5）对付圈套型的谈判对手的技巧。由于圈套型谈判者可以设置各种各样的圈套，他们有的通过语言来设置圈套，有的通过一些动作或事实来设置圈套，有的就干脆将整个谈判设置成一个大圈套。稍不注意，就会陷入对方设置的圈套。因此，在谈判中一定要以求稳为原则，急于求成往往能够给对方造成一定的空当，使对方以圈套取胜的阴谋得逞。

8.4 商务谈判沟通技巧的运用

谈判过程是信息交流过程，其中有意透露信息可以加强谈判者对局面的把握，而意外的泄露则会削弱这种把握。

谈判过程涉及各种各样的信息交流。信息交流可能是有目的的，也可能是无意的。由于信息交流情况可能影响最终的谈判结果，每一位谈判者都试图通过对交谈过程的控制来寻求操纵对手的机会。

有些研究报告提出，最终能达成协议的谈判，通常要经历3个交流阶段。

第一，所持立场和观点的先期陈述与辩护，目的是为提出既强有力又具说服力的论点，同时也为表明某种实力。

第二，根据第一阶段确认的各种因素及限制，来寻求解决方案。

第三，谈判对手之间相互辩论，以期找到双方都满意的协议条件。

有效谈判的技巧对谈判者来说非常重要。交谈过程是谈判的一个重要组成部分，也是一个中介环节，通过它，双方才可决定是否能取得一致。谈判中信息的传送与接收都要讲究技巧。最后，交谈还要注意其各种不同的方式。这些谈话技巧和原则适用于所有的谈判，而不论谈判的具体目标、战略或战术是什么。

8.4.1 礼貌交谈与实力较量

礼貌客气的谈话方式易使对方积极透露信息，促使对方认真倾听，也有助于减少摩擦。

1. 礼貌谈判

谈判中，大部分过程应该是礼貌交谈的过程。在客客气气的交谈中，双方避免相互威胁，认真听取别人发言，始终关注谈话要点和提示；各方还会给予对方说话的机会，有的时候为了获得更多信息更会鼓励对方发言。在谈判中，友好礼貌的程度可以有所变化，说出的话可以很强硬，甚至有点粗鲁，因为礼貌交谈并不意味着必须顺从别人。但是整个过程还是应当基本上亲切真诚。一场礼貌交谈对于谈判者至少有三大好处。

（1）易使对方透露信息。礼貌交谈的过程使对方有机会透露信息。信息得以透露，就能产生人们所希望的最大限度的情况交流。讲究礼貌有助于对方畅所欲言，避免打断对方正愿意披露的有价值情报的谈话。透露的情报越有用，听者心中越有底，对己方确定战略、战术和立场也越有利。

（2）促使对方认真倾听。讲究礼貌也使对方能够倾听自己的发言。大家轮流发言，每一位都能集中精神倾听对方讲话，而不必想着打断别人抢着发言。认真倾听非常重要，只有这样，才更能把握和分辨对方透露的所有情报。

（3）避免不必要的实力较量。交谈时客气礼貌能够使对方避免不必要的、以实力较量为形式的冲突。较量实力只会浪费时间，反而产生敌意，甚至导致谈判中断，而礼貌交谈则能避免这种会使人失望的后果。

2. 实力较量

所谓实力较量，是指双方都力争占据谈判中的支配地位，其表现包括长篇发言、打断别人或其他一些力图控制对方的类似行为。这种较量常会使较量本身变成一种目标，而将谈判置于第二位。因此一般应该避免实力较量。礼貌交谈比实力较量更可取，这是条普遍性原则。当然，也有四种情况例外。下列情况发生时，进行实力较量也未尝不可。

（1）占据谈判优势，以期控制结局。要是在谈判中占据优势因而能够控制实际结局，那就应当考虑这样做。然而，假如造成对方因此而生气或失望，并且变得态度强硬，那么占据优势的做法也是不合适的。

占据优势作为一种战术使用时必须考虑其近期和远期效果。首先分析占据谈判优势是否有可能；其次，分析这样做对于谈判的最终结局是否有积极或消极作用；还须特别考虑对方谈判者的个性。

（2）控制谈判，以免受制于人。除一些例外情况，谈判者应避免受制于人。如果对方要想控制谈判局面，那么本方就有必要维护自己的权利。办法之一是可以用归纳法和谈要点法来防止对方过分重复。当然，这些办法若是不奏效，就可能不得不用插话、提高嗓门，或用刺耳的语气，或者措辞强硬。

【案例 8.7】

甲已经高谈阔论了半个小时，并且拒不停下话来。乙既不能归纳小结甲说过的话，又不能谈要点问题，于是他突然大喊："停一下！"甲住了口，不知这一喊是否为乙投降的信号。乙这时用较响的嗓门说道："双方之间如果没有平等互让，没有互相听取意见，谈判是不可能继续的。显然你只想自己发言，不想听别人讲，甚至毫不客气地不给我说话的机会。既然如此，我现在准备离开。假如我以上说得不对，你也愿意停一下听听我的观点，那么请你现在就表态！"

（3）避开对方说话过分重复的情形。没有人应当顺从地听人一遍又一遍地谈论同一话题，如果对方滔滔不绝，却又没有任何实质性内容，这种过分重复就没有必要忍受。然而在这种情形下，打破礼貌谈判模式通常不是首选办法，可以先试试把对方已提到过的内容归纳一下。或也可以采用谈要点办法。

【案例 8.8】

生意双方进行合同谈判，对方谈判者不断重复讲述他的观点。这时，你可以归纳他的话，以达到维持礼貌谈判的目的："好吧，对于你重复提到的早已对我说过的价格问题，且让我说一句。我已了解你的开价，你已告诉过我你要的成本价的每件 2.48 元。我知道了。"

（4）利用他人的饶舌。要是对方想控制谈判，不妨考虑允许他这么想，至少让给他一点时间。对方的这种欲望有时可以利用，以争取一个更积极的结局。这种"心理柔术"可在对方作如下表现时采用：

① 交谈过程中有支配欲望。谈判中，对方为占优势会说个不停而泄露信息。这种健谈是出于多种自我需要：教人知道自己见多识广，吸引异性，防御自卑感，防止冷场，诸如此类。

② 自我讨价还价。这是指对方在想控制谈判局面过程中因为说得太多而没有要求对方作出反应。他可能在提出一项原项观点后，实际上并未曾听取对方明确的反驳，就接着再提出一项从原来观点后退了意见。这样，他以一种不断的自我让步来"赢得"谈判优势。

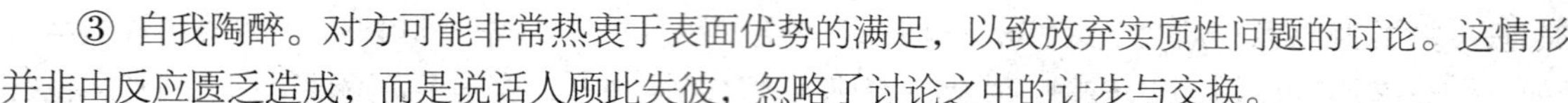

③ 自我陶醉。对方可能非常热衷于表面优势的满足，以致放弃实质性问题的讨论。这情形并非由反应匮乏造成，而是说话人顾此失彼，忽略了讨论之中的让步与交换。

8.4.2 送出信息

商务谈判中，要有目的、有选择地作文字和非文字信息披露，以推动谈判进程。信息交流的过程要求送出的信息清楚确切，以免混淆和误解。当然，这并非是在要求谈判者必须透露所有消息，而是说在决定送出消息之时要想到能被对方完全理解。

此外，商务谈判中还要保证消息的透露有选择和有目的。为了谈判成功，有些消息必须透露，至少双方的观点必须透露。还应透露的信息包括事实、需要、主要兴趣等。这样，如果要达成一项协议，对方就明白谈判中将会遇到什么问题。有选择的消息透露是指必要的，为使谈判进展顺利而进行的消息传送。有的时候，人们须在下列二者之间划上一条细细的分界线：相信对方会透露足够的信息以达成协议；不相信对方，因为它为了控制谈判似乎隐瞒了什么消息。

透露消息时，关键要考虑好这样做的后果。应当想一下，在透露消息一方看来和在他的谈判对手看来，消息的透露会如何推进谈判？如果不会推进谈判，那就不应做此透露，必须掂量这样做的益处是否会被引起麻烦或暴露弱点的风险所抵消。

【案例8.9】

为努力使对方产生交易热情，一谈判者极力张扬说公司对于双方的合作是如何的感兴趣。这样说法颇使人生疑：要是交易不成，这家公司也许会有严重的麻烦。结果，对方得以迫使该公司做出更多让步。这是双方都始料未及的。

要选择透露什么消息为妥，可能很不容易；而要涉及非文字透露，常常会更困难。永远要控制非文字透露，这一点很重要，因为无意识下做出的反应和举动可能泄露一个人的内心的思想和观念。做有限透露时必须对自己的文字和非文字表现有高度的意识控制。

1. 让对方只持最低限度的期望

毫无必要或错误地提高对方的期望值，这是一种不正确的做法。假定有人不想造成一个可以让步的印象，考虑以下这种说法。

“那事儿我们当然可以谈谈。”

这句话会引起或提高对方认为对手会让步的期望；就算可能做让步，将这可能性不经意地泄露只表明谈判技术糟糕，也许还会导致达成的协议不够有利。更糟的是，如果真的不可能让步，对方已持有的期望不能得到满足，他就会由此产生受骗的感觉。在这样的情形下，对方所提的其他要求会变得更强硬，谈判也容易破裂。

透露消息的时机选择非常非常关键。为了能推动谈判达成理想协议，一定要选择好消息透露的时机。适时的透露己方的需求、谈判目标、谈判重点、交易价值等信息能使双方找到意见一致之处，知道该如何拟定交换条件。

2. 具有说服力

说服另一方接受你的观点、想法、条件的方法有许多。只要引导对方相信你的诚实和真心，就能增强你的说服力。一般来说，一个谈判者应当记住对方对于目标和相关问题的看法，这样就表明自己有责任心，会使双方达成相互都乐意接受的协议。下面介绍一些方法，帮助你在交谈中更有说服力。

（1）论理。除非对方信服，不然交谈就很费时间。故此，与人交谈有说服力很重要。有说服力的交谈方法之一是论理。所谓论理，就是为某个观点的成立而提出的理由。这理由使对方觉得对手的观点是公平的，合乎情理的，或者至少是个真实观点，而非欺人之谈，目的是让他接受这个可信的合理的观点，或者让他做点妥协以便加以修改。这当然取决于所用的战略或战术。人们比较愿意接受公平合理而不是失之公正且有悖于理的观点。然而有时候，一个合乎情理的观点也可用以掩盖一方的真实理由，要是这样做于其有利的话。不过还是应避免实质性误导。

以理论来提高可信程度是个总原则。但有3种情况例外。

第一，这理由在特定谈判背景下有其内在明确性。在某一谈判的前后关联中，有些观点的理由将会不言而喻，那就没必要再提。

第二，不存在应当提示的所谓理由。有时候，真实的理由必须保密。例如，要是真实理由来源于某个要求匿名的渠道送来的消息，那就得找个其他的所谓理由来说服对方。也有的时候，一个观点可能就没有什么令人信服的理由可找。凭直觉看问题，即为一例。

第三，唯一可谈的所谓理由中包含实质性误导。实质性误导即事关重大的误导，可能会形成欺诈。这样做不仅不道德或不合法，而且一旦为对方觉察，还有使谈判破裂的危险。

（2）表明自己的想法是如何满足对方的要求与利益的。成功的劝说要投对方需要和利益之所好。站在对方立场，而不是仅从自身立场出发，所提出的论点及其他形式的消息透露常常颇具说服力。如下列说法所示。

“你方的调查已表明我方产品确实优于西蒙公司的产品，并能满足你方的需要。从我方颇具吸引力的成本价来看，贵方同意与我们成交肯定是最佳选择。”

在向对方提出建议时也可以指出，接受这项建议要比其他选择可取。其他选择有：

① 失掉机会；

② 提起诉讼；

③ 提价；

④ 招致不利的舆论。

有些谈判权威人士相信，建议的提出总是应该包括些其他选择项，即使是提出最后通牒。含有其他的选择办法能使最后通牒的做法显得不那么过分或不那么含有敌意。

（3）建立和睦关系。在双方谈判者之间建立起一种和睦关系可以加强自身说服力。办法之一，是将注意力集中于双方意见一致的方面，由此成为达成协议的契机。具体技巧是，首先回答对方陈述中的某个双方有共同意愿的部分，然后再提出对其余部分的反对意见。其次，自己发言时要用解释的口气讲话，这要比用下断言的口气有说服力；解释性的发言可使听者不必在盲目相信对手的话和即刻加以反对之间做两难选择。有时，拐弯抹角要比直截了当能更好地引导听者自己得出己方所期望的结论；结论常常应当留待听者自己做。当一个人确信某项意见观点是自己思考的结果而并非是别人的建议时，他常有可能坚持这个观点。谈主题、类比、讲故事等方法都可以用来达到此目的。

（4）陈述结论时把听者的观点放在心上。以上谈了如何向对方表明自己的设想是满足对方需要的。与此相关的还需要考虑对方的反应。应从对方的谈判立场来看问题，设想对方是怎样理解和评价自己意见的。用对方的立场看问题能够预计对方可能会提出的问题与论点，并能准备好合适的回答。当你表示要以他们的观点来看问题时，其他的人会对你产生好印象，你的话就更有说服力。在合作性谈判中，以上方法特别有用。

（5）发言令人信服。在陈述自己的观点和理由时，要让人感到可信。自信的举止和专业热情可以使发言增添感染力。讲话声音可高可低，语气可以强调可以平淡，重要的是说话的人要显得真诚。如果他发言时看上去心不在焉，听者当然不会被其说服。

（6）用不寻常或意想不到的手法强调发言内容。通常谈判者发言如果伴之以更大音量或强度则会更有效。采用能鲜明地表达或强调发言内容的视觉手段（图像、曲线、录像等）也被证明是非常有条理也很重要。先陈述的内容具有主动、新颖的优势；最终所述常常具有严肃性，显得俨然是上面整个发言的逻辑结论。最后一点，发言内容可以重复，以确保对方听得明白，但不要反复提醒，那会使人生厌，或者冒犯听者。唯一的例外是，如果想与对方打疲劳战，其目的是迫使对方让步。

（7）附加让步条件。这是在谈判中说服人的另一技巧。有的谈判者觉得，对方的最初提议不带附加让步重要条件是令人难以相信，或不可相信的。此一类人总是期待别人让步，直至获得让步才会觉得满意。要是让他们自己一点点的逼迫，已经“赢得”了对方的进步，再行说服他们做出决定就比较容易了。

（8）向对方提问。除用来获取信息，提问也可用以发出信息或引发对方思考。向对方提问可以迫使其面对自己的薄弱环节，但通常不应提出带有敌对之意的问题。然而，在下列罕见情形下，提问苛刻也许管用。

① 当采取使对方反感的方法会激起他做出冲动而欠克制的反应，而这又可以加以利用之时。

② 想要威慑对方或对方谈判者之时。

③ 要反击对方带有质疑的非难之时。

④ 要使用故意为难对方的办法来说服对方之时（这样做相当困难，且有激怒对方致使其以牙还牙的危险）。

（9）不要评判对方谈判者。要按照自己的，而不是对方谈判者的感觉与思路来发言。不去评判对方的观点，就能减少或避免对方自卫反应。例外的情况是，当批评能使对方醒悟他（她）的行为是不公正或是被误导时。任何批评应当仅限于具体问题，而不要针对发言者个人。

（10）对需解决的问题加以描述。在提出见解之前，把所需解决的问题陈述一遍，可以引起对方较仔细地倾听。只有当对问题的描述让对方听来顺耳，或者当描述能换得一个有用的反应之时，这一方法才为有效。

（11）选择时机。劝服也包含时机的选择。有些提议，尤其是新的或不寻常的提议，是不可能马上为人接受的；不过，要是对方有充分时间来考虑和熟悉这些提议，就有可能被接受。因此，这样的提议应当早在双方达成协议的截止日期之前就在谈判中提出。

（12）参考意见与先前经历。一个谈判者的名声也许来自于对方熟悉的提供参考意见的人，或者来自于谈判者先前可信或真实的经历。这些参考与先例可以进一步证实其威信、能力和诚实。当他随意地、聊天似地，或只是隐晦地提及以前的相似情况时，可以含有一种威势，却不会引起对方的反感。

（13）使用统计数字或其他客观标准。任何时候，只要可能，就应当引用鉴定结果、统计数字、测试结果等客观标准来加强说服力。有些谈判者受到的教育启蒙是，谈判结果应当严格基于客观标准。因此，为了达到说服目的，并满足——也是应付——那些“基于客观”者的期待，在陈述理由时应当尽可能引进客观标准。

对付这一方法的一个重要对策是，引用与之不同的、于己方的观点有利的客观标准。其他对付方法有：细究那些所谓的客观标准，谓其失之偏颇、方法有缺陷，或对其普遍适用性表示怀疑，以此来抵制未体现自身需要、利益和最终目的等主观价值的提议。

8.4.3 送出清晰信号

1. 交谈的信息要清晰

谈判者在谈判中所陈述的关于自己立场的理由要具说服力。交谈者一般都下意识地加工或“脑中过滤”所听得的消息，因而交谈中信号清晰，且无自相矛盾和一语多义，就会增强说服力。

上面已经重点谈了交谈中送出信息者要注意的，如何故意透露和具有说服性这两个方面，两者的目的都是让听者如己方所愿地相信这些消息。然而，要是消息本身不清不楚，那么精选的经过最有说服力陈述的信息也会被人错过或使人糊涂。这就需要有清晰、准确的语言信号。混淆的信息是指内容前后不一致或互相矛盾的消息，应当避免它。同样，含有多种意思的消息（即可以有几种理解的消息）也要避免。如果一语多义，说话者便不能把握听者会选取哪种意思。

为能清楚无误地传送信息，谈判者须了解对方或对方谈判者的心理需要。这些需要对方也许不会挑明，或者他自己也未觉察，但都能影响他接收信息。由于这种心理因素可能很微妙，很隐晦而不宜直接提及，谈判者不得不默认其存在，并要设法避开可能由它造成的谈判障碍。心理因素的障碍会导致误解，其表现形式如下。

（1）囿于人口和社会资料统计之成见。

（2）依据某属性而对另一属性下断语。

（3）不接受与先入之见相对立的信息。

（4）以己之心度人之腹。

（5）筛除与自我形象或某人形象相矛盾的信息。

这类不正常表现常表现会妨碍、阻止交流的进行，其结果往往也会违背谈判者的初衷。如果识别出了对方心理上、感觉上的障碍，就应修改透露信息的方式，使之更有可能为对方接受和了解。反之，谈判者对于自身心理造成的错觉应该保持警惕。

2. 谈判消息能送至对方

为保证消息能清楚直接地传达给对方决策人，必要时应绕开或回避对方谈判者。

在有些谈判中，你也许会感到对方谈判者在阻止或歪曲你正要向对方或决策人传达的信息。这个情况也许是故意的，也许是无意的，通常源于以下原因。

（1）个人兴趣。

（2）害怕。

（3）无能。

（4）向中间人汇报。

对方谈判者的个人兴趣可能会影响他向决策人做公正准确的报告。其次，有些信息可能于对方谈判者不利，如他害怕己方决策人会对此信息做出反应，就不会准确地向他们传达。缺乏能力可以是另一种解释。对方谈判者缺乏与人交谈能力也会使必要的信息传达不到对方决策人。最后一点也许是由于对方谈判者必须向某个中间环节汇报情况，而中间人向决策人转达时歪曲了有关消息，其原因与谈判者自己歪曲消息时一样：个人兴趣、害怕或无能。

每当相信对方谈判者或什么中间人在阻止或未能准确向决策人传送信息时，通常应采取行动予以纠正。只有在如下两种情况下例外。

（1）消息就是针对对方谈判者的，也从未准备送至谈判对方。

（2）谈判进展令人满意，因而无论发生什么都没有理由加以干扰，只要设法保证让追加的消息送至实际决策者。

判断向实际决策者传递某些信息是否可能会使谈判更好地进行，就必须考虑下列因素。

（1）此项谈判的来龙去脉，或以前的有关谈判史，包括任何适用的先例。

（2）谈判对方的关键利益所在，以及有何形势压力或制约。

（3）决策者的性格。

如果决定与决策者直接交谈，可以试试下列办法中的任何一项。

（1）做一次适当的询问。在此情形下的询问是指问对方谈判者一些问题，目的是确定他是否已将消息送至决策者本人。要是还没有，接着的问题应商讨什么时候（而非是否）决策人会得到报告，以使谈判能够继续。例如：

“对这些情况他有什么反应？”

“她是否明白，除非她对这些问题做出让步的认可，否则会有实质性风险？”

这一方法会不会奏效，得估计一下对方谈判者的诚实性格和他（她）所做的答复的可靠性。

（2）提一个恰当的请求。这包括，请求将消息送至决策人，并转告其反应。需再次提醒，必须估计对方谈判者的诚实性。另外还应当考虑对方谈判者是否会拒绝己方的请求，因为他会认为这违反谈判礼仪。对于他的担忧，可以做点解释加以缓和，或者纠正一下他对于请求的性质和理由所持的错觉。例如：

“由于这是个能影响整个谈判的紧要问题，我觉得只有获知你的当事人的反应之后才可能继续我们的谈判。我得确定我已了解他对此事的看法。”

“我的当事人觉得你的当事人尚不清楚这一问题，而这在我们看来十分关键。因此，我们请求你如实转告我方的解释，并通知我们你方当事人的回答。”

（3）要求对方当事人或决策人出场。要是向对方谈判者询问和请求均不奏效，随即可以要求（如有必要可以坚持）对方决策人出席下一轮谈判。这么做之前，应考虑一下后果，即一方或双方决策人出场可能产生的积极与消极后果。这在关于当事人出场与否的章节中已有论述。

（4）运用书信交流。这是另一种选择。一封信或拟议的文件可以包括所有想要送至对方决策人的材料。采用书信交流，唯一的问题是对方谈判者是否真会将其送交决策人。可以有两种处理办法：其一，在某种背景下，征得对方谈判者的同意，将谈判的书面记录送一份给对方决策人；其二，可在书面记录中包括一项要求，即谈判局面记录一定要送至对方决策人。这会给对方谈判者施以巨大压力，要他妥善送达谈判记录，尤其当记录是一份解决提案或协议草案之时。

（5）请来同盟者以避开对方谈判者。最后一个办法是可以利用同盟者绕开对方谈判者，将消息直接送至对方决策人。

8.4.4 接收信息

谈判中，有效地接收信息与送出信息同样至关重要。

在谈判中人们也许从其他渠道得不到信息而只好从对方获取，或者有消息需对方证实。这里我们专门讨论一下怎样有效地接收信息，准确领会其意，并在谈判中适当利用。

信息在为人接收之前首先需由对方传达出来。显示出认真倾听的表情，不插嘴，不争论或反击，可以鼓励对方做进一步透露。相反，说话人一旦觉察听者缺乏兴趣就会缄口。此外，运用提问、讨论（如激起对方为一个观点辩护），以及在介绍情况时讨价还价等方法可以打破对方的缄默。

谈判中的信息接收需要一个过程，包括两个步骤：认真倾听和研究分析。

（1）认真倾听。倾听是一项重要谈判技巧。很多人认为倾听是件容易的事，自己能够做得好。实际上，这并非容易，也常常不能做得很好。认真倾听需要精力，思想集中，对大部分人来说还须花力气练习。认真倾听，就是自觉地、准确的领会交谈中所谈到的每件事，毫无间断（漏听部分）、错听或无意的假设等干扰。

【案例 8.10】

赵渊和朱彬是两个即将毕业、正在寻求工作的大学生，过去他们两个人曾经吵过架，这一次在校园楼舍附近的走道上相遇了。赵渊一走上这条走道就发现远处朱彬正在向自己走来，很想避开他，一边走一边在后悔刚才没有走另一条道。来不及了，朱彬已经看到他并向他打招呼，他只好勉强回应了一声。自从吵架以后，他不喜欢碰上朱彬，他想三言两语应付一下就过去。只听到朱彬说：“嗨，赵渊，你找到了工作单位没有？我……”

“噢，还没有。”赵渊立刻打断，他并不想听朱彬继续说下去，他一闪身，擦肩而过。

“拜拜！”朱彬没趣地说。

本来朱彬想告诉赵渊自己已经找到一份很好的工作，并且还想介绍赵渊去那个单位试试，因为他有办法进行疏通。但是注意到赵渊根本没听自己讲话，甚至也没有停下来，就没有再讲下去的勇气，心里觉得很不是滋味，暗自决定，下次若是再遇到赵渊，一定装着没看到，走开了之。这里赵渊由于没有耐心去听朱彬讲话，而错失了一个有利于求职机会。

认真倾听的第一步是放开思想接受此信息。这是指避免那些影响准确感觉的易犯的错误，同时又要将注意力敏锐的集中于对方所透露的消息上。要让对方谈判者有开口的机会，有时还需要（微妙地或者明显地）鼓励他说下去。如：

“那样的话我就理解你的顾虑了。在处理这类事务上您是否有过不愉快的经历？”

“对这宗交易的成功您会怎么看？”

“是什么使您不愿赞同这项提议呢？”

听得准确与否还须关注文字和非文字两方面的信息，并且也要做出文字和非文字形式的反应，以表明自己能够理解，能够以对方立场来思考当前的局面。要关注当前情况，而不是去想过去的事或者接下去应该或将会发生的事。要集中思想，就必须克服疲劳、其他事情引起的消极情绪、谈判双方目前的相互影响、其他任务或责任的牵挂或时间紧迫感。如果听着听着开始走神，不能集中思想了，讨论就会中止。谈判中异乎寻常的方式或戏剧性的非文字意见交流可能是个计策，用以使对方惊讶、畏惧迷惑。若是面对这样的举动，在吃不准对方此举是真还是计之前，应当要么不做任何反应，要么给予强有力的回答；其间镇定自若是很重要的。

谈判者要避免因反感谈判对方、其谈判者，或他们的策略手段而无意识地歪曲信息。没有自觉的意识，谈判者自身的举动可能会不明智。过分顾虑和发怒是谈判人员中最常见的两种情绪。任何人都可能受制于这些情绪，因而谈判者必须对此有所心理戒备。有了戒备，即使情绪上来，其动力常常也能有助于趋向有效的注意力集中。深呼吸，伸缩肌肉，可以驱散不良情绪的影响；有的时候，在谈判中休息一会也可能很有必要。

（2）检查你对信息接收的假设。我们大家都须警惕，不要让假设、先入之见或对某些情况的了解来代替信息接收，否则会遗漏重要情报。听取自己期望会听到的消息本是人之常情，但也是弱点。例如，假定有人告诉你：

“弗雷德从波斯顿驾车去纽约，有卡罗琳随行。”

对这一情景，很可能你已作了一些假设。

① 那是驾小车旅行。

② 是弗雷德开车。

③ 卡罗琳与弗雷德同车。

然而以上假设未必全真。弗雷德可能坐汽车、卡车、摩托车，甚至是带篷马车走的；倘若真的驾小车走，弗雷德也不一定是开车的人；卡罗琳也可能会用另一交通工具跟随或先于弗雷德出发。

有时，根据听到的信息作出假设也有比较安全和妥当的；时时处处去检验每个细节，既不实际也没必要。但是认真倾听时要能分辨：第一，对方说的话和自己做的推理。这样，推理的内容就能被有意识地归入假设加以验证；第二，能作为依据的安全假设和不通过查实便不能作为依据的危险假设。谈判中一定要特别当心，不要将自己的假设误以为是事实，或者误以为是提议、观点中的某部分。检验自己的领会是否正确，可以用复述和重提的办法。下列的说法可用来检查你的假设是否妥当。

“请允许我核实一下自己确切记下了你方提议的主要内容。你方提议……好，我是不是讲错或遗漏了什么？”

（3）处理技术性信息的技巧。谈判者在获取信息，尤其是技术性资料的信息时，可以放慢交谈速度，确保自己听懂这些信息，也可以用追问来探究或弄清信息。下列说法比较恰当：

“倘若我们也想要……你方要加价多少？”

“其他分支项目或某些层次是否含有贴现？”

“生产过程是否能满足这些规格要求？如果能够满足，允许误差多少？”

倾听者通过复述和归纳对方的话可以确定自己已经听懂。有时候，这样做甚至也许使说话人自己意识到自己话中的真正含义。

“请允许我用自己的话复述一遍，我们就可以肯定已经互相理解听懂。”

重复和归纳技巧也有助于增进和睦关系。对方发表意见之后用此方法作答，常会被视为是对对方的观点、需要和利益的一种敏感性表示。

听取数字或统计结果时要仔细，与数字打交道应该额外谨慎。计算结果一定要经过验算，避免差错。对于钱的问题，应该将专用表达转达成实际价值结果。如：

“我们来计算一下，每件让利5元，那就是300 000元。”

【案例8.11】

某项提议要买某资产经营权，开价1 000万元，分10年不定期支付。经过对支付程序的一番详细审核，才真相大白：加上延长期的折扣率，现价只值3 200 000元。

（4）辨别对方所说的是事实还是他的解释和耳闻。谈判者一定要辨别说话人所说的是真正知晓的事实，还是仅仅是他对事对人的诠释、假设与道听途说。以下说法可帮助辨别：

“我方有充足的资金支持，我不懂为什么你认为不是。我们只是耽搁了一会儿，你不该就此以为我们得不到贷款。请转告你方当事人，这笔交易应当按计划继续进行。”

这时，听者就不得不进行辩白，说明有关信息中的假设、个人意见、传闻，或是不容置疑的事实。这时还需要进一步质疑和探究，以防止对方因粗心而使得消息可能有疏漏不确。

（5）防止遗忘。当谈判进行一段时间之后，就要注意准确地重述有关提议、观点和要求。要是因为遗忘而抓不住主要矛盾或其他变化，认真倾听也不管用。发言者故意讲错未尝不可能，这要取决于他的道义感；但是好心讲错也会毁了谈判，除非马上加以纠正。尤其遇到数字时应常常看记录，直至绝对清晰为止。检查对方起草的清账文件时，或当自己在起草这种文件时，同样要谨慎从事。

（6）迹象分析。在大多数谈判中，总会遇到一些因涉及对方或对方谈判者利益所系价值所在而不肯向我方透露的信息，另外还有信息的不确切不一致，就得利用迹象来补充缺漏的消息。迹象即指能说明谈判对方或对方谈判者真实动机、兴趣、价值、战略、计谋等的征兆。谈判者须分辨对方言谈中虚假的词语和真实的意思。迹象有助于从谬误或不确切中译解出真来。

（7）比较对方提议的表面观点与底线。迹象分析之一，就是区别对方的表面观点与底线。比如，对方的最初提议或原先观点也许是在表明其雄心壮志，分析底线时就要考虑对方为人知晓的或令人生疑的需要、利益和目标。

（8）看清让步范围。任何明显的让步都能暴露对方是如何真正地评价协议细则或设想其结局的。此外，随着谈判内容接近其能力所限，谈判者通常会缩小妥协范围。这样，越缩越小的让步范围也许意味着谈判已渐趋对方底线。然而要小心，因为对方谈判者可能在传送错误迹象，故意让人产生错误印象。

（9）非文字迹象。大量的信息来源于非文字方式。除了实际上说的或写的谈判观点或谈判目的，人们常常无意识地以非文字方式传达自己真正的思想或情感。非文字迹象，即不用文字（或不准备用文字）而流露的迹象，它能够证实、否决或反驳文字信息。因此，通过确认或反驳文字信息来观察非文字迹象，可以增加自己对谈判的了解。

许多谈判者不留心他人的非文字迹象，甚至也不留意自己传出的非文字迹象。前者的主要原因是精神不集中，缺乏敏锐观察，过分关注（或信赖）文字交流。其后者，是由于缺乏自我观察，无意中说漏嘴，以及过分激动所致。以下是非文字迹象两个例子。

“我方的最后开价是85 000元，……我是说80 000元。”

“史密斯喊出他的最后开价时，他的身体实际上在发抖，我想他是否能够拿出这笔钱来撑面子。”

当然，不是每个身体动作都该被看成是一种重要的非文字迹象。眨眼睛也许只是因为眼里进了一粒尘土或者新戴了隐形眼镜，而并非在回答一句什么人在说的话。相反，听了一项提议马上如看国庆焰火般喜气洋洋，他或她对于提议的这种反应可能就是个重要迹象。细心的观察者很会捕捉到含有信息的非文字迹象。

要观察非文字迹象，记笔记可能就成了问题。很多人在谈判中时不时地低头记录而不看对方。常做笔记，谈判者俯首看笔记也许有帮助或很要紧，一般来说，出于习惯地和大量地做记录是没有必要的。多记笔记弊大于利，因为这会使谈判者漏掉重要的非文字迹象。倾听或发言时掉开头去可能是出于习惯，或由于盯着别人不舒服的缘故。不论什么原因，都会导致相同的不良后果，将观察不到许多非文字迹象。

掉开头去不仅失去观察对方的机会，其动作本身也含有不必要的暗示。眼睛不敢接触人很可能被认为是软弱、犹豫、内疚和诡秘。反之，眼睛适当地与人接触可以被视作威严、诚实、坦率、挑战，或使对方保持注意力。

在谈判中总是担心下一步该怎么走也会错过许多非文字迹象。超前思考，关注未来的行动或只想自己接着该谈什么，都会造成无法充分注意谈判中存在的细节，从而看不到或认不出非文字迹象。

8.4.5 各式交谈

通过各式各样的交谈人们可以交流信息、提议、讲道理。有时，交谈方式（会谈、电话交谈、书信或其他文件形式）的选择只是个机会问题。双方或双方谈判者偶遇上就谈讲起来，以解决一件双方之间悬而未决的事情。但更常见的是有意识地选择谈判方式，这取决于各类方式对于具体谈判内容的利与弊。

1. 会谈对于谈判进程的影响

会谈，无论正式或非正式，都能使意见交流变得像私人交谈，因而更增强了双方的谈判责任心。如有必要，可以避开公众，进行更坦率的私下交流。

正式会谈是指谈判双方以及其他有关人员在安排好的时间与地点一起聚会。谈判人员非常严肃地对待正式会谈中的活动，不然他们就浪费了时间与精力做参加谈判的准备。在正式会谈之前，举行一次预备会议很有益处，这能确定此次会议的时间安排与是否有充分的可能达成协议。排定了谈判会议时间，要是谈判者在会上未能提出适当的建议和参加适当的讨论，他就会失信于人。

面对面坐下之后，双方就有机会交换意见，充分讨论以及进行视觉观察了。这时候个人接触较多，可能有利也可能不利。有些类型的谈判包含正式会谈，但其过程可能要向公众报告。这样做对谈判进程可能不利。例如，1962 年纽约市报业罢工的谈判就遭到批评，认为其缺乏可靠渠道让双方私下交换谈判条件。

非正式会谈也是谈判人员的聚会，然而是在比正式会谈更为宽松的气氛下进行的。非正式会谈允许谈判人员不作正式发言，大家坦率交流看法，寻求和议而不失脸面，从而使会谈可以更有成效。非正式场面使紧张情绪缓和，也就有助于谈判的进行。为了获此效果，会谈氛围一定要让人放心，使随意的或非正式的言谈不会被公之于众，或不会被人趁机利用。能够作非正式发言，这一点可以是安排坦率会谈的主旨，也可以是大家的心照不宣。即使双方都同意采取非正式会谈形式或利用非正式环境，谈判者仍须有充分的准备，注意对方的举动，因为在这样有限的几次会谈中所发生的事，对于整个的谈判过程也可能有重大影响。

私下交流，或称幕后会谈，是相对于谈判内容公开的另一重要选择。内容公开的谈判中，媒介或团体组织（联合会、协会等）使谈判变成公众的兴趣和可能有公众压力的一件事；同样，当事人或决策人在场也许会压抑公正坦率的交谈，使人们的发言只是为了讨好自己一方的决策人而不顾后果。在这种情况下，私下交流可以说是很关键的举措。因为那样人们就可以坦率交流重要信息。

2. 选择有利的谈判场所

许多评论专家相信，会谈场所对于谈判有重大影响。有的认为“本方场所”，即自己熟悉的环境如自己的办公室，明显与己有利。有的相信，把自己办公室作为谈判场所能表明自己的实力。让对方远远赶来谈判也能使他心理上产生达成协议的责任感，因为他投入了时间、精力和费用。也有人考虑，若在本方场所会谈可能会过多暴露本方的情况，故而认为去对方办公室会谈可能有利于己，只要满足以下条件。

① 对方坚持本方场所选择后不会摆出过分的优势感。

② 关键信息已经获得（除非策略地说得不到信息，以避开转移质询或要求休会）。

③ 保证让谈判小组一起出席。

去对方办公室也许有必要，只要抱有正确的态度和适当的谨慎，对方也不一定占“本方场所”的优势。然而必须当心，别让自己的表现反而受下列因素影响。

① 疲劳。

② 物质环境，包括任何印象深刻之处。

③ 对方办公室里人比己方多。

要是场所选择是关键，因为它影响优势感，那么可能的折中办法有：选择一中介地点；或者准备不止一次的会谈，而会谈场所可以双方轮流做东。

场所选择中须考虑的另一个因素是，这个场所会在多大程度上产生一种特定的环境和气氛，场所的周围布置也可以影响谈判气氛。房间的布局可以产生拘谨感也可以产生随意感。比如把房间布置成起居室样子，没有大台桌或书桌的障碍，会鼓励双方持合作态度。

3. 电话谈判的技巧

电话交谈可以用来获取某些信息，或者可以提高效率，但在毫无准备的情况下应慎用。

在会谈之前打个电话有助于搜集信息。在某些情况下打电话也可以代替面谈，这或是因为时间安排有困难，或是因为打电话成本低效率高，或是因为想使此次谈判相对简略。

电话交谈中也可以讨论和交换一些意见，尽管比面谈要少，因为电话交谈时间比会谈时间短。由于电话交谈要比安排会谈容易得多，谈判责任心因而较少。打电话也有好处，先去搞清问题，融洽关系，获取背景消息而并不像在会谈中那样深深卷入实质性问题。

当然，用电话时私人接触较少，也不存在视觉交流。缺乏这些视觉感受也许会产生误会。即使说话语气和速度可能暴露对方想法中的重要线索，但缺乏面对面的接触也会使不用开会而达成协议的可能性减少。

由于一般不能未卜先知，不知对方是否会来电开始谈判或继续谈判，因此使用电话就必须小心谨慎，考虑一下自己是否已做好充分准备。如果没有准备，就推迟谈判直至自己花时间研究之后再行回电，这很重要。以上也是谈判暂时休会的一种形式。

4. 书信及其他书面交流

用书面形式交流可以避开不必要的干扰，有助于防止误解，在某种程度上增强了有关意见和信息的重要性。

书信交流有助于传递详细确切的信息，且无不必要的干扰。人们在会谈中的发言时有紊乱，而书信、备忘录、电报等所提供的永久性记录，只要书写内容清晰无误，便能消除这种紊乱。通常，协议都要有书面文件，因此在谈判中总会有书信交流。

书面交流也许使谈判进程放慢。这可以有利，可以不利，或两者都不是，要看双方对时机选择的需要与利益所在。书信交流的一个主要不利方面是不够灵活。比如，如果必须以书面形式交流，谈判者就不能在搜集情报后马上提出自己的主张，他得专门写信请对方做出提议，要求对方透露消息，或者写信只为向对方通报一下对方做出提议，要求对方透露消息，或者写信只为向对方通报一下真实情况。这种缺乏灵活性的情况很常见。但也有例外，那就是起草一份已经口头或书面归纳的协议，交双方传阅，以便讨论和修改。采用书面起草很有必要，它使双方关注草拟协议中的具体细节与条款。在这过程中，双方可以开会或电话讨论草案和其他方案。

在会谈中，书面材料是不可或缺的。这些材料可以阐明、解释，或提供形式更具体的信息，能构成某项谈判的基本内容之一。建筑构图、图表、统计曲线、军事地图、电脑资料以及其他书面形式的资料都能有助会谈进行，而不破坏本身的灵活性。可以补充或替代以上资料形式的可视资料形式有：录像、电影、幻灯、照片、模型。

书信的另一个不利方面是，某句话某个观点以书面形式表达也许会成为永久性记录。一方可能不会反对将一项已为对方接受的提议做永久性记录，但也可能不想要有这种记录，假如对方拒不接受提议，反而将提议让其他方去看的话。此外，谈判方或谈判者可能想要或必须讲一些不愿其书面记录被公开的话。因此，有时双方约定这种谈话要保密。即便如此，对有些事或人最好还是不进行书面评论，限于口头说说而已。从另一方面说，对内容重要的陈述或保证应该毫不犹豫地进行书面记录。

常有这种情况：即使一项提议还未拟定，双方只赞同其中某个基本观点或其大致轮廓，还是须书面记录。记录应该有清晰的陈述，即使此记录本身并不能作为协议依据。所有必要条款的达成都必须写下来。

在某些场合，提议要保密是个先决条件（除非对方已接受），而避免用书面文件可以防止因疏忽而泄露。如果没有书面文件，即使本该保密的协议被泄露了，也还有否认的可能性。以上顾虑要是真的事关重大，应尽可能不要将提议书面化。

这种保留丝毫不降低书面材料的重要性。见到一份仔细拟就的书面提议或计划会比听到一则简述要有说服力得多。任何事情只要成了文就可以更显重要，也似乎更能反应其作者有较大责任心。通过书写，还可以极大地显示一个人的组织能力、规划能力和知识面。一份书面提议要比同样内容的口头提议更容易被细阅、讨论和研究，因为口头提议的内容往往只能依赖听的人的回忆或做的笔记。所有这些会增加协议达成的可能性。人们甚至会发现，有一份公开或可以公开的记录很有好处；书面交流可以用来对同盟者、媒介、公众或其他人施加影响。

5. 电传

电传机提供给我们一种重要的交流形式。如今要想躲避讨厌的电话是徒劳的，因为消息不管怎样都会传来。无论人们之间的地理距离有多远，都可以强调时间紧迫而将消息迅即送达。另外，电传稿件或其他文件可以来回传阅而不必面谈，也不会耽搁。

然而，随着电传交流的激增，从电传机上进行输送、接收或移动等工作可能时有积压。为此，隔日送达邮递和信差服务等仍旧很有市场，即便收件人自己有电传机。

模拟实训

【实训目的】

分析商务谈判技巧，了解不同谈判技巧的适用情形。

【实训内容】

商务谈判技巧的运用。

【实训时间】

本章课堂教学内容结束后的双休日和课余时间，需要一周时间，或者指导教师另外指定时间。

【背景材料】

20 世纪 90 年代，我国从国外引进了三套 100 万吨合成氨化肥大型机械设备，但在使用中发生了转子叶片断裂的事故。于是一场索赔——主要是借助从技术上论证说理的涉外谈判开始了。谈判双方争执的焦点是叶片的强度够不够。

外方：外方在谈判的开始就紧扣主题，以其专家头衔的优势，居高临下，侃侃而谈，不时运用国际透平机械权威特劳倍尔教授的理论和意见，证明只要把断裂叶片的顶部稍加改进就可以了，为了支持他们这一观点，随即拿出三份有关事故的设计计算书和分析报告，并强调其中一份是由公认的国际透平机械权威特劳倍尔教授亲自审核签字的。

中方：中方主谈人首先肯定了特劳倍尔教授的理论，并认为双方的观点都没有背离这一理论；其次，依据自己对这一权威理论的透彻了解，指出理论上的解决并不等于工程问题的解决；再次，指出叶片的计算仍然是错误的。最后，中方谈判人员说："根据你带来的计算书，也用你们的数据，按特劳倍尔教授的计算公式，叶片的强度仍然不够。"

【实训过程设计】

（1）指导教师布置学生课前预习阅读案例。

（2）此次谈判中外双方的谈判力量如何？中方在谈判中处于何种谈判地位？此次谈判属于何种形式下的谈判？

（3）外方在谈判一开始，采用了什么谈判技巧？针对这种技巧，中方使用了什么应对技巧？

（4）在以上谈判背景下，将全班同学平均分成两个小组，双方可自由选取认为合适的谈判技巧，记录下来，并讨论各种谈判技巧的适用场景。

（5）各实训组对本次实训进行总结和点评，参照"10.2 商务谈判学生作业范例"撰写作为最终成果的《商务谈判实训报告》。

（6）指导教师对小组讨论过程和发言内容进行评价总结，并讲解本案例的分析结论（先评定小组成绩，在小组成绩中每一个人参与讨论占小组成绩的 40%，代表发言内容占小组成绩的 60%）。各小组提交填写带有"实训组组长姓名、成员名单"的《商务谈判实训报告》。优秀的实训报告在班级展出，并收入本校本课程教学资源库。

综合练习

一、选择题

1. 谈判一开始对方谈判者就要求安排议程，并开始为自己的观点做冗长的辩护。你方最初的感觉是：很清楚，抵制只会导致实力较量。然而看来对方发言人确实早已偏了题，没有针对你方认为是重要的问题。这时应当（　　）。

A. 抵制其议程安排，但允许其做冗长辩护

B. 允许其议程安排，但抵制其做冗长辩护

C. 允许其议程安排和冗长辩护

D. 抵制其议程安排和冗长辩护

E. 提出一个新问题

2. 对方饶有名声，长于一开始就强施压力来赢得对议程的支配权，并顺势定下基调，控制实质性问题的谈判。你应当（　　）。

A. 抵制其议程，但允许其控制基调

B. 允许其议程，但抵制其基调

C. 允许其议程和基调

D. 抵制其议程和基调

E. 采用解决问题的办法

3. 经过多次出价和还价之后，你要最有效地陈述自己的提议，如说（　　）。

A. “我方开价1 500 000元。”

B. “这楼房对你方很理想，使用前也不必再做什么修缮。要在别处花2 500 000元买这样的楼房，还需要花钱做大量的内部装修。”

C. “我方需要价1 500 000元以做流动资金。”

D. “1 500 000元是很公平的市场价。”

E. “我肯定我们能找到一个更愿出1 500 000元的买主。”

4. 对方已在先发制人地攻击你。对方谈判者提高嗓门，却只是重复他的最初要求，似乎想要压倒你。你决定加以抵制，对抗他的举动。那么你最有效的话是说（　　）。

A. “好了，别说了。”

B. “你真粗鲁，令人讨厌，我才不打算容忍呢！”

C. “你的行为使谈判不可能有意义地进行。你真想讨论问题，还是我们该就此打住？”

D. “请不要重复那种要求，有理不在声高。”

E. “嘿，我真不知道怎么办才好。”

5. 对方提出一个你不能接受的建议，但你又不想中止进一步的谈判。你最有效的回答是（　　）。

A. “对这一点，让我们再谈谈。”

B. “不行。”

C. “在……范围内我们正在寻找更多的……”

D. “我另外提个建议。”

E. “那是不能接受的，因为……我另外提个建议。”

6. 你相信对方谈判者没有如实地转告对方决策人你真诚地想要满足他们的要求，这时你不应当（　　）。

A. 做重大让步

B. 请求与对方决策人电话协商

C. 与之协商，提出要双方决策人参加某一轮会谈

D. 发出一份书面提议

E. 寻找同盟者

7. 你很小心地避免做任何明晰或含蓄的解释，但你心里确实不想讨论记录中的一些细节。这时，你的最佳方法是（　　）。

A. 尽快做出让步

B. 去对方办公室谈判，不带记录

C. 当场拒绝

D. 指望谈出点消息

E. 提一项尝试性建议

8. 对方告诉你，她（1）拥有三家厂；（2）是生产扣件的；（3）销售额看涨；（4）预计会翻一番，因此利润很大；（5）按计划还要扩大。这样看来，（　　）应是假设而非可能的事实。

A. 1. 3. 5

B. 1. 2. 3. 4. 5

C. 3. 4. 5

D. 4. 5

E. 2. 3

二、判断题

1. 许多谈判常常按照下列步骤进行：通过为自己的观点辩护而显示实力或说服力；寻求解决方案；一起商谈以找到满意的协议重要条件。（　　）

2. 通常谈判者应当准备做一些让步。（　　）

3. 当某方只有一人参加谈判时，大量做记录很关键，因为记录有助于会后分析整个会谈过程。（　　）

三、思考题

1. 产生谈判僵局的原因是什么？

2. 处理意见性对立僵局和情绪性对立僵局的技巧有哪些？

3. 对付威胁常用的技巧和措施有哪些？

4. 进攻者的类型有哪些？

5. 商务谈判语言有哪些类型？其重要作用是什么？

6. 在谈判中怎样回答对方的提问？

7. 如何说服对方？

四、案例分析

×年×月，中外合资某公司总经理，获悉澳大利亚著名建筑设计师将在上海作短暂的停留，该大师是当代著名的有许多杰作的建筑设计师。澳大利亚的建筑汇聚了世界建筑的经典，为了把正在建设中的××大厦建设成豪华、气派的现代化综合商住楼，既方便商务办公，又适于家居生活，必须使之设计科学、合理，不落后于时代新潮。具有长远发展眼光的总经理委派高级工程师作为全权代表飞赴上海，与该大师洽谈。既向这位澳洲著名设计师咨询，又请他帮助公司为××大厦设计一套最新方案。

全权代表一行肩负重担，风尘仆仆地赶到上海。一下飞机，便马上与该大师的秘书联系，确定当天晚上在某饭店的会议室见面会谈。

下午5点，双方代表准时赴约，并在宾馆门口巧遇。双方互致问候，彬彬有礼地进入21楼的会议室。

根据总经理的指示精神，全权代表一行介绍了××大厦的现状，她说："××大厦建设方案是在七八年前设计的，其外形、外观、立面等方面有些不合时宜，与跨世纪建筑的设计要求存在很大差距。我们慕名远道而来，恳请贵公司合作与支持。"全权代表一边介绍，一边将事先准备好的有关资料，如施工现场的相片、图纸，国内有关单位的原设计方案、修正资料等，提供给该大师一行。

该大师在我国注册了一家甲级建筑设计公司。在上海注册后，该大师很快赢得了上海建筑设计市场。但是，中国市场还没有深入进来，该公司希望早日在中国的建筑设计市场上占有一席之地。由于有这样一个良好的机会，因此该大师一行对这一项目很感兴趣，他们同意接受委托。

可以说，双方都愿意合作。然而，设计方报价40万元人民币。这一报价令人难以接受。设计方的理由是：本公司是一家讲求质量、注重信誉、在世界上有名气的公司，报价稍高是理所当然的。而且，鉴于中国的工程造价，以及中国的实际情况，这一价格已是最优惠的价格了。

根据谈判代表了解，设计方在上海的设计价格为每平方米6.5美元。若按此价格计算，××大厦250万平方米的设计费应为16.26万美元，根据当天的外汇牌价，应折合人民币136.95万元。的确，40万元人民币的报价算是优惠的了！"40万元人民币，是充分考虑了中国的情况，按每平方米设计人民币16元计算的。"该大师说道。但是，考虑到了公司的利益，全权代表还价："20万元（人民币）。"对方感到吃惊。顺势，全权代表解释道："在来上海之前，总经理授权我们10万元左右的签约权限。我们出价20万元，已经超出我们的权力范围……如果再增加，必须请示总经理。"双方僵持不下，谈判暂时结束。

第二天晚上，双方又重新坐到谈判桌前，探讨对建筑方案的设想、构思，接着又谈到价格。这次设计方主动降价，由40万元降为35万元，并一再声称："是最优惠的价格了。"

中方的代表坚持说："太高了，我们无法接受！经过请示，公司同意支付20万元，不能再高了！请贵公司再考虑考虑。"对方谈判代表嘀咕了几句，说："介于你们的实际情况和贵公司的条件，我们再降5万元，30万元好了。低于这个价格，我们就不搞了。"中方的代表分析，对方舍不得丢掉这次与本公司的合作机会，对方有可能还会降价，中方仍然坚持出价20万元。过了一会儿，设计方的代表收拾笔记本等用具，根本不说话，准备退场。眼看谈判陷入僵局。

这时，全权代表急忙说："请贵公司的代小姐与我公司总经理通话，待我公司总经理决定并给我们指示后再谈，贵公司看这样好不好？"由于这样提议，紧张的气氛才缓和下来。

之后，代小姐等人打了很多次电话，与总经理联系。在此之前，全权代表已与总经理通话，向总经理详细汇报了谈判的情况以及对谈判的分析和看法。总经理要求全权代表一行："不卑不亢！心理平衡！"所以当代小姐与总经理通话时，总经理做出了具体指示。

最后，在双方报价与还价的基础上，折中权衡，该公司出价25万元。设计方基本同意，但提出8月10日才能交图纸，比原计划延期两周左右。经过协商，当天晚上草签了协议。又过一天，签订正式协议。

案例讨论：

（1）全权代表是如何突破僵局的？

（2）要面对全权代表使用权力有限策略，如果你是设计方的代表，如何应对？

【分析要求】

1. 过程要求

学生分析案例提出的问题，分别拟定《案例分析提纲》；小组讨论，形成小组《商务谈判案例分析报告》；班级交流并修订小组《商务谈判案例分析报告》，教师对经过交流和修改的各小组《商务谈判案例分析报告》进行点评；在班级展出附有“教师点评”的小组优秀《商务谈判案例分析报告》，并将其纳入本校该课程的教学资源库。

2. 成果性要求

（1）案例课业要求：以经班级交流和教师点评的《商务谈判案例分析报告》为最终成果。

（2）课业的结构、格式与体例要求：参照“10.2 商务谈判学生作业范例”《商务谈判案例分析报告》。

第9章

商务谈判策略选择

学习目标

- 商务谈判策略的含义
- 按商务谈判对手的态度、实力和作风制定谈判策略
- 商务谈判的让步策略
- 能在商务谈判中灵活运用谈判策略进行商务谈判

导入案例

石油大亨的发家史

委内瑞拉著名石油大亨拉菲勒·杜戴拉在不到20年里，能从一无所有起家，创建了10亿美元的巨型产业，就在于他善于抓住一切机会。在20世纪60年代，杜戴拉拥有几家玻璃制造公司，但他一直渴望能进入石油业，当他得知阿根廷准备在市场上买2 000万美元的丁二烯油气，他就到那里去看看能否到获得合约。他发现他的竞争对手是英国石油公司和壳牌石油公司。同时，他也了解到一个消息，阿根廷牛肉生产过剩。于是，他便对阿根廷政府说："如果你们愿意向我买2 000万美元的丁二烯，我将向你们采购2 000万美元的牛肉。"阿根廷把这个合约给了他。

随后，杜戴拉飞到了西班牙，那里有造船厂因无活可接而濒临倒闭，这令西班牙政府十分头疼，杜戴拉对西班牙政府说："如果你们愿意向我买 2 000 万美元的牛肉，我就在你们的造船厂订造2 000万美元的油轮。

然后，杜戴拉又飞到美国的费城，对太阳石油公司的经理们说："如果你们愿意租用我在西班牙建造的 2 000 万美元的油轮，我将向你们购买 2000 万美元的丁二烯油气。”

太阳石油公司同意了，而杜戴拉也由此进入石油行业。

资料来源：徐文 谷泓 中国人民大学出版社 2008 年

启示：虚实相交，拉菲勒·杜戴拉正是凭借着策略的灵活运用成为石油大亨。商务谈判是一种合作，又是一种竞争，因此我们一方面要以真诚、谅解的态度对待谈判，另一方面也要学会谈判中的各种策略并加以运用。处于市场经济中的企业，无时无刻不面临着商务谈判这一重要的商务活动。我们只有对古今中外谈判桌上的种种策略予以了解，加以研究，进行归纳和总结，才能识破诡诈，提高我们的谈判技艺，从而成为谈判高手。

9.1　商务谈判策略概述

商务谈判具有很大的不确定性，如何在瞬息万变和错综复杂的谈判中，实现己方的既定谈判目标，关键在于根据实际情况制定和运用谈判策略。商务谈判的多变性和复杂性决定了制定和运用策略的过程是一项创造性活动。没有绝对的和不变的策略模式，只有根据具体的谈判条件选择策略，才能在谈判中把握主动权，求得积极的谈判成果，实现预期的谈判目标。

9.1.1　商务谈判策略的含义

商务谈判策略是指商务谈判人员为取得预期的谈判目标而采取的措施和手段的总和。它对谈判成败有直接影响，关系到双方当事人的利益和企业的经济效益。恰当地运用谈判策略是商务谈判成功的重要前提。

（1）谈判策略是在谈判中扬长避短和争取主动的有力手段。商务谈判的双方都渴望通过谈判实现自己的既定目标，这就需要认真分析和研究谈判双方各自所具有的优势与弱点，即对比双方的谈判“筹码”。在掌握双方的基本情况之后，若要最大限度地发挥自身优势，争取最佳结局，就要靠机动灵活地运用谈判策略。例如，工业品的制造商在与买方的谈判中，既要考虑买方的情况，又要关注买卖双方竞争对手的情况。要善于利用矛盾，寻找对自己最有利的谈判条件。若不讲究谈判策略，就很难达到这一目的。

（2）谈判策略是企业维护自身利益的有效工具。谈判双方关系的特征是，虽非敌对，但也存在着明显的利害冲突。因此，双方都面临如何维护自身利益的问题，恰当地运用谈判策略则能够解决这一问题。在商务谈判中，如果不讲究策略或运用策略不当，就可能轻易暴露己方意图，以致无法实现预定的谈判目标，高水平的谈判者应该能够按照实际情况的需要灵活运用各种谈判策略，达到保护自身利益、实现既定目标的目的。

（3）灵活运用谈判策略有利于谈判者顺利通过谈判过程各个阶段。有的谈判过程包括准备、始谈、摸底、僵持、让步和促成 6 个阶段。谈判过程的复杂性决定了谈判者在任何一个阶段对问题处理不当，都会导致谈判的破裂和失败，尤其是始谈阶段更为重要。

而谈判者要想营造一个良好的开端，使谈判能顺利发展，达到预期的谈判目标，就必须重视和讲究谈判的策略与技巧。只有这样，才能克服谈判中出现的问题和困难，将谈判逐步推向成功。

（4）合理运用谈判策略有助于促使谈判对手尽早达成协议。谈判的当事双方既有利害冲突的一面，又有渴望达成协议的一面。因此，在谈判中合理运用谈判策略，及时让对方明白谈判的成败取决于双方的行为和共同的努力，就能使双方求同存异，在坚持各自基本目标的前提下互谅互让，互利双赢，达成协议。

9.1.2 商务谈判策略环境

商务谈判策略的选择都必须符合企业特定谈判环境的要求，因而对企业特定谈判环境的分析和研究是选择谈判策略的前提与基础。可以这样说，有什么样的环境就会有什么样的谈判策略，对环境分析旨在谋求谈判策略与环境间的平衡和协调，以保证策略具有可行性，指引商务谈判不断走向成功。商务谈判环境通常可分为外部环境和内部环境。

1. 商务谈判策略的外部环境

外部环境是影响企业谈判策略选择的主要因素之一。随着贸易自由化、经济全球化趋势的不断发展和全球性买方市场的形成，外部环境的变化无论从速度上看还是从范围上看都是空前的，它对企业各项活动产生的影响和制约也越来越大。因此，研究外部环境，抓住机遇，趋利避害，关系到企业谈判策略的可行性和谈判的成败。商务谈判策略的外部环境主要包括以下内容。

（1）宏观环境。宏观环境是指谈判双方所处的大环境，包括经济技术环境、政治法律环境、社会文化环境三大内容。

① 经济技术环境。它是指谈判双方所处地区或国家的经济结构、人均国民生产总值、物价水平、汇价水平和技术水平。这些因素的发展变化对企业的各项活动有着深刻的影响，在很大程度上决定着企业谈判地位的强与弱。

② 政治法律环境。分析政治法律环境，是指分析谈判双方所在国或地区的政治稳定性，以及政府所制定的各种方针政策、法令和规章制度。了解和遵循这些法规能够加强企业的谈判地位，否则就会使企业在谈判中陷于被动。尤其是在涉外谈判中，企业的谈判人员更应该了解和分析谈判对手国的法令与规章制度。

③ 社会文化环境。文化环境是由语言、审美标准、价值观念、宗教信仰、物质文明等要素构成的。这些要素是一个有机的整体，它们之间存在着复杂的内在联系，商务谈判人员必须全面地研究文化环境的诸要素，才能适应谈判对手国的文化环境的需要，使谈判对手更容易接受企业的谈判条件。

（2）微观环境。微观环境是指谈判双方所处的行业状况和谈判对手的情况。

① 行业状况。对谈判双方所处行业的分析包括：现有的和潜在的行业规模分析、行业和产品生命周期分析、行业成本结构分析和决定行业成功的因素。

② 谈判对手的情况。企业必须做到知己知彼，才能在商务谈判中立于不败之地。分析谈判对手正是为了知彼，即了解对方所拥有的优势和弱点，以便推测其在谈判中的动向和本企业可能遇到的机会与威胁。同时，还可以推测出对方对本企业将要采取的谈判策略的反应，从而使企业制定的谈判策略更符合客观实际。

2. 商务谈判策略的内部环境

谈判人员在分析双方外部环境的基础上，还要进一步分析企业自身的实力，才能做到知己知彼，选择出切实可行的谈判策略。分析内部环境就是要找出企业所拥有的优势和劣势，以便在谈判中运用优势，扬长避短。商务谈判策略的内部环境主要包括以下内容。

（1）企业内部组织结构分析。一般地说，组织结构是随着企业的发展和战略的变化而逐步演进的。创业阶段的组织结构通常是非常简单的；后来，随着企业经营在地理范围上的扩大和一体化经营的发展，内部形成不同的职能部门；再后来，企业由从事单一行业的经营扩展到在若干行业活动，企业内部也就建立起不同的经营事业单位来负责在不同领域的活动。

组织结构没有最佳模式，其优劣是以是否适应企业的总体战略和特定的外部环境为标尺的。一般来说，在市场和科技迅速发展的环境下，组织结构的特点是：权力分散化，人员职能扩大化和内部沟通横向化。在产品和市场相对稳定的情况下，则应该是：权力相对集中，人员的职能相对单一和以纵向沟通为主。

内部沟通渠道的畅通是发挥组织结构作用的保证。在复杂的外部环境下，仅仅做到内部正式沟通渠道畅通是不够的，所以在分析组织结构时，还要考察企业内部非正式沟通渠道是否畅通，即企业各管理层之间、企业员工之间及领导与员工之间是否不拘形式地轻松交谈和互通信息。

（2）企业谈判人员素质分析。一个好的谈判策略是否能取得理想的结果，关键在于执行策略的人的素质，即人员的背景、文化水平、性格、技能、期望等。

一般来说，谈判人员形成与企业总目标一致的共同价值观和行为规划是谈判策略成功的基础。这是因为策略是否有效取决于执行策略的人是否努力，是否有将策略贯彻到底的坚强意志。所以，分析企业文化、找出共同价值观和行为规范是制定谈判策略的前提和判断谈判策略是否正确的依据。

9.2　选用适当的商务谈判策略

这里仅针对不同的谈判对手，按其态度、实力和作风的不同，就谈判人员应采用的策略做必要的介绍。

9.2.1　按对手的态度制定策略

谈判对手谈判的态度主要有两种：不合作型和合作型。下面分别研究针对这两种谈判对手的策略。

1. 合作型谈判对手的策略

在商务谈判中，对手的态度对谈判是否能顺利进行有着直接影响，而合作型谈判对手则具有强烈的合作意识，注意谈判双方的共同利益，渴求达成双方满意的结果。对于这类谈判对手的策略，是因势利导，在互利互惠的基础上尽快达成协议。

（1）满意感策略。针对合作型谈判对手实施满意感策略，旨在使对方感到温暖，促使对方为双方共同利益尽早达成协议。具体做法包括以下几个方面。

① 从多方面关心谈判对手，在谈判日程安排上尊重对方的意见，必要时请己方上级领导会见或宴请对方，使对方觉得受到很高的待遇和尊重，但在己方上级领导会见谈判对手时不宜过多地谈及谈判本身的问题，否则，对手就会认为己方急于成交，这会降低己方的谈判地位。

② 在谈判中应尽量做到开诚布公，创造诚挚和友好的谈判气氛。同时也要讲究时间、地点和条件，即在了解对手之后，再采用开放的做法，而且开放的幅度也要恰当，不能将己方的谈判目标和方案全部透露给对方。

③ 可给对方一些己方不重要但对方又很感兴趣的小恩小惠。这类小恩小惠可能与本次谈判

有关，也可能完全没有联系。例如，安排对方参观名胜古迹，赠送给对方一些有意义和有特色的礼品等。

（2）时间期限策略。商务谈判种类繁多，规模不一，但从时间发展进程上分析，却都具有某些共同之处。例如，不管谈判怎样曲折和困难，所有的谈判都会有个结局。又如，谈判双方常常是在谈判临近结束之前，才做出实质性让步。时间期限策略就是要抓住谈判双方在时间上的共性和特点，适时地明确谈判的结束时间，以促使双方在互利互让的前提下，及时和圆满地结束谈判。一般而论，运用时间期限策略要求注意以下几个方面。

① 要仔细观察和分析对方的既定截止期限。对方可能在谈判开始时提出一个截止日期，也可能不明确截止期限，还可能以截止期限作为一种战术给己方施加压力，但不管对方采取何种做法，他们总是有一个预定的截止日期，正确地推测对方的既定截止日期，有助于己方掌握谈判的主动权。

② 己方要根据谈判的实际情况，合理地确定一个截止日期，但要避免暴露己方的这一截止日期，以便能够主动地促进谈判进程。

③ 在给对方一个最后期限时，讲话要委婉和自然，不要引起对方不满，要向对方表明，此做法的目的在于提高谈判的效率，从而迫使对方尽快亮出底牌。

④ 要加强与对方人员之间的交流，联络感情，增进友谊，从侧面促进谈判尽早成交。

2. 对不合作型谈判对手的策略

不合作型谈判对手的主要特征：一是不厌其烦地阐述自己的观点和立场，而不注重谈论实质问题；二是不断地抨击对方的建议，而不关心如何使双方的利益都得到维护；三是将谈判本身的问题与谈判对手个人联系在一起，将抨击的矛头指向谈判对手本人，进行人身攻击。对待这类对手，只有采取恰当的对策，才能引导其从观点争论转向为双方共同获利而努力。

（1）迂回策略。实施迂回策略要求避免与谈判对手直接进行正面冲突，而要引导对方为双方的共同利益去设想多种选择方案，努力将谈判引向成功。首先，在谈判对手强硬地坚持他们的立场和观点时，不要抨击对方的观点，而要分析其真正的意图。例如，卖方在付款方式和交货期限方面提出强硬的立场时，买方应从市场、竞争、供求、卖方的财务状况等方面探求卖方的意图所在，并在考虑到卖方立场的基础上，提出多种选择方案，供对方挑选。其次，在对方指责己方谈判人员时，要倾听对方的批评，分析对方的动机，并从中吸取合理的部分，力争将谈判对手由对谈判人员攻击引向探求双方共同获利上来。而回击对方的指责必然导致双方将大量的时间和精力浪费在没有意义的相互人身攻击上。再次，在引导对方讨论实质问题的过程中，要采用启发式的提问法，不要用发表声明的口气和语调。提问式讲话给对方留有提出异议的余地，不会引起对方的反感；而声明式讲话则容易招致对方的批评。最后，对于不合作型对手，还可以运用沉默这一武器。例如，当己方提出一个较为客观的问题后，对方却不给予完整的答复，己方的最佳对策就是保持沉默，给对方造成一种僵持的感觉，使其只有用提出新建议的方式才能打破僵持局面。

（2）调停策略。在采取迂回策略不能奏效的情况下，可运用第三方调停，即请局外人来帮助解决双方的矛盾。第三方调停的优点如下。

① 因为他们没有直接卷入双方的争论，所以较为容易将谈判双方人员之间的人际关系与谈判实质区分开来，使双方的注意力集中于谈判本身。

② 他们可以适时提出妥协方案，从而避免由争论中的一方提出妥协方案可能影响其讨价还

价的地位这一弊端。

③ 他们可以说服和促使双方由争论转为和解，而双方通常是不愿意主动和解和让步的。

在采用第三方进行调停时，关键在于选好调停者。他们的首要条件是能够得到双方的尊重；理想的调停者应该是诚挚和有谋略的，能够恰当地处理各种棘手的问题。

9.2.2　按对手的实力制定策略

谈判实力是谈判双方讨价还价的重要筹码，它对谈判人员的行为有着重大影响。因此，对谈判实力的分析是认识对手的重要工具之一。从实力上分析，可将谈判对手分为两大类：实力强于己方的谈判对手和实力弱于己方的谈判对手。

1．对实力强于己方的谈判对手的策略

所谓实力强于己方的谈判对手，是指谈判双方进行综合力量对比时，对方的力量相对而言比己方的力量强一些，在某些方面占有主动权。面对实力较强的对手，己方一方面要加强自我保护，不在对方的压力下达成不利于己方的协议；另一方面，要充分发挥自身的优势，以己之长击“敌”之短，争取最佳的谈判结果。

（1）底线策略。面对比自己实力强大的对手，为了避免使自己陷入被动局面而签订对己不利的协议，可采用底线策略，即事先订出一个可接受的最低标准。从卖方讲，就是订出可接受的最低价；从买方讲，则是订出可接受的最高价。

制定底线的优点：一是在风云多变的环境中能够把握方向，避免做出错误决定；二是在较大规模的谈判中，底线可起到统一谈判人员步调的作用，同时还可用于明确和限制其他辅助人员，如代理人、律师等的权限。但是，使用底线也有不利之处。例如，底线限制了谈判人员的灵活性。谈判交锋中可能出现许多事先无法料及的情况，而呆板的底线就会束缚谈判人员追求最佳结局的主动性。又如，谈判人员往往倾向于制定较高的底线，渴求从中获得较多的利益，这就可能使制定的底线与客观实际不相符。

（2）“狡兔三窟”策略。所谓“狡兔三窟”策略，是指谈判者在预先确定谈判底线的基础上，还要认真考虑谈判破裂后的退路。例如，企业在售房时，要预先考虑到在底线价格上若不能顺利成交时，下一步应该怎样办？是出租？或将楼房拆掉改建其他设施？或长期等待理想的买主？

“狡兔三窟”策略对实力较弱的谈判方尤为重要，因为预谋退路可以加强弱者在谈判中的地位。商务谈判中双方实力的对比，不仅表现为财力、市场地位、竞争优势、产品质量、价格水平的抗衡，还表现为双方对达成协议的渴求程度以及谈判失败对双方的影响程度。

在采用“狡兔三窟”策略时，谈判人员应注意以下几点。

① 要制定谈判破裂后的策略。

② 要从中挑选最佳方案，并制定行动计划，做好实施行动计划的准备工作。

③ 分析谈判对手在谈判破裂后有哪些退路，即谈判成功与否对其的影响程度。

④ 要根据己方其他选择的吸引力程度，寻找适当时机向对手暗示己方的其他选择，以提高己方的谈判地位，促使谈判尽早成交。

2．对实力弱于己方的谈判对手的策略

当对手实力较弱时，对己方而言是有利的一面，即能够给我方较大的回旋余地和主动权；也可能使我方疏忽大意，犯不应有的错误，痛失机遇，不能够实现预定的谈判目标。因此，在有利条件下，谈判人员仍应精于谋略，抓住时机，争取最佳结局。

（1）先声夺人策略。实施先声夺人策略要求谈判人员事先深入分析和研究对手的各方面情况，包括对手的财务状况、市场地位、对谈判的渴求程度、过去经常使用的谈判策略和手法等。在谈判进入正式阶段之后，我方可以口气婉转地指出对方的某些不足之处或不现实的想法。例如，“你方上次所提供的商品没有按期交货，给我方生产造成不利的影响”。又如，“有许多厂商愿向我方提供同类产品，他们的价格都比你们便宜”。再如，“你方的建议不符合客观实际情况，没有可行性”。在谈判之初指明对方的缺点，有利于提高我方的气势，使对方从一开始就受到一定程度的心理压力，促使对方尽早认清形势，权衡利弊，达成互利的协议。

（2）出其不意策略。在谈判中占优势的一方采用出其不意策略旨在给对方施加压力，促使其以对己方最有利的条件达成协议。

① 实施出其不意策略的具体做法如下。

- 从时间上给对方造成压力，如突然宣布截止日期，或加快会议进度，延长会议时间，取消正常休息日等；
- 向对方提出其意想不到的问题，如对谈判中某些条件提出新要求，或做出新让步等；
- 采取对方事先不能料及的行动，如谈判中途换人，最高决策人突然参加谈判；
- 公布使对方大吃一惊的资料，如向对方透露某些重要的统计数字和己方的行动方案等。

② 实施出其不意策略时的注意事项有以下几点。

- 严格挑选谈判人员，选择具有稳重性格的人员参加商谈；
- 谈判人员内部分工明确，权责分明，缩小知晓最高谈判机密的人员范围；
- 注意防范对手刺探己方的内幕情况；
- 对违反纪律或接受对方贿赂的人员要严加处理，不允许任何人违反既定的条例和规定。

9.2.3 按对手的谈判作风制定策略

从谈判作风上看，可以将对手划分为两大类：一类是法制观念较强、靠正当手段取胜、作风较好的谈判者；另一类是靠搞阴谋、玩诡计取胜的作风不正当的谈判者。对于前者，可根据其特点分别采用上文中的各种策略；对于后者，则要倍加小心，及时识破其阴谋，并采取恰当的对策。

（1）对付以假乱真的策略。有的谈判者为了诱骗谈判对手上当，使用各种各样的“卑鄙”手段和做法。例如，向买方提供打字或油印的虚假成本报告或价目表一类的内部资料，而有些天真的买方却轻信这些文件的真实性和权威性，结果吃了大亏。又如，有些谈判对手在谈判过程中，突然减少人员，改变日程，甚至通过各种渠道向对方吹风，以使对方误信他们正与对方的其他竞争对手谈判，造成货比三家的假象，诱骗对手尽快成交。再如，有些对手表面上宣布再次降低出价，而实际上用性能较差的设备替代谈判中所涉及的高性能设备，结果实际价格按同类设备市场价格计算，不但没有降低反而有所提高。

在商务谈判中，为了避免和防止上当受骗，谈判人员应做到以下几点。

① 事先认真了解和调查对手的资信、经营状况和谈判人员的履历，切忌轻信对方所提供的有关信息和资料。

② 预谋对策，在对手制造假象，施加压力时，要及时揭露其诡计，迫使对方为了不使谈判陷入僵局而开诚布公地谈判。

③ 加强对商品的验收，派有关技术人员监督对手认真执行合同条款，严防以次充好的违反合同行为。

④ 在订立合同时，文字要严谨，条款要详尽，防止对手钻空子。

（2）对付车轮战的策略。在商务谈判中，有些人惯于先让下属出面与对手谈判，提出苛刻的条件，使谈判出现僵局，待双方都精疲力竭时，主要负责人再出面与对手进行实质性会谈。这时对方在心理上和气势上都处于弱势，很可能做出过多的让步，达成对其不利的协议。

应付车轮战的主要策略包括以下几方面。

① 不与对方进行立场和观点上的争论。

② 划清谈判本身问题与双方人员人际关系的区别，不对谈判人员进行抨击，如果对方对已方人员进行攻击，已方不与其论战，坚持将谈判的焦点集中到交易本身。

③ 在对方无故换人的情况下，可用拖延会谈的方法，给对方施加压力，直到原来的对手重新参加谈判为止。

④ 如果对方借换人的机会否认过去的协议，已方也可以借此理由否认过去的诺言，以迫使对方采取较现实的态度。

⑤ 可采用私下会谈、私下交往的方式与对方有关人员加强联系和友谊，旨在了解情况和分化对方人员。

⑥ 在必要时可以考虑退出谈判。

（3）对付出假价的策略。所谓出假价，是指买方先用出高价的手段挤掉其他的竞争对手，成为卖方的唯一客户，然后，再与卖方重新开始讨价还价，迫使卖方在买方市场条件下以低价出售产品或服务。例如，在房产交易中，买方看到某一卖方以 2 万元的价格出售一间房屋的广告，该买主先以 1.9 万元的出价和 100 元的订金将其他几位出价在 1.8 万元左右的买主挤掉，然后采取拖延手段迟迟不付款成交。在卖方一再催促下，他又以此类房屋的市场价格是 1.7 万元为借口，压卖方让步。而卖方可能由于急需资金或再次登广告费用太大等原因，被迫以 1.7 万元成交，损失 1 000 元。

为了对付这种不道德的行为，有关谈判人员应采取如下措施。

① 事先提出截止日期，逾期后果自负。

② 对于出价过于优惠的买方，要提高警惕，调查其资信状况。

③ 要求买方预付较大金额的订金，以便在其反悔时，已方可以中断交易，而又不至于遭受较大的损失。

④ 在正式成交之前，要与其他买方保持联系，以留有余地。

（4）对付心理战的策略。有的谈判者为了使自己获得更多的好处，有意给对手制造心理压力。例如，给对方提供较差的谈判环境，使对方人员之间没有私下磋商的空间条件，或在谈判时面对阳光而坐等。又如，在谈判中突然退席与他人交谈，或故意不听对方讲话，然后又要求对方重述。再如，在谈判之余，有的有意评价你的性格、衣着和风度，讲一些使你不愉快的话等。

在对方使用心理战时，已方应给予足够的重视，并可采取如下应对策略。

① 在对方负责安排谈判地点时，已方要对可能出现的环境问题做好思想准备。

② 如果对方在谈判环境上做文章，已方要及时向其提出异议。

③ 对方对已方人员进行人身攻击时，已方人员要提醒对方以谈判本身问题为中心，不要进行人员之间的人身评论。

④ 在必要时可以提出休会，或拖延谈判日程，或退出谈判。

9.2.4 让步策略

谈判本身是一个理智的取舍过程。如果没有舍，也就不能取。一个高明的谈判者，“除了知道何时该抓住利益外，还要知道何时放弃利益”。让步是达成一个有效合约所不得不采取的步骤。正因为如此，让步的技巧、策略就十分重要。

何时让步，怎样让步，首先是因人而异。如果对方是谈判新手，那么在谈判初始阶段，即使你采取低姿态，有较大的让步表示，对方也很可能并不感激，也不欣赏。即使你明确地告诉他，他也会因缺乏经验而不信任你。如果碰巧对方是个想向上级邀功请赏的人，那么你就是个牺牲品。如果对方是个谈判老手或是个有智慧、有理性、消息灵通的人，你也不能马上表示妥协，但他能充分理解你，并愿意与你共同协商，满足各自的要求。在这种情况下，往往是双方一点就透。归根到底，无论对任何人，在做出让步时，最好的办法是让他经过一番奋斗，如此争取到的东西才是最有价值、最珍贵的。

1. 让步的方式

在谈判的过程中，赢者总是比输者能控制自己的让步程度，特别是在谈判快形成僵局时更为显著。谈判里的输者，往往是无法控制让步的程度；赢者则是不停地改变自己的让步方式，令人难以揣测。让步方式有很多种，与第6章中讨价还价中的让步方式相同，这里不做介绍了。

2. 运用适当的让步策略

磋商中，每一次让步，不但是为了追求自己的满足，同时还要充分考虑到对方的最大满足。谈判双方在不同利益问题上相互给予对方让步，以达成谈判和局为最终目标。以己方的让步换取对方在另一问题上的让步的策略，称为互利互惠的让步策略；在时空上，以未来利益上的让步换取对方近期利益上的让步称为予远利谋近惠的让步策略；若谈判一方以不做任何让步为条件而获得对方的让步也是有可能的，称为己方丝毫无损的让步策略。

（1）互利互惠的让步策略。谈判不会是仅仅有利于某一方的洽谈。一方做出了让步，必然期望对方对此有所补偿，获得更大的让步。

一方在做出让步后，能否获得对方互惠互利的让步，在很大程度上取决于该方商谈的方式：一种是所谓的横向谈判，即采取横向铺开的方法，几个议题同时讨论、同时展开、同时向前推进；另一种是所谓的纵向深入方法，即先集中解决某一个议题，而在解决其他议题时，已对这个议题进行了全面深入的研究讨论。采用纵向商谈，双方往往会在某一个议题上争持不下，而在经过一番努力之后，往往会出现单方让步的局面。横向谈判则把各个议题联系在一起，双方可以在各议题上进行利益交换，达成互惠式让步。

争取互惠式让步，需要谈判者具有开阔的思路和视野。除了某些己方必须得到的利益必须坚持以外，不要太固执于某一个问题的让步，而应统观全局，分清利害关系，避重就轻，灵活地使本方的利益在某方面能够得到补偿。

为了能顺利地争取对方互惠互利的让步，商务谈判人员可采取以下技巧。

① 当己方谈判人员做出让步时，应向对方表明：做出这个让步是与公司政策或公司主管的指示相悖的。因此，己方只同意这样一个让步，即贵方也必须在某个问题上有所回报，这样我们回去也好有个交代。

② 把己方的让步与对方的让步直接联系起来，表明己方可以做出这次让步，只要在己方要求对方让步的问题上能达成一致，一切就不存在问题了。

比较而言，前一种言之有理，言中有情，易获得成功；后一种则直来直去，比较生硬。

（2）予远利谋近惠的让步策略。在商务谈判中，参加谈判的各方均持有不同的愿望和需要，有的对未来很乐观，有的则很悲观；有的希望马上达成交易，有的却希望能够等上一段时间。因此，谈判者自然也就表现为对谈判的两种满足形式，即对现实谈判交易的满足和对未来交易的满足，而对未来的满足程度完全凭借谈判人员自己的感觉。

对于有些谈判人员来说，可以通过给予其期待的满足或未来的满足而避免给予其现实的满足，即为了避免现实的让步而给予对方以远利。比如：当对方在谈判中要求己方在某一问题上做出让步时，己方可以强调保持与己方的业务关系将能给对方带来长期的利益，而本次交易对是否能够成功地建立和发展双方之间的这种长期业务关系是至关重要的，向对方说明远利和近利之间的利害关系。如果对方是精明的商人，是会取远利而弃近惠的。其实，对己方来讲，采取予远利谋近惠的让步策略，并未付出什么现实的东西，却获得近惠，何乐而不为！

（3）己方丝毫无损的让步。己方丝毫无损的让步，是指在谈判过程中，当谈判的对方就某个交易条件要求己方做出让步，其要求的确有些理由，而对方又不愿意在这个问题上做出实质性的让步时，采取这样一种处理的办法，即首先认真地倾听对方的诉说，并向对方表示："我方充分地理解您的要求，也认为您的要求是有一定的合理性的，但就我方目前的条件而言，因受种种因素的限制，实在难以接受您的要求。我们保证在这个问题上我方给予其他客户的条件绝对不比给您的好。希望您能够谅解。"如果不是什么大的问题，对方听了上述的一番话以后，往往会自己放弃要求。

谈判是具有一定艺术性的。人们对自己争取某个事物的行为的评价并不完全取决于最终的行为结果，还取决于人们在争取过程中的感受，有时感受比结果还重要。在这里，己方认真倾听对方的意见，肯定其要求的合理性，满足了对方受人尊敬的要求；保证其条件待遇不低于其他客户，进一步强化了这种受人尊敬需求的效果，迎合了人们普遍存在互相攀比、横向比较的心理。

莎士比亚曾经说过："人们满意时，就会付出高价。"以下的每个让步都会提高对方的满意程度，而己方又丝毫无损。

① 注意倾听对方所说的话。

② 尽量给他最圆满的解释，使他满意。

③ 如果你说了某些话，就证明给他看。

④ 即使是相同的理由，也要一再地说给他听。

⑤ 对待他温和而有礼貌。

⑥ 向他保证其他顾客的待遇都没有他好。

⑦ 尽量重复指出这次交易将会提供给他完善的售后服务。

⑧ 向他说明其他有能力及受尊敬的人也做了相同的选择。

⑨ 让他亲自去调查某些事情。

⑩ 如果可能，向他保证未来交易的优待。

⑪ 让公司中高级主管亲自出马，使对方更满意而有信心。

⑫ 让他了解商品的优点及市场的情况。

3. 迫使对方让步策略

谈判中的让步是必要的。没有适当的让步，谈判便无法进行。然而，一味地让步是根本不现实的，也有害于己方利益。“最好的防守便是进攻。”在谈判磋商中，迫使对方让步也是达到最终谈判目的的手法之一。迫使对方让步的策略主要有以下几种。

（1）利用竞争。制造和创造竞争是谈判中迫使对方让步的最有效的武器和策略。当一方存在竞争对手时，其谈判的实力就大为减弱，对方面临的选择就是要么让步、要么放弃。在竞争日益激烈的社会，竞争对手的出现，会给对方造成很大的心理压力。因此，在谈判中，应注意制造和保持对方的竞争局面。

具体做法是：进行谈判前，多考察几家厂商，同时邀请他们前来谈判，并在谈判过程中适当透露一些有关竞争对手的情况，在与一家厂商达成协议前，不要过早结束与其他厂商的谈判，以保持其竞争局面。即使对方实际上没有竞争对手，己方也仍可巧妙地制造假象来迷惑对方，使对方不得不降低其条件，给己方提供诸多优惠条件，尽快促成协议的达成。

（2）红白脸。一个唱红脸，一个唱白脸，称“红白脸”策略，是指在商务谈判过程中，由两个人分别扮演“红脸”和“白脸”的角色，或者由一个人同时扮演着两种角色，软硬兼施，使谈判有进有退，效果更好。谈判过程中，对方在某一问题上应让步或可以让步而又坚持不让步时，谈判便难以继续下去。在这种情况下，谈判人员就可利用“红白脸”的策略。

这种策略的基本做法是：在谈判过程中，由小组的一个成员扮演强硬派即“白脸”的角色，在谈判开始时果断地提出较高的要求，以后又坚定不移地捍卫这个目标，在谈判中态度坚决、唇枪舌剑、寸步不让，几乎没有任何商量的余地。由之从气势上压倒对方，给对方在心理上造成错觉，迫使对方让步；或者索性将对方主谈者激怒，使其怒中失态。此时，由小组的另一个成员扮演温和派即“红脸”，以缓和的口气、“诚恳”的态度，调和双方的矛盾，寻求解决问题的办法，以便巩固己方已取得的优势，然后在以不损害“白脸”的“面子”的前提下建议做出让步。运用这一策略时应把握以下要领。

① 从红脸、白脸的角色分配来看，两种角色的分配应和本人的性格特征基本相符，即扮“红脸”者应态度温和、经验丰富、处事圆滑、言语平缓、性格沉稳；扮“白脸”的人则应雷厉风行、反应迅速、善抓时机、敢于进攻、言语有力。如果性格特征与扮演的角色不相称，就会出现强硬派硬不上去，而“红脸”反倒硬了起来，结果导致希望和实际效果不符，反倒使对方有机可乘、乘虚而入。

② 两种角色一定要注意相互配合，看准时机，把握火候。在“白脸”发动强攻时，“红脸”就要充分注意对方的反应。如果对方以牙还牙、以硬对硬，“红脸”就要在适当时候出面调停，让“白脸”有台阶下台。否则，“白脸”收不了场，“红脸”又不及时出面，就可能使谈判僵持、暂停或破裂。

③ 从角色分工看，“红脸”一般由主谈人来充当，“白脸”一般由助手来充当。谈判中，担任“白脸”的人既要善于进攻、寸步不让，又要言之有理、讲究礼节，绝不可胡搅蛮缠、唾沫横飞；扮“红脸”的人也不能过于软弱，要掌握好分寸，使用语言适度。

④ 一人同时扮演“红脸”、“白脸”时，要灵活机动。发起强攻时，声色俱厉的时间不宜过长。说出硬话时要给自己留有余地，否则会把自己给架住了。当然，万一冲动过头而使自己被动时，最好的解决方法是“休会”战术。

（3）虚拟假设。所谓虚拟假设，首先是分析利害，迫使对方选择让步。1977 年 8 月，克罗地亚人劫持了美国环球公司一架班机，最后迫降于法国戴高乐机场。法国警方与劫持者进行了三天谈判。双方陷入僵局后，警方运用虚拟假设向对方发出了“最后通牒”：“如果你们现在放下武器跟美方警察回去，你们将被判处最多不超过 2～4 年的监禁；但是，如果我们不得不逮捕你们，按照法国的法律，你们将被判处死刑。你们愿走哪条路呢？”恐怖分子只好选择了投降。虚拟假设的另一作用是诱使对方进入圈套，以便自己如愿以偿。美国谈判大师荷伯·科恩一次飞到墨西哥城去主持一次谈判研讨会，抵达目的地时，旅馆告之已“客满”。此时，荷伯·科恩施展了他的看家本领，找到了旅馆经理问：“如果墨西哥总统来怎么办？你们是否要给他一个房间？”“是的，先生。”经理回答。荷伯接着说：“好吧，他没有来，所以我住他那间。”结果他顺利地住进了“总统套房”，不过附加条件是总统来了必须立即让出，而这个概率是很小的。

（4）最后通牒。谈判中的“最后通牒”策略有两种情况：一是利用最后期限。最后期限是指谈判的结束时间，也称为“死线”（deadline）。让步往往在这个时刻才会发生。在谈判双方争执不下、对方不愿做出让步接受已方交易条件时，为了逼迫对方让步，已方可以向对方发出“最后通牒”，即如果对方在这个期限内不接受已方的交易条件并达成协议，则已方就宣布谈判破裂而退出谈判。二是面对态度顽固、暧昧不明的谈判对手，以强硬的口头或书面语言向对方提出最后一次必须回答的条件，否则将退出谈判或取消谈判。由此迫使对方改变态度，接受已方提出的条件。

在谈判过程中，谈判人员往往寄希望于未来能有更大的利益，而对现实的讨价还价不肯放弃。打破对方的奢望，就能击败犹豫中的对方。“最后通牒”在这方面就极为有效。

【案例 9.1】

美国汽车界名人艾柯卡在接受管理濒临绝境的克莱斯勒公司后，感到必须压低工人的工资。他首先将自己的年薪从 36 万美元减到 10 万美元，又降低了高级职员的工资。随后，他对工会领导说：“17 美元 1 小时的活有的是，20 美元 1 小时的活 1 件也没有。现在好比我拿着手枪顶着你们的脑袋，你们还是聪明的。”工会并没有答应艾柯卡的条件。双方僵持了 1 年。最后，形势迫使艾柯卡发出了“最后通牒”。一天晚上 10 点，艾柯卡找到了工会谈判委员会，对他们说：“明天早晨以前，你们非做出决定不可。如果你们不帮我的忙，我也要让你们不好受。明天上午我可以宣布公司破产。你们还可以考虑 8 小时。怎么办好，你们看着办吧！”最后，工会答应了艾柯卡的要求。虽然“最后通牒”可以收到奇效，但艾柯卡在他的自传中也承认“最后通牒”有冒险性。他说：“这绝不是谈判的好办法，但是有时候只能这么办。”

运用“最后通牒”策略必须注意以下几点。

① 谈判者知道自己处于一个强有力的地位，所有的竞争对手都不具有自己的条件。特别是该笔交易对对方来讲，要比对已方更为重要。这一点是运用这一策略的基础和必备条件。

② 使用“最后通牒”必须出其不意、攻其不备。

③“最后通牒”要在谈判的最后阶段或最后关键时刻才使用。对方经过旷日持久的谈判，花费大量人力、物力、财力和时间，一旦拒绝已方的要求，这些成本将付之东流。这样，对方会因无法担负失去这笔交易所造成的损失而非达成协议不可。

④ 对手现在所持的立场确已超过自己的最低要求。

⑤ 你的最后价格、建议在对方的接受范围之内。不然，对方宁肯中断谈判，也不会妥协。

⑥“最后通牒”的提出必须是具体明确、毫不含糊、坚定有力、不露声色，不让对方

存有任何幻想。同时，己方也要做好对方真的不让步而退出谈判的思想准备，不会到时惊惶失措。

那么，买卖双方如何使用“最后通牒”呢？

以下方法可促使原本无心购买的买主决定购买。

① 7 月 1 日价格就要上涨了。

② 这个大优惠只在 15 天内有效。

③ 大拍卖将于 6 月 30 日截止。

④ 存货不多，欲购从速。

⑤ 如果您不在 6 月 1 日以前给我们订单，我们将无法在 6 月 30 日以前交货。

⑥ 生产这批货物，整整需要 8 个星期的时间。

⑦ 只有立刻订货，才能确保买到您所需要的货物。

⑧ 有艘货轮将在本日下午 2 点开船，您要不要马上购货，怎能赶上这班船呢？

⑨ 如果我们明天收不到货款，这项货物就无法为您保留了。

⑩ 如果我们明天拿不到订金，我们就不能保证继续谈判。

以下方法可刺激卖主完成交易。

① 我在 6 月 30 日以后就没有钱购买了。

② 在明天以前，我需要知道一个确定的价钱。

③ 我要在星期三以前订完货。

④ 如果您不同意，明天我就要找别的卖主商谈了。

⑤ 我不接受 6 月 1 日以后的估价单。

⑥ 请您把价格全部估算出来，明天就要把估价单给我。

⑦ 星期五以后，我就不一定会买了。

⑧ 这次交易需要经过我们老板批准，可是他明天就要到欧洲去考察了。

⑨ 这是我的生产计划书，假如您不能如期完成，我只好另找高明。

⑩ 我们财务年度在 12 月 3 日就要结束了。

⑪ 我星期一要去度假三个礼拜。

⑫ 我方采购计划小组明天就要开会，您究竟是接受这个价格呢，还是等明天的定价？

怎样才能使对方相信你发出的最后期限的通牒呢？这需要用言语、动作来加以表达，具体表达方式和要求如下。

①“最后通牒”的要求和内容。时间一定要明确、具体，语气一定要坚定、不容通融。

② 用谈判桌外的行动来配合你谈判桌上发出的“最后通牒”。比如收拾行李、与旅馆结账、预订车票或机票、购买土特产等，让对方确信你的归意已决。

③ 由谈判队伍中的领导来发出“最后通牒”。发出“最后通牒”的人级别越高，真实性越强。当然，改变的可能性也就越小，改变的难度也就越大。

对付“最后通牒”的反策略包括如下方面。

① 不理睬对方，像没有发生任何事情一样。

② 以令人信服的论证反驳对方。

③ 改变交易条件。

④ 暂时休会，让对方重新考虑其要求的利弊得失。

⑤ 转换话题，打破僵局，给对方一个台阶下，使之有体面地收回通牒。

⑥ 取消谈判，回敬对方，以探其诚意。

（5）声东击西。就军事方面来讲，声东击西是指当敌我双方对阵时，我方为更有效地打击敌人，造成一种从某一面进攻的假象，借以迷惑对方，然后攻击其另一面。这种战术策略同样适用于谈判。

在谈判中，一方出于某种需要而有意识地将会谈的议题引到对方并不重要的问题上，借以分散对方的注意力，达到己方目的。

实际的谈判结果也证明，只有更好地隐藏真正的利益需要，才能更好地实现谈判目标，尤其是在你不能完全信任对方的情况下。过去传统的马匹交易，马贩子从来不让卖马的人知道他真正喜欢哪匹马，否则价格就会飞涨。美国大富豪洛克菲勒想使纽约的不动产升值，就想把有影响的机构设在纽约，其中包括联合国大厦。当他已悄悄买下准备建联合国大厦的地皮后，立刻又公开扬言他要以两倍以上的价格购买纽约的房地产，由此房地产价格飞涨，他达到了自己的双重目的。使用这种策略的主要目的在于以下几个方面。

① 尽管双方所讨论的问题对己方是次要的，但采用这种策略可能表明己方对这一问题很重视，进而提高该项议题在对方心目中的价值，一旦己方做出让步后，能使对方更为满意。

② 作为一种障眼法，转移对方的视线。如己方关心的可能是货款的支付方式，而对方的兴趣可能在货物的价格上，这时声东击西的做法是力求把双方讨论的问题引到订货的数量上、包装上、运输上，借以分散对方对前述两个问题的注意力。

③ 为以后的真正会谈铺平道路。以声东击西的方式摸清对方的虚实，排除正式谈判可能遇到的干扰。

④ 把某一议题的讨论暂时搁置起来，以便抽出时间对有关的问题做出更深入的了解，探知或查询更多的信息和资料。

⑤ 延缓对方所要采取的行动。如果发现对方有中断谈判的意图，可运用这一策略，做出某种让步的姿态。

⑥ 作为缓兵之计。一方面以继续谈判来应付；一方面则另选其他对策，研究更妥善的解决办法。

在了解、掌握这一策略的目的及作用后，我们就可以更加灵活、自如地运用它。如果你想对某个重要问题让对方先让步的话，就可以利用声东击西策略，故意把这一问题轻描淡写地一笔带过，反而强调不重要的部分，造成对方的错觉。这样，你可能就会较容易达到目的。但是，也要提防对方在谈判中使用同样办法来拖延时间，或分散己方注意力。如果有迹象表明对方采用的是声东击西的方法，己方应立即采取针锋相对的策略。

（6）踢皮球。“踢皮球”策略是一种形象的比喻，即针对对方的要求，己方不便拒绝，便借各种客观理由，左推右诿，把对方的“皮球”踢来踢去，不当一回事，对方在万般无奈的情况下，只得妥协让步。

①“踢皮球”策略的使用有一定的原因、原则和方法。若遇到谈判形势对己方不利而想中止谈判以达到出尔反尔的目的，或想达到降低对方条件、挽回损失、反败为胜的目的，或想达到降低对方期望和程度而使之自动让步等，都可使用该策略。只不过“踢皮球”策略往往是在谈判接近尾声时或即将签字时才运用。其手法是转移矛盾，假借上级或委托人等第三者之手去达到各种目的。实践中常常表现为：商谈者首先诡称无权决定某一问题，无权签约，需请求其上级或有关

部门审核或研究决定，或以请示委托人批复等为借口，故意将谈判工作搁浅，让对方心中无底地等待。然后，借口其上级或有关部门或委托人不同意或不批准使谈判劳而无功，或者借口其上级或委托人认为交易条件“太苛刻”，必须降低某条件方能继续商谈等，迫使对方做出让步。这是因为：面对此种答复，即使老练的谈判者都可能被激怒，其愤怒的程度是等待的时间愈长或者期望值愈高者就会愈大。然而，愤怒只能损害自身的健康，面对现实，其出路只有两条：一条就是退出商谈，一走了之；另一条是不甘心就此退出商谈，“甘心”降低条件与对方继续商谈，从而使对方“踢皮球”的策略得逞。

②“踢皮球”的反策略。“踢皮球”的反策略是：以其人之道还治其人之身，以相同的策略反击对方，即请出己方的高层次人员与对方的高层次人员对话。如对方诡称要等待上级批准时，应限定时日，并且协商一定的约束办法（诸如约定在等待期间不能限制己方再寻找顾客或商谈伙伴等），促使对方加快其上级审批的时间以及使对方不敢轻易以上级不同意为借口而中止谈判；如对方诡称上级要求降低某条件方能签约时，首先应据理力争，如果力争无效，随时准备退出商谈，以此试探对方的诚意，绝不能争一时之气而轻易接受对方的条件和要求。

“踢皮球”的反策略还包括：谈判分层负责，人员组合安排与对方对等，无权签字者以同样的人应付，迫使对方主帅出马。识破诡计，委婉揭露，从双方利益原则上说服对方。以拒绝、取消谈判相威胁，迫使对方坐下来商谈议程。

（7）顺水推舟。谈判中的“顺水推舟”的意思是：当对方提出过高的甚至是无理的要求时，为了不使谈判陷入僵局，给对方留有重新思考和选择的余地，故意不直接反驳对方的观点，而是顺着对方的论点判断往下推，直到得出一个荒谬的结论，使得对方在听取劝说的过程中反省自己，不得不改变自己的立场和态度，向己方的目标靠拢。

【案例9.2】

莎士比亚的名著《威尼斯商人》中，成功地刻画了鲍西娅运用“顺水推舟”的“归谬法”智斗吝啬鬼夏洛克的惊心动魄的场面。

安东尼奥借了夏洛克3 000金币，夏洛克提出苛刻的条件，说若期限一到不还钱，便从安东尼奥身上割下一磅肉，并立了字据。可是，期限一到，安东尼奥无力偿还借款，夏洛克便诉诸法庭。鲍西娅扮成律师为安东尼奥辩护。

鲍西娅：你得先请一位外科大夫，免得流血过多，送了性命。

夏洛克：字据上没有这一条。

鲍西娅：借约上写着给你“一磅肉”，可没有说给你一滴血。你割肉时不能流一滴血，也不能多一点或少一点，必须是一磅，请吧！

（夏洛克目瞪口呆。）

鲍西娅：你少取和多取，按威尼斯法律，要判死刑，财产充公。

夏洛克终于失败了。

4. 防止对方进攻策略

谈判中，除了需要有效地进攻以外，还需要有效地防守。因此，掌握一些能够有效地防止对方进攻的策略是很有必要的。

（1）限制策略。尼尔伦伯格在《谈判的艺术》中讲述了这么一件事：他的一位委托人安排了一次会谈，对方及其律师都到了，尼尔伦伯格作为代理人也到了场，可是委托人自己却失了约，等了好一会儿，也没见他人影。这三位到场的人就先开始谈判了。随着谈判的进行，尼尔伦伯格发现自己正顺顺当当地迫使对方做出一个又一个的承诺，而每当对方要求他做出相应的承诺时，他却以委托人未到、权力有限为理由，委婉地拒绝了。结果，他以一个代理人的身份，为他的委托人争取了对方的许多让步，而他却不用向对方做出相应的让步。

从上例中可以看出，一个受了限制的谈判者要比大权独揽的谈判者处于更有利的地位，因为他的立场可以更坚定些，可以更果断地对对方说“不”。经常观看记者招待会的人，可能不会忘记那些老练的政治家、外交家、恪守规则的政府新闻发言人，在遇到很敏感或他本人无法回答的问题时，总是会在脸上堆出宛如春天般灿烂的微笑，双肩一耸，两手一摊：“这个我无可奉告。”这是回避锋芒、保护自己不出问题的最常用办法。谈判中也一样，当对方有力进攻，而己方无充分理由驳斥时，以某种客观因素或条件的制约而无法满足对方的要求为由，可以阻止对方进攻，而对方就只能根据己方所有的权限来考虑这笔交易。

商务谈判中，经常运用的限制因素有以下几种。

① 权力限制。上司的授权、国家的法律和公司的政策以及交易的惯例限制了谈判者所拥有的权力。一个谈判人员的权力受到限制后，可以很坦然地对对方的要求说“不”。己方可以这样说：“该问题很棘手，它超出了我的工作范围。”“听起来，贵方的道理似乎很令人信服，但主管部门的先生们是否与我感觉一样，我不能代替他们做主，只有等转告他们之后才知道。”因为未有授权，对方无法强迫己方超越权限做出决策，而只能根据己方的权限来考虑这笔交易。除此之外，对方或选择中止谈判、交易告吹，或寻找有更大权限的上级领导重新开始谈判。此时，己方人员可以说：“我作为主谈人的使命已完成了。遗憾的是，贵我双方未能解决问题。贵方的坚持有贵方的理由，我也不能强迫贵方放弃。只是贵方欲要继续谈判，主谈就不是我了。我只能代为转达贵方的意见供我方有关部门研究。”如果对方这样做，将面临又一个根本不熟悉的对手，又必须做更多的准备工作，都不得不遭受人力、物力、财力和时间上的损失，而且还有可能因此影响双方长期的友好合作关系。所以，对方往往宁可做一些让步，也不愿去找另一方的上级领导谈判。

因此，精于谈判之道的人都信奉这样一句名言：“在谈判中，受了限制的权力才是真正的权力。”

② 资料限制。在商务谈判过程中，当对方要求就某一问题进一步解释，或要求己方让步时，己方可以用抱歉的口气告诉对方：“实在对不起，有关这方面的详细资料我方手头暂时没有（或者没有备齐，或者这属于本公司方面的商业秘密或专利品资料，概不透露），因此暂时还不能做出答复。”这就是利用资料限制因素阻止对方进攻的常用策略。对方在听过这番话后，自然会暂时放下该问题，因而阻止了对方咄咄逼人的进攻。

③ 其他方面的限制。包括自然环境、人力资源、生产技术要求、时间等因素在内的其他方面的限制，都可用来阻止对方的进攻。

这些限制对己方是大有帮助的。有些能使己方有充分的时间去思考，能使己方更坚定自己的立场，甚至迫使对方不得不让步。有些则能使己方有机会想出更好的解决办法，或者更有能力和对方周旋。也许最重要的是能够考验对方的决心，顾全自己的面子，同时也能使对方有面子地让步。所以，受了限制的权力往往成了权力的来源。

但是，经验表明：该策略使用的频率与效率是成反比的。限制策略运用过多，会使对方怀疑己方无谈判诚意，或者请己方具备一定条件后再谈，使己方处于被动的一面。

（2）恻隐术。恻隐术是一种装可怜相、为难相的做法，以求得对方的同情，争取合作。在一般情况下，人们总是同情弱者，不愿落井下石，将之置于死地。这一招日本厂商和我国港澳商人常用。

恻隐术常见的表现形式有：装出一副可怜巴巴的样子，说可怜话，进行乞求，如“这样决定下来，回去被批评，无法交差”、“要砍头”、“我已退到崖边了，再退就要掉下去了”、“求求您，高抬贵手”、“请你们不看僧面看佛面，无论如何帮我一把”。有的日本厂商在谈判桌上磕头，请求条件。还有的商人精心策划，装可怜相。例如：某卖方在二次降价后，坚守价格，为了打破僵局，邀请买方去其住的旅馆洽谈。买方人员走进房间，只见主谈人头上缠着毛巾，腰上围着毛毯，脸上挂着愁容，显示出一副痛态。据他讲：“头疼、胃疼、腰难受，被你们压得心里急。”心里急不假，头疼也可能是真的。这一招很有感染力。买方有的人以为“他实在是可怜”，真的动摇了买方部分人的谈判意志。还有“流眼泪”的。例如：某卖方在其项目虽与买方达成协议但未签合同时，被第三者插入，该第三者愿以更低的价与买方签订合同。买方出于信誉，将形势告诉了卖方并想出可能挽救的措施。卖方估量了买方想出的建议，不想改变实质性条件，反复解释，并流下了眼泪。这位年岁不小的代表所淌出的泪水产生了奇效。会谈气氛沉闷了，买方的攻击力被冻住了。

在使用这一方法请求合作时，一定注意不要丧失人格和尊严，直诉困难也要不卑不亢。

与此类似，有的谈判人员“以坦白求得宽容”。当在谈判中被对方逼得招架不住时，干脆把己方对本次谈判的真实希望和要求和盘托出，以求得对方理解和宽容，从而阻止对方进攻。

这些策略，都取决于对方谈判人员的个性以及对示弱者坦白内容的相信程度，因此具有较大的冒险性。

（3）疲劳战术。在商务谈判中，有时会遇到一种锋芒毕露、咄咄逼人的谈判对手。他们以各种方式表现其居高临下、先声夺人的挑战姿态。对于这类谈判者，疲劳战术是一个十分有效的策略。这种战术的目的在于通过许多回合的拉锯战，使这类谈判者感觉疲劳生厌，以此逐渐磨去锐气。同时也扭转了己方在谈判中的不利地位，等到对手筋疲力尽、头昏脑涨之时，己方即可反守为攻，促使对方接受己方条件。

在实际谈判中，确实也有许多人以富有耐心或善于运用疲劳战术著称。一位美国石油商曾这样叙述沙特阿拉伯石油大亨亚马尼的谈判战术：“他最厉害的一招是心平气和地把一个问题重复一遍又一遍，最后搞得你精疲力竭，不得不把自己‘祖奶奶’都拱手让出去。”如果你确信对手比你还要急于达成协议，那么运用疲劳战术会很奏效。

采取这种疲劳战术，要求己方事先要有足够的思想准备，并确定每一回合的战略战术，以求更有效地击退对方的进攻，争取更大的进步。

（4）以退为进。“以退为进”是军事上的术语，暂时退让，输赢未定，伺机而进，争取成功。“以退为进”也是谈判中常用的一种制胜策略和技巧。这种策略从表面上看，是谈判一方的退让或妥协，或委曲求全，但实际上退却是为了未来更好的进攻或实现更远大的目标。

这种策略如果运用得当，效果十分理想。

【案例9.3】

比利时某画廊曾经发生过这样一件事：美国画商看中了印度人带来的3幅画，标价是25万美元，美国画商不愿意出此价，双方谈判陷入僵局。那位印度人被惹火了，怒气冲冲地跑出去，当着这位画商的面把其中一幅画烧了。美国画商看到这样一幅好画被烧掉了，感到十分可惜，问印度人剩下的两幅画卖多少钱，回答还是25万美元。美国画商又拒绝了这个报价。这位印度人横下一条心，又烧掉了其中一幅画，美国画商当下乞求他千万不要再烧最后一幅画了。当再次询问这位印度人最后一幅画卖多少钱时，印度人说："最后一幅画能与3幅画卖一样的价吗？"这位印度人竟以60万美元将手中的最后一幅画拍板成交。

案例分析：这位印度人之所以采用烧掉两幅画以吸引那位美国画商的"以退为进"策略，是因为他知道自己出售的3幅画出自名家之手，烧掉了两幅，剩下最后一幅，正是"物以稀为贵"。这位印度人还了解到美国人有个习惯——喜欢收藏古董名画，只要他爱上这幅画，是不会轻易放弃的，宁肯出高价也要收买珍藏。聪明的印度人这一招果然很灵，谈成一笔成功的生意。

当然，运用"以退为进"的策略要认真考虑其后果，既要考虑退一步后对自己是否有利，又要考虑对方的反应如何。如果没有十分把握，不要轻易使用这一策略。

（5）不开先例。不开先例是谈判一方拒绝另一方要求而采取的策略方式。当一方向对方提出最优惠政策时，对方承担不起，这时对方就可以"不开先例"回挡其过分的要求。如果买方提出的要求使卖方感到为难，卖方可向买方解释，如果答应了他的要求，对己方来说就等于开了一个先例，以后对其他买主要采取同样的做法，这不仅使己方无法负担，而且对以前的买方也不公平。例如："你们这个报价，我方实在无法接受，因为我们这种型号产品售价一直是××元。"又如："在20%的预付款问题上可否变通一下，其他公司购买我公司的产品一律按30%交预付款。"再如："××公司是我们十几年的老客户，我们一向给他们的回扣是20%，因此对你们超过20%是不行的。"

一般情况下，提出要求一方很难真正掌握回绝一方的真实情报信息，也无法证实回绝一方语言的真实性。所以，只能见好就收，就此罢手。"不开先例"策略是对事不对人，一切不利因素都推诿于客观原因，挽救了自己。

在谈判中，拒绝是谈判人员不愿采用但有时又不得不使用的方式。因此，人们都十分重视研究和掌握拒绝的技巧，最主要的就是怎样回绝对方而又不伤面子、不伤感情。"不开先例"就是一个两全其美的好办法。

（6）亮底牌。"亮底牌"是在谈判进入让步阶段后实行的策略。谈判一方一开始就拿出全部可让的利益，做一次性让步，以达到以诚制胜的目的。

这种让步策略一般在本方处于劣势或双方关系较为友好的情况下使用。在谈判中，处于劣势的一方虽然实力较弱，但并不等于无所作为、任人宰割，可以采用各种手段积极进攻，扭转局面。在采用这种让步策略时，应当充分表现出自己的积极坦率，以诚动人，用一开始就做出最大让步的方式感动对方，促使对方也做出积极反应，拿出相应的诚意。在双方有过多次合作或者是关系比较友好的谈判中，双方更应以诚相待，维持友谊。所以，在这种情况下，当一方做了一次性让步、袒露真诚后，对方一般不会无动于衷，也会做出积极的反应。

这种策略的优点如下。

① 由于谈判者从一开始就露出实底，让出自己的全部可让利益，比较容易感动对方，使对方也采取积极行动，促成和局。

② 首先做出让步表示，使对方感到在谈判桌上有一种强烈的信任、合作、友好气氛，易于交谈。

③ 这种率先做出的大幅度让步具有强烈的诱惑力，会给对方留下一步到位、坦诚相见的良好印象，有益于提高谈判效率、速战速决、降低谈判成本。

这种让步策略的缺点在于以下几方面。

① 由于首先让步，有时不免显得有些操之过急，易使对方感到还是有利可图，继续讨价还价。特别是遇到强硬而又贪婪的对方，对方在得到第一次让步后，可能会再次要价，争取更大的让步。这时，如果拒绝了对方的要求，由于对方先有成见，那么就很容易出现僵局。

② 由于一次做出全部让利还可能失掉本来可以争取到的利益，不利于在谈判桌上讨价还价。

因此，谈判人员在使用这种让步策略时，一定要注意审时度势、趋利避害。

谈判人员在使用这种让步策略时的语言特点是：语气坚定，态度诚恳，表述明确，显示出坦率，通过语言表述使对方知道你是在尽最大限度的让步，而且只能让步一次，由于不留后手，所以已到极限。

9.2.5 最后阶段的策略

无论谈判前人们抱有多大期望，谈判只能出现两种结果：谈判成功，或者谈判失败。在谈判的最后阶段，既要尽最大努力，促使谈判成交，也要做好充分的心理准备，应对谈判败局。

1. 成交阶段的策略

谈判双方的期望已相当接近时，都会产生结束谈判的愿望。成交阶段就是双方下决心按磋商达成的最终交易条件成交的阶段。这一阶段的主要目标是尽量保证已取得的利益不丧失，争取最后的利益收获，并力求尽快达成协议。为达到这些目标，可以采用以下谈判策略。

（1）场外交易策略。当谈判进入成交阶段，双方已经在绝大多数的议题上取得一致意见，只在某一两个问题上存在分歧、相持不下而影响成交时，仍把问题摆到谈判桌上来商讨往往难以达成协议，即可考虑采取场外交易，比如酒宴上、游玩场所等。其原因如下。

① 经过长时间的谈判，已经令人很烦闷，不仅影响谈判人员的情绪，还会影响谈判协商的结果。

② 谈判桌上紧张、激烈、对立的气氛及情绪迫使谈判人员自然地去争取对方让步，而即使是正常的、应该的，但在最后的一个环节上的让步，让步方会认为丢了面子，可能会被对方视为投降或战败。

③ 即使某一方主谈或领导人头脑很清楚冷静，认为做出适当的让步以求尽快达成协议是符合本方利益的，也会因同伴态度坚决、情绪激昂而难以当场做出让步的决定。

场外轻松、友好、融洽的气氛和情绪则很容易缓和双方剑拔弩张的紧张局面。轻松自在地谈论自己感兴趣的话题、交流私人感情，有助于化解谈判桌上激烈交锋带来的种种不快。这时，适时巧妙地将话题引回到谈判桌上遗留的问题上来，双方往往会很大度地相互做出让步而达成协议。

需要指出的是，场外交易的运用，一定要注意谈判对手的不同习惯。有的国家的商人忌讳在酒席上谈生意，为此必须事先弄清，以防弄巧成拙。

（2）结束谈判策略。谈判何时结束以及如何结束也有许多技巧和策略。

如何结束谈判？专家们的建议是：当双方都有认为对方已经做出了能够做出的让步、再谈判下去不会有什么结果时，谈判就该结束了。这时双方凭着对未来情况的预测做出最后的决定。

做出最后决定的原因也许是基于对客观情况的考虑，也许是出于直觉。原因并不重要，重要的是双方达成共识并使谈判结束。以下 11 种策略是用于说服对方达成协议的，这些策略已经被世界上的谈判人员和销售人员运用了几个世纪，他们以乐观、顽强、自信但又傲慢的态度敦促对方达成协议。现罗列于此，供选用。

① 对结束谈判、达成协议持肯定的态度，以实事求是的态度敦促对方达成协议。要表现的主要意思是："不是现在，那么在什么时候达成协议？该谈的已经谈完了，要了解的也都已经了解了。"

② 要求结束谈判时不要长篇大论。长篇大论就会对对方的反应充耳不闻，对方也可能会认为你急于求成。

③ 向对方追问不结束谈判的问题所在。给对方一个机会，对方就很可能会做出解释。

④ 重复告诉对方结束谈判、达成协议是明智之举，给出充分的理由。

⑤ 要敢于认定协议已经基本达成。如果你是买方，这时候你就该向卖方要一支铅笔写下协议备忘录问对方应该如何写支票的抬头。如果你是卖方，这时候你就该问对方把货物运至何地。

⑥ 通过细节问题，如某一条款的文字表达或运输要求的写法，把对方引向谈判结束，表现出在主要问题上和价格上协议已经达成的样子。

⑦ 以具体行动把谈判推向结尾。卖方可以开始动手开出卖单，买方可以把买单的号码给卖方，双方可以握手成交了。有关某一想法的具体行动能够增强双方结束谈判的信心。

⑧ 强调不立即达成协议可能会引起双方的利益损失。有的人不会被多取得利益打动，但对利益损失十分敏感。作为买方，你应该指出，你做出这样大的让步已经达到了你的授权极限，谈判再不结束你的上级就会取消这桩买卖。你也应该向对方表明其他卖主正在跃跃欲试等待机会，证明他们是能够满足你的要求的。作为卖方，你也可以敦促对方尽快结束谈判、达成协议，只需客气地指出如果谈判拖得太久，你方的库存就可能满足不了交易的要求。

⑨ 向对方提供一个结束谈判的优惠条件，并且说明该条件不可能被再次提供。优惠条件的形式可以是价格折扣、分期付款、设备保障或者特殊的服务项目。

⑩ 给对方讲述一个商业故事，以敦促其尽快结束谈判。比如，讲有人错过了达成协议的绝好机会，结果后来陷入了困境，从而让对方觉得这时候结束谈判是切实可行、有利可图的。

⑪ 不到反复拒绝就不会彻底放弃。有位著名的共同基金的谈判人员说他至少要对方拒绝 7 次之后，才会放弃结束谈判、达成协议的努力。

2. 未成交时的策略

谈判可能因种种原因未能达成协议，这时最明智的做法就是既要保持自己的尊严和原定的谈判方案，又要照顾对方的情感。

当对方在谈判中拒绝了你，你不能垂头丧气、沉默不语，也不能恼羞成怒、恶语伤人，更不能不屑一顾、冷嘲热讽。应该意识到：这可能是对方一时无法决定。一次谈判失败，并不意味着一切努力都付诸流水。如果你使这次谈判在友好、愉快的气氛中结束，那么就为下次与同一对手打交道奠定了基础，获得好结果就有了可能性。这时，你应表现出坦然自若、不愠不怒。当看到这次谈判的结局实在无法挽回时，你下一步要做的便是：留不住人，便要留住谈判者的心。

在言语中要表现出一种大度、宽容、热情。可以这样说：“应该给您留一段充分考虑的时间，我们尊重您的这一权利。”“我们充分理解到您所被授予的权限是有限的。希望您在向上级汇报之后，能跟我们再次坐在谈判桌旁。”“占用您这么长时间，实在不好意思。希望我们以后长期合作。”“谈判虽然没成功，但我们会珍惜这段时间所建立的友谊。”这往往会使对方内心产生一种愧疚感，从而重敲谈判之门。

【案例9.4】

在20世纪80年代中日进出口钢材的谈判中，尽管中方提出了合理的报价，经过反复磋商，仍未与日方达成协议，眼看谈判要不欢而散。中方代表并没有责怪对方，而是用一种委婉谦逊的口气向日方道歉：“你们这次来中国，我们照顾不周，请多包涵。虽然这次谈判没有取得成功，但在这十几天里我们却建立了深厚的友谊。协议没达成，我们不怪你们，你们的权力毕竟有限。希望你们回去能及时把情况反映给你们总经理，谈判的大门随时向你们敞开。”

案例分析：日方谈判代表原认为一旦谈判失败，中方一定会给予冷遇，没想到中方在付出巨大努力、精力未果的情况下，一如既往地给予热情的招待，非常感动。回国后，他们经过反复核算、多方了解行情，认为中方提出的报价是合理的，后来主动向中方投来“绣球”。在中日双方的共同努力下，第二次谈判终于取得了圆满成功。中方谈判成功的诀窍便是充分利用对方谈判者的感激心理，在第一次谈判失败的情况下，不责怪、冷遇对方，而是施以情感投资，因为他们认识到了如果责怪、冷遇对方，谈判之门也便不会重开了。

除此之外，还应当从失败的谈判中学到一些可资借鉴的经验和教训。

模拟实训

【实训目的】

（1）理论联系实际，训练学生对商务谈判策略的正确认识。

（2）加深学生对商务谈判策略的认识并学会运用这些策略，使学生充分贴近生活，提升学生的综合素质。

【实训内容】

商务谈判策略的运用。

【实训时间】

本章课堂教学内容结束后的双休日和课余时间，为期一周。或者指导教师另外指定时间。

【背景材料】

美国华克公司承包了一项建筑工程，要在一个特定的日子之前，在费城建成一座庞大的办公大厦。开始计划进行得很顺利，不料在将要完工时，负责供应内部装饰用的铜器承包商突然宣布：他无法如期交货了。这样一来，整个工程都要耽搁了！要付巨额罚金了！

于是，长途电话不断，双方争论不休。一次次交涉都没有结果。华克公司只好派高先生前往纽约。

高先生一走进那位承包商办公室，就微笑着说：“你知道吗？在布洛克林，姓这个姓氏的只有你一个。”

“我一向不知道。”承包商兴致勃勃地查起电话簿来。“不错，这是个少有的姓”。他很有些骄傲地说，“我的家族是从荷兰来的，几乎有200年历史了。”

他继续谈论他的家族。当他说完后高先生就称赞他居然拥有这么大的一家工厂，承包商说：“这是我花了一生的心血建立起来的一项事业，我为它感到骄傲，你愿不愿到车间参观一下？”

高先生欣然前往。在参观时，高先生一再称赞他的组织制度健全，机器设备先进。这位承包商高兴极了，他声称有些机器还是他发明的呢！高先生马上向他请教：那些机器如何操作？工作效率如何？到了中午，承包商坚持要请高先生吃饭，他说：“到处都需要铜器，但很少有人对这一行像你这样感受兴趣的。”

吃完午餐，承包商说“现在，我们谈正事吧。我知道你来的目的，但我没有想到我们的相会竟是如此愉快。你可以带着我的保证回去，你们的材料将如期运到。我这样会给另一笔生意带来损失，但我认了。”

果然，工程用的铜器及时运到，大厦正好在合同期限到了的那一天完工了。

【实训过程设计】

（1）指导教师布置学生课前预习背景材料。将全班学生平均分成小组，按每组5～6人进行讨论。

（2）根据“背景材料”，讨论高先生接手的谈判有什么难度？

（3）根据“背景材料”，分析高先生为什么没有向铜器承包商兴师问罪？

（4）根据“背景材料”，分析高先生赞美对手的策略有哪些值得研究的地方？

（5）根据“背景材料”，分析高先生的策略是依靠什么而成功的？

（6）根据“背景材料”，如何评价承包商的行为？

（7）各实训组对本次实训进行总结和点评，参照“课业范例1”撰写作为最终成果的《商务谈判实训报告》。

（8）指导教师对小组讨论过程和发言内容进行评价总结，并讲解本案例的分析结论（先评定小组成绩，在小组成绩中每一个人参与讨论的情况占小组成绩的40%，代表发言内容占小组成绩的60%）。各小组提交填写带有“实训组组长姓名、成员名单”的《商务谈判实训报告》。优秀的实训报告在班级展出，并收入本校本课程教学资源库。

综合练习

一、判断题

1. 策略不是十全十美的，一种具体的策略总是有利有弊的。（　）
2. 有效的策略才是策略，无效的策略不是策略。（　）
3. 策略不是万能的，但策略的成功是无条件的。（　）
4. 策略一般具有掩盖真实动机的特点，当你明白它的动机时，往往木已成舟了。（　）
5. 一种策略可以有不同的表现形式，但总是离不开它的特点。（　）

二、多项选择题

1. 商务谈判策略的制定，应坚持的原则有（　　）。

A. 客观标准原则　　B. 共同利益原则　　C. 人事分开原则

D. 战略一致原则　　E. 利益为先

2. 对实力强于自己的谈判对手可采用（　　）策略。

A. 底线　　B. 狡兔三窟　　C. 先声夺人

D. 出其不意　　E. 时间期限

3. 防止对方进攻可采用（　　）策略。

A. 限制　　B. 恻隐术　　C. 疲劳战术

D. 以退为进　　E. 不开先例

4. 兵不厌诈的使用条件有（　　）。

A. 谈判者意志薄弱，容易为假象所迷惑　　B. 谈判对手自私贪心

C. 谈判对手缺乏认真负责的精神　　D. 获得信息困难

E. 要善于表演

三、问答题

1. 如何认识谈判策略的重要性？
2. 谈谈你对制定谈判策略原则的认识。
3. 制定商务谈判策略要考虑哪些环境因素呢？
4. 如何根据谈判对手的态度制定谈判策略？
5. 如何根据谈判对手的实力制定谈判策略？
6. 如何根据谈判对手的谈判作风制定谈判策略？

四、案例分析

【背景材料】

你从父母那里继承了位于附近湖畔一个避暑别墅内的一半的固定财产。共同业主是你父亲的朋友兼公司的合伙人。多年来，你们两个家庭周末和假期轮流使用这处别墅，相安无事。然而，这位业主准备卖掉这部分财产，他们认为有人会买下它，并把它从一处避暑的小别墅改造成四个高档的度假屋。你对这笔买卖没什么兴趣，但愿意以当时公平的市场价买下该业主的房产权。这个价格要远远低于该业主所认为的这笔财产所值的价格。在你们不能就此达成一致时，这位业主就把属于自己的那部分利益卖给了第三方，后者还不确定是否是潜在的开发商。

这位新业主试图买下你的房产权，并且在你表示拒绝后，他没有征得你的意见就开始动工改造这处别墅。你一旦有所抱怨，他便威胁要上法庭，到时候得被迫卖掉土地——这意味着你们都对房产失去了控制，他认为这不是你想要的。你决定尽量先谈成这笔交易，以便将来年老时还能享有这处别墅。要实现这笔交易，这位新业主将不得不暂时搁置一下他的一些改造计划。

请用本所学的知识，讨论回答下列问题。

1. 假设你的最佳方法是让法庭卖掉这笔财产，这能有助于你达成协议吗？为什么能？为什么不能？

2. 谈判中你的权力基础和业主的权力基础是什么？你如何强化你的权力地位？

3. 你能提出一个情理兼备的辩论来说服业主答应交易吗？

4. 你会用什么样的非口头沟通技巧来说服业主，让他明白你的提议是双赢的？

5. 你会怎样威迫业主做出让步？

【分析要求】

1. 过程要求

学生分析案例提出的问题，分别拟定《案例分析提纲》；小组讨论，形成小组《商务谈判案例分析报告》；班级交流并修订小组《商务谈判案例分析报告》，教师对经过交流和修改的各小组《商务谈判案例分析报告》进行点评；在班级展出附有“教师点评”的小组优秀《商务谈判案例分析报告》，并将其纳入本校该课程的教学资源库。

2. 成果性要求

（1）案例课业要求：以经班级交流和教师点评的《商务谈判案例分析报告》为最终成果。

（2）课业的结构、格式与体例要求：参照“10.2 商务谈判学生作业范例”《商务谈判案例分析报告》。

第10章

商务谈判的实战演练

学习目标

- 掌握商务谈判案例分析方法
- 参与商务谈判模拟演练
- 参与商务谈判模拟大赛

商务谈判综合演练是在完成商务谈判基本理论知识学习基础上进行的一项贴近实际的、全过程的、涵盖各方面的商务谈判实践活动。其内容包括：商务谈判案例分析研讨、商务谈判模拟、商务谈判比赛等。在这些教学实践活动中，教师应巧妙设计、广泛收集素材，实时组织、引导学生；学生应积极主动，踊跃参与，并多向教师和同学请教。师生互动、生生互动，教学相长，构建活泼、有趣、实用的商务谈判教学实践活动氛围。

10.1　谈判案例分析方法

商务谈判案例是对商务谈判情景再现性描述，一般涉及一个组织中的个人或群体决策者所面临的谈判可能遇到的困难、挑战、机会和问题等。商务谈判案例应包括组织的基本背景材料及处理商务谈判活动中所涉及的基本资料。

商务谈判案例分析一般经过以下环节，如图10.1所示。

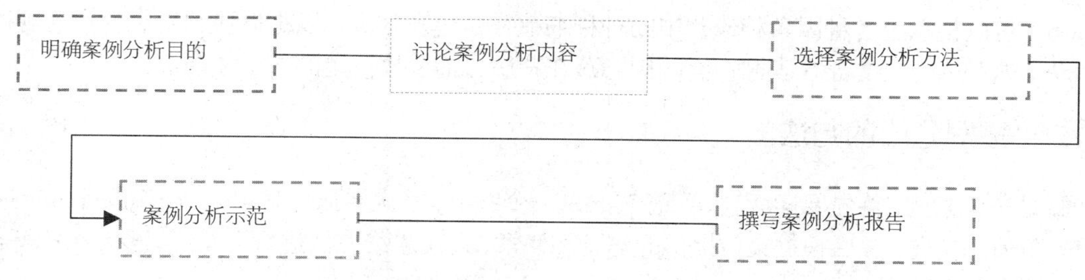

图 10.1　商务谈判案例分析过程

10.1.1　案例分析的目的

在现代西方的教学中，案例分析教学非常普遍，特别在 MBA 的教学中，更是作为一种主要的教学手段。据说在哈佛大学的 MBA 教学中，案例教学的比重占 60%。通过大量的案例分析，学生普遍反映学到了知识，培养了能力。

案例分析是把已经发生过的事情作为材料，对事情发生的原因、经过、结果进行分析，对与之相关的情况进行分析。结合商务谈判来说，案例分析就是把已经发生过的谈判实例作为分析内容，对谈判的各方面进行深入细致的分析。

通过案例分析，可以达到如下目的。

（1）能增加谈判的感性认识。许多学习谈判学的学生从来没有经历过谈判，不容易理解谈判的原理。通过案例分析，他们能够理论联系实际，切实掌握好谈判理论。

（2）能吸收他人的经验和教训。即使是专门从事谈判工作的人员，也不可能经历过各种谈判环境、各种谈判内容、各种谈判场面的谈判，也不可能善于应对各种谈判对手、各种策略、各种谈判困境。通过案例分析，能帮助他们看到别人成功和失败的奥秘，有利于提高他们的实战能力和效果。至于谈判场上的新手，更需要借鉴别人的经验和教训。这是因为谈判失败的代价往往很高，可能会毁了一个新人、一个企业，容不得我们经常去冒险。

（3）能提高学生的思维能力。谈判案例分析，学生通过了解案例细节，从中寻找谈判失败和成功的原因；能够透过事情的表面看到背后的影响因素；能够找出各种因素的内在联系。通过这样的训练，学生会更善于用头脑去发现和解决问题，提高思维能力。

10.1.2　案例分析的内容

面对一个谈判案例，应该抓住以下内容进行分析。

（1）可以分析谈判的环境，经济的、政治的、文化的环境因素对谈判有哪些影响，对哪一方更有利。

（2）可以分析谈判各方的条件，它们的经济实力、市场地位、经营状况等，对谈判有什么影响。

（3）可以分析谈判各方面的准备工作，信息收集和研究，谈判计划和方案，人员组织和培训等工作做得如何，与谈判的结果有什么关系。

（4）可以分析谈判人员的表现，他们在谈判中各种能力的发挥，是否有效，是否和目标一致。

（5）可以分析谈判各方的谈判策略、技巧、方法的运用是否得当，应该如何应对。

（6）可以把以上各种因素和谈判中的种种细节综合起来分析，以把握谈判发展变化的规律。

以上这些内容有的浮在表面，有的则隐藏在背后，需要用一定的方法才能看到。

10.1.3 案例分析的方法

面对一个案例，首先要读懂它，熟悉它的每一个细节；其次要抓住其中某些值得研究的内容，提出有价值的问题；最后根据案例提供的信息和线索，运用思维方法进行多角度、多层次的解析，从而找到有益的答案。

那么，案例分析中为什么要提出问题？

爱迪生是人类最伟大的发明家，他一生有1 600项发明。有人甚至说，如果人类没有爱迪生的发明，人类文明史至少要推迟200年。那么，爱迪生的发明想法从何而来的呢？

有一天，爱迪生在路上碰见一个朋友，看见他的手指关节肿着，便问："手指为什么肿了？"

"我不知道确切的原因是什么。"

"为什么你不知道呢？医生知道吗？"

"唉！去了很多医院，每个医生说的都不同，不过多半的医生认为是痛风症。"

"什么是痛风症呢？"

"他们告诉我说是尿酸积淤在骨节里。"

"既然如此，医生为什么不从你骨节中取出尿酸来呢？"

"医生不知道如何取。"

"为什么他们不知道如何取呢？"

"医生说尿酸是不溶解的。"

"我不相信。"爱迪生最后说。

爱迪生回到实验室，马上进行尿酸是否会溶解的试验。他排好了一列试管，每支试管内都有不同的化学溶液，每种溶液中都放入一些尿酸结晶。两天之后，他看见两种溶液中的尿酸已经溶化了。于是，这位发明家有了新发明，一种医治痛风症的新方法诞生了。

这个故事可以给我们三个方面的启发。

一是告诉我们，人类认识事物的过程，其实是提出问题、解决问题的过程。没有问题的提出，就不会有对事物的深入认识，就不会有人类社会的发展。

二是它为我们提供了一种方法——"追问法"，对可疑的事情要追根究底，找到真正的问题所在。

日本丰田公司曾经流行一种管理方法，叫"追问到底法"。例如，公司的某台机器突然停了，于是就展开了一系列的追问。

"机器为什么不转了？"

"因为熔断丝断了。"

"为什么熔断丝会断呢？"

"因为超负荷造成电流太大。"

"为什么会超负荷呢？"

"因为轴承枯涩不够润滑。"

"为什么轴承不够润滑？"

“因为油泵吸不上润滑油。”

“为什么油泵吸不上润滑油？”

“因为油泵出现严重磨损。”

“为什么油泵会出现严重磨损？”

“因为油泵未装过滤器而使铁屑混入。”

至此，真相大白。于是，给油泵装上过滤器，再换上熔断丝，机器就能长期地正常运转了。其实“追问法”的“追问”过程，既是一个提问的过程，也是一个深入分析的过程，更是一个解决问题的过程。

三是爱迪生这个故事向我们显示了一种敢于创新的精神。不受别人思想的束缚，敢于解决别人不能解决的问题，这种精神和我们分析案例的宗旨是一致的。我们要通过分析案例，借鉴别人的经验教训，但不是简单照搬，而是要扬长避短，推陈出新。别的谈判人员的优点，我们要学习；他们犯的错误，我们要避免；他们做不好、做不到的，我们要努力去做好、做到。

用提问的方法来分析案例，不是分析案例的唯一方法。还可以用比较法分析案例，例如，同样是时间紧张的谈判，为什么有的受时间影响大，有的受时间影响小？通过不同案例的对比，我们可以找到答案。

面对一个案例，也许能够提出许多问题，但我们没条件也没必要都去分析研究，要分析有价值的问题。怎样才算是有价值的问题？应该掌握以下的标准。

（1）有利于提高谈判能力的问题。

（2）和案例密切相关的问题。

（3）在现有条件下能够找到明确答案的问题。

案例分析的方法，随着分析者需要的不同、案例内容的不同，方法也可灵活选择。比如，涉及军事的，要用军事的方法；涉及数据的，要用数学的方法、统计的方法。只要能找到案例中最真实、最有价值的信息，就是最好的方法。

10.1.4　案例分析示范

当我们听到或看到一个案例，可以根据我们的需要，对它进行全面分析或重点分析。全面分析就是对整个案例的各方面内容进行多方位、多层次、多方法的分析。重点分析就是对案例某一方面的内容进行多方位、多层次、多方法的分析。下面我们以全面分析的要求，对一个案例分析示范如下。

【案例 10.1】

在 20 世纪 80 年代的某一年，中国茶叶进出口公司发现，仓库里有大量红茶积压，如再不迅速售出，损失将很大。经过几天研究，定下了一个洽谈业务的方案。此后，当外商来探盘时，中方把品种少的红茶混杂在大量绿茶中报盘，绿茶以市场价报出，红茶的价格比市场价高。外商对绿茶价表示认可，但对红茶价表示怀疑。中方解释说：据可靠消息，今年红茶歉收，行情看涨。外商听后没有提出异议，也不愿订购红茶就走了。一次如此，两次如此，尽管未见成效，中方坚持这样和外商洽谈。一个月后，以前走掉的外商又陆陆续续地回来了，并在中方报的红茶价的基础上，达成了一笔交易。结果，这一年的红茶库存销售一空，价格比往年卖得还高。

案例分析：这个案例，表面上看起来很简单，其实隐含着大量有价值的信息。下面采用提问法，边提问边分析。

提问：中方取得了谈判的成功吗？

分析：从谈判的目标和谈判的结果来看，中方不仅卖掉了积压商品，而且取得了不错的经济效益，不仅超额完成了任务，也没有影响交易各方的关系，没有留下履约中的麻烦，可算是成功的谈判。

提问：中方用了什么策略使谈判取得了成功？

分析：中方在报盘时，把红茶混杂在大量的绿茶中报价，而又故意提高红茶价格，这是策略之一；一旦采用了这种方法之后，不管眼前效果如何，还坚持相当一段时间，这是策略之二。

提问：为什么要把品种少的红茶混杂在大量的绿茶中报价？

分析：因为品种繁多的绿茶的价格报的是市场价，是容易令外商信服的价格，所以提价后的红茶价混在其中，想以此来分散外商的注意力，希望使他们产生这样的心理：大部分绿茶价格都是真的，小部分红茶的价格大概也假不到哪里去，我们把这叫"鱼目混珠"。就像几句假话混在许多真话之中，使人真假难辨。

提问：明明红茶积压，为什么还要提高价格呢？

分析：兵法云，虚则实之，实则虚之。提价可以使对方不怀疑我方销售上的困难，并能利用对方可能产生的逆反心理，以为高价必然有好货，高价必然有道理，从而使我方积压商品顺利销出。

提问：中方明知策略实施后并未见效，为什么还要坚持一段时间呢？

分析：首先，外商表示怀疑，不等于方法无效。外商没有进行有力的反驳，说明他们心中没底，这正说明方法的可行。其次，面对出乎意料的价格，要对方一下子接受是很难的，要有耐性等待，让外商们也有时间互通信息。中国有个成语，叫"三人成虎"，说是在一个集市上，有人突然狂奔而来，大叫"老虎来了"，旁人不信，大白天哪来的老虎。突然又有一人边跑边叫："老虎来了！"众人将信将疑。这时，第三个人又跑来大叫："老虎来了！"赶集的人群四处逃窜。老虎来了吗？没来。中方在一段时间里坚持用同一种方法，就可能起到"三人成虎"的效果。

提问：中方的涨价理由明明有假，外商为什么不调查？

分析：营销理论是西方人发明的，外商是历来重视市场调研的，为什么现在一反常规呢？一种可能，所有的外商都疏忽了，但这可能性较小；另一种可能，因为调查不便，相比较价格所涨部分来说，调查费用太高。而因涨价多付的货款，在下一步的交易中，有可能消化。

提问：中方的谈判策略是在什么条件的支持下才取得成功的？

分析：中方是一家大型国有企业，对市场有举足轻重的影响力，轻易不会发布不实信息，容易使人相信，这是条件之一；当时的中国市场上，还没有这样多的茶叶出口商，外商的选择余地比较小，这是条件之二；人的心理有它薄弱的一面，容易受"鱼目混珠"、"三人成虎"这种情况的影响，这是条件之三；外商因为疏忽，或者因为调查困难而相信中方的话，这是条件之四；中方谈判人员的具体表现，我们从案例中不得而知，但言行总不能自相矛盾、令人生疑，这是条件之五；涨价的幅度是外商能够消化的，这是条件之六。这6方面条件合在一起，使中方策略大获成功。如果没有一定的条件支持，策略可能就不是策略。因此，我们在选择策略时，一定要看清它的支持条件。

提问：使用这样的谈判策略是否也有风险？

分析：世界上没有能保证百分之百成功的策略，就是在本案例条件下使用这样的策略，也是有风险的，也可能有其他的结果。

提问：使用这样的策略可能遇到什么样的风险？

分析：如果有一个外商有条件了解红茶产地的情况，消息就会不胫而走，外商们就会怀疑中方谈判人员故意发布假消息，就会怀疑红茶价格有问题，从而就可能产生两种结果：一是放弃购买红茶，以免上当受骗；一是以此为把柄，迫使中方让步。不管是哪一种结果，中方公司的声誉和经济利益都会受损，还会影响企业更大、更长远的利益。

提问：既然有风险，为什么还采用呢？

分析：红茶不能及时销售出去，公司眼前利益就会大损。如果说是积压商品低价销售，会给销售造成很大困难。被迫拿企业的声誉做赌注，也是企业维护利益的正常手段。

以上就是对案例的全面分析，问题越全面、细致、独特，分析就越全面、深入、有价值。

10.1.5　写作案例分析文章

学生不仅要能够口头分析案例，而且要能够把分析的成果化为文字，使它起到更大的作用。在把分析的成果化为文字的过程中，不仅锻炼了表达能力，而且训练了思维能力。如果你不能把案例分析到一定程度，就会觉得无从落笔。你要想通过文字让人家了解你的观点，你就必须把案例思考分析到一定程度。案例分析文章的写作，是一举两得的锻炼。案例分析文章的写作要求如下。

（1）要明确文章的中心。当你要把分析的成果表达在纸面上，需要确立一个中心。案例分析是论说文，中心就是中心论点。通过分析你可能对案例有各种各样的看法，但只能选择最突出、最有价值的观点作为中心论点。例如，你认为谈判人员的表现很出色，谈判策略很精妙，谈判环境作用很大，但你不能什么都写，你应该以其中一点为主，其余的为辅。

（2）案例分析文章的结构。案例分析文章由标题和正文组成。标题一般可以有两种形式，如“间接取悦法，谈判的致胜法宝”，“谈判：攻心为上”，“谈判专家的谈判方法分析”，这是一种；“退一步海阔天空”，再加上副标题“分析案例‘得寸进尺’”，这是另一种。

文章正文由开头、主体、结尾 3 部分组成。开头可以包括对整个案例的评价，分析案例的意义以及文章的中心论点。主体部分是对中心观点的论证过程，主要是通过对案例的分析来证明自己观点的正确性。结尾部分，可以在归纳、总结的基础上，进一步深化中心论点，联系更多的实际，发扬中心论点的积极意义。

10.2　商务谈判学生作业范例

学生通过前面内容的学习，在学习了商务谈判基本理论知识的基础上，掌握了案例分析的方法和技巧，但如何把商务谈判理论转化为商务谈判能力，这也是教学中要解决的问题。我们通过《商务谈判案例分析报告》和《商务谈判实训报告》这两个让学生动手的形式，来实现这种理论到实践的转化过程。

10.2.1　商务谈判案例分析报告

《商务谈判案例分析报告》一般根据所给的情景资料，运用书本上学到的相关知识点，结合所提出的问题，展开分析，一般以一个人完成为主。下面是一个学生的《商务谈判案例分析报告》范例。

商务谈判案例分析报告

案例分析人：______（______系______级______班）

指导教师：______（______学院______系）

背景与情境：

我国某公司要出口的商品是市场竞争很激烈的商品，国际市场价为每打150美元。我方故意把价格压到每打145美元，而产品质量和每打150美元的相同。这一报价引起了外商极大的兴趣，于是对方抛弃其他卖主，把重点放在与我方的谈判上来。

在谈判中，我方表示如果外商要扩大销路，可把原来的简装改为精装，但每打要增加2美元。外商深知该产品精装比简装畅销，便欣然同意。

在谈到交货期时，外商要求我方在2个月内完成5万打的交货任务。我方表示数量太大，工厂来不及生产，可考虑分批装运。第一批在签约后2个月内运出，其余的在6个月内全部交完。外商坚持要求在2个月内全部交完。我方表示愿与厂方进一步协商。几天后，我方答复：厂方为了满足外商的要求，愿意加班加点，但考虑到该产品出口利润甚低，希望外商能付一些加班费。外商表示愿意支付每打3美元的加班费。

最后，我方表示这批货物数量较大，厂方资金有困难，希望外商能预付30%的货款。最终，外商同意预付20%的货款。协议就此达成。其实，这批货是我方的库存品，交易的利润超出了预期的目标。

【案例分析】简单的"放低球"策略不简单

"放低球"是商务谈判中的常用策略，通常做法是开出让人心动的交易条件，以吸引住谈判对象，然后在谈判中利用各种机会，把"低球"再弹上去。（解释策略）

这种策略从理论上讲并不复杂，但真正要运用得好并不简单。以上案例是"放低球"策略运用得较好的事例，从其简单的事实中，我们可以读出许多不简单来。（点题和引出下文）

案例中，中方在激烈竞争的市场上，不被市场价束缚，而敢于以比市场价低5美元的价格登场，这不仅要有敢于承担风险的勇气，而且需要熟知市场行情，有准确判断谈判发展趋势和左右谈判的能力。（指出不简单之处）

从谈判中可以看到，中方谈判人员采用"放低球"策略，并非出于一种投机心理，而是有计划、有准备、有能力的一种明智的选择。（以下为具体证明不简单的分析）

当外商看到中方的"低球"，就放弃了其他卖主，这是"低球"低得恰到好处的结果。中方首先从为对方销售着想出发，提出精装和简装的议题，此举正中外商下怀，"欣然同意"加价2美元。其实这并非出于中方的灵机一动，而是对"低球"的弹性早就了然于胸了。因为中方和外商一样，也深知该产品精装比简装更畅销的市场行情。

因为精装的目的是为了扩大销路，那么势必存在大量订货的可能，也就存在一个把"低球弹上去的机会"。果然，当外商要求"2个月内完成5万打的交货任务"时，中方把握机会，表示"数量大，工厂来不及生产，可考虑分批装运"，让外商感到我方的困难。当外商坚持立场，中方却灵活地放弃了原来的立场，并表示愿与厂方进一步商量，外商感到中方的诚意。几天后，当中方提出可以满足供货要求，但要支付加班费时，外商已能充分理解这种合情合理的要求。于是，中方又达到了目的。

其实，我们旁观者心知肚明，这只是为了把“低球”弹上去所演的一场好戏。但因为中方事先判断准确，“戏”的细节设计得天衣无缝，“演员”的表演没有破绽，才得以心想事成。

但好戏并未到此收场。既然供货的时间紧、任务重，厂方的资金当然可能成问题，提出较高的预付款要求也就不足为奇了。但外商会不会一口拒绝中方的要求呢？因为谈判到此时，双方已进入难分难舍的阶段，外商自认为已取得不少优惠条件，只要不是非分之想，怎么可能让既得利益付之东流呢！况且预付款也是为了保证自己能按时获得商品，所以外商也没理由拒绝，这是在中方意料之中的事。

纵观案例中“放低球”策略的运用，因为中方不仅有对市场行情的了解，还有对对手心理活动的正确把握，有对谈判发展趋势的合理判断，有谈判人员得体言行的配合，使中方从谈判一开始就掌握了主动，并始终左右着谈判发展的方向，最终实现了用普通方法难以实现的谈判目标。事情经过看起来很简单，但它背后所蕴含的信息并不简单，值得我们分析研究。（总括策略成功的不简单原因）

有人可能会想，案例中的中方人员的行为是否有违道德。（突破局限，消除疑问，提升价值）

从表面看，中方谈判人员有虚假言行，但这只是迫于现实。这是因为把自己的底细诚实地告诉对方，并不能保证得到正确对待。中方为了争取自己应得的利益而故布疑阵，但并没有强迫对方相信。谈判结果也说明，我方只是巧妙地让对方心甘情愿地接受我方积压商品的市场价，并未损害对方利益，这不失为一种公平的做法。

10.2.2 商务谈判实训报告

《商务谈判实训报告》一般根据实训项目设计的要求，运用书本上学到的相关知识点，结合所提出的问题，对实训过程进行记录，对实训的感悟、收获进行分析。主要包括实训项目分工和专业能力的训练两部分。一般以团队为单位完成。下面是一个学生团队的《商务谈判实训报告》范例。

多媒体设备采购谈判综合运作实训报告

项目组组长：______（______系______级______班）

项目组成员：______（______系______级______班）

______（______系______级______班）

______（______系______级______班）

______（______系______级______班）

指导教师：（______学院______系）

一、实训项目分工

根据实训项目的要求，我们实训小组扮演学院方谈判代表，即谈判采购方。其中甲、乙、丙、丁、戊5位同学分别扮演学院设备处处长、教务处副处长、教育技术中心主任、总务科科长和电子信息工程系教师。学生甲是项目负责人，也是主谈人；学生乙和学生丙主要负责市场调查、资料收集；学生甲和学生戊负责谈判方案制作；学生丁负责谈判接待方案及场地安排。

二、关于专业能力的训练

由于本次模拟谈判项目是关于多媒体设备采购的谈判，对于我们在校学生来说，面临的不仅是谈判程序、原则、策略与技巧的运用等问题，而且需要了解谈判项目的技术参数、市场价格等问题。因此，本实训的首要任务是调查了解市场。

1. 进行市场调查

主要调查了以下内容：一是了解了一般多媒体教室的构成，包括计算机、投影机、数字视频展示台、中央控制、投影屏幕、音响设备等多种现代教学设备；二是了解了学院多媒体教室的设备配备，每间教室（含一体化教学课室）按60人的规模设定，以及3 000流明投影机、120英寸投影屏幕、台式电脑等的技术要求；三是了解了学院以往同类设备采购的成交价；四是了解了目前同类市场的供应价；五是了解了相关品牌企业的资信、服务水平等。

根据市场调查，预选了爱普生、索尼等品牌投影机，以及联想牌台式电脑、红叶牌电动屏幕作为主要谈判标的。

2. 制作谈判方案

一套完整的商务谈判方案，一般应包括谈判目标、谈判时机及进度、谈判地点选择、谈判人员组成及分工、谈判要解决的主要问题及关键点、谈判的基本程序、谈判所使用的策略及技巧、谈判要使用的文献资料、解决争议的方法和仲裁机构等方面的内容。

在前期市场调查的基础上，根据学院教学实际的需要，我们小组在谈判方案设计中注意“经济”和“时效”。如谈判目标分为最优价和最低价，每件（套）设备价格在5.26万～5.75万元；项目完成时间为开学前一周；设备保修期为3年等。

为了使谈判效果更加真实，我方还通过情景设计，进行了小组内模拟谈判的预演，使得谈判方案更加机智而有针对性。谈判方案历经5次修改，详文另附。

3. 进行模拟谈判

首先，我方作为主场谈判的一方，利用学院模拟谈判室，在场地布置、座位安排及谈判桌上饰品的点缀等方面都进行了精心设计，尽量做到了热情、周到，营造了良好的谈判氛围。

其次，在谈判开局阶段，我方侧重描绘学院服务社会、培养人才所取得的成绩，以及教育事业的发展规划，在感谢对方关心学院建设的同时，希望对方介绍其公司的服务范围、总体项目报价等。在谈判磋商过程中，我方主谈人详细询问了对方项目的总价构成，并由学生丙和学生丁记录与测算，以投影机及投影屏幕作为突破口，进行讨价还价，取得了较好的谈判主动权。

最后，尽管我方处于优势，在谈判策略方面采取了“先强硬后让步”的策略，但在整个谈判过程中，无论是开局阶段，还是在磋商阶段，仍注意遵守“构思彼此有利的方案”、“坚持客观标准”等商务谈判的基本原则。

此外，商务谈判沟通中必须做到倾听、善问、巧答。为此，我方由学生甲作为主谈人，其他同学只在必要时进行简要的补充说明。

4. 成功与不足

虽然在规定的谈判时间内未能达成协议，但从整个谈判过程来看，我们深深感受到，商务谈判蕴藏着许多变数，充满着艺术与智慧。我方主谈人（学生甲）能够有理有据地进行陈述，强调教育是公益事业，支持学院就是支持教育，特别是能够把72间多媒体教室项目进行延伸、扩展，说明学院正在发展之中，不久将会有第三座、第四座教学大楼建成，将会有更多的业务期待与对方合作，因此希望企业能够立足长远等等，既满足了对方的心理需要，又增加了谈判筹码。同时，小组成员积极配合，特别是在主谈人与对方磋商爱普生投影机的价格时，资料员（学生丙）能够及时向对方展示同类品牌学院的历史成交价及目前市场的供应价，使我方的谈判取得了主动权等。这些都是本实训中的可取之处。

值得一提的是，虽然我方在判前做了充分的调研与讨论，并且进行了组内的模拟演练，但在实际谈判过程中，仍然出现了不熟练甚至不该有的错误。例如，在对方陈述时未能准确把握要点及时反问；未能认真倾听，打断了对方的陈述；对市场行情的了解还不够详细等，这些不足都需要我们在今后的学习与实践中加以克服。

（资料来源：杨群祥.商务谈判.大连：东北财经大学出版社.2012）

10.3 商务谈判模拟演练

为了更直接的认识商务谈判场景，充分发现谈判过程中的障碍，在课堂上可以通过组织几次模拟商务谈判，来改进和完善商务谈判的准备工作，提高商务谈判活动效率，从而提高学生商务谈判的能力。

10.3.1 商务谈判情景模拟教学的设计

1. 合理设计情景

谈判本身就是一种通过双方或多方之间的沟通与交流最终判定一件事情的过程，是解决冲突、维持关系或建立合作构架的一种方式，既是一种技巧，也是一种技能。通过构建巧妙的模拟情景，可以让学生置身于真实的环境中去感悟谈判课程中相关的知识点，激发表达思想的欲望，从而不断提高自身的技能。这种情景的生动性与形象性至关重要，创设的情景越活泼、生动、准确，学生就越能理解所传递的信息。这就要求教师花费一定的时间去巧妙设计情景。情景设计中应该把握好以下几点。

（1）背景设计不能太复杂。由于学生在校学习期间，无论是环境感受还是心理状态，都与实际工作现场存在较大偏差，有相当部分的能力需要到工作场所继续培养和锻炼，模拟情景练习只是尽量缩小理论学习和社会需求的差距，因此，情景设计应尽量符合学生的具体特点，最好以学校或地方经济为大背景，既便于学生收集资料，又为学生充分发挥个人的潜能提供足够的空间。

（2）情景设计要力求完整。谈判是一个完整的过程，从谈判的准备到结束整个过程中都蕴含着不同的知识和技巧，尤其是谈判气氛的形成和各种谈判策略的运用往往贯穿在双方接触的每一时刻。谈判人员作为一种高素质的应用型人才，不仅要具备多方面的知识和能力，同时还要有敏锐的感悟能力，其中任何因素的细微变化都可能会对谈判结果产生深刻的影响。而这些除了理论学习之外，更需要谈判主体的亲身领悟，仅仅依靠一个片段是很难达到预期效果的。只有通过完整情景的不断练习，才能锻炼学生的应变能力和对语言艺术、礼仪和心理研究等知识的运用，并充分把握自身在谈判中需要提高和完善的方面。

（3）情景设计要突出知识性和时代性。情景教学除了活跃课堂气氛之外，更主要的是提高学生对一些程序性知识的理解和运用，因此，在情景设计时要充分结合课堂教学内容，有针对性。

2. 教师应具有一定的教学修养

模拟谈判教学是在学生的参与和感受过程中进行知识传授，教师在整个过程中担任“场内外指导”的角色，打破了传统的“问题—解答—结论”的封闭式教学过程，形成一种“问题—探究—解答—结论—问题—探究”的开放循环式教学模式，通过让学生积极参与到课堂教学内容中来，提高课堂教学实践的质量和效率，有目的、有意识地培养学生不断发现和创造新知识的能力，因此，师生之间的交流也变得非常重要。与传统的教学模式相比，模拟谈判教学不仅注重理论知识的培养，而且更强调应用能力的锻炼，在对学生进行跨学科、跨领域的专业训练的同时，要求教师自身具有一定的综合素质和进取精神，即不再只是单一领域内的行家里手，而应是兼备专业能力和决策能力的多面手，只有这样才能及时把握学生的思维脉搏，帮助他们在理论和现实之间架起桥梁。

3. 要给予学生充分的课前准备时间

要真正实现模拟谈判的有效性，学生的配合是关键。如果学生的准备不充分，模拟情景教学就很难在深层次展开，甚至又变成教师的单向灌输了。因此，教师在进行模拟情景教学之前，要提前将相关的背景材料布置给学生，让他们提前去预习并温习相关知识，主动通过图书馆和互联网收集需要的数据和材料。如果有条件，还可以组织学生到社会上进行调研，收集有用的素材。通过学生充分而认真的课前准备，既可以达到提高模拟情景教学效果的目的，也在一定程度上培养了学生的自我学习能力；否则，学生的思维会受到各种限制而影响发挥。

10.3.2 模拟谈判的方式

1. 制订谈判计划表

各实训小组组成以后，在谈判之前应制订各自的谈判计划表，作为小组成员的共同文件，以提供奋斗目标，并供大家讨论、指导工作等。谈判计划表应包括如下各项内容。

A. 谈判内容

（1）列出我方希望谈判的议事项目（按各条的重要性自上而下排列）

① ____

② ____

（2）对方预期会提出的问题类型

① 可以用共同解决问题的方式谈判的问题

a. ____

b. ____

② 以讨价还价方式谈判的问题

a. ____

b. ____

B. 有关谈判双方的情况信息

（1）过去的关系

（2）谈判双方的倾向：倾向于用共同解决问题的方式，还是讨价还价方式

（3）有无第三方的影响

C. 所需的其他重要信息

（1）____________________

（2）____________________

D. 谈判策略

（1）己方处于优势下的谈判策略

① ____________________

② ____________________

（2）己方处于劣势下的谈判策略

① ____________________

② ____________________

（3）双方处于均势下的谈判策略

① ____________________

② ____________________

2. 召开讨论会

可以以实训小组为单位，召开讨论会，参与者尽量多提意见，主谈人通过回答这些反对意见，提升谈判能力。

3. 假扮对手，进行实际彩排

实训组把本方人员分为 2 组，一组作为己方的谈判代表，另一组作为对方的谈判代表。两个小组应不断进行角色互换，以提高彩排的效果，达到预期目的。

4. 模拟谈判

按照商务谈判流程组织谈判，让学生完整地模拟谈判各环节。模拟谈判的组织应按正式谈判的方式来进行，越接近正式谈判越好。指导教师应做好指导，进行点评，并组织学生进行相关讨论。

10.4　商务谈判模拟大赛

商务谈判模拟大赛可以使学生身临其境地感受商业氛围，领悟商务谈判的魅力，提升学生的综合素质。商务谈判模拟大赛既是学生喜闻乐见的实训形式，也是培养学生商务谈判实战能力的理想方式。

10.4.1　商务谈判模拟大赛的宣传发动

1. 目的

为学生提供一个近距离接触并全面了解商务谈判的机会以及展示自己才华的舞台。

2. 参赛对象

全体在校学生或指定范围的学生。

3. 报名方式

个人报名。以自由组合为主，每四人为一组。

4. 参赛要求

（1）普通话标准，言谈举止文明礼貌，优雅大方。

（2）衣着美观大方，各谈判队统一色调。

5. 时间

×月×日

6．地点

××教室

7．培训阶段

×月×日

8．比赛阶段

商务谈判模拟大赛共分为初赛、复赛和决赛三个阶段（具体赛程时间安排待定）；初赛和复赛采取分组赛和淘汰赛两种方式相结合。

9．奖项设置

本次比赛设冠军商务谈判队 1 个；亚军商务谈判队 1 个；最佳商务谈判手奖 2 人；最佳创意奖 2 人；最佳职业风采奖 2 人；最佳潜力奖 2 人；最佳合作奖 10 人。

10.4.2　商务谈判模拟大赛流程

第一部分：开场介绍（共 5 分钟）

主持人介绍，内容包括：商务谈判模拟大赛主办单位、协办单位或者当地机构、活动赞助方、到场媒体；评委会成员、其他到场领导及嘉宾；代表队名称；谈判议题和议题背景。

第二部分：演讲、主持人提问（共 10 分钟）

1．演讲（各方 3 分钟）：一方首先上场，利用演讲的方式，向观众和评委充分展示己方对谈判的前期调查结论，谈判案例题理解，切入点，策略，提出谈判所希望达到的目标，同时展示己方的风采。这时，另一方需要回避。一方演讲之后退场回避，另一方上场演讲。

要求：

（1）必须按演讲的方式进行，控制时间，声情并茂，力求打动观众和评委。

（2）上场顺序由赛前抽签决定。

（3）每一方演讲时间不得超过 3 分钟，还剩 30 秒时有铃声提示。

（4）演讲由 4 位上场队员中的 1 位来完成，但演讲者不能是己方主谈。

（5）在演讲中，演讲者应完成以下几个方面的阐述：介绍本方代表队的名称、队伍构成和队员的分工（每个队取一个有特色的名字，如管院四说客、外语学院金牌国际、物理学院秘密武器等，增加效果）；本方对谈判案例的理解和解释；对谈判的问题进行背景分析，初步展示和分析己方的优劣势；阐述本方谈判的可接受的条件底线和希望达到的目标；介绍本方本次谈判的战略安排；介绍本方拟在谈判中使用的战术。最后要喊一句最能体现本队特色的口号。

2．主持人提问及陈述（共 4 分钟）

（1）主持人提问（每方提问及回答不超过 2 分钟），演讲者必须用最简短的话语来回答。这些问题不计入评分标准。

（2）主持人引导性陈述（1 分钟）：主持人做赛前的引导性陈述，强调并扩大双方的差距和分歧。最后引出参赛队员，进入下一阶段。

第三部分：正式模拟谈判阶段（60 分钟，不含加时赛）

1．开局阶段（10分钟）

此阶段为谈判的开局阶段，双方面对面，但一方发言时，另一方不得抢话头发言或以行为进行干扰。开局可以由一位选手来完成，也可以由多位选手共同完成，剩 1 分钟时有铃声提示。发言时，可以展示支持本方观点的数据、图表、小件道具和 PPT 等。

开局阶段，双方应完成以下几方面的阐述。

（1）入场、落座、寒暄都要符合商业礼节。相互介绍己方成员。

（2）有策略地向对方介绍己方的谈判条件。

（3）试探对方的谈判条件和目标。

（4）对谈判内容进行初步交锋。

（5）不要轻易暴露己方底线，但也不能隐瞒过多信息而延缓谈判进程。

（6）在开局结束的时候最好能够获得对方的关键性信息。

（7）可以先声夺人，但不能以势压人。

（8）适当运用谈判开局阶段的策略和技巧。

2. 谈判中期阶段（30分钟）

此阶段为谈判的主体阶段，双方随意发言，但要注意礼节。一方发言的时候另一方不得随意打断，等对方说完话之后己方再说话。既不能喋喋不休而让对方没有说话机会，也不能寡言少语任凭对方表现。

此阶段双方累计时间共 30 分钟，不分开计，剩 1 分钟时有铃声提示。

此阶段双方应完成如下几个方面。

（1）对谈判的关键问题进行深入谈判。

（2）使用各种策略和技巧进行谈判，但不得提供不实、编造的信息。

（3）寻找对方的不合理方面以及可要求对方让步的方面进行谈判。

（4）为达成交易，寻找共识。

（5）获得己方的利益最大化。

（6）解决谈判议题中的主要问题，就主要方面达成意向性共识。

（7）出现僵局时，双方可转换话题继续谈判，但不得退场或冷场超过 1 分钟。

（8）双方不得过多纠缠与议题无关的话题或就知识性问题进行过多追问。

（9）注意运用谈判中期的各种策略和技巧。

3. 休局、局中点评（10分钟）

（1）此阶段为谈判过程中暂停，共 6 分钟，剩 1 分钟时有工作人员提示。

在休局中，双方应当：总结前面的谈判成果；与队友分析对方开出的条件和可能的讨价还价空间；与队友讨论收局阶段的策略，如有必要，对原本设定的目标进行修改。

（2）在选手退场期间由一位评委上台点评（4 分钟）。局中点评要求：①对谈判双方的前期表现进行局中点评，但不做最后的总结性陈述。②向观众提示下一步双方应该采取的策略，预测可能的谈判结果。③提出让观众思考的 1～2 个问题，为后面的收尾阶段留出悬念。④局中点评评委与终场点评评委不能是同一个人。

4. 最后谈判（冲刺）阶段（10分钟）

此阶段为谈判最后阶段，双方回到谈判桌，随意发言，但应注意礼节。本阶段双方应完成如下几个方面。

（1）对谈判条件进行最后交锋，达成交易。

（2）在最后阶段尽量争取对己方有利的交易条件。

（3）谈判结果应该着眼于保持良好的长期关系。

（4）进行符合商业礼节的道别，对方表示感谢。

如果这一阶段双方因各种原因没有达成协议，则进行加时赛，时间为 6 分钟，但双方均要为拖延比赛而被扣分。

5. 加时赛（6分钟）

规则与最后冲刺阶段相同。加时赛阶段双方无论如何必须达成协议，否则判定故意拖延方负，没有资格参加下一轮比赛。

第四部分：互动提问暨知识竞赛（共 20 分钟）

评委提问（10 分钟，每队 5 分钟）。此阶段的要求如下。

（1）针对谈判议题本身、谈判过程的表现、选手知识底蕴和商务谈判常识进行刁难性问题提问。

（2）进一步考察选手的知识储备以及理解、应变、语言组织能力。

（3）评委依次向每个参赛队提 3 个问题。

（4）问题不一定有标准答案，但要具有挑战性和现场性。

（5）每个问题的提问时间不超过 1 分钟，每个问题的回答时间不超过 1 分钟。

（6）问题设计要尽可能贴近现实，具有启发性。

第五部分：最终点评、宣布结果及颁奖仪式（10 分钟）

评委退场，互亮评分，商议最终结果。

（1）评委代表终场点评（5 分钟），宣布结果。

（2）评委将信封交给主持人，主持人宣布最终结果和个人奖项。

（3）颁奖仪式。评委及嘉宾上台颁奖、照相。

10.4.3 比赛评审标准（满分120分）

第一部分：演讲（10 分，得分直接计入团体总分，不乘以百分比）。评分标准：共 5 个单项，每 1 单项 2 分。包括：表述的感染力和气氛调动能力；把握谈判议题的准确程度；所阐述观点的合理性及实用性；谈判者着装礼仪，商务风范；演讲词文采，语言流畅程度。

第二部分：商务谈判阶段（110 分。其中团体分 90 分，个人分 20 分）

1. 团体评分项目（最后得分乘以80%计入集体总分）

（1）商务礼仪（共 5 个单项，每 1 单项 2 分）。包括：着装恰当；手势合理；表情恰当；语言流畅；总体风貌。

（2）商务谈判准备（共 5 个单项，每 1 单项 2 分）。包括：信息收集程度；对谈判议题的理解和把握；谈判目标设定的准确性；谈判方案设计的实用性；团队选手的准备程度。

（3）谈判过程（共 10 个单项，每 1 单项 4 分）。包括：谈判策略的设计；谈判技巧的运用；团队配合；知识底蕴及合理运用；谈判氛围的掌握；逻辑清晰、思维严密；语言准确、口齿清楚；反应迅速、随机应变；表情从容、适度紧张；谈判进程的控制把握。

（4）谈判效果（共 5 个单项，每 1 单项 6 分）。包括：已方谈判目标的实现程度；双方共同利益的实现程度；谈判结果的长期影响；对方的接受程度；团队的整体谈判实力。

2. 个人评分项目（20分）

（1）商务礼仪（共 6 个单项，每 1 单项 1 分）。包括：着装恰当；手势合理；表情恰当；语言流畅；姿势到位；总体风貌。

（2）商务谈判准备（共 2 个单项，每 1 单项 2 分）。包括：对谈判议题的理解和把握；知识和心理的准备程度。

（3）商务谈判过程（共 10 个单项，每 1 单项 1 分）。包括：谈判策略与技巧；团队配合；知识丰富、合理运用；逻辑清晰、思维严密；语言准确、口齿清晰；反应迅速、随机应变；表现从容；幽默生动；调动气氛；把握对方心理。

第三部分：互动提问暨知识竞赛

本阶段每队最高 18 分，不乘以百分比直接计入团体总分。

1. 考察性问题（6分）

每队回答 3 个问题，每回答完一个问题评委就打分，每个问题满分 2 分。

2. 抢答（每队最高12分，最低0分）

每队回答正确一个问题，得 2 分；没有回答问题或回答错误，不得分。每队最高得分 12 分。

10.4.4 商务谈判模拟大赛选用案例

1. 商务谈判模拟大赛1/4决赛选用案例

汽轮机转子毛坯延迟交货索赔谈判

谈判 A 方：意大利 SDF 公司（卖方）

谈判 B 方：中国 SQ 公司（买方）

由于近些年来中国电力市场迅猛发展，每年新增的机组数量基本上是全世界新增机组数量的80%左右，所以国内三大汽轮机生产厂家都不同程度地出现了毛坯供应紧张。由于 SQ 公司占有国内电力市场三分之一强的份额，所以毛坯供应问题就越发的凸显。转子毛坯是汽轮机最重要的毛坯件，工艺复杂，加工周期长，在中国只有两家单位可以生产，但他们的生产安排早已被几大汽轮机生产厂家挤满。

2002 年，SQ 公司被迫开始从国外高价进口转子毛坯，主要的供应商有意大利、韩国、德国、英国等国家的重工业企业。2003 年，在转子毛坯最紧缺的时候，SQ 公司和意大利 SDF 公司签订了供货合同。按照合同，意大利 SDF 公司向 SQ 公司提供 10 根转子毛坯，第一根交货期定于 2004 年 9 月，之后每月交一根。之后双方进行了较好的技术沟通，双方技术人员也互访了对方企业。2004 年 6 月，每一根转子毛坯即将进行最后的加工，估计将历时 2 个月，算上船运时间，刚好满足买方要求，但也可能稍有延误。这时，意大利发生了大规模的劳资纠纷，各重工企业员工在工会领导下纷纷罢工，SDF 公司也卷入了这场全国性的灾难之中。虽然劳资双方相持 40 余天后终于化解了矛盾，但在此时，SDF 公司已经无法按照供货合同按时交货，加上重新整合资源的时间，预计至少将延期 2 个月，这将对 SQ 公司的整体生产计划产生重大的影响。由于双方的合同中有对延迟交货的严格巨额罚款，SQ 公司决定施行这一处罚条款，一来弥补损失，二来想借此措施向各国供应商提出警告。7 月中旬，SQ 公司正式向 SDF 公司开出了高达 450 万美元的罚单。

8 天后，SDF 公司派出由生产副总裁为首的访问团赴中国与 SQ 公司进行谈判。谈判的中心围绕罢工事件的定位展开。虽然延迟交货已成事实，但是意大利方面认为罢工属于“不可抗力”，按照合同，由不可抗力产生的延迟交货不适用处罚条例。双方的关系很微妙：罚金数额虽然不小，但是由于SQ公司也有可能会因此而面对自己的客户罚单和名誉损失，所以，按时交货比高额罚单更加重要；对SDF来说，高额罚款将使利润严重下降，也会带来名誉损失。对于双方而言，由于对方都是自己最重要的长期客户之一，长期稳定的合作关系才是双方利益的基础。如何体面、务实地解决这次争端成了摆在双方谈判小组面前的问题。

谈判目标：解决赔偿问题，维护双方长期合作关系。

2. 商务谈判模拟大赛半决赛选用案例

服装布料延期交货索赔谈判

买方：红牡丹公司　　　　卖方：白玫瑰公司

近年我国NM类布料的服装市场迅猛发展，各名牌服装生产厂家都不同程度地面临此类新型布料短缺的局面。国内十大服装名牌之一的红牡丹公司，主要生产NM类布料服装，而且占有中国NM类布料服装市场的三分之一强的份额，因此其布料来源问题就更加突出。此类新型布料颇受消费者欢迎，但生产技术含量高，印花染色工艺复杂，国内只有三家公司可以生产优质产品，但他们的生产安排早已被几家服装生产厂家挤满。由于多种原因，也难以从国外找到NM布料货源。

2003年初，在NM布料供应最紧缺的时候，红牡丹公司与国内生产NM布料的白玫瑰公司签订了购货合同。按照合同，白玫瑰公司向红牡丹公司提供30万米不同季节穿着的符合质量标准的布料，平均分三批分别于当年4月30日以前、8月31日以前和10月31日以前交货：若延期交货，白玫瑰公司将赔偿对方损失，赔偿事宜到时再商议。

2003年春季，国内很多地方出现了“非典”疫情，白玫瑰公司印染车间有2名高级技术人员被诊断为“非典”疑似病例，该车间大多数人被隔离20余天，生产几乎处于停顿状态。虽然4月底很快恢复正常生产，但白玫瑰公司已经无法按合同规定日期向红牡丹公司交货，至5月5日也只能交货2万米，第一批全部交完至少要到5月20日。红牡丹公司因此遭受巨大损失。5月10日，红牡丹公司决定实施索赔条款，并正式向白玫瑰公司提出600万元的索赔要求。

一周后，白玫瑰公司派出由主管生产的副总经理到红牡丹公司就索偿问题进行交涉。交涉时，白玫瑰公司方认为，严重的“非典”疫情属于“不可抗力”，因此延迟交货不能使用处罚条款。但红牡丹公司方对此有不同意见，并坚持要求对方赔偿巨大损失。由于初步交涉不能达成一致意见，双方同意三天后进行正式谈判。

谈判双方的关系很微妙：红牡丹公司既希望拿到巨额赔偿金，又希望早日拿到布料，以便尽可能满足客户要求，也不愿失去白玫瑰公司这一合作伙伴；白玫瑰公司虽然不愿赔偿，但不愿让公司信誉受损，也不愿失去红牡丹公司这一实力较强的大客户。因此，如何务实且富有成效地解决索赔问题，摆在了双方谈判小组面前。

3. 商务谈判模拟大赛决赛选用案例

中国上海迅通电梯有限公司和美国达贝尔公司的合资设厂谈判

谈判甲方：中国上海迅通电梯有限公司

谈判乙方：美国达贝尔公司

一、基本情况

1. 中国上海迅通电梯有限公司电梯产品占国内产量的50%，是国内同行业中的佼佼者。当该公司与美国合资兴建有限公司一事一经立项，即预先做好了充分的准备工作。首先，上海迅通电梯有限公司派人赴美国实地考察，在综合评判的基础上，共同编制了可行性研究报告。回国后，又专门挑选和组织了一个谈判班子，包括从上级部门请来参与谈判的参谋和从律师事务所聘来的项目法律顾问，为该项目的谈判奠定了一个良好的基础。

2. 美国达贝尔公司是美国电梯行业的第一大公司，是享有盛名的大公司，在世界上有 100 多个分公司，他们的电梯产品行销全世界。在谈判之前，美方对国际、国内的市场做了充分的调查了解，进行了全面深入的可行性研究。他们还特别对中方的合作伙伴做了详细的分析和了解，全面掌握了与谈判有关的各种信息和资料，并在此基础上，组织了一个精干的谈判班子，该班子由公司董事长兼首席法律顾问充当主谈人。

3. 此次项目投资大，且达贝尔公司是享有盛名的大公司，对中方的意义非同小可。另外美国达贝尔公司的目光是长远的，此次来中国谈判，事先做过充分的可行性调查研究，此项目旨在打开中国市场，并且在合资企业的股份多于中方。中国上海迅通电梯有限公司是其最合适的合作伙伴，因为无论从技术到产品都是国内第一流的，如果美方在中国的第一个合作项目失败，再想在中国投资合办企业就比较困难了。

二、谈判问题：

1. 在中美合资谈判中，首先遇到的就是合资企业的名称问题，美方建议定名为“达贝尔电梯中国有限公司”，但遭到中方的反对。请陈述反对理由，并商讨一个兼顾双方利益而且对双方都最为有利的一个名称。

2. 关于产品销售问题，在该项目的可行性研究中曾有两处提到：一是“美方负责包销出口量的 25%，其余 75%在国内销售”；二是“合资公司出口渠道为达贝尔公司、合资公司和中国外贸公司”。双方在这一表述的理解上产生了分歧。这种理解上的分歧，构成了谈判的严重障碍。美方对此表述的理解是：许可产品（用外方技术生产的产品）只能由达贝尔独家出口 25%，一点也不能多，而其他的两个渠道，是为出口合资企业的其他产品留的。而中方的理解是：许可产品 25%由达贝尔公司出口，其余 75%的产品，有可能的话，通过另外两条渠道出口。双方为此互不相让。如何体面、务实地解决这次争端成了摆在双方谈判小组面前的问题。

请通过此次商务谈判重点解决以上两问题。

参 考 文 献

[1] [美]罗伊・列维奇．商务谈判[M]．北京：机械工业出版社，2012.

[2] 冯华亚．商务谈判[M]．北京：清华大学出版社，2009.

[3] 汤普森．商务谈判[M]．北京：中国人民大学出版社，2013.

[4] 郭秀君．商务谈判[M]．北京：北京大学出版社，2011.

[5] 杨群祥．商务谈判[M]．大连：东北财经大学出版社，2012.

[6] 龚荒．商务谈判与推销技巧[M]．北京：清华大学出版社，2010.

[7] 黄卫平，董丽丽．国际商务谈判[M]．北京：机械工业出版社，2012.

[8] 孙平．国际商务谈判[M]．武汉：武汉大学出版社，2011.

[9] 高建军．商务谈判实务[M]．北京：北京航空航天大学出版社，2007.

[10] 陈文汉．商务谈判实务[M]．北京：电子工业出版社，2009.

[11] 陈文汉．国际市场营销学[M]．清华大学出版社，2013.

[12] 李爽，于湛波．商务谈判[M]．北京：清华大学出版社，2011.

[13] 杨芳．商务谈判[M]．上海：华东师范大学出版社，2011.

[14] 陈丽清，何晓媛．商务谈判理论与实务[M]．北京：电子工业出版社，2011.

[15] 周忠兴．商务谈判原理与实务[M]．南京：东南大学出版社，2012.

[16] 陈建明．商务谈判实用教程[M]．北京：北京大学出版社，2009.

[17] [美] 迈克尔•R.卡雷尔，[美]克里斯蒂娜•希弗林．谈判基础[M]．上海：格致出版社，2010.

[18] 尤凤翔，祝拥军．商务谈判[M]．北京：北京大学出版社，2011.

[19] 李霞，徐美萍．商务谈判与操作[M]．北京：清华大学出版社，2010.